制药企业的战略与产品管线建设

Pharmaceutical Companies' Strategy and Product Portfolio

魏利军◎编写

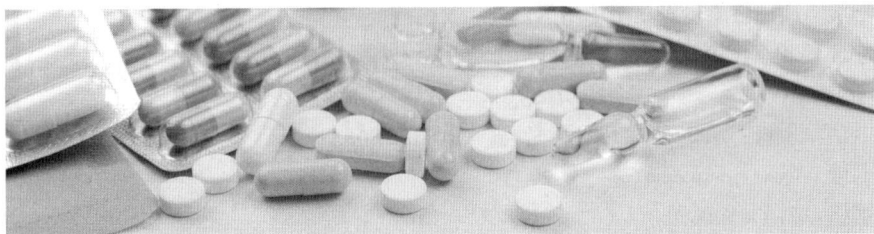

中国健康传媒集团

中国医药科技出版社

内 容 提 要

本书是《跨国药企成功启示录》《仿制药企兴衰启示录》的续曲，主要研讨制药企业的战略构建与调整方法、产品管线设计和管理技巧，内容共三大部分。第一部分（1~2章）主要讲述制药企业构建战略的意义与方法。第二部分（3~5章）分析了创新药、仿制药、OTC 三大细分行业的特点，不同类型制药企业制定和调整战略的关注点，以及产品组合管理、产品管线设计和投资产品选择的方法。第三部分（6章）分析了我国制药企业的外部环境变化及我国制药企业战略重塑、产品管线升级的方法与技巧。

图书在版编目（CIP）数据

制药企业的战略与产品管线建设 / 魏利军编写 .
北京 : 中国医药科技出版社 , 2025.5. -- ISBN 978-7
-5214-5302-7

Ⅰ . F426.7

中国国家版本馆 CIP 数据核字第 202551GR27 号

策划编辑 于海平　**责任编辑** 王 梓 张 睿
美术编辑 陈君杞　**版式设计** 也 在

出版　**中国健康传媒集团** | 中国医药科技出版社
地址　北京市海淀区文慧园北路甲 22 号
邮编　100082
电话　发行：010-62227427　邮购：010-62236938
网址　www.cmstp.com
规格　710×1000 mm $\frac{1}{16}$
印张　25 $\frac{3}{4}$
字数　406 千字
版次　2025 年 5 月第 1 版
印次　2025 年 5 月第 1 次印刷
印刷　北京盛通印刷股份有限公司
经销　全国各地新华书店
书号　ISBN 978-7-5214-5302-7
定价　98.00 元

获取新书信息、投稿、
为图书纠错，请扫码
联系我们。

魏利军

延边大学医学硕士，副主任药师，云南大理人，北京药眼信息咨询有限公司创始人，慧药咨询创始人，先后在多个药企担任咨询顾问或独立董事。研发一线出身，然后逐渐转向产品分析立项、产品线规划、企业战略策划等相关工作。2017年以来，先后在药学进展、中国新药杂志、中国食品药品监管、科学大观园、中国医药报、医药经济报期刊报纸上发表了数十篇行业研究性文章，也参与了《2019年中国药品蓝皮书》的编写，代表著作有《跨国药企成功启示录》《仿制药企兴衰启示录》。

在这个快速变化的时代，制药企业面临着前所未有的挑战和机遇。随着市场增速的放缓、竞争的加剧，以及政策环境的不断变化，传统的战略管理模式已难以适应新的市场需求。制药企业必须不断适应新环境，以保持其竞争力和可持续发展。本书正是在这样的背景下应运而生，它为我们提供了一个全面而深入的视角，来观察和分析制药企业如何通过战略重塑和产品管线建设来应对这些挑战。

作为一名长期从事医药研究领域的学者，我怀着强烈的兴趣阅读了书稿，深感这是一本不可多得的好书。通过深入的行业分析、丰富的案例研究和严谨的理论探讨，本书为读者描绘了一幅制药企业在新形势下如何进行战略调整和产品创新的生动图景。在撰写这篇序言之际，我想分享几点个人思考。

第一，战略的重要性。本书着重强调了制药企业构建战略的意义与方法。在制药行业，战略不是抽象的概念，而是企业生存和发展的指南针。我国医药市场经历了长期的高速增长，但随着市场增速放缓和竞争加剧，企业需要更加精细化的战略管理。一个清晰、合理、可行的战略规划，可助力企业在激烈的市场竞争中找到自己的定位，实现资源的最优配置。

第二，产品管线的建设。本书深入分析了创新药、仿制药、OTC 三大细分行业的特点，并讨论了产品组合管理和产品管线设计的方法。产品管线是制药企业的生命线，它不仅保证企业的持续创新，而且为企业带来稳定的收入流和市场竞争力。在当前竞争激烈的市场中，一个科学合理的产品管线是企业获得持续竞争优势的关键一环。

第三，环境变化的适应性。本书剖析了我国制药企业的外部环境变化，并讲述了战略重塑和产品管线升级的方法与技巧。在不断变化的市场环境中，制药企业需要具备快速适应和响应变化的能力。这要求企业不仅要有前瞻性的战略眼光，还要有灵活的组织结构和高效的决策机制，以应对政策变动、市场需求变化和技术进步。

第四，创新与合作。在全球化的今天，创新和合作是制药企业获取竞争优势的关键。通过不断的技术创新和与其他企业的战略合作，制药企业能够开发出新产品，进入新市场，实现业务的多元化和国际化。

第五，社会责任与伦理。除了探讨制药企业战略，本书也强调企业在追求经济效益时亦承担着重要的社会责任。确保药品安全性和有效性，保护环境，以及公平地提供医疗服务，是每一个制药企业都必须面对的伦理挑战。这不仅是法律的要求，也是企业获得公众信任和长久不衰的核心支撑。

在 21 世纪的制药行业中，全球化步伐不断加快，市场边界变得模糊，竞争也日趋激烈，我们正目睹着一场革命性转变。科技的迅猛发展，尤其是生物技术、人工智能和大数据的融合，正在重塑着药物的研发、生产和销售的每一个环节。本书是一部集理论与实践、历史与现实、宏观与微观于一体的著作。在接下来的篇章中，我们将一同探索制药企业如何在激烈的市场竞争中寻找到自己的定位，如何在不断变化的政策环境中把握机遇，以及如何在全球化的浪潮中实现自身的可持续发展。

本书不仅是一部关于制药企业战略管理的著作，更是一部关于如何在变革中寻求创新、在挑战中寻求机遇的启示录。我相信，通过阅读这本书，无论是医药行业的从业者，还是对制药行业感兴趣的学者和政策制定者，都能获得宝贵的启示和深刻的洞见。我期待这本书能够激发更多的讨论和思考，推动制药企业在新的挑战中不断前行。

黄哲

2024 年 9 月于沈阳

利军的又一部新作问世了，我有幸先睹为快，并受利军邀请从一个医药企业管理者的实践角度作序，实感荣幸。

我与利军是哈药的老同事，但我俩的初相识却始于作者与读者的关系——我曾经是利军主笔和运营的公众号"药事纵横"的忠实读者，并因为他的一系列数据详实且充满洞见的文章而升起强烈的愿望请他加入哈药，用他的专长为哈药的产品规划出一份力。之后我终于如愿请利军出任哈药股份的产品规划总监，我们并肩奋斗了三年多，从集团自有文号的梳理与评估、重点治疗领域的品种分析到新产品立项，涉及的大大小小的产品总有几百个。令我赞叹的是，极少遇到我问及的产品或药物递送技术是利军不熟悉的。利军的另一个令人印象深刻的特点是他一丝不苟的求真求准的精神，凡是涉及数据等关键信息，他一定坚持以第一手资料为准，所以我经常在讨论时看到美国 FDA 网站的截图、论文原文等的引述资料。随着相互了解渐多，我理解了：正是利军对医药行业的热忱、锲而不舍又耐得住寂寞的钻研精神，他才可以把信息的广度与深度统一得这样好。

因为多因素叠加，目前医药行业处在一个巨变的时期，也是我在医药产业从业 20 多年来感受到的最具挑战的阶段。几乎所有类型的企业都有必要从战略角度重新审视自己的长期发展模式和路线图。坚持多元化经营还是聚焦、坚守研发或营销的优势亦或要成为一个全能选手、赢在国内市场还是必须走向国际化、如何摆脱仿制药和"me too"产品盈利能力差的魔咒、传统渠道与线上发展如何匹配资源……每家企业的管理团队大都面临着各式各样的问题。利军的这本新书，从理论、模型工具到鲜活的案例、从国际到国内、从各个细分板块的差异特点到协同效应，乃至从整个医药行业的发展历史纵深的角度，都进行了全面的论述，可以说开卷有益，提供了很多启发，甚至可以成为战略研讨的参考工具书。

"战略"是说起来容易但做起来难的、是对企业至关重要的一个关键词。说它容易，是指形成一个"战略规划"的文本并不太难，真正的难点在于制定的战略能够符合行业发展和技术发展的趋势、有效应对市场竞争的挑战、匹配企业自身的资源禀赋并能达成共识，并且随着时间的推移和人事变动，既能具备战略定力又能适当动态调整；还有一个难点是战略制定、执行和调整的闭环，而不是彼此脱节。这两个难点是否能解决，取决于企业对未来发展趋势的判断、对自己核心竞争力的定位，以及治理结构、调度指挥和精细化管理的能力等。

以我个人的从业经验，战略是面向未来、市场导向的，只有准确把握发展趋势、形成具有远见的判断，才有可能让企业战略引领企业不断发展；只有让自己的核心竞争力可以持续地、更好地创造市场、满足客户或消费者的需求，才有机会让企业发展立于不败之地。

在国内经济增长放缓、内卷加剧的大背景之下，放宽视野，摆脱之前成功的路径依赖，用更新的视角、更强的创新力、借鉴欧美等市场的发展经验，重新构建一个正确的、被完美执行的战略，对医药行业而言，从来没像如今这样重要。真心希望利军的新书能带给读者更多的启发和思考。

2024 年 10 月

前　言

在撰写《跨国药企成功启示录》和《仿制药企兴衰启示录》的过程中，笔者研究了上百家跨国企业的"发家"案例，为了让这些案例能够更科学地指导我国制药企业战略管理水平的提升，笔者根据当代战略管理理论体系，对这些案例进行了系统的梳理、总结与归纳，并结合笔者的工作经验和长期行业走访中发现的问题，建立了一套有针对性的、可供企业直接采用的方法论。由于这些方法是在特定的时间和环境下建立起来的，读者应与时俱进地看待，而本书也将定期地进行更新和优化。

从 1980 年到 2015 年，我国医药市场都保持着较高的增长速度。然而因为长期的高速增长，导致企业的战略管理较粗放，即使有些隐匿的战略错误也被高速增长的市场所掩盖。2015 年以来，我国经济增速逐步下行，加之严峻的人口老龄化趋势，国家对医疗费用的控制力度逐步加大，在各种医改政策的影响下，市场增速放缓、药价大幅下降，仿制药市场甚至步入了转型期，竞争异常激烈。

进入转型期后，企业需要通过抢夺竞争对手的市场份额才能实现增长，使得优胜劣汰加速。企业如想占据有利地位，必须迅速改变行业以往的发展逻辑，改变认知，并基于内外部环境因素的分析、匹配结果，制定一套能够扬长避短和趋利避害的战略。

由于我国制药行业的低端产能严重过剩、行业高度分散的特点，大部分企业势均力敌，竞争异常激烈。不仅如此，随着药品上市许可持有人和集中带量采购制度的实施，行业的进入壁垒大幅下降，竞争进一步加剧。在高强度的竞争下，单纯的低成本和差异化，难以让企业建立或保持竞争优势。为了跳出竞争的红海，企业必须开发全新的市场，通过国际化、转型、转行或多元化来获取新的增长点。

因为制药行业的特殊性，制药企业的战略制定和选择逻辑相比一般行业具有明显的差异，另外，仿制药、非处方药和创新药三大细分行业的市场发展规律、行业运行逻辑和企业商业模式各不相同，内外部环境因素分析、战略制定和核心竞争力培养也因此而异。为此，笔者站在三大细分行业的视角上，综合战略管理理论、跨国巨头的案例、行业走访、宏观与行业环境因素分析的结果，为三种不同类型企业的战略制定与调整，提出了针对性的意见和建议。

产品组合是企业建立和保持竞争优势的关键性抓手，但我国大多数企业并未形成一套完整而科学的产品组合管理、产品管线设计和投资产品选择的方法学。近年来，随着竞争的加剧，品种投资回报率不断下滑，以及优质可仿资源的减少和"me too"审批标准的收紧，越来越多的企业陷入了投资品种选择困难的窘境。为了建立一套自上而下，由战略决定战术，再由战术决定投资品种选择的方法学，笔者进行了大量地研究和实践，在行业里发表了大量的演讲，深得广大企业认同。通过本书，笔者将整套方法学，完整、详尽地分享给读者。

本书的特点是言简意赅、通俗易懂，既专业又不乏生动，能够让没有任何管理学理论基础的医药专业管理者看懂战略理论，也能够让非医药专业的战略专家快速了解医药产业。本书中引入了大量的案例和笔者的行业分析，读者可在读"故事"中思考战略与转型。为了更好地反映市场状况和行业情形，本书中引用了大量的数据，这些数据均为公开的数据，包括企业年报、公开的文章、专利，以及政府、协会或数据情报机构（如 IQVIA）发布的市场监测报告等。

非常感谢积极提供内容资料并给予大力支持的单位，他们是（排名不分先后）：亚宝药业集团股份有限公司，上海博志研新药物研究有限公司，山东京卫制药有限公司，深圳翰宇药业股份有限公司，北京沣瑞医药科技有限公司，安徽万邦医药科技股份有限公司。

笔者希望书中内容以"抛砖引玉"的形式来激发"有志者"的灵感，引导大家更深入地思考研究，从而结合企业的自身情况，规划出适合自己企业的"通天大道"。

编　者

2024 年 8 月

| 目　录 |

第一章　绪论

第二章　制药企业的环境分析和战略制定方法

第三章　创新药企业的战略制定与产品管理

第四章　仿制药企业的战略制定与产品管理

第五章 OTC 企业的战略制定与产品管理

第六章　中国药企的战略重塑和产品管线建设

第一章
绪 论

随着市场增速的下滑和竞争的加剧，我国制药企业开始重视战略管理，越来越多的企业定期召开战略研讨会和战略复盘会。尽管如此，很多参与者并不理解战略的内涵和战略管理的意义，甚至认为公司开战略会是在浪费时间。战略的确"看不见"，也"摸不着"，但它的确能让企业与众不同。笔者希望通过本书加深医药专业背景的管理者对战略的认识与理解，以制定清晰、合理的战略，提升公司在激烈的竞争中胜出的概率。

一、何为战略

战略一词源于军事，战指战争，略为谋略，而企业战略是经济发展过程中，企业为了战胜竞争对手自发形成的。管理学家认为，企业管理的发展经历了生产管理、经营管理和战略管理3个阶段。在市场形成的初期，产品供不应求，缺乏竞争（即卖方市场），企业发展的基石是提升产量和质量，故企业管理也是围绕着生产运营进行的。随着经济的发展和市场成熟度的不断提高，产品逐渐丰富，企业数量也随之增加，消费者的选择权就越来越大，于是买方逐渐取代卖方，成为影响市场的主要因素。这一时期，企业的生存环境变得日益复杂，企业的发展必须考虑市场规律、以满足消费需求为中心，故企业管理也从以生产为重心向综合经营管理过渡。战略管理是在经营管理的基础上发展起来的，但战略管理更注重竞争、强调内部优势和外部机会相匹配。

　　企业战略管理理论主要是在美国形成的，这与美国市场作为全球经济的领头羊密切相关。美国以消费者为导向的经济在1933年以后就逐渐形成，经过二战后的快速发展，市场成熟度不断提升，竞争也逐渐加剧，战略管理思维在日益激烈的竞争环境中逐渐形成、提炼和升华，到20世纪60~70年代，经典的战略理论才逐渐发展成熟。

　　20世纪60年代，美国著名管理学家艾尔弗雷德·钱德勒（Alfred Chandler）发表了《战略与结构：工业企业史的考证》，首次分析了外部环境、企业战略和组织结构间的关系，提出战略应当适应当时的环境，满足市场的需求，而组织结构又必须与战略相适应。以钱德勒的理论为基础，逐渐衍生出设计学派和计划学派。两大学派都注重外部环境与内部资源能力的匹配，其中设计学派强调战略制定与执行分开，战略是公司管理层经过深思熟虑后形成的，提出了经典的SWOT分析模型（详见第二章）。设计学派则强调战略制定应是一个受控的、有意识的、正规化的过程，应可分解为明确的步骤，可通过目标、预算、程序等相关手段来描述战略。而计划学派引入了数量分析方法，避免了设计学派的过于主观性，让计划人员担任战略制定过程中的主要角色。

　　80年代以后，企业战略管理发展到一个新的阶段，著名的美国管理学家迈克尔·波特（Michael Porter）发表了《竞争优势》《竞争战略》和《国家竞争战略》三部曲，并逐渐衍生出定位学派。定位学派认为产业结构是决定企业盈利能力的关键因素，提出了总成本领先、差异化等通用战略模型，该学派强调分析外部环境的重要性，提出了波特五力分析模型、价值链分析法。虽然竞争战略影响巨大，但也存在不足——竞争战略认为产业结构是既定不变的，然而W.钱·金和勒妮·莫博涅认为市场是不断演化的，于是在竞争战略的基础上提出了蓝海战略——增加了既不符合低成本又不符合差异化的定位。另外，因为定位学派注重外部环境的机会与威胁，但对自身的强项与弱点关切不够。于是以加里·哈默尔（Gary Hamel）和C.K.普拉哈拉德（C.K. Prahalad）为代表的能力学派出现。能力学派强调企业的核心竞争力，是对定位战略的有效补充。

　　除了以上著名的战略学派，最具代表的学派还包括企业家学派、认知学派、学习学派、权利学派、文化学派、环境学派和结构学派。这些学派是在不同的时代背景和市场环境中提炼形成的，是"公说公有理，婆说婆有理"，但也都是"盲人摸象"。企业家学派认为战略是一种预测未来、构筑愿景的过程，是由企业家的直觉、远见和创新力驱动的；该学派重视企业家精神的核心作用，这种学说在企业初创时期或转型期，利基市场、私人企业中可以得到有效的验证。认知学派认为战略是一种心智过程，强调战略制定过程中对信息的认知和处理，认为认知不仅是反映世界的过程，更是解释世界的过程，在这种认知的过程中产生了战略。学习学派认为战略是一个应变的过程，将战略视为一个进化的、渐进的、想象的过程；该学派认为环境是复杂多变的，企业只有通过不断学习才能应对环境的变化，所以战略不是深思熟虑后形成的，而是自发形成的，强调学习型组织。权利学派认为战略是一个相互妥协的过程，该学派认为企业内部存在各种利益群体，他们会利用自己的权利对企业施加影响，战略的制定过程就是相互商讨、相互妥协的过程，最终形成一套有利于集体利益的战略。文化学派把战略视为一个协调过程，也是一个集体思维与社会交互的过程；该学派认为战略制定受社会文化的驱动因素影响，重视组织文化对战略制定和执行的影响。环境学派认为战略就是一个适应外部环境的过程，强调分析环境的重要性。结构学派把战略看作是变革的过程，认为组织是融合了各种特征和行为的结合体，也整合了其他学派的观点，认为组织和结构对战略的制定和执行起关键作用，是战略的基础，不同类型与特点的组织，应使用不同类型的战略制定方式。

虽然从不同角度去定义战略可得到不同的结果，但都正确而又不全面，蓝海林的《企业战略管理》一书中对战略的定义是"企业在动态适应及利用环境变化的过程中，为建立、保持与发挥竞争优势而采取的一系列长期、整体和重大决策或行动。"战略既是一种计划、一种模式，也是一种定位、一种愿景和一种计谋。王志纲的《王志纲论战略》一书中，战略是在面临关键阶段的重大抉择时，如何做正确的事，如何正确做事。而笔者认为可将战略形象地理解为，在行业和市场不断洗牌的情况下，企业基于手中的牌、对手手中的牌、游戏规则和自己掌握的出牌技巧综合规划的一套全局性出牌方案。

或许因为行业在"洗牌"而拿到的"好牌"少了，但出好了手中的"牌"就不一定会失败，相反，有的人原本拿着一手"好牌"却缺乏有效的出牌策略，在第一次出牌时就让自己陷入了被动。有的人之所以认为"战略"很

"虚"，是因为他们是从一两场的胜负来看问题——很容易把结果归功于运气，如果从一两万场的胜负来看问题，战略的意义就能凸显，即在一定程度上提高获胜的概率。

二、战略的类型

在战略研讨会上或战略报告中，我们经常会接触到大量的战略词汇，例如长期战略、产品战略、一体化战略、集团战略等。从不同的维度，我们可以将战略划分为多种类型。

根据执行主体的不同，可将战略分为集团或公司层战略、业务层战略和职能战略。集团或公司层战略是企业的总体目标和顶层规划，是统筹业务层和职能战略的方针和纲领。业务层战略是在集团战略指导下，经营管理某一个特定业务的战略，也称竞争战略。职能战略是职能部门为了实现顶层设计而制定的业务战略或局部战略，例如运营战略、研发战略、营销战略等。

根据时间长短的不同，战略又可分为"长期战略""中长期战略"和"短期战略"。长期战略是公司为了实现愿景，基于环境变化的趋势规划的方向和目标，通常较为粗犷。与长期战略所对应的是短期战略，是公司为了实现长期战略，在一个较短的时期内（一般 1~3 年）需要做的事和达成的目标，短期战略较为精细以便分解执行。由于外部环境是动态变化且复杂多样的，企业的长期战略重在认清趋势，而中短期战略重在与关键外部因素的变化节奏相协调，业务布局太早则等待期太长，容易导致资源浪费，布局太晚则会错失良机，陷入被动境地。

根据战略功能的不同，又可以将战略分为增长型战略、稳定型战略和收缩型战略。增长型战略顾名思义是让公司业务快速增长，包括业务扩张、业务开拓和业务强化等，常见的类型包括多元化战略、一体化战略、国际化战略和强化型战略。多元化战略可分为相关多元化、不相关多元化和混合多元化；一体化战略可分为横向一体化和纵向一体化；强化型战略又称密集型战略，如市场开发战略、产品开发战略等。稳定型战略是企业对既往的业绩满足，希望维持现有的产能规模、财务水平、市场份额或增长率。收缩型战略与增长型战略相对应，包括转型战略、清算战略、剥离战略等，如在市场、经济环境恶化或其他客观不利因素的影响下，需剥离、关闭某些业务，或退出某些市场。

三、战略与制药

药品不是一般的商品，其不仅可以治病救人，也可以带来安全风险，所以从研发、生产到销售，都会受到严格的监管。药品关系到民生，国家每年需要投入大量的资金用以满足国民的健康需求，而国家作为药品消费的一大主要支付人，药品消费过程会受到监管。另外，由于处方药需要医生开具处方才能使用，消费者不能按自主意愿选择和购买药品。鉴于以上原因，制药行业的市场化程度较低，行业运营逻辑、市场发展规律与其他产业存在巨大的差异。

现代制药业诞生于19世纪，从化工行业中分化而来。在行业早期阶段，企业可以根据自己的商业定位来确定产品是处方药或非处方药（over-the-counter drug，OTC），所以市场以OTC为主。OTC是患者可以自主选择购买的产品，可以广告宣传，是市场化程度最高的细分市场。1951年，美国 *Durham-Humphrey* 法案获得通过，首次对处方药和OTC做出了明确限定，由此处方药逐渐取代了OTC成了市场主流。之后由于处方药必须经过医生开具处方才能使用，医生从此代替了患者的消费选择权，市场化程度相比OTC大幅下降。处方药以创新药为主导，仿制药为辅助。仿制药是创新药在专利失效后的复制品，因为开发成本低、销售价格低，通常被用作解决药品可及性和节省医疗开支的工具。虽然仿制药早在20世纪20年代就已出现，但直到80年代后才有重大发展，根源在于随着医疗开支的不断高涨，各国政府为了节省开支，大力推动了仿制药普及和替代。为此，仿制药的价格受到各国政府的严格控制，成为市场化程度最低的细分市场。

OTC通常是成熟度较高，安全有效性非常确切的产品，由于可以直接向患者推广销售，市场运作逻辑类似于消耗品。创新药代表科技进步，可为患者带来巨大的治疗获益，加之具有专利保护，是一个典型的独占性卖方市场。仿制药因承载着解决药品可及性和节省医疗开支的使命，需要更低的价格和更高的质量，是一个典型的成本效益市场。

在三大细分行业中，仿制药行业因进入门槛低、容易受政策影响、竞争强度大、行业内的企业难以拉开实力差距，产业环境和产业结构高度不稳定。加之产品同质化程度高、对成本高度敏感，企业建立、保持和发挥竞争优势的难度最大，战略也最为复杂——要求企业在运营、管理和产品布局中彰显出足够的智慧。

战略管理理论是在20世纪60~80年代才逐步形成的，而形成战略的原因就是随着市场成熟度的不断提高，企业之间的竞争加剧，清晰的战略被视作改变竞争天平平衡的砝码。战略理论在仿制药界的大量应用可追溯至90年代——美国仿制药行业在90年代经历了一个调整期，行业增长缓慢而竞争异常激烈。快速增长的市场如同踩下了急刹车，80年代新建的大量产能显得不协调性过剩，优胜劣汰由此上演。为了在激烈的竞争中胜出，部分企业开始使用竞争战略进行供应链整合或差异化，这距离竞争战略的提出仅仅过了十余年时间。

从各仿制药企业的年报中不难发现，20世纪90年代的战略规划都较为初级，通常是根据自己的技术特长开发差异化的产品组合，通过兼并优化、整合供应链等。一方面，彼时的企业规模还不够大，面临的问题也不够复杂，另一方面，当时的企业几乎都只在美国本土开展业务，受国际环境的影响较小。2000年以后，虽然市场恢复了快速增长，但印度企业的大量涌入，美国市场的竞争进一步加剧，加之随着企业规模的不断扩大，经营环境越来越复杂，战略越来越详细，越来越清晰、合理。2010年以后，西方大型仿制药企业几乎已国际化，加之欧美市场陆续进入转型期，经营难度越来越高而盈利能力越来越低，清晰而合理的战略不仅能够帮助公司在激烈的竞争中获胜，还能作为吸引投资者的筹码。

印度仿制药在20世纪90年代后期开始进入美国市场，因人力成本和环保成本的绝对优势，产品具有足够的价格竞争力，供不应求。尽管如此，受西方的影响，印度仿制药企业在2005年前后也开始粗略地制定战略，并在年报中体现。不过所谓的战略大多只是"如何获得更多的批文""怎样扩大产能、保证质量"。2010年以后，随着竞争的不断加剧，靠"低价"这种简单粗暴的方式赚钱变得十分困难，所以其战略也变得更加复杂，更加精细化。最近几年来，印度仿制药企业为了打破发展瓶颈，已开始在全球范围内协调和优化价值链、差异化或转型。

国内方面，因长期的缺医少药和大量的优质可仿资源，市场在1985~2015年间都保持着极高的速度增长。在以药养医和带金销售的市场机制下，很多企业实现了野蛮增长。2016年，国家开始推进仿制药替代，在一致性评价和集中带量采购的双重作用下，市场增速快速下降，竞争迅速加剧，有远见的企业逐渐意识到战略的重要性，但到2024年，仍有很多人依旧认为战略是"很虚""可有可无"的东西。

相比仿制药企业，创新药企业和OTC企业的战略演变过程没有那么明显。创新药是高度稀缺的资源、拥有垄断性市场，产业结构更稳定，企业的实力悬殊较大，主要拼技术、拼投入，甚至还拼运气，所以创新药企业的战略制定过程并不像拼运营、拼管理、拼产品布局的仿制药企业那么复杂。OTC企业的运营方式类似于消耗品——拼销售、拼品牌、拼服务和拼运营。因受政策影响较小、产品差异化程度较高，且可通过品牌、服务、渠道和终端覆盖等方式提升差异化程度，进入壁垒比仿制药高，产业环境和产业结构也比仿制药更稳定，所以OTC企业无需像仿制药企业一样频繁调整战略。

四、战略对我国药企的意义

2009年，我国开始了新医改，随着新医改的逐渐推进，医药市场增速逐步下滑。2016年，新医改进入第三阶段，为了响应我国经济从高速增长向高质量增长的转变，新医改政策开始强调产业升级、提升产业集中度。2016年，仿制药一致性评价正式启动；2017年两票制实施；2018年集中带量采购实施；2019年上市许可持有人（marketing authorization holder，MAH）制度正式实施，这一系列的政策让行业发生了天翻地覆的变化：一是市场增速进一步放缓，二是市场格局被重塑，三是市场波动性大幅增加，四是仿制药市场由成长期进入转型期。

在行业快速成长期，战略是无关紧要的，即便是战略错误，也可能被市场增长带来的业绩高速增长所掩盖。但进入行业转型期以后，市场不再快速增长，甚至衰退，企业必须从其他企业手中抢夺市场份额才能实现业绩增长，轻微的失误都会被放大，因此，转型期会加速企业的优胜劣汰和两极分化。

如果企业不能形成清晰、合理的战略，就不能沿着战略的方向培养核心竞争力，进而无法在激烈的竞争中建立、保持和发挥优势。相反，如果企业形成了清晰的、符合内外部环境因素变化趋势的战略，就能够最大限度地扬长避短和趋利避害，最终脱颖而出。此时的中国药企就如同一群走在人生转折点的初中生，有的孩子什么都学，什么都不精通，最终无一特长而且耽误了中考，而有的孩子则拒绝了各种"诱惑"，专攻自己有天赋的领域，即便中考失败也可能被破格录取。

在行业转型期，企业通常会面临进退两难的困境，而我国仿制药企业经历了带金销售时代的"野蛮生长"，这种困境异常突出。一是看不透未来的趋势，战略上进退两难、举棋不定、左右摇摆；二是产能过剩、规模而不经济的现象突出，却无法通过大规模出口释放产能；三是因路径依赖、短视主义、投机取巧者阻碍变革而无法战略转型；四是现有的资源能力既不能差异化、又不能低成本；五是无法及时下调投资回报预期或明知道新产品的投资回报率下滑而又不愿意加大新产品投资；六是研、产、销环节都没有明显的竞争优势；七是缺乏创新或不敢创新，找不到市场新增长点或无法创造新价值；八是在市场份额与利润、是否应该价格战的问题上争论不休……如果想要走出困境，企业必须对内外部环境因素进行深度分析，并找出根源所在，对症下药地调整战略。

在制定或调整战略时，应自上而下地依次制定公司战略、业务战略和职能战略，而且每一层面的战略制定与选择，都必须基于内外部环境因素分析和匹配的结果，如有必要，还应借助外部力量，尤其是在进退两难、摇摆不定、路径依赖、短视主义或投机取巧者干扰，内部权力斗争非常激烈的情况下。另外，由于竞争是动态的，内外部环境也是持续变化的，企业还有必要定期地回顾性分析，并建立风险预警机制。

值得一提的是，战略除了能够帮助企业建立、保持和发挥竞争优势，战略还是一种投资者关系管理的有效工具。战略是企业对利益相关者的长期承诺，投资者可根据公司战略的合理性初步判断公司未来的发展方向和发展潜力，具有增强投资信心，提升估值或股价的作用。在行业日益衰退、盈利日趋困难、投资风险逐渐加大的情况下，清晰合理的战略，是企业获取投资、稳定股价的有效工具。

与全球市场"先有创新药后有仿制药""创新药占主导"所不同的是，我国市场先有仿制药后有创新药，而且仿制药长期占市场主导。这主要跟我国的国情有关。我国的创新药行业是在 2010 年以后才逐步形成的，因新医改第三阶段的政策强调创新、产业升级和腾笼换鸟，创新药产业才得到了飞速发展。由于产业底子薄，企业的创新战略基本以跟随为主，热门靶点同质化竞争严重，而且出现了资本市场过热、泡沫严重的现象。为了避免行业资源的浪费和同质化竞争的持续，2021 年以后，国家药品监督管理局（National Medical Products Administration，NMPA）提升了临床试验标准，证券监督管理委员会也调整了大股东减持规则，创新药行业也从"过热"逐渐变成了"过冷"，快速进入了一个大调整期。

与仿制药一样，行业进入调整期后，企业也会迅速两极分化和优胜劣汰。为此企业也必须重新审视内部优势（劣势）和外部机会（威胁），迅速调整战略。首先，在新的形势之下，"紧密跟随"战略将只有少数企业能够走通，大部分企业在跟随的情况下要注重创新，注重产品的质量，即改用"选择性"跟随或模仿式创新的战略。其次，应注意靶点、治疗理念的差异化，不但不能再为包装管线而随意投资新项目，反而要考虑做减法，适当地砍掉缺乏差异性、无法创造真正价值的、增长空间不足的项目。再次，要重视国际化。我国支付能力不足，严重限制了产业的发展，企业要想获得更高的回报率，必须设计合理的国际化策略，将产品推向国际市场。最后，要重视工程类技术的开发与发展，在有必要的情况下考虑抱团取暖。

五、投资项目的新选择逻辑

在过去，我国制药企业的投资项目选择多以"机会主义""鸟枪法"的逻辑为主。在市场高速增长的时代产生了很多短视主义和赚快钱者，他们投资项目的逻辑是什么产品市场大、别人卖得好就投资什么产品，池大鱼也大，随便捞一网也能赚得盆满钵满。而"鸟枪法"逻辑产生的原因是既往项目投资回报率整体比较高而研发成本非常低，试错的成本较低，胡乱投资一堆项目，指不定投资的哪个产品就可能得到丰厚回报。

一致性评价以后，合规性大幅提升，仿制药的研发门槛升高，开发成本也快速上涨；而集中带量采购以后，仿制药的投资回报率快速下滑，"鸟枪法"的试错成本越来越高。随着竞争的加剧和优质可仿资源的枯竭，"机会性品种"也越来越少，"机会主义"的投资项目选择逻辑也逐渐走入了困境。所以，新项目选择困难是近年来行业里最大的呼声。

集中带量采购以后，仿制药的价格和利润水平都被腰斩，而且竞争变得异常激烈，每次中标后可获得的销量越来越少，投资三五个新项目换回的收益可能抵不上集中带量采购实施以前一个项目换回的收益。为此，企业要保障销售额和利润的稳定，必须翻倍地投资新项目，然而由于"机会性品种"的越来越少和"鸟枪法"试错成本的不断升高，企业必须改变新投资项目的选择逻辑。一要降低投资回报预期；二要改变投资项目的决策方式，制定清晰的、自上而下的决策逻辑——公司战略决定业务战略，业务战略决定产品管线设计，产品管线决定投资品种的选择。

相比仿制药，创新药的产品选择更重视内部资源和能力，不是什么靶点热门，什么靶点几近发展成熟，成药性高，我们就做什么靶点，而是要以公司科学家团队的知识、技术和经验为基础，综合未满足的临床需求、技术发展趋势、赛道的竞争态势选择拟布局的领域。在此过程中，所谓的"立项部门"起到的只是信息筛选、评估等辅助性作用，如果按仿制药的思路立项，必定会发生"me too"内卷。

由于OTC和消费者保健品的消费需求是高度差异化的，企业要摒弃仿制药的产品开发思维，从市场找产品。企业应与消费者接触，深度理解消费者，绘制消费者画像（consumer profile），然后根据消费者画像精细定位，并开发有针对性的新产品。由于消费者画像是动态变化的，所以产品的开发速度至关重要。对于消费趋势变化较缓慢的领域，研发部门也可有前瞻性地设计一系列产品，提前开发并形成产品储备，然后根据市场部门的需要再推向市场。尤其是开发难度较小、开发成本较低、开发速度较快的备案类产品。在此过程中，企业可以效仿华为IPD（integrated product development）的理念，建立产品管理部，形成系统的产品开发体系。另外，OTC和消费者保健品的开发，还应与品牌树的拓展与延伸相结合，形成以品牌树形式聚焦的产品管线。

参考文献

［1］蓝海林. 企业战略管理［M］. 北京：科学出版社，2021.

［2］迈克尔·波特. 竞争战略［M］. 陈丽芳，译. 北京：中信出版社，2013.

［3］迈克尔·波特. 竞争优势［M］. 陈丽芳，译. 北京：中信出版社，2014.

［4］哈佛商学院管理与 MBA 案例全书编写组. 哈佛商学院管理与 MBA 案例全书
　　［M］. 北京：中央编译出版社，2017.

［5］王志纲. 王志纲论战略关键阶段的重大抉择［M］. 北京：机械工业出版社，
　　2022.

［6］W. 钱·金，勒妮·莫博涅. 蓝海战略［M］. 吉宓，译. 北京：商务印书馆，
　　2005.

［7］魏利军，王立峰，王海盛. 跨国药企成功启示录［M］. 北京：中国医药科技
　　出版社，2022.

［8］魏利军，王海盛. 仿制药企兴衰启示录［M］. 北京：中国医药科技出版社，
　　2023.

［9］杜臣. 药企战略·运营与医药产业重构［M］. 北京：中华工商联合出版社，
　　2020.

［10］石晓庆，卢朝晖. 华为能，你也能 IPD 产品管理实践［M］. 北京：北京大
　　学出版社，2019.

［11］褚淑贞. 医药企业战略管理［M］. 北京：中国医药科技出版社，2012.

第二章
制药企业的环境分析和战略制定方法

第一节　制药企业的外部环境分析

制定战略的过程就是一个"扬长避短"配合"趋利避害"、绘制蓝图的过程。"趋利避害"是分析外部环境因素，抓住对企业有利的变化（机遇），并规避有害变化（威胁）的过程。而所谓的外部环境，是在特定时期内，可能对企业生存与发展造成影响的、各种外界因素的总和。外部环境分为宏观环境、行业与市场环境、竞争与合作环境。相比企业的内部环境因素，外部因素更为客观，而且企业内部因素的优（劣）势是针对外部环境而言的，所以外部环境分析是企业战略制定和调整的出发点。

一、宏观环境分析

宏观环境是影响整个国家或地区市场的大环境，其不限于影响某个特定的行业和企业。包括政治与法律（policy）、经济（economy）、社会与文化（society）、科学与技术（technology）、人口（population）和自然（nature），简称 PESTPN。随着经济的全球化，宏观环境分析时，不仅要分析国内环境，还要兼顾国际环境。

宏观环境的变量因素极其多样，难以做到面面俱全，故在分析宏观环境时，需结合制药行业的特点和公司的业务情况，找出影响公司战略的重点因素和关键因素。研究企业和行业的历史，找出曾经影响且将继续影响企业的重要因素，例如，中国医疗卫生体制改革（简称医改）、人口结构性老龄化等，梳理行业运营逻辑和市场发展规律，并结合着时事动态预判即将发生的变化。由于从宏观环境因素变化到对企业产生影响具有一定时间差，所以在宏观环境分析时，预见性极为重要，尤其是那些通过行业间接影响企业的变量。

（一）政治与法律环境

政治环境是指影响企业战略决策的政治、政策形势，而法规环境是影响企业经营的各种法律、法规、指南、政令等。药品关系民生，受政治政策影响较大，是市场化程度较低的行业。由于经济和技术的全球化，制药企业的战略决策不仅受国内政治政策因素影响，还受国际方面的因素影响（也有文献将国际环境列为单独的分类）。

1. 国际环境

随着经济的全球化，越来越多的企业走向了国际化。由于各国政治、经济环境不同，市场被分割得七零八碎。在日新月异的国际环境中，能够对各种因素的变化明察秋毫，并能够根据形势变化快速调整业务布局，是盈利的关键。在国际业务布局时，首先要评估各目标市场的政局稳定性、与母国的政治友好性，然后再研究其药品准入、监管、流通和报销制度，以及相关的法规或标准，最后再综合市场规模、人均收入水平、支付能力等经济因素进行取舍。

对于未开展国际业务的企业，国际政治因素变化同样会直接或间接影响战略决策。一方面，国际冲突、个别国家的政治行为可能影响能源价格或供应链的完整性，例如，某些国家的逆全球化行为导致原料药、中间体出口量价齐跌，部分出口型企业被迫转内销，进而引起国内市场竞争加剧。另一方面，我国的药品监管、招标和报销制度，监管法规与标准，多是在借鉴发达国家经验的基础上快速建立起来的，发达国家的相关法规、制度或行业指南变化，可能间接地影响我国的行业。

在制药行业，不论企业是否开展国际业务，美国食品药品管理局（Food and Drug Administration，FDA）、欧洲药品管理局（European Medicines Agency，

EMA）、人用药品技术要求国际协调理事会（the International Council for Harmonisation of Technical Requirements for Pharmaceuticals for Human Use，ICH）的法规或指南发生变化，都可能对全球行业产生深远影响，甚至关系到企业的业务布局和产品投资，因此，上述机构的指南、监管法规、通告、报告、新闻，企业都有必要关注。

日本药企"me too"后时代的困境

二战后的 30 年是资本主义的黄金时代，经济和科技飞速发展，制药业也不例外，但日本制药工业在二战后期几乎被摧毁，经过了很长时间才恢复元气。20 世纪五六十年代，日本制药企业创新乏力，虽有严格的本土保护政策，但药品贸易逆差不断拉大。为了鼓励创新，日本政府在 1967 年进行了监管制度改革，一方面要求"临床前和临床试验的标准不能与西方相同，必须在日本本土建立支持性数据"，以间接地限制西方药品进入；另一方面确立了"以证明新化学实体优点为前提"的审批标准，在原有药品分子的基础上改变药动学或药效学参数的新化合物均被视为新药，这为"me too"药物的兴起铺平了道路。与监管改革相配套的是，日本国民健康保险（NHI）将"me too"药物视为"适度创新"，给予突破性新药相同的价格补偿。为了保护创新者的利益，日本还在 1975 年进行了专利制度改革，允许"使用化学方法制造的物质"和"药品或两种以上药品混合成一种药品的制造方法发明"申请专利保护。

在诸多有利政策的作用下，"me too"在日本得以飞速发展，大量的优质"me too"或"me better"为日本药企的出海奠定了基础。由于 90 年代的成功出海，21 世纪的前 10 年是日本制药企业的鼎盛时期，武田通过兰索拉唑、吡格列酮、坎地沙坦等药品赚得盆满钵满，安斯泰来凭借坦索罗辛、他克莫司、索利那新和米卡芬净，第一三共依靠左氧氟沙星、奥美沙坦和普拉格雷，大冢依靠阿立哌唑，卫材依靠多奈哌齐和雷贝拉唑也相继成为世界巨头。

然而在跨世纪的几年间，美国 FDA 批准的"me too"数量大幅增长，一度占到年度总批准新药数量的 50% 以上，使得"me too"类药物广受美国业内争议：①新增临床获益有限，但大幅增加了医疗支出；②伤害了源头创新者的利益，间接地扼杀突破性创新；③美国的药品广告一直很流行，"me too"的大规模推广，扰乱了市场环境；④部分学者认为"me too"大量出现的根本原因是美国FDA使用安慰剂为对照批药、使用非劣性标准批药，他们对这种审批标准存在质疑；⑤引发不良反应事件，尤其当时万络事件的暴发更将此事推向风口浪尖；⑥药品过度推广行为，部分企业为了扩大销售额，超标签限制向未成年人推广抗抑郁药。

除了以上争议，笔者认为美国庞大的创新药市场是牺牲了多方利益维持的，而且创新药经济在美国形成了闭环，大量海外"淘金者"赚走外汇，不仅会产生贸易逆差，还会打破这种闭环，这或许才是政策干预的最主要原因。总之，美国FDA在2005年前后提升了对"me too"的审批标准，"me too"药物的获批数量逐渐下滑。2020年之后，又有人提出通过放宽"me too"审批标准以增加行业竞争，进而实现医疗费用的控制，但提议无一被采纳。

因"me too"审批标准的提升，"me too"出海之路几乎被阻断，除了盐野义的瑞舒伐他汀（与阿斯利康合作）、多替拉韦（与葛兰素史克合作）和日本烟草的艾维雷伟（与吉利德合作）等少数"me better"获得成功外，大部分企业都被迫转型开发源头创新（first in class，FIC）。不过当时日本的基础研究积累和对FIC新药的开发经验远不及西方，在"me too"盛宴之后，进入了"失去的十年"。2010年之后，日本五大巨头的销售额、利润和股价都出现了明显下滑，对国内市场的依赖度大幅增加。为了维持体量，他们用尽了全身解数，包括在欧美建立研发部门研发FIC、联合开发或收购管线、兼并协同性企业、产品代卖，甚至有的企业还布局了消耗品、OTC和仿制药，至今未走出困境。

2. 国内环境

相比国际环境因素，国内因素更为直接，而且有强制性。企业在国内政治、政策与法规环境因素分析时，应重点关注以下几个方面的信息：①国家健康战略或国家产业政策中与医药行业相关的部分；②与药品和制药相关的法律法规，如药品管理法、专利法、刑法、税法、消费者权益保护法、反垄断法和环境保护法等；③国家药品监督管理局（NMPA）、国家医疗保障局

（NHSA）和国家卫生健康委员会（NHC）的部门规章、通告、公告和指南等；④国家发展和改革委员会（NDRC）、工业和信息化部（简称工信部）、科学技术部（简称科技部）的产业政策中与医药相关的部分；⑤医改的相关政策；⑥地方政府的产业政策和规章制度。

以上信息可以通过国务院办公厅、各相关部委或地方政府相关部门的官方网站上获取，分析者应定期梳理、分析，并形成信息库。一旦发现影响企业业务布局和产品投资的政策或法规变化，应及时反馈到公司战略委员会。在诸多政治与法律因素中，新医改对制药行业的影响最广泛、最深远、最持久，甚至关系企业的生死与存亡。所以，企业不仅要研究医改政策的内容，还要理清医改政策的制定逻辑和规律。

（二）经济环境

经济环境是指企业的外部社会经济条件，包括经济发展水平、经济体制、地区和行业发展状况、城市化程度、消费者的收入水平、消费模式和消费结构等。而影响经济环境的因素包括国际经济形势、国家经济政策、国民经济发展状况、经济结构等。

1. 国际环境

对于国际化企业而言，目标市场的经济环境是除政治环境外最重要的因素。在目标市场的经济环境分析时，不仅要分析市场规模、市场增长率、药价水平等表观因素，还需要结合宏观经济状况、人均医疗开支、总医疗开支在国内生产总值（GDP）中的占比、政府医疗开支在总医疗开支中的占比等参数评估各国的消费能力和市场增长潜力。跨国巨头在海外业务布局时，非常看重市场的容量和长期增长潜力，例如，20世纪80年代初期我国的药价极低，药品总销售额不足100亿元，制药巨头争先恐后地进入我国的原因就是看中我国医药市场巨大的增长潜力。

20世纪80年代以后，发达国家的经济增长速度明显放缓，越来越多的国家加入了医疗费用控制的行列。严格的医疗费用控制，不仅大幅减缓了全球医药市场的增长速度，还导致部分国家的市场出现阶段性衰退，如日本。

对于未开展国际业务的企业，国际经济形势变化同样会对经济活动产生影响。例如，部分国家的逆全球化战略，严重影响了我国原料药和中间体的出口，这些产品转内销会加剧国内行业的内卷；汇率的大幅波动，会让某些设备、材料的进口成本增长。另外，汇率波动还会影响国家的经济政策，进而对国内企业的经济活动产生影响。

2. 国内环境

国内经济环境直接影响企业的生存、发展，所以对国内环境因素的分析必须系统而全面。首先，分析者对我国的经济体制、经济结构、产业结构、开放程度、货币政策、财政制度和分配制度要有最基本的认识；其次，要定期梳理和追踪影响行业或企业的经济政策，如资本市场监管制度、健康中国2030战略、国家五年期规划、各部委的产业规划等。2021年以来，中国证券监督管理委员会（简称证监会）新出台了大股东减持规则、收紧了对资本市场的监管，导致很多初创型生物技术（biotech）公司融资困难，业绩不良的企业面临强制退市。最后，国家的宏观经济指标是经济发展水平、发展潜力的直接反映，分析者应定期关注国家统计局网站，了解国家宏观经济信息和产业经济信息，如GDP增长速度、人均GDP、人均可支配收入、劳动力价格、利率、失业率，物价指数、通货膨胀水平，总医疗支出、总医疗支出在GDP中的比例、国家财政支出在总医疗支出中的比例等。

宏观经济直接影响各行各业的发展，其决定了一个市场的消费能力、消费方式、消费规模和消费动力。随着宏观经济增速的下降，医疗费用控制会越来越严格，而且将是一种长期的趋势，行业利润可能会越来越薄；随着经济增速的下降，失业率会不断上升，居民可支配收入的增长也会放缓，消费降级的现象也可能随之出现，尤其是在OTC、保健食品、个护产品等消费者保健领域；随着房价的下跌，地方政府收入大幅减少，债务压力骤增，各种科技政策、税收补贴都会大幅减少，初创型biotech公司的发展难度越来越大……总而言之，宏观经济对各行各业的影响是连锁反应，分析者应具有一定的经济学常识，对宏观经济的认识应具有一定的前瞻性。

随着经济增速的放缓，我国开始强调经济转型——由高速增长向高质量发展，在此过程中，市场格局将会被重塑。新医改中的鼓励创新、提升行业集中度、推动产业升级，就是应宏观经济转型之举。除了经济转型和产业升级，未来将影响我国宏观经济的主要因素还有经济全球化、部分国家的逆全球化和人口结构性老龄化。经济全球化有利于出口经济的增长，创新药、原料药或化工中间体将持续获益，而部分国家的逆全球化则不利于"外循环"经济的发展，国家必定出台更多措施刺激"内循环"。在此过程中，行业格局、竞争态势都会发生巨大的转变。"老龄化"是拖累经济发展的主要因素，随着出生率的下降和人均寿命的延长，我国将逐步进入老龄化社会。老龄化虽然对宏观经济造成不利影响，引发政府严格的医疗费用控制，但"银发经济"将大幅增加药品和消费者保健用品的需求。

（三）社会文化环境

社会文化环境是在特定社会形态下形成的信念、价值观、审美观、宗教信仰、道德规范和风俗习惯等。社会与文化因素会影响人们的消费欲望、消费需求、消费习惯和购买方式，进而影响企业的产品设计和营销策略。由于社会与文化因素较为隐晦，分析难度也较大，企业需要根据大数据分析、中间商反馈、用户或终端调研的方式获取信息。最后再根据不同地区、不同市场的社会文化特点，建立差异化的产品组合与营销策略。

处方药的需求有明显的被动性、被迫性和急迫性——疾病治疗需求不因人的主观意志而改变，患者也无需主动理解处方药，一旦身患疾病就需要药物治疗，而产品选择权由医生决定。因此，相比消费者保健品和OTC，处方药消费受患者主观意志、消费欲望的影响较小，但社会文化因素仍不可忽略。第一，由于过去较长时间的看病难和看病贵，我国部分地区人民形成"讳疾忌医"和"扛病不治"的习惯，是人均处方药用药量远低于西方国家的主要原因；第二，受各地方少数民族文化的影响，传统药品市场呈现出明显的市场分割效应，如藏药、苗药、蒙药等；第三，高收入者对仿制药质量信心不足，宁愿高价消费专利过期的品牌药（品牌药忠诚度较高）；第四，某些少数民族不接受"原辅包"来源于"猪"的药品，如明胶胶囊。

OTC和消费者保健品主要卖向零售市场，受社会与文化因素的影响较大，在产品设计时，需要先进行消费者调研，绘制消费者画像。相比其他国家，我国具有鲜明的社会文化特色：第一，国民的健康理念普遍受中医影响，中医文化很大程度上影响着健康消费习惯；第二，"天然的就是安全的"的思想根深蒂固，虽然事实可能并非如此，但会影响OTC和保健品的品类格局；第三，新生代受网络文化的影响，对便捷、时尚、个性化的诉求更高；第四，由于某些企业的短视行为（不重视品牌口碑），让消费者产生了"进口的就是好的"的观念偏差，使得"洋品牌"的 OTC、保健品更受欢迎；第五，爱国主义、环保主义风盛行，加入这些元素，有望增加产品销量……因为这些原因，在产品设计时，应充分考虑消费者的心理，开发新式剂型、时髦包装，让其没有"吃药"的感觉，个性化需求得以满足。另外，企业还应立足常远，重视企业文化建设和履行应有的社会责任，建立让消费者放心、令人尊敬的形象。

因受社会和文化因素的影响，OTC 和消费者保健品具有显著的市场分割性特征——在不同的细分市场或区域市场，品牌结构、消费层次和消费品类具有显著差异。因此，企业应该根据目标消费者的收入水平、受教育情况、宗教信仰、价值观念、消费习俗等因素进行市场切分，以开发差异化的产品和服务。例如，某企业根据目标消费者人群的受教育情况和消费习惯将 OTC 市场细分为一二线城市（教育程度高、受西方文化影响大）、三四线城市（教育程度较高、受西方文化影响较大）、基层（教育程度较低、受西方文化影响低）和电商 4 个市场（按消费习惯单独分出），不同的市场推出不同的产品、采用不同的包装和外观，使用不同的营销方案。

值得一提的是，随着电商的普及，某些带有隐私而自我意识较强的疾病的治疗用药（如性功能相关的疾病、狐臭、便秘、脱发、灰指甲、围绝经期综合征、肥胖、青春痘、紧急避孕等）迎来了全新的机遇，因为这些疾病患者耻于面对面就医或买药。

（四）技术环境

技术环境是指企业所处环境的科技要素，是影响技术发展、传播、应用相关因素的总和。制药行业是技术驱动型行业，技术环境因素是影响公司战略决策的重中之重。在技术环境分析时，应重点关注"新技术的突破与进展""新技术的应用前景""新技术的传播和转化速度""国家、地方政府的科技开发或投资政策"以及"科学伦理限制"等方面的信息。这些信息的来源包括专利、国际权威文献、学术会议、情报数据库、行业协会的研究报告、相关政府部门的官方网站等。在分析一个重大技术的应用前景时，还可以参考布局企业的数量、专利申请数量、临床试验申请（IND）数量、研发投入规模、产品开发进展以及政府的响应速度等。

创新药代表着科技进步，而仿制药代表着制造水平，所以两大细分行业对技术的关注程度、关注方向也存在着较大差异。创新药关注的是前沿性生命科学技术、新型疾病干预技术或治疗技术（如脑机接口、人造器官、仿生技术等）、新载药技术（如核酸包载技术）和新工程类技术的发现、开发与应用；而仿制药主要关注新工艺、新设备的应用。

随着经济的不断全球化和互联网的普及，科学技术的应用与传播速度大幅加快。从 DNA 双螺旋结构的发现到基因重组技术问世，再到首个重组生物制品获批，整个时间周期近 30 年，而从人类发现新冠病毒、到认识新冠病毒的基因编码，再到开发出疫苗的全过程不足 1 年。科技传播速度的加快，会拉近各国之间的差距，加剧竞争。

虽然科技进步推动着行业发展，但也加速了产品的迭代，让产品生命周期缩短、企业投资回报率下降，甚至会出现未上市或刚上市就被淘汰的现象。因此，在赛道布局时，应注重前瞻性，确保处于领先地位。另外，技术进步还能影响人们的消费习惯和消费需求，让行业的生命周期发生改变或让行业的界限变得模糊。例如，手机的快速发展，让胶卷行业和相机行业快速衰退；电商平台的出现，将各行各业的产品销售融合到一起，行业的界限也因此而打破。

丙肝药物的迭代

1986 年，先灵葆雅的干扰素 α-2b（Intron A）获得美国 FDA 批准，随后丙型病毒性肝炎（简称丙肝）有了药物治疗。经 Intron A 单药治疗 24 周，50% 患者的丙氨酸氨基转移酶（ALT）符合应答标准。Intron A 单药治疗不仅疗效不理想，而且每周需要注射 3 次，脱落率较高。2001 年，聚乙二醇修饰干扰素 α-2b（Pegintron）获批上市，注射频率下降至每周 1 次。使用 Pegintron 治疗 24 周，17%~24% 的患者符合应答标准（同时符合病毒学应答和 ALT 正常化），而相比之下，Intron A 仅为 12%。2005 年，Pegintron 联合广谱抗病毒药利巴韦林的二联方案成功获批，虽每个疗程长达 48 周，但病毒学应答率（VR）提升至 52%，其中基因 1 型患者为 41%，基因 2 型～基因 6 型为 75%。

2011 年，直接抗病毒药（DAA）特拉匹韦（Incivek）和波普瑞韦（Vicrelis）获批上市，于是在二联疗法的基础上，添加 NS3/4A 蛋白酶抑制剂的三联疗法成为主流。初次治疗的患者经过 24~48 周的治疗，用药结束后 12 周的持续病毒学应答率（SVR）高达 74%~79%。相比二联疗法，在疗效提升的同时，部分患者的治疗周期缩短至 24 周，而且既往治疗应答不足或不应答的患者，也有了治疗方案。因为巨大的临床优势，特拉匹韦一经上市，年销售额就突破了 20 亿美元。

2013 年，NS5B RNA 聚合酶抑制剂索磷布韦（Sovaldi）获批上市，基因 2 型和基因 3 型丙肝患者，无需再使用干扰素 α 进行基础治疗，基因 1 型、2 型和 4 型患者疗程缩至 12 周，基因 3 型患者缩短至 24 周，而且将 SVR 提升至 90% 左右。索磷布韦的上市，让特拉匹韦被市场淘汰，生命周期不过三四年。

2014 年，吉利德和艾伯维相继推出了 Harvoni 和 Viekira，丙肝治疗正式进入鸡尾酒疗法时代。Harvoni 是在索磷布韦的基础上，添加了 NS5A 抑制剂雷迪帕韦，不仅 SVR 超过 95%，而且所有患者无需再使用干扰素 α，除了耐药的基因 1 型代偿性肝硬化患者外，疗程均缩至 12 周。Viekira 是由 NS5B 核酸聚合酶抑制剂达塞布韦、NS5A 抑制剂奥比他韦、NS3/4A 蛋白酶抑制剂帕利普韦和肝药酶抑制剂利托那韦组成的固定剂量组合物，虽然疗效和 Harvoni 相当，但只能用于基因 1 型丙肝患者治疗，而且需要每日 2 次服药。为了提升竞争力，艾伯维随后又推出缓释版的 Viekira 和专门针对基因 4 型患者的 Technivie（奥比他韦/帕利普韦/利托那韦）。在吉利德和艾伯维之后，默沙东也推出了由 NS5A 抑制剂艾尔巴韦和二代 NS3/4A 蛋白酶抑制剂格拉瑞韦组成的 Zepatier，虽然疗效可以与 Harvoni 和 Viekira 媲美，但新一代的泛基因型疗法在半年后就问世。

不论 Harvoni、Viekira，还是 Zepatier，都只对部分基因型有效，故在给药前需要做基因检测，既麻烦又耗成本。为此，泛基因的新一代鸡尾酒疗法 Epclusa 和 Mavyret 相继在 2016 年下半年问世。Epclusa 由索磷布韦和新一代 NS5A 抑制剂维帕他韦组成，不仅对所有基因型都有极高的 SVR，而且疗程全部压缩至 12 周。Mavyret 由新一代 NS3/4A 蛋白酶抑制剂格卡瑞韦和新一代 NS5A 抑制剂哌仑他韦组成，疗效与 Epclusa 几乎相当，而且绝大多数患者的治疗周期压缩至 8 周。为了回应艾伯维，吉利德又在 2017 年推出了专门针对耐药患者的鸡尾酒 Vosevi，在 Epclusa 的基础上增加了 NS3/4A 蛋白酶抑制剂伏西瑞韦，既往治疗失败患者的 SVR 提升至 96%。

综上，从干扰素到 PEG 干扰素，迭代周期长达 16 年，而从 Harvoni 到 Epclusa 的迭代周期只有 2 年。经过几次迭代，丙肝不仅从无药可治到基本实现治愈，而且从每周注射 3 次到无需注射、从每疗程 48 周压缩到 8 周。因为丙肝药物快速迭代，让 Incivek、Sovaldi、Viekira 和 Harvoni 等"重磅炸弹"成为昙花一现，让波普瑞韦和达卡他韦等产品刚上市就被淘汰，让大量的新药胎死腹中。虽然 Zepatier 等产品通过低价"硬撑"，但价格战已让市场萎缩了八九成。

当今科技突飞猛进，而且还有进一步加速发展的趋势，各种新技术、新理念让人眼花缭乱、应接不暇，企业应根据自己的战略定位，定期地跟踪和梳理自己关注的信息。创新药企业应重点关注工具性技术的革命（如人工智能、核酸包载技术、基因编辑技术、药物与载体的偶联技术等）、疾病新靶标和靶标干预方式的推陈出新、疾病诊断和治疗技术的突破（如硼中子疗法、光免疫疗法、干细胞疗法、人工器官等），以及前沿性生命科学的进展等，而仿制药企业应重点关注新技术在产业方面的应用，如新工艺路线、智能化制造、生物合成法等。值得一提的是，人工智能（AI）技术的快速革新与迭代，将改变制药行业的游戏规则。AI 辅助药物设计、辅助试验设计的大面积应用，必将大幅降低创新药的开发成本和开发周期，大幅提升开发成功率，而 AI 在生产环节的大面积应用，有望实现无人化生产或少人化生产，让原本没有制造成本竞争力的发达国家，重获成本优势。

除了 AI 技术，最有潜力影响未来行业发展趋势的是核酸递送技术。相比蛋白质和小分子，核酸可干预的靶点更多，而且核酸药物的开发尚处于早期阶段，前景非常广阔。据文献报道，目前人类药物（小分子或蛋白质）干预的靶点主要是蛋白质，而人类仅有 1.5% 的基因组可编码蛋白质，且在人体两万多种蛋白质中，仅有 10%~15% 与疾病相关。不仅如此，大部分相关蛋白还不具备成药性，所以可成药的靶点非常少。截至 2018 年上市的全部药物，仅可与不足 700 个基因组发生相互作用，仅占人类基因组的 0.05%。如果绕开蛋白质，直接干预基因，可开发的靶点数量有望提升几个数量级。然而，目前限制基因干预的主要障碍是核酸递送，一旦该技术突破并成熟，创新药行业发展的瓶颈将被打破。

（五）人口环境

人口因素是一个国家或地区的人口数量与结构、民族构成、收入水平、劳动力价格和平均预期寿命等状况，这些信息，可以在国家统计局的网站上获取。经济学上认为，人口是决定市场规模或市场容量的主要因素，即市场规模 = 人口 + 购买力 + 购买欲望。因此，在企业国际化战略制定的过程中，人口数量、人口结构、购买力都是重要的评估因素。

2015 年以来，我国人口出生率快速下降，人口规模也登顶后下滑，而且在未来很长的一段时期内，总人口规模都将呈下滑趋势。由于出生率下降、人均寿命延长，我国将逐步进入老龄化社会。人口老龄化对医药行业而言，是机遇也是挑战。机遇在于人口结构的老龄化会大幅增加医疗保健需求，在国家"银发经济"和"健康中国 2030"的战略之下，慢病用药、神经退行性疾病用药，以及其他与老年人相关的疾病用药、OTC 和老年人保健品的销量必将持续增加。而挑战在于人口老龄化会拖累宏观经济，引起医疗开支失控，进而导致国家长期、严格的医疗费用控制。

销量会因老龄化而增加，但价格会因国家的医疗费用控制而下降，在这种形势下，企业应找准自己在市场中的定位，并根据自己的产品特点和制造成本水平找到利基线。另外，随着出生率的下降，儿童用药、产科用药的需求也会随之大幅下降，但优生优育的观念下，将会呈现出明显的消费升级趋势。因此，高端儿童保健品、差异化的儿童用药将可能是市场的主要发展方向。

虽然我国经济增速逐步下降，但仍在持续增长，居民可支配收入将随之提升，这有望带来医疗保健消费的升级。为了迎合这种趋势，企业要注重产品的升级与迭代，OTC 和保健品应有高、中、低端定位，以满足不同消费层次、不同收入水平者的消费需求。另外，随着经济的增长，劳动力价格也会水涨船高，企业有必要进行生产线升级，利用 AI、智能设备取代部分人工，以降低制造成本。

我国人口结构的少子化与老龄化

随着人均收入的不断上涨，人类的育儿成本就会不断增加。例如，人均年收入为 1 万元时，6 个月产子的直接收入损失是 5000 元，而人均年收入达 10 万元时，6 个月产子的直接收入损失就会变成 50000 元，这还不包括间接的收入损失。社会竞争压力越大，间接收入损失就越高。因此，出生率随经济的发展而下降是普遍的规律。20 世纪 50~70 年代，我国的人口出生率基本维持在 30‰以上，而 90 年代以后逐渐下降至 20‰以下，近年来已不足 10‰（表 2-1），人口总量在 2022 年开始负增长。

表 2-1　我国人口出生率变化

年份	1950	1960	1970	1980	1990	2000	2010	2020	2023
出生率（‰）	37.0	20.9	33.6	18.2	21.1	14.0	11.9	8.5	6.4

注：数据来源于国家统计局。

出生率下降必然会导致人口结构的老龄化，而且人均寿命越长，老龄化就越严重。2000 年时，我国 65 岁以上的老龄人口仅占总人口的 6.96%，但 2023 年已上升至 15.38%，平均每年上升 0.37 个百分点。最近的 5 年来，老龄化呈现出明显的加剧趋势（图 2-1），预计 65 岁以上的老龄人口占比将在 2030 年突破 25%。

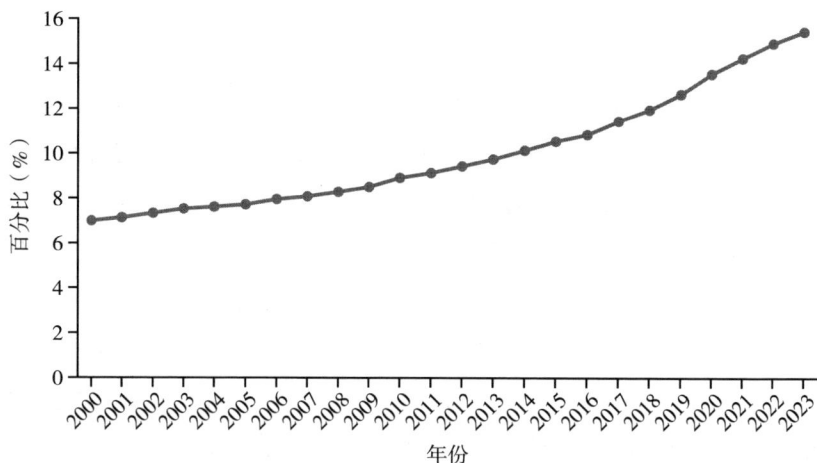

图 2-1　我国 65 岁以上老龄人口在总人口中的比重变化

相比仿制药，人口因素对创新药的影响更大。第一，人口数量和收入水平决定市场的大小；第二，人口结构决定创新的走向。创新药的发展受技术驱动，但也不能忽视人类疾病谱的影响，因为疾病谱的变化代表治疗需求的更迭，而疾病谱又与人类的寿命、种族、性别密切相关。

（六）自然环境

自然环境是指企业周围的各种自然因素的总和，包括能源、矿产、气候、水、土地、动（植）物资源、国家的环保政策，以及环保组织与个人的环保诉求等。一方面，自然环境因素会影响企业的产业布局，自然资源条件、环保要求、运输成本和产业链完整性都是产业布局时的重要指标。例如，高污染和高耗能的原料药或化工中间体产能建设应尽量避开经济发达地区或环境承载能力较弱的地区；具有高毒、高爆风险的原料生产应尽量避开居民区；粮食、电能依赖度较高、受气候影响大的发酵产业优先选择西北地区；对动（植）物资源依赖度较高的天然药物提取分离产业应优先考虑西南地区……另一方面，自然环境因素会影响药品需求。气候变化会引起多种疾病发病率的升高。例如，极端高热会引发热射病，空气污染会引发呼吸道疾病，水污染会引发消化道肿瘤等。此外，自然灾害、极端天气、疫情，也会增加急救药物、抗感染药物的需求。

随着社会的不断进步和生活质量的逐渐提高，人们对生态环境的关注度也越来越高，这会导致某些高污染企业的运营受到影响或环保成本大幅增加。在某些附加值较低的原料药或中间体中，人力成本和环保成本是影响毛利水平的最主要因素，所以环境保护还可能影响到产品或业务的取舍，企业在产业规划和产品布局时，需要有一定的前瞻性。

二、行业与市场环境分析

"市场"和"行业"是一组相关性的词语，"市场"是以买方为研究对象，而"行业"是针对卖方。市场与行业均受宏观经济影响，但同时也能影响企业的战略决策。

（一）行业环境

行业是一组或一类提供同类相互密切替代性商品或服务的公司，而行业环境是对处于同一行业内的公司或组织都会发生影响的因素。分析行业环境的方法通常为行业集中度、行业生命周期、行业结构等。

1. 行业集中度

行业集中度也称市场集中度（CR），用于描述行业资源聚集或分散的程度，常使用少数企业的销售额、销量或资产总额等指标在全行业中的比重（CRn）表示。行业集中度的高低决定行业竞争强度，集中度越低，行业越分散，竞争越激烈。经济学家贝恩根据 CR 将市场结构分为寡占型与竞争型两类，寡占型又进一步分为极高寡占型（CR8 ≥ 70%）和低集中寡占型（40% ≤ CR8 < 70%），而竞争型又分为低集中竞争型（20% ≤ CR8 < 40%）和分散竞争型（CR8 < 20%）。我国医药市场 2023 年的 CR8 为 15.4%，是分散竞争型行业。

2012~2020 年，我国制药行业的集中度有明显提升，但因 MAH 制度和集中带量采购制度降低了行业进入壁垒，在 2020 年出现了反转（表 2-2）。据 NMPA 数据，2023 年我国制剂和原料生产企业数量高达 5652 家，药品生产许可证数量高达 8460 件，相比 MAH 制度实施以前，增长趋势非常明显。

表 2-2　我国行业集中度的变化（单位：%）

财年	2013	2014	2015	2016	2017	2018	2019	2020	2021	2022	2023
前5	8.52	9.01	9.00	9.50	10.44	11.90	12.70	13.32	11.81	10.91	10.45
前10	15.30	15.94	15.94	16.46	17.64	19.43	20.88	21.62	20.00	18.37	18.19
前30	29.71	31.41	31.97	31.33	32.63	35.51	36.80	38.05	36.77	35.00	34.78
前50	39.74	40.52	40.05	40.42	41.53	44.45	45.56	46.60	45.54	44.04	43.26
前70	46.56	47.47	46.97	47.36	48.09	51.00	52.25	52.76	51.43	49.81	49.34

根据迈克尔·波特的《竞争战略》，导致行业分散的原因：行业总体进入壁垒不高、缺乏规模经济或经验曲线、运输与存货成本高或无法长途运输与长期储存（如餐饮）、在应对买方或供应商时大企业无议价权优势，以及其他规模不经济的原因（如市场需求多元化、以形象为基础的产品差异度高、退出壁垒高、地

方性监管、政府禁止行业集中等）——我国仿制药行业符合大部分特征。

对抗行业分散的有效办法是让市场需求标准化、创造规模性经济和收购企业，所以从某种程度上讲，仿制药一致性评价和集中带量采购有利于行业的集中化。至于近年来，行业集中度下降的原因，可以从两方面进行解释：一是 MAH 制度和集中带量采购降低了行业进入壁垒，大量企业新进入行业，降低了集中度；二是在集中带量采购引起的市场格局重塑中，大企业无议价权优势，产能优势和渠道优势也无法发挥，甚至加剧了规模不经济的现象。然而从长远来看，集中度下降只是暂时的，随着药价的不断下降——最后将只剩下生产环节的利润，生产或研发受制于人的 B 证企业（MAH holder）很难再有成本的优势，终究会因无利可图而退出行业。

2. 行业的生命周期

行业的生命周期指行业从出现到完全退出社会经济活动所经历的时间，根据先后顺序可依次分为导入期（又称新生期）、成长期、成熟期和衰退期 4 个阶段。行业生命周期依据行业销售额增长的拐点进行区分，通常符合 S 形曲线（图 2-2），但也可能因技术、经济、政策、文化等宏观环境因素影响，跳过某阶段而直接进入下一阶段，也可能衰退后再次成长。

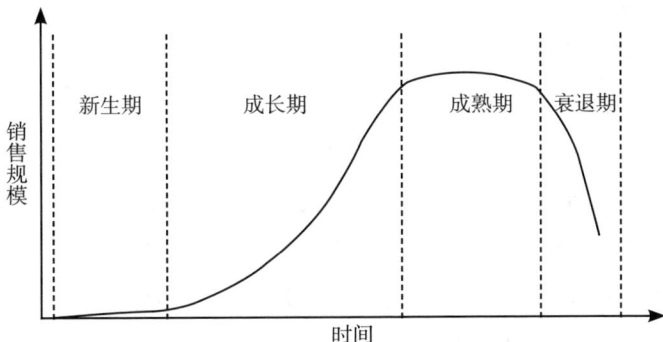

图 2-2　行业生命周期（示意图）

新生期：行业刚诞生，市场监管机制不成熟，因未形成规模经济效应和经验壁垒而进入行业的难度低（但也可能因政策的限制而难度较高），市场规模小而且增长缓慢。在这一阶段，企业所面临的问题较多，例如，政策与法律限制的问题、消费者对产品或服务不信任的问题、产品制造和质量保证的问题，产品推广和售后服务经验不足的问题等。因为发展受限，即便憧憬很光明，但大部分企业处于观望状态。在该阶段，企业的增长战略，应以有机增长为主。

成长期：新生期所面临的问题基本得以解决，市场开始快速发展，市场监管机制也会逐渐走向成熟，行业的进入难度也随着市场的成熟化而逐渐提高。在这一时期，产品总体是供不应求的，但市场也会因为竞争者的增加和产品的多样化，而逐渐从卖方占主导向买方占主导转变，竞争逐渐加剧。在行业的成长期里，企业的营收增长以开发市场增量为主，抢夺存量份额为辅，所以战略通常以增加产品供应、最大限度地获取市场增长所带来的红利为核心。如果建产能、报批文、强销售等内源式增长不能满足发展需求，企业就会采取外源式增长的手段进行辅助——兼并或收购。在此阶段，因为市场是快速增长的，如估值不显著高于标的价值，发生资产减值的风险较小，例如Teva在20世纪90年代的频繁兼并，并未产生明显的资产减值。

成熟期：随着成长期的快速发展，市场需求会被不断满足，当需求满足度提升至瓶颈时，销量增长就会大幅放缓，而销量增长所带来的市场增量与价格下降所造成的市场萎缩接近平衡时，市场就会停止增长。随着市场监管机制的不断成熟，行业资源完成分配、规模经济效应和经验壁垒的形成，新进入行业的壁垒较高。因为市场需求几乎不再增长，企业的增长目标从开发市场增量为主演变为抢夺存量份额为主，开发增量为辅（如专利新到期的产品），企业之间会相互攻击，竞争快速加剧。行业由成长期到成熟期的过渡阶段称为转型期，在转型期内，市场可能发生衰退——衰退可能是暂时的（经过小范围的调整后保持在成熟期状态），也可能是永久的（直接进入衰退期）。行业转型期会加速企业的两极分化和优胜劣汰，而且巨大的市场趋势变化和发展逻辑的改变会导致企业看不清形势，进而引发战略上的进退两难。由于成长期那种扩大产能、增加供应的增长方式不再奏效，企业必须以资源能力优势为出发点，形成低成本或差异化。另外，由于市场调节的滞后性，行业成长期规划或建设的产能在市场增长突然减速、停止，甚至小幅度衰退后，会出现一定程度的过剩，如何充分利用产能、二次定位产能也是这一时期战略考虑的关键。由于产能的不协调过剩（阶段性过剩）和企业的迅速两极分化，效益好的企业将迎来廉价收购优质资产的机会，但考虑到投资回报率会因竞争的加剧而下滑，企业在制定兼并战略时应强调目标资源的协同性、稀缺性或难以快速复制性，以免资产减值的发生。

衰退期：当需求改变、需求萎缩或价格下降引发的市场萎缩大于销量增长带来的市场增长时，行业就会进入衰退，一般情况下，政策、经济、文化、技术等宏观环境的改变都会引起或加速行业的衰退。在市场衰退的情况下，行业资源是过剩的，且衰退越快，过剩就越严重。而过剩的资源需要通过竞争来淘汰，这是衰退期残酷竞争的根本原因。由于制药行业的资产高度专业化，退出壁垒较高，竞争强度远胜一般行业。在行业衰退期，企业的战略重心不但要保持竞争优势，还需要转移资源，以撤退、转型、剥离、收割等收缩型战略为主。由于衰退期的资产估值和投资回报预期都是不断下调的，应谨慎兼并，否则很容易引发资产减值，Teva 等巨头的衰败就是最经典的案例。另外，因为投资回报率的下降，企业的新产品投资回报预期也应适当下调，否则将无产品可投，国内仿制药企业的心态从"逃避集中带量采购"到"迎接集中带量采购"的转变，就是主动降低投资回报预期的表现。

美国化学仿制药市场的生命周期

1. 导入期（1920~1983 年）

仿制药在 20 世纪 20 年代就已出现，但市场一直很小。40 年代末，虽有人提出了仿制替代，但监管条件不成熟，而且不符合大多数相关者的利益，被各州立法禁止替代。1965 年之后，因为 Medicaid 和 Medicare 两大公立医疗保险的建立，政府有了费用控制需求，开始号召仿制药替代。为了配合该战略的实施，美国 FDA 对已上市的产品进行了药效再评价，探索符合仿制药替代需求的审批和监管路径，并制定了符合替代标准的产品清单（橙皮书）；各州陆续废除了反仿制药替代法案，并通过了新的仿制药替代法案以推动仿制药替代。尽管如此，在整个 70 年代，行业都处于创新与仿制之间博弈，直到 1984 年秋天，《Hatch-Waxman 修正案》的出台，才平衡了创新与仿制间的利益，大幅降低了仿制药的准入难度，仿制药行业的活力才得以释放。

2. 成长期（1984~2010 年）

《Hatch-Waxman 修正案》为仿制药替代扫清了障碍，在全产业链的支持下，美国仿制药替代率快速上升，仿制药的处方量占比从 80 年代初期的 10% 左右上升至 2010 年的 80% 左右，仿制药市场规模从约 10 亿美元上升至约 400 亿美元，部分仿制药企业抓住机会、通过兼并的方式蜕变为全球性的仿制药巨头。随着企业规模的扩大和利润的增加，市值也水涨船高，并在 2010 年达到第一个峰值。

3. 成熟期或转型期（2011~2015 年）

美国零售处方药的仿制药替代率在 2013 年达到了 97%，仿制药处方量占比在 2015 年达到了 89%，均已达到极限。虽然 2010~2013 年，仿制药市场增速依然较快，主要来自氯吡格雷等几个超级"重磅炸弹"的专利悬崖。但相比成长期，企业的盈利能力因竞争的加剧而明显下滑，部分企业的负债率增加，市值也逐渐萎缩。2013~2015 年，市场增速明显放缓，并在 2015 年达到历史峰值——750 亿美元。在此期间，很多美国企业都出现了盈利困难，为了拉动市值上涨和对抗行业分散，巨头们频繁地进行大规模资产重组，虽市值在 2015 年二次达峰，但充满了泡沫。

4. 衰退期（2016 年至今）

美国仿制药市场在 2015 年达峰以后便逐年萎缩，2023 年的市场规模相比峰值下降了四分之一。原因主要包括 3 点：第一，市场缺乏强有力的增长点。虽然美国 FDA 批准的化学药数量逐年增加，但"重磅炸弹"级产品减少，可仿资源的总量下降，另外，新批准的化学药以罕用药居多，仿制药的市场转化率（原研药市场转化为仿制药市场的比例，近似于仿制药的平均价格/原研药价格）较低，只有很小的一部分可仿资源被转化为仿制药市场。第二，在低价印度仿制药的冲击下，价格不断下滑，印度仿制药的价格冲击从一般仿制药一直蔓延到高技术壁垒的仿制药，巨头们盈利非常困难。第三，替代率达到极限，需求基本达饱和，仿制药销量增长缓慢。

美国仿制药市场因受政府直接干预较少，周期性特点非常鲜明，欧洲和日本仿制药市场因受到政策的强力干预，成长期较短，仿制药替代也不彻底。与发达国家所不同的是，我国原本是一个以品牌仿制药为主导的国家，仿制药替代的逻辑是低价的通用仿制药替代高价的品牌仿制药和非专利品牌药，在费用控制的过程中实现替代。由于市场原本已经成熟或接近成熟，价格一旦下降，就会萎缩，考虑到我国人均用药量远低于发达国家，萎缩极有可能是暂时的。

　　相比仿制药，创新药行业的生命周期特征并不明显，因为人类的治疗需求无止境，技术也不断加速进步，而且在过去 100 年里，行业和市场都一直在向上发展中，即便受到医疗费用控制的影响，也只是发生了阶段性曲折。然而，在细分市场中（如某种疾病、某个靶点）却表现出鲜明的周期性。例如，高血压的治疗需求因地平类和沙坦类而获得极大的满足，降压药市场也因此而快速发展。如果科学家无法开发出疗效显著优于地平类和沙坦类的降压药，降压药市场就会因为这两类药物的专利失效而衰退。事实上，在治疗需求基本得到满足的情况下，开发突破性的药物极其困难，企业在经过一定时间的尝试后，就会陆续撤离资源，转向新生的细分市场，如抗肿瘤药市场。

3. 行业结构

　　行业集中度和生命周期都只能静态地分析行业，不能动态反映行业的竞争态势，为了弥补不足，迈克尔·波特提出了 5 种决定行业盈利能力的竞争力，这些力影响价格、成本和业内公司所需要做出的投资，即波特五力分析模型（图 2-3）。波特五力分析模型可以用于：预测行业的竞争态势、制定竞争战略；预测行业的盈利能力；预测新行业的进入难度。

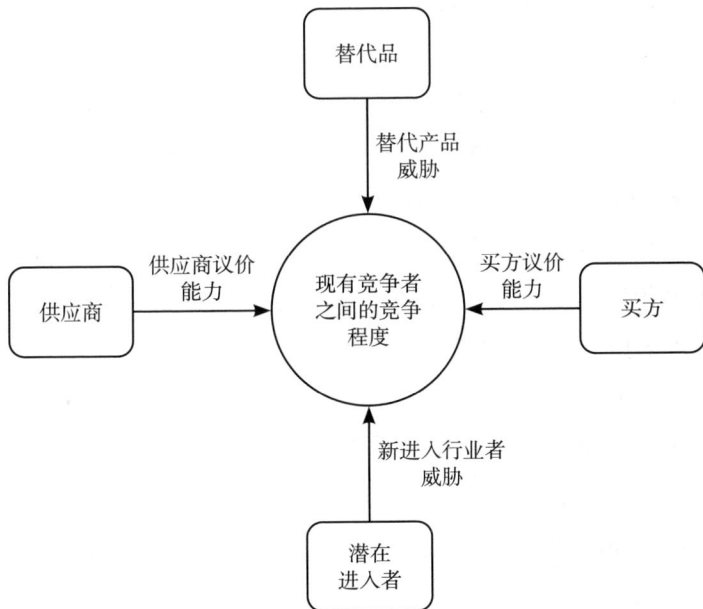

图 2-3　波特五力分析模型

（1）现有竞争者间的竞争状况

现有竞争者之间的竞争态势和竞争强度是决定一个行业利润水平的最重要因素，而这种态势和强度由竞争者数量与能力、市场增长速度、产品差异化程度、产品的固定成本与仓储成本、行业总产能、退出壁垒和企业的竞争目的共同决定。

①竞争者数量众多或彼此势均力敌。竞争者数量众多，而且竞争实力难以拉开差距时，就容易发生价格战。我国制药行业市场集中度较低，企业之间的实力悬殊也不明显，几乎没有任何一个企业能够迅速占据行业优势资源或兼并掉大量的企业以改变竞争格局，所以价格战非常激烈。然而过于激烈的价格战会让行业提前衰退，企业利润降低或大面积亏损，甚至有的企业为了控制成本而降低产品质量或偷工减料，不利于行业乃至国民经济的发展。

②市场增速缓慢。一旦市场增长放缓，试图扩张的企业就会攻击其他企业，以抢夺更多的份额，所以市场增长越慢，竞争就越激烈。在新医改实施之后，我国医药市场增速逐年下滑，医院市场在2019~2023年的平均增长速度只有2.8%，仿制药市场更是在2021年后持续萎缩，市场争夺异常激烈，在集中带量采购的过程中，甚至出现了割喉式竞争。

③高昂的固定成本或仓储成本。一个行业附加值越低，固定成本就越高。固定成本或仓储成本越高的行业，越容易发生价格战。仿制药作为成本效益经济，是一个典型的固定资产在总资产中占比重较高的行业，如果产能利用率不足，单个产品的加工成本就会大幅增加。为了提高产能利用率，企业就会通过降价来增加销量。然而一旦有企业降价，价格战就会打响。仓储成本则因产品不同而不同，需冷藏的产品或有效期较短的产品仓储成本较高，这些产品一旦生产过剩，企业为了降低仓储成本或减少爆仓损失就会低价抛售，进一步加剧了价格战。

④产品差异化程度低。产品差异化程度越低，顾客越容易挑选到物美价廉的产品，价格竞争由此而起。国家推动仿制药替代的意义就是利用仿制药的同质化竞争来降低药品平均价格，以实现医疗费用的节省。在集中带量采购中，仿制药以量换价，毛利水平大幅下降，为了换取市场份额，个别企业甚至曾以低于成本的价格竞标——割喉式竞争。

⑤产能大幅增加。在任何时代，只有供不应求，价格才能保障，一旦产

能大幅增加，市场满足度迅速提高后，企业之间抢夺份额的力度就会加大。我国制药行业的总产能已过剩，大量企业的产能利用率不足30%，但产能依然还在增加。例如，效益好的企业扩产、某些企业产能升级、新入行企业建产能等。

⑥行业退出壁垒高。行业退出壁垒越高，企业退出行业的代价就越大。由于制药行业的资产是高度专业化的，几乎无法用于生产其他商品，而在产能过剩的情况下，企业要退出行业必须廉价甩卖或放弃资产，代价巨大。为此，虽然很多企业已经被边缘化，但因为放弃成本的关系，可能会"囚徒困境"或"鱼死网破"。一方面，边缘化的企业难以退出，企业数量就无法快速减少；另一方面，因为"囚徒困境"和"鱼死网破"的竞争逻辑，行业竞争都会加剧。

⑦竞争逻辑多样化。竞争目的多样性让各种理性与非理性的竞争并存，有的企业因为"囚徒困境"或"舍车保帅"而"自杀式"降价，有的企业为了维持价格而"抱团取暖"；有的企业为了讨好股东而炒股式运营（重市值轻利润），也有的企业为了融资、上市或避免强制退市而重规模、不求利润。五花八门的竞争逻辑，也是加剧行业竞争的一大原因。

（2）买方的议价能力

买方的需求是更低的价格，更高的质量，故买方的议价能力能够影响产品的实际销售价格，进而影响企业的利润水平。买方议价能力越强，企业的议价能力就越弱，产品价格也就越低，所以买方的议价能力在一定程度上反映行业的竞争强度和利润水平。集中带量采购以后，NHSA作为全国最主要的药品买方，议价能力是压倒性的，是行业竞争加剧和利润下降的主要原因。买方的议价能力的高低，主要取决于以下7个方面。

①买方所处的行业集中度较高或买方购买的商品占卖方非常大的比例。买方的行业集中度越高、卖方可选择的买家就越少，买方的价格控制力越强；同样，买家购买的产品占卖家销量的比重越大，争取到低价的机会就越大。因此，经销商和渠道商越集中，越有利于仿制药的价格下降，易形成寡头垄断，但生产者集中度过高，买方议价力就会减弱，政府就会通过反垄断措施干预。

②买方所购买的产品没有差异性。买方购买的产品越没有差异性，对供

应商的依赖度就越低，产品的选择权利和讨价还价能力就越强。通用仿制药的安全性和有效性在理论上无显著差别——可以相互替代使用，生产厂家越多，买家的议价能力就越强，集中招标采购就是利用了这种原理。

③买家切换供应商的成本低。买方切换供应商的成本越低，议价能力就越强，一般情况下，标准化、大众化的产品，买家的切换成本很低，甚至可随意切换，这是大众化产品拼成本的根本原因。相反，差异化的产品，买家的切换成本较高，甚至无法切换供应商，产品能卖出相对高的价格。

④买方所处的行业利润水平很低。买方所处的行业利润水平越低，对价格就越敏感，会竭力争取更低的价格，而供应商会为了避免客户的退出影响生存而妥协。所以，集中带量采购的仿制药的利润非常低，某些原料药供应商在市场份额已取得明显优势的情况下就为利涨价，是典型的杀鸡取卵行为。

⑤买方容易向后一体化。如果买方很容易就实现上游产业链的整合，其议价能力就会大幅增强。例如，制剂厂家若很容易就实现原料药的自主生产，那么原料供应商的生存就会受到威胁。利用这种原理，有的企业虽然不生产某个产品的原料药，但也要持有该产品的原料批文，其主要目的就是提升自己讨价还价的能力，防止原料供应商"卡脖子"。

⑥买方所购买的原材料对产品或服务的质量影响较小。如果买方所购买的产品对其终产品或服务的质量影响较大，那么其在一定程度上会对价格妥协，反之则会竭力压价。例如，淀粉、纤维素等填充性辅料对片剂的质量影响较小，在采购时就会斤斤计较价格，故意迫使卖方降价，而羟丙基甲基纤维素、聚丙烯酸树脂等缓释材料对片剂的质量影响较大，而且高质量产品的供应厂家较少，买方只能在一定程度上对价格妥协。

⑦买方掌握了全面的信息。在相同的情况下，买方对卖方的行业越了解，议价能力就越强。如买方熟悉各供应商的价格、生产成本、现有供应商和潜在供应商的数量，就能直中卖方的要害，迫使卖方降价。

（3）供应商的议价能力

与买方的议价能力类似，供应商的议价能力越强，行业的生产成本就越高，在价格不变的情况下，利润就越低。行业竞争越激烈，供应商就越容易占据主动，议价能力也越强。供应商的议价能力取决于以下 7 个方面。

①供应商所处行业的集中度。供应商所处行业的集中度越高，企业的选

择面就越小，在价格谈判中就越容易处于被动地位。例如，二甲双胍、阿司匹林、6-APA 等大宗原料或中间体的产业集中度非常高，下游企业处于弱势地位，产品的毛利水平受上游供应商控制，也就是所谓的"卡脖子"。

②供应商所提供的产品没有替代品威胁。如果供应商所提供产品的性能或质量无法替代，那么企业只能被迫高价采购。例如，高效液相色谱仪、质谱仪等精密仪器，聚乳酸 - 羟基乙酸共聚物（PLGA）、半合成磷脂等高端辅料，微型胶囊填充机等高性能设备，以及某些高技术壁垒的特种原料药，企业选择面都很小，只能被迫向价格妥协。

③购买者对供应商而言不是重要客户。如果客户对于供应商而言是无关紧要的，那么供应商就不会轻易做出价格让步。例如，某些原辅料（如纤维素、维生素 C）和设备（如高压均质机）虽然对制药行业非常重要，但采购量相比食品行业是九牛一毛，所以对于这类产品的大型供应商而言，药企的生意可有可无，也不会在价格上轻易做出退让。

④供应商的产品对企业极其重要。如果供应商的产品对企业极其重要，那么企业在价格谈判中非常容易丧失主动权。例如，某厂家的核心产品是硝酸甘油，但硝酸甘油原料特殊的生产工艺决定了一般企业无法生产，如果不对上游厂家价格妥协，核心产品就可能面临停产或供货中断的风险。事实上，类似的案例在市场大而原料技术壁垒高或有特殊生产工艺的品种中较为常见。

⑤供应商提供的产品是高度差异化或定制化的。差异化、定制化或独家产品，买家选择面狭窄，卖家的议价能力较强，这是差异化战略的核心。制药企业可以通过差异化战略提升议价能力，获得更高价格，上游的供应商同样也可以。例如，进口辅料（如低取代羟丙基纤维素、二氧化硅、包衣粉）与国产产品存在明显的差异，所以能够卖出较高的价格。

⑥变更供应商的成本较高。为了保障药品质量的一致性，原料药和制剂是通过关联审评的，变更上游企业不仅需要开展对比性研究、向药监部门提交备案或补充申请，还可能导致产品供应中断。产品供应中断可能导致渠道流失，代价巨大。另外，某些产品对原料药质量（有关物质、粒度、晶型、晶癖、比表面积）高度敏感，企业几乎无法更换供应商，非常容易被"卡脖子"，丧失价格谈判的主动权。

⑦供应商很容易向前一体化。如果供应商能够轻松发展下游产业，其议

价能力就会变高。例如，某原料药供应商的出口价格远低于国内供货价格，原因是该厂家在国内市场布局了制剂业务，为了保证制剂产品的成本优势，战略性地提高了国内销售价格。

（4）潜在进入者的威胁

在行业的早期阶段，新进入者会带来资金和创意，有助于行业发展。但在行业成熟和衰退阶段，大量的新进入者会加剧行业竞争，引发产能过剩。如果竞争过于激烈，行业利润就会下降，甚至大面积亏损。潜在进入者威胁由行业的进入壁垒决定，而行业的进入壁垒主要体现在以下 7 个方面。

①初始成本投入的高低。任何一个行业，初始成本投入越高，就越难进入。制药行业的早期阶段因监管体系不成熟，药品不需要开展安全有效性试验，直接在小作坊里生产，初始投入成本较低。但经过上百年的发展，监管要求越来越严，初始投入成本也越来越高，即便是仿制药，也需要上千万的投入和消耗数年的时间。高初始成本，使得行业的进入壁垒远高于其他行业，是利润水平较高的一个主要原因。然而，MAH 制度和集中带量采购的实施，让药品生产无需再自建生产和销售体系，上下游的企业只需几百万元买一个仿制药批文就能快速进入行业。但是创新药的初始成本极高，所以融资难度会影响行业的进入壁垒。随着我国资本市场的逐渐合规化，biotech 公司的融资难度显著增加，行业的进入壁垒也随之升高。

②法律、专利或政策限制。国家的法律、法规、政策、行业标准和指南可大幅提升行业的进入难度。由于药品实行注册制，需要提交安全性、有效性和工艺可靠性证据才能申请生产，所以行业的进入壁垒较高。但因为委托研究机构（CRO）批量生成申报资料以及专业代工企业的成形，这些壁垒都很容易被克服。相比普通仿制药，管制药品因有特殊资质要求而竞争压力小很多，中药因为有历史原因的不可复制性，竞争压力也更为缓和。值得一提的是，2021 年以来，NMPA 发布了《以临床价值为导向的抗肿瘤药物临床研发指导原则》《以患者为中心的药物临床试验设计技术指导原则》等多项临床指南，大幅提升了创新药的准入难度，有效限制了"me too"内卷的现象。

③分销渠道的获取难度。在成熟的行业中，分销渠道通常被其他企业占据，新进入的企业必须自建或抢占他人的分销渠道才能获得销量。然而不论是新建渠道还是抢占渠道，难度都非常大，所以专家资源和终端数量的多少，

被认为是判断一个企业销售实力的主要指标。正因为此，跨国仿制药企业很难做大中国区业务，但随着集中带量采购的实施，药品的分销难度大幅下降，以印度企业为代表的跨国仿制药巨头趁机打入了我国市场。

④客户转化供应商的难度和成本。随着行业成熟度的提升，行业的资源分配和产业链分工越来越精细，企业之间为了长久的合作，通常会形成上下游利益绑定，甚至上下游一体化。为此，新进入者只能替换供应链上的某个环节，必须在进入前找到战略性客户或建立显著的成本优势，也就是说要解决产品卖给谁和价格优势的问题。原辅料与制剂关联审评，大幅增加了客户转化供应商的难度，会增加行业的进入壁垒，相反，集中带量采购中，NHSA可以随意切换供应商，降低了行业的进入壁垒，让市场竞争格局快速重塑。

⑤规模经济效应。规模经济赋予企业的成本优势主要体现在3个方面：a.产能越大、产能利用率越高，单个产品的加工成本就越低；b.生产规模越大，消耗的原材料就越多，面向供应商的议价能力就越强，原材料成本就越低；c.企业生产的产品越多，各环节之间产生协同或共享资源的机会就越大，运营成本也就越低。因此，行业一旦形成了规模经济，新进入者必须克服成本的劣势，而如果选择新建大规模的生产设施，初始资金投入就会大幅增加。行业集中度越高、产量越大，新进入的难度就越高。相反，个性化、差异化的产品无法规模化制造，会削弱规模经济的进入壁垒。所以，纵观近年来在行业中崛起的新秀，不是产品有特色，就是商业模式与众不同。

⑥产品差异度。产品差异越大，供需双方就越容易形成利益绑定，新进入的壁垒就越高。国家推动仿制药替代的原因就是为了对抗产品差异化，让高度同质化的产品充分地进行价格竞争，达到降低医疗支出的目的。所以，一致性评价以后，仿制药的差异化程度相比品牌仿制药时代降低。非处方药因为拥有品牌，是高度差异化的，而且企业还可以通过上下游一体化来提升差异化程度，进入壁垒相对较高。品牌是影响消费者的关键——可理解为某个商品与消费者意识的绑定，如果一个细分市场被少数知名品牌控制，新进入的壁垒就会变高。例如，补钙制剂市场形成了知名品牌寡头垄断的格局，新进入者不但要花大量资源进行品牌宣传，还必须抢占消费者的心智，进入壁垒较高。

⑦与规模无关的其他成本劣势，如专有技术、优先获得原材料、有利的

地理位置、政府补贴、经验和技能等。a.专利申请被誉为"跑马圈地"，越晚进入行业，面临的专利限制越多，进入难度也越大。b.所谓"近水楼台先得月"，先进入者会抢占行业优势资源，新入者必须将劣势资源开发为优势资源或抢占先入者的优势资源，这无形中增加了进入壁垒。例如，管制药品的生产资质是有数量限制的，一旦配额被先入者占满，后来者就只能通过收购其他有资质的企业来获取资质。c.行业的成熟度越高，经验的价值越大，而且这种"经验"会逐渐演变为专有知识或技术壁垒，尤其很多知识与技术花钱也买不到。在制药行业中，创新药的技术壁垒最高，最难进入。d.政府补贴会改变行业的进入壁垒，影响行业的优胜劣汰。例如，补贴 biotech 企业会降低创新药的进入壁垒，补贴传统仿制药企业会提升仿制药行业的进入壁垒，而补贴僵死的企业会延缓产能的淘汰速度，引发产能过剩。

（5）替代品的威胁

从广义上讲，一个行业内的所有企业都在与替代品行业竞争，替代品限制了行业的利润。例如，相机行业的替代品是手机，手机照相技术的快速发展，大幅挤压了相机行业的生存空间。从狭义上讲，产品的替代品数量决定了其投资回报水平。当一个首创型新药上市时，是绝对的稀缺性资源，一旦"me too"产品获批上市，估值就会大幅下调，而仿制药一旦突破专利上市，该产品的生命周期也就达到了终点。可相互替代的产品越多，价格越低，美国政府就是利用了这种原理，率先推动了仿制药替代。为了对抗替代品威胁，原研药厂家通常会使用各种手段延缓仿制药的上市时间，例如，某些企业曾利用了美国的专利法漏洞，多次提交专利诉讼而多次享受了专利等待期，也有的企业把产品做得尽量复杂或利用权威专家的力量影响美国 FDA 制定统一化审批标准的进程。

在替代品分析时，企业应重点评估替代品的可及性、治疗获益、替代品的转换成本、买方的购买倾向。一般药品，买方的替代意愿可能不强，但抗癌药则不同，如果新产品能够显著延长患者的无进展生存期（PFS）和总生存期（OS），老产品的处方将大面积被替代，这是抗癌药更新换代较快的主要原因。值得一提的是，随着治疗技术的逐步多样化，制药企业还应注意跨行替代品的威胁，例如，人造器官、脑机接口等治疗技术的出现，将会让很多药物治疗需求大幅减少，甚至归零。

（6）协力业者的力量

虽波特五力分析模型已能很好地分析行业结构，但其主要是基于单个企业设计，忽略了组织之间的协同与依赖关系，于是安迪·格鲁夫（Andrew Grove）在五力分析模型的基础上新添加了第六种元素——"协力业者的力量"。协力业者系指与企业具有相互支持与互补关系的其他企业。简而言之，某公司的产品与其他公司的产品配合使用，能够获得更好的效果，为此，他们的利益互相一致，产品相互支持，而这种力量也被称为"互补品厂家的威胁"。

在战略上，互补产品可以让企业获得以下五大优势：①提升买方效益，进而形成差异化；②能够相互提升对价值的认知；③能够共享某些营销活动，降低营销成本；④提升移动壁垒；⑤让企业获得除营销外、价值链上的共享效益。所以这种互补关系一旦形成，就会大幅提升产品的竞争力，为此，企业一般会通过控制互补产品、捆绑销售或相互补贴的方式来巩固这种互补关系。而这种关系对其他企业而言，就是"互补品厂家的威胁"。

"互补产品厂家的威胁"在药品市场并不少见，且可能改变某个细分领域的竞争格局。程序性死亡受体1（PD-1）抗体虽疗效广泛，但单独用药应答率较低，开发联合用药方案非常流行。为此，默沙东的帕博利珠单抗就与阿斯利康的奥拉帕利、卫材的仑伐替尼形成了互补产品关系。一方面，联合用药的疗效大幅增加，让同领域的产品受到了极大的威胁；另一方面，两家公司利益绑定后共同为产品提供赋能，在商业竞争方面也达到1+1＞2的效果。因此，企业面临的互补产品威胁越多，竞争压力就越大，新进入行业的难度也越高。

（二）市场环境

市场原意是商品集中交易的场所，营销学认为市场是买卖者之间，商品和服务交换关系的总和，而市场经济学则认为市场是供求双方进行经济交换的机制或环境。为了方便市场研究，可按不同维度对市场进行细分：①根据区域可分为国际市场、国内市场、各省市市场；②根据成熟度可分为新兴市场和成熟市场；③根据终端类型可分为医院市场和零售市场；④根据产品的类型可分为处方药市场、OTC市场等；⑤根据流通环节可分为批发市场和零售市场；⑥根据供需者关系可分为买方市场和卖方市场；⑦根据市场结构可分为垄断竞争型市场、完全垄断型市场和寡头垄断型市场；⑧根据时间顺序可分为存量市场、潜在市场（增量市场）、未来市场（存量＋增量）等。

随着市场竞争的加剧，精细化切分市场、差异化定位产品是制药企业最常见的营销战略。为了快速分析市场，可使用商业性数据库获取销售额、销售数量、销售价格、市场增长率、销售厂家等信息。由于市场调节是事后调节，市场规模、产品价格和增长趋势都是过去市场状况的反映。故在研究市场数据的同时，要透过现象看本质，从研究行业的历史出发，梳理出医药市场的发展规律，再结合宏观环境、市场结构、买方需求、消费方式和商业模式进行深度分析，才能对未来市场获得更加准确的预期。

1. 市场结构

市场结构是市场中各种要素之间的内在联系及其特征，包括交易关系、竞争关系和合作关系，而影响市场结构的因素包括供需关系、市场集中度、市场分割性和市场化程度。

（1）供需关系

供需关系是决定某个市场进入机会、竞争强度和盈利水平的关键因素。供不应求的市场进入机会较多，竞争强度较低、盈利水平也较高，反之亦然。在市场的早期阶段，产品供不应求，卖方占据主导地位。随着市场的扩大，竞争者会不断增加，需求满足度也会快速提升，卖方市场会逐渐转变为买方市场。我国医药市场形成于改革开放之后，因为严重的缺医少药问题，很长一段时期都是卖方占主导。2000年以后，随着缺医少药问题的逐渐解决和企业数量的大量增加，卖方市场逐渐向买方市场过渡。2015年后，产能过剩的问题逐渐显现，国家开始重视行业资源的调配，逐步淘汰落后和过剩的产能，鼓励创新，推动产业升级。一致性评价的实施，我国仿制药进入了可相互替代使用的时代，在集中带量采购之下，价格竞争变得极其惨烈。价格的大幅下滑引发了市场萎缩，企业对存量市场的争抢力度越来越大。产能过剩，供过于求，企业"吃不饱"的状态不断凸显。

供需关系具有不平衡性，虽然宏观市场供过于求、产能过剩，但在某些细分市场依然存在供给不足，甚至药物短缺。故企业在市场成熟期开展业务，务必要仔细研究市场、细分市场，找出供给不足或竞争不充分的领域。虽然美国仿制药市场竞争早已白热化，但依然存在供给不足、竞争不充分甚至短缺的产品，美国 FDA 为解决这些问题每年发布药物短缺报告并开通了竞争性仿制疗法途径（Competitive Generic Therapies，CGT）。另外，供需关系具有波动性，某些产品在一定时期内的供过于求会引发激烈的价格战，而激烈的价格竞争会让某些无利可图的企业停产，市场又会回归供不应求或供给不足的状态。这意味着，进入市场成熟期后，企业务必要重视产品组合的二次调配和定位。

供需关系受行业结构影响，行业结构决定长期的供需平衡——仿制药、OTC 属非稀缺性资源，很容易供过于求、产能过剩，如果企业不清楚产业结构的动态变化，就可能生产过剩、爆发激烈的价格战，产品滞销，甚至爆仓。创新药虽属稀缺性资源，但也可能出现供过于求的现象。符合人类疾病谱变化规律的首创性新药和能够大幅改善既往治疗水平的新药都是高度稀缺性资源，市场通常是供不应求的，但随着同类管线的增加或 "me too" 药物的增多，就可能供过于求。例如，我国 "me too" 药物 "扎堆"，价格竞争较为激烈，有些 PD-1 新药的价格甚至不如某些品种的生物仿制药（biosimilar）。

（2）市场集中度

市场集中度的概念与行业集中度相同，请参看行业集中度部分。

（3）市场化程度

市场化程度是指市场在资源配置中所起作用的程度。受政治、政策、政府或人为因素干预越少，市场化程度越高，反之越低。相比食品、消耗品、化工品，药品的市场化程度较低，主要反映在 4 个方面：①消费者不能根据自己的喜好与意愿购买处方药。在整个交易过程中，医生既扮演销售者的角色又扮演购买者的角色——代替患者行使选择权和决定权，很容易受个人利益的影响；②药品的研发、生产、运输、销售、使用和支付过程都受国家政策的干预，价格受政府影响，而非完全取决于供求关系；③全球仿制药市场是在各国推动仿制药替代的背景下才快速发展的，其本身带有一定的政治目的（如解决民生问题，节省医疗开支）；④其他影响公平竞争的行为，例如，政府对国有药企的补贴或救济，国家对相对过剩资源的调控，招标和使用过程中的腐败行为等。

在医药市场中，不同的细分领域，市场化程度也各不相同。毒、麻、精、放等产品是指定生产、配额供应，市场化程度最低。仿制药因承担着国家控制医疗费用和保障民生的使命，受政策干预较大，市场化程度低于创新药和OTC。OTC因为患者可以自主购买，所以是市场化程度最高的医药细分市场，但由于我国的部分OTC被医保覆盖，也受到了NHSA的价格管制，市场化程度较非管制国家低。另外，由于不同国家的国情、政策不同，市场化程度也存在较大的差异。美国崇尚自由竞争，政府干预相对较小，所以不论是创新药还是仿制药的市场化程度都高于日本、中国和欧洲大部分国家。

一个市场的市场化程度越高，市场规律就越显著，市场发展的可预期性越强，反之则越弱。如果市场频繁被政策、政治或他人非法干预（如腐败行为），那么企业很难对市场的未来趋势做出准确预判，战略制定的难度大幅增加。

（4）市场分割性

地方市场分割主要指各地方政府为了本地的利益，通过行政手段，限制外地资源进入本地市场或本地资源流向外地市场的行为。由于近年来，国家推动"全国统一的大市场"建设，这种分割效应在不断减弱。然而，因为各省市都有自己的招标系统，即便是国家集中带量采购，各企业供货的省份也各不相同，所以医药市场的地域分割性依然比较明显。受各地人口结构和民族文化的影响，传统医药的地域分割效应尤为显著。

因为市场的分割性，不同区域市场的产品种类、竞争企业和价格水平各不相同，使得我国医药市场极具多样性。这种多样性，为企业制定和实施区域聚焦战略提供了理论基础。2024年初，NHSA在全国范围内推行药品四同价格治理，治理省际间的不公平高价和歧视性高价的现象，这种"分割效应"会随着价格治理的不断推进而逐渐弱化。

（5）市场结构的四种类型

根据市场结构的不同，可以将市场分为以下4种类型。

①完全竞争市场：竞争充分、不受任何阻碍和干扰的市场。特点是生产者和消费者众多，企业可以自由进入或退出市场，产品完全同质化，价格完全由供需决定。这种市场结构高度理论化，实际并不存在。

②垄断竞争市场：是一种介于完全垄断和完全竞争之间的市场结构，特点是生产者和消费者众多，企业可以自由进入或退出市场，产品具有一定的

差异性，但非常接近于替代品，存在一定的垄断可能性，企业具有一定的价格决定权。我国仿制药市场就属于这一类型，而差异化的本质就是谋求一定程度的价格决定权。

③寡头垄断市场：这也是一种介于完全垄断和完全竞争之间的市场结构，但更接近于完全垄断。特点是市场集中度极高，少数几个企业控制整个市场的生产和销售，寡头之间相互依存和相互竞争，其他企业的进入难度很大，我国药品流通市场就属于这种类型。在这种市场中，企业发起战略进攻或新进入行业，非常容易引起对手的报复或阻击，故在攻击实施前，要充分了解目标企业与其他企业之间的依赖关系，新进入行业应优先采取收购策略。

④完全垄断市场：是只有一个生产者、没有替代品的市场，其他企业无法进入，企业完全控制价格。在"me too"上市之前，创新药所处的细分领域就是一个完全垄断市场，"me too"上市之后，就会转化为寡头垄断市场。

2. 顾客需求

顾客需求是指客户的目标、需要与期望。在医药市场中，顾客需求可以理解为治疗需求。处方药的治疗需求等同于临床需求，相比复杂多样的商品市场，医院市场的临床需求更为直观。对于未经开发的市场，根据流行病学（发病率、发病趋势、患病率、死亡率）、诊断率情况，就可初步估算当前的需求和潜在的需求。对于已经成熟的市场，还可以使用治疗率、疾病控制率、药品总销量等数据进一步佐证。

对于医院端药品，开发多样化产品的目的主要是为了满足老年人、儿童、肝肾功能不全者或其他特殊患者用药。老年人与儿童因为吞咽障碍，应尽量选择容易吞咽或无需吞咽的剂型，如口服液、口崩片、口溶膜、透皮贴剂等；肝肾功能不全者因为药物代谢存在障碍，剂量、规格要尽量多样化。另外，对于慢病患者，长期用药容易导致服药时间错乱，每日 1 片的产品相比每日 2 片、3 片或多日 1 片的产品更有优势。

零售端品牌仿制药、OTC 和保健品市场化程度较高，具有较强的消费属性，影响消费的因素也更加多样化。一般情况下，顾客需求与经济环境、人口环境和社会文化环境相关，顾客需求多样化、个性化是主要的趋势，这些趋势可为企业产品创新和改良提供方向和思路。产品设计时，配方、包装、剂型、规格、外观、口感要尽量多样化，要有明显的低、中、高端定位搭配，以满足不同患者的消费喜好。例如,某口服液产品为了满足糖尿病患者和减肥用户的消费需求而开发了无糖配方,某补钙颗粒为了迎合儿童的喜好开发了不同颜色的外包和不同口味的配方。另外,在消费升级的趋势之下,OTC和保健品的消费理念已从关注产品的质量和疗效,延伸到服务与品牌,这对企业而言,是提升产品差异化和附加值的有利因素(图2-4)。

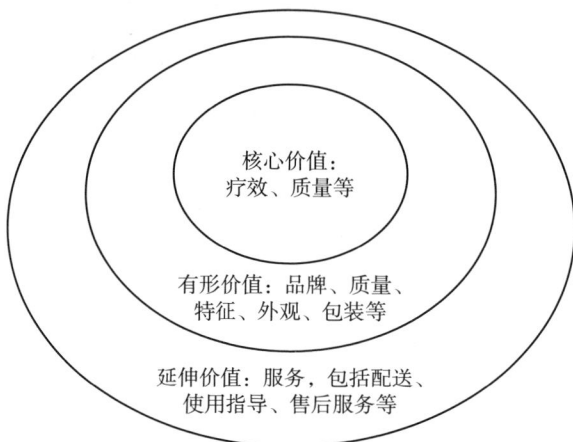

核心价值:
疗效、质量等

有形价值:品牌、质量、
特征、外观、包装等

延伸价值:服务,包括配送、
使用指导、售后服务等

图 2-4 产品的三层价值

3. 消费方式

消费方式是消费者购买商品或服务的方法、途径和形式,消费方式受经济状况、政治、法律、技术和风俗文化的影响。由于药品的特殊性,决定药品消费方式的主要因素是药品本身。例如,围手术期用药、深度真菌感染、化疗或耐药细菌感染用药一般在医院的住院部才会使用,所以这些药品的消费方式主要是住院。常见的慢性病用药则不同,患者除了可以到医院门诊部开药,也可以到社区卫生院、诊所、互联网医院或具有开方资格的药店开处方买药,不同的消费方式,患者的用药体验、用药成本和消耗精力各不相同。对于无需处方的OTC,消费方式更加丰富多样,某些国家甚至可以在超市和便利店购买。除上述因素外,消费方式还会受到个人的喜好和社会舆论的影响。

企业在产品设计时,应结合着消费需求,能够让消费者实现最想获得的价值,在销售渠道和终端选择时,应结合消费方式、消费偏好,以提升买方绩效或降低买方成本。

4. 商业模式

商业模式是企业与客户、合作伙伴、投资者之间，以及企业内部各部门之间存在的各种交易关系和联结方式，是企业创造价值、构建竞争优势的核心逻辑，包括价值发现、价值匹配和价值获取 3 个层级。简单地说，商业模式就是企业开展业务、获得盈利的方法与路径。

企业的创新不应狭义地理解为技术创新，还应包括商业模式创新。成功的商业模式，必须具有价值创造性和难以复制性，在竞争日趋激烈的市场环境中，商业模式创新是企业快速崛起的关键。例如，拼多多之所以能够在电商巨头鼎立的情况下快速崛起，就是因为与众不同的商业模式。

南非仿制药巨头 Aspen 的独特商业模式

一般仿制药公司的商业模式是研发→生产→销售，但 Aspen 不同，因为南非的产业链不完整，所以它做不好研发，形成了以"购买 / 授权→生产→销售"或"购买 / 授权→销售"为特色的商业模式。Aspen 以艾滋病药为开路先锋，迅速国际化，并通过收购地域性的知名品牌或企业，建立具有地域特色的混搭品牌管线，产品高度多样化，包括 OTC、品牌仿制药、非专利品牌药、专科药、营养品、通用仿制药等。

Aspen 成立于 1997 年，创始人为 Stephen Saad。财会学科班出身的 Stephen Saad，在创办 Aspen 之前，曾在一家名为 Quickmed 的小公司从事药品销售，由于出色的业绩而被发展为公司合伙人。在他的主导之下，Quickmed 与 Covan 合并为 Covan Zurich。1993 年，Covan Zurich 被出售，29 岁的 Stephen Saad 分到 2000 万南非兰特。

在成立之初，Aspen 不过是一家不起眼的小公司，但在 Stephen Saad 的巧妙运作下很快就闻名遐迩。1998 年 7 月，他通过收购 Medhold 而实现了借壳上市，此举被南非人称为"老鼠吞大象"。然而，让人更吃惊的是次年 3 月，刚借壳上市的 Aspen 以 25 亿兰特的价格，高杠杆收购南非第一大药企 South African Druggists。

Druggists 之所以愿意出售，是因为业务发展遇到了瓶颈。一是南非市场很小，而且找不到新的增长点。二是南非产业链不完善，相比中国和印度，没有任何竞争力。为此，Druggists 的高管还曾建议 Stephen

Saad 卖掉生产设施，转型为一家地域性的分销公司。然而，这满足不了 Stephen Saad 的商业野心。于是否决了该提议，为了寻找新的增长点，Stephen Saad 将目光看向了别人眼中的鸡肋——艾滋病治疗市场。

当时的南非是全球艾滋病感染最严峻的国家之一，由于国家和民众落后的防控意识和无力负担的高价艾滋病药物，每年数以万计的患者在绝望中死去。他看到了艾滋病巨大的治疗需求，但必须让患者吃得起药，于是打出了人道主义牌，去找勃林格殷格翰（BI）、百时美施贵宝（BMS）和葛兰素史克（GSK）谈判，希望他们能够授权仿制艾滋病药物。最终，这种看似无理的要求出乎意料地获得了三家公司的一致同意。

2003 年，Aspen 成功推出了首个抗艾滋病药物，经过有效的推广和宣传，逐渐改变了国家的防控意识和国民的治疗习惯，不仅获得了全新的增长点，还树立起受人敬仰的形象。此后，Aspen 又相继获得默沙东和吉利德的艾滋病药物授权，成为全球艾滋病药物最多的生产商之一，这使得其顺利地成为美国总统艾滋病紧急救援计划（PEPFAR）的官方供应商。PEPFAR 旨在向贫穷国家提供免费的艾滋病药物，在 PEPFAR 的作用下，Aspen 的产品迅速卖到全球 90 多个国家。

在艾滋病药物的带动下，Aspen 业务迅速全球化，为巩固和扩大各业务版图的影响力，Aspen 通过收购地域性企业、专利过期的品牌药、OTC、营养品，构建具有地域性影响力的品牌管线。经过一系列高效的运作，Aspen 的业务版图在 2017 年发展到 150 多个国家，销售额也达到了412 亿南非兰特（约 31 亿美元），相比 2000 年的 9.4 亿兰特翻了 40 多倍。

综上，Aspen 的发家过程可分为三步：第一步，连续两次高杠杆收购，以蛇吞象成为南非第一大药企；第二步，发现需求、创造并控制艾滋病治疗市场，获得新的增长点；第三步，扬长避短，建立与众不同的商业模式，通过艾滋病药物的带动，快速国际化。在 Aspen 的发家史中，第一步和第二步主要是铺垫，第三步才是升华。而之所以能够升华，是因为该公司拥有足够灵活的运营和整合能力，能够根据各地域的市场特征和消费者画像，实时买进协同资源，及时剥离夕阳性资源。

三、竞争与合作环境分析

竞争与合作环境又称为微观环境，是直接与企业接触的环境。知己知彼百战不殆，分析竞争对手的竞争实力、竞争策略和竞争方式，不仅在对手发起进攻时可及时做出回应，而且也有助于在进攻的过程中直击对手要害。对于合作者而言，分析他们的核心专长和所处的外部环境，了解他们的发展战略，有助于合作伙伴的筛分和管理。

（一）战略群体分析

物以类聚，人以群分，战略群体是指一个行业内，采用相同或相似战略的企业集群。根据目标市场、商业模式、战略定位等方面的差异，可将行业内的企业划分为多个群体。企业在识别战略群体时，可以通过纵向一体化程度进行区分，例如，侧重于向后一体化的仿制药企业群体（原料制剂一体化）、侧重于向前一体化的仿制药企业群体（产销一体化）；也可以通过专业化程度区分，例如，聚焦于眼科治疗的企业群体，聚焦于慢性病管理的企业群体，主营 OTC 的企业群体等；还可以通过产品研究开发的重点区分，例如，注重差异化产品开发的仿制药企业群体、注重低成本的仿制药企业群体等。

一般情况下，行业内的战略群体越多，规模越平均，战略群体间的对抗就越激烈。两个战略群体的相似度越高，竞争也越激烈。例如，战略群体 A 是聚焦慢性病管理的处方药企业，战略群体 B 是聚焦罕见病治疗的处方药企业，战略群体 C 是聚焦品牌仿制药和 OTC 的企业，A 与 C 之间的相似度高于 A 与 B，A 与 C 之间的竞争也更为激烈。在同一战略群体内，因为各企业在产品设计、商业模式、战略战术、分销渠道、销售价格、目标客户、技术服务等方面的相同或相似性，竞争最激烈。

不同的战略群体间，企业的知识、经验、技能、上下游合作资源等存在不同程度的差异，这些资源和能力的差异将会限制企业在两个群体间跨越，即移动壁垒（图 2-5）。移动壁垒也可视为一种进入壁垒，即从战略群体外进入战略群体内的壁垒。和行业的进入壁垒类似，移动壁垒也是可变化的，还可能受到企业战略的影响。例如，在某未差异化的 OTC 领域，企业通过大规模投资提升产品的知名度可创造较高的移动壁垒，大规模上下游一体化，也能提高移动壁垒。

图 2-5　移动壁垒（示意图）

移动壁垒反映的是竞争优势差异，企业可以通过花时间、资金、引进人才等方式克服，因此其本质上是一种对复制和模仿的成本限制。两个战略群体的相似度越高，企业跨越战略群体所需克服的移动壁垒越低，反之则越高。由于专科药需要企业拥有强大的临床专家资源、丰富的疾病管理经验和高超的载药技术水平，对普通仿制药企业而言，移动壁垒较高，所以被跨国巨头视为由"仿制药"向"品牌药"转型的第一站。另外，创新药、仿制药和 OTC 3 个细分市场之间，因为长期经营方式的不同，所需的核心竞争力产生了巨大的差异，跨越战略群体所需的移动壁垒较高，转型务必要循序渐进。

（二）战略网络分析

战略网络由人的社会网络演化而来，是对于企业具有战略意义的组织或个人形成的关系网，由企业自身、供应商、消费者、代理商、渠道商、互补产品或服务供应商、竞争对手及其他企业或利益相关者等节点构成（图 2-6）。战略网络的产生源于企业对环境的相互依赖，可随着各节点的进入和退出而优化或进化。战略网络分析的意义在于研究企业上下游、合作关系网络，明确合作环境特点和嵌入网络的类型。

竞争对手之间也存在一种共生关系，在产品上市初期，共同推进标准升级、共同影响政府政策、共同推广同质产品，能让产品的导入期缩短，在其他时期，共同抵御替代品威胁或其他企业进入行业，能够降低行业的竞争，延长产品的生命周期。如能形成战略联盟，便可形成 1+1 > 2 的效果。

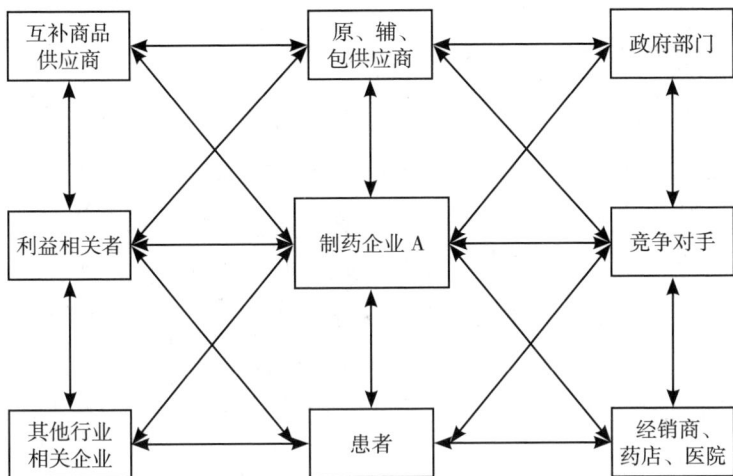

图 2-6　药企战略网络的基本架构（示意图）

　　利益相关者是与企业利益相关的个人或组织，如股东、投资方、债权人、具有项目或技术合作的公司、科研院所、行业协会等。其他行业的相关企业是与企业有直接或间接合作的非本行业企业，例如与制药企业相关的原料中间体化工企业、污水处理企业、电商平台等。随着企业越来越重视生态圈的打造，行业的边际正在变得模糊，圈子越大，融入的跨行业企业就越多，例如平台化的大型电商，与其合作的企业涉及各行各业，数不胜数。

　　战略网络是各节点为了获得并维持相对于网络外竞争对手的优势，而结成的长期性、有目的性的组织或合作体系。不同战略网络的嵌入成员、嵌入关系与结构模式（也称网络结构，如战略联盟、战略外包、合资企业、连锁经营、许可授权等）各不相同，故战略网络被视为企业保持竞争优势的一种不可模仿的资源与能力。在企业为中心的战略网络中，嵌入成员、网络结构和对节点的管理能力都被视为企业的资源。

　　战略网络也可理解为业内流行的生态圈或战略联盟，构建生态圈的意义是将竞争主体由单个企业上升到生态圈。在竞争白热化、产能严重过剩和消费多样化的趋势下，规模经济的作用不断被弱化，重视生态圈打造、将战略网络融入竞争战略中，通过改变上下游价值链以形成竞争优势。

（三）竞争与合作伙伴分析

竞争对手的数量和质量决定企业面临的威胁大小，如果竞争对手数量太多，企业需要根据竞争对手的特点进行筛分，关注主要竞争对手的一举一动、了解他们的核心竞争力，以免处于被动地位。合作伙伴虽是公司的资源，但管理不好就会被竞争对手抢走，进而变成威胁。为此，企业也需要进行合作伙伴筛分，对高质量的、重要的合作伙伴，有必要了解他们的战略目标、发展方向，只有战略和目标一致才能持续合作共赢。

1. 竞争对手分析

（1）竞争对手的数量

竞争对手越多，竞争压力就越大。制药企业的竞争对手数量分析与筛分可按 5 步进行：①梳理各产品所在治疗领域的全部替代性产品；②梳理各产品及替代品的批准文号和对应厂家，进而获得竞争厂家总数；③查询销售数据库，筛掉无产品销售的厂家，筛掉的部分视为潜在的竞争对手；④根据产品组合的相似度和各自的市场占有率情况，筛分出主要竞争对手；⑤研究主要竞争对手的战略，与公司一致性较高的为关键竞争对手。

由于竞争是动态的，除关注现有竞争对手外，还应注意潜在竞争对手。潜在竞争对手包括 4 种类型：①虽不在行业内，但能轻松克服进入壁垒、无需承担过高进入成本的企业。这类企业通常可利用知识、技术或平台以开辟全新的赛道，迅速改变市场需求和行业竞争格局，是最隐匿、最具威胁的潜在竞争对手。例如，打败手机巨头诺基亚和摩托罗拉的苹果公司原本并不是手机制造商；Neuralink 公司并非传统的制药企业，但其脑机接口技术可能让很多药企丢掉饭碗。另外，京东、天猫等知名电商，利用平台优势，自主生产或贴牌 OTC、保健品，势必对传统企业造成巨大的挑战。②进入行业后能够获得明显协同效应的企业，例如相关多元化的企业。③在行业内竞争能够扩展公司战略的企业，例如跨国企业。④可能向后或向前一体化的客户或供应商，例如，集中带量采购中出现的部分上市许可持有人公司。

综上，药企的潜在竞争对手包括拥有产品批文但未销售的厂家（在一定条件下可能复产或复销）和正在研发申报阶段的厂家。对于后者，可以通过信息情报数据库、专利申报信息、学术交流会、注册数据库、生物等效性

（BE）或临床试验的登记信息、CRO 或原辅料供应商的信息中获取。对于仿制药，潜在竞争厂家的数量直接影响产品的价格与利润，对于创新药，潜在竞争对手的数量直接影响产品的估值，故动态监控潜在竞争对手，是必不可少的工作。

（2）竞争对手的类型

除了知晓竞争对手的数量，还需要了解竞争对手的类型。根据市场竞争结构，竞争者分为 4 类，分别为引领者（领导者）、挑战者、跟随者和补遗者，其中同属一类的竞争者对企业的威胁最大，因为他们的战略意图、发展目标和核心竞争力更为相似。不同类型的竞争对手，竞争逻辑不同，例如，在集中带量采购中，销售代理商（CSO）或 CRO 转型而成的 MAH 持有人、大型制药企业、小型制药企业和跨国仿制药企业的竞争逻辑各不相同，对企业的威胁也不同。

（3）竞争对手的发展战略

分析竞争对手发展战略的目的是了解竞争对手的战略定位、战略意图、发展目标和资源配给。一方面，竞争关系瞬息万变，当前的主要竞争对手可能因为战略调整而不再是未来的主要竞争对手，甚至退出竞争或成为利益同盟。同样，当前的非主要竞争对手也可能发展为主要竞争对手，例如，CSO 和 CRO 原本并非制药企业的竞争对手，但因 MAH 制度和集中带量采购改变了战略而成了竞争对手。另一方面，只有研究了竞争对手的战略，提前预判其战略意图，在竞争对手发起进攻时，才能第一时间预判其攻击可能导致的影响和结果，以便及时、有效地做出回应。另外，从竞争对手的战略分析过程中，企业还可以纠正战略上的错误，甚至模仿竞争对手的先进思路，故从另一种角度上讲，竞争对手之间也存在一种相互成就的关系。

根据战略群体的原理，企业和竞争对手的战略相似度越高，竞争越激烈，所以对竞争对手战略分析，是对竞争对手的战略意图、战场选择的一种预判。至于何时、何地、怎样发起攻击，与对手的历史文化、核心竞争力、战略目标、高层管理者及顾问的背景与喜好有关，所以应当收集这些信息并建立信息库。

（4）竞争对手的竞争能力

企业想要发动攻击，自身的竞争能力必须占优势，相反，如果想成功防御，竞争能力也不能处于明显的劣势。因此，"知己知彼"不仅包括分析竞争对手的数量、主要竞争对手是谁，他们的战略意图是什么，还应清楚他们的竞争实力。

一个企业的竞争实力是其所具备的资源与能力，资源主要是资产，而能力是将资源转化为生产力的技能。通过资源与能力比较分析，了解对方的核心竞争力，进而选择合适的竞争战略。在此过程中，可以使用竞争态势矩阵（CPM矩阵）进行综合对比和分析，以客观地评估企业与竞争对手之间的优（劣）势。

2. 合作伙伴分析

与竞争环境类似，合作环境也是动态的，当下的合作伙伴可能通过上下游延伸成为未来的竞争对手，也可能因合作关系被竞争对手抢占而成为威胁。因此，企业有必要对合作伙伴进行筛分，将关键的合作伙伴嵌入战略网络，了解他们的战略目标与意图，是保持长期合作的关键。

合作伙伴分析与竞争对手分析类似，应分析关键合作伙伴的战略，了解其核心竞争力，并关注其战略行为。

四、外部环境的分析方法

在外部环境因素分析时，应从宏观环境、行业与市场环境到竞争与合作环境，一一梳理和分析各种因素的变化。考虑到外部环境因素极其多样，企业在战略制定过程中无法做到一一兼顾或面面俱到，分析者需要挑出其中的重点、关键性因素。在此过程中，可根据各因素对企业的影响大小进行综合评分或加权评分，筛选出影响最大的10~20个因素即可，如果担心评分过于主观而影响结果的准确性，可以采用多人同时评分取平均值的方法。

值得注意的是，宏观环境因素、行业环境因素、微观环境因素和企业之间是可相互影响的，分析时应注重它们之间的规律。一方面，宏观环境可以直接影响企业（如NMPA发布公告要求某个产品撤市）、也可以通过改变行业环境或微观环境间接地影响企业（如新医改中提高行业集中度、鼓励创新和促进产业升级的政策）；另一方面，企业也可以反向影响其所处的微观、行业或宏观环境（如Bolar公司的侵权事件促成了美国专利法的修订——新增

Bolar 例外条款）。另外，宏观环境因素变化对企业产生的影响通常具有滞后性，分析者不仅要能够第一时间获得信息，而且对各因素的变化还要有一定的预见能力。

由于外部环境的复杂多变，企业有必要建立全面而快捷的信息获取通道和风险预警机制，由专业人员实时地梳理、跟踪和分析，当发生影响战略决策的重大变化时，以便及时地做出战略响应。另外，也可以根据战略的特点，判断潜在的战略风险，并根据战略风险有目的地监控外部环境因素的变化。

第二节　制药企业的内部环境分析

在市场形成的初期，新生行业较多，因为不同行业的盈利能力不同，很多管理学家认为，企业将资源从盈利能力低的行业转移到盈利能力高的行业，就能提高利润水平。这种以产业为基础的决策模式让大量的企业走向多元化。石油危机以后，能源价格上涨，经济增长乏力，市场竞争加剧，大量多元化企业出现了资金链紧张、负债严重、跨行业盈利困难等问题，于是又陆续放弃了多元化。在整个多元化潮流中，只有强生、百时美等少数企业实现了获利。

20 世纪 80 年代以后，制药巨头陆续放弃了不相关多元化，仅有部分企业保留了相关多元化业务。技术的进步，让源自化工业的制药行业与"母行业"的界限变得越来越清晰，化工巨头也逐渐意识到难以同时运营好两个行业，于是相继与制药业务分了家。近年来，制药行业内部也因药物开发技术或治疗领域的不同，出现了大量细分市场，而且这些细分市场间的跨越壁垒越来越高，制药巨头的业务也由此变得越来越聚焦，而相关多元化可共享的价值活动越来越少，放弃相关多元化业务也成为显著的趋势。

从不相关或混合多元化到相关多元化，再到向优势领域聚焦的过程，反映了战略决策模式的转变。支持多元化的产业基础决策模式是以外部环境因素作为战略决策的主要依据，而向优势领域聚焦则是以自身的内部环境因素为重心、兼顾外部环境因素的决策模式，即资源基础决策模式。相比欧美发达国家，我国的市场经济是在改革开放后才形成的，市场演化过程有明显的滞后性和快速性。我国的多元化潮流始于 20 世纪 90 年代，但很快就出现了与西方类似的问题。为此，企业必须进行内部环境因素分析，识别自身的优势资源与能力，并改变原有的战略决策模式。

内部环境因素是企业所拥有的、与经营活动相关的各种要素的总和。相比外部环境，内部环境因素分析的难度更大。首先，内部因素通常是相互作用的或多重的，准确判断单个因素的优（劣）势非常困难。例如，生产成本降低可能是因为工艺改良，也可能是物料采购价格降低、运营效率提升、规模经济或经验曲线效应增强。其次，内部环境因素的优（劣）势是相对外部环境的机遇与威胁而言的，在完成战略制定前，这种优（劣）势很难判断。例如，某药企的产能很大，如果市场供不应求，产能就是优势，如果企业采用了差异化战略就是劣势——过大的产能会引发规模而不经济的现象。再次，内部环境因素分析会触及某些利益团体的利益，因为分析的过程实际是对各部门或业务单元既往工作的评价。最后，内部因素的识别与评价，具有很大的主观性——容易"公说公有理婆说婆有理""盲人摸象"。

为了达到事半功倍的效果，分析者首先要分析企业的发展历史、现行战略所面临的挑战。通过研究历史，知晓企业资源与能力、企业文化、行为方式、核心价值观或管理传统的来源、形成背景，以及对企业战略的影响。在此基础上，对企业的资源与能力进行一一识别，并辨别配置合理性。最后，找出具有竞争优势的资源与能力，与战略相结合，识别核心竞争力的所在，并对核心竞争力进行有效的管理。

一、企业的历史分析

"任何企业都有自己的基因"是被行业广泛认可的说法，该"基因"决定了企业的擅长领域、成长快慢和成就大小。企业的"基因"并非是与生俱来的，而是在长期经营与发展过程中形成的。我国制药企业以中小型仿制药企业为主，资源与能力基础薄弱，战略决策长期以外部机会为导向。由于市场在过去的几十年里持续高速发展，外部机会较多，所以很多企业拥有大量的成功经验。而这些"成功经验"在当下的环境中无法复制，很容易变成思维定式或路径依赖。路径依赖是企业在遇到外部环境重大变化时，不能快速做出战略调整与转型的主要原因。例如，某些企业已发展成为大中型上市公司，但战略上仍采用小微企业的"利基者战略"，产品布局仍以寻找市场机会为主导。在行业快速成长期，机会很多，企业非常容易抓住机会，但当下行业已进入转型期，可识别的新机会越来越少，越来越鸡肋，"利基者战略"将会限制企业的发展。另外，"利基者战略"非常容易滋生"赚快钱""投机取巧"和"短视主义"思维，在市场监管不断成熟的趋势下，将会成为企业长期发展的绊脚石。

在笔者看来，所谓的"基因"，就是企业资源与能力的一部分，而且是最隐晦的那一部分，如企业文化、决策机制、行为方式或管理模式等。通过研究企业的历史，可以快速了解这种"基因"的来源，形成基因"良性"和"劣性"的原因、背景与过程，以便更好地了解现行战略所面临的挑战。战略与企业文化、行为方式或管理模式不匹配，是很多企业战略无法执行的主要原因，业内很多企业非常赞赏华为的战略管理模式，但巨大的"基因"差异，不是一般企业所能复刻的，尤其是那些崇尚羊性文化、"一言堂"文化、仿制思维根深蒂固的药企。

在研究企业历史的过程中，应注意企业的战略行为和外部环境的互动过程，重点分析企业响应外部环境变化的速度、能力和表现。第一，外部环境的重大变化对企业战略选择产生的影响，包括战略性的取舍、响应速度的快慢等。第二，在选择战略后，企业是如何调动、配置资源与能力去构建、发挥和保持竞争优势的过程；第三，企业核心价值观、行为模式、管理体系的形成与外部环境变化、战略抉择之间的关系，以及以上因素对企业发展产生的效果与影响。值得一提的是，将行业和市场的发展史与企业发展史相融合，通过多个企业在同一时期的横向比较，分析结果将更加形象和直观。

美国仿制药巨头华生的发展史

华生（Watson）是诞生于美国的仿制药巨头，因为赶上美国仿制药行业快速发展的春天而迅速发展壮大成为美国前五大仿制药巨头。后来通过清晰的国际化战略，收购了阿特维斯（Actavis）等仿制药公司，蜕变为全球第四大仿制药巨头阿特维斯。在美国仿制药盛宴即将结束之际，该公司又兼并了艾尔建（Allergan）等多个品牌药公司，出售了仿制药资产，最终蜕变为品牌药巨头新艾尔建。然而，因为在转型完成之后无法在创新药上取得建树，股票暴跌，最终于 2019 年以 635 亿美元的"低价"卖给了艾伯维。

◎ 华生的诞生背景

早在 20 世纪 70 年代中期，美国政府就开始尝试推行仿制药替代来控制药品支出的增长，然而仿制药需要按照《Kefauver-Harris 修正案》全面地进行安全有效性评估，市场上存在大量的专利失效后仍无人仿制的品牌药。1984 年，《Hatch-Waxman 修正案》获得通过，不仅简化了仿制药的审批，还为了促进仿制药的尽快上市，制定了"Bolar 例外条款"和"180 天市场独占期"。为了迎合政策变革带来的机遇，Watson Pharma 于 1985 年成立。

在美国政府和药品福利管理组织（PBM）的大力推动下，市场飞速发展。为了最大限度地享受市场快速增长所带来的红利，华生加大了新仿制药的开发力度，到 1990 年时，销售额已达 2340 万美元。然而快速增长的市场在 1990 年前后戛然而止——美国 FDA 的腐败丑闻在 1989 年底被曝光，仿制药批准数量大幅下跌，而且持续了五六年时间。除了美国 FDA 的原因，还有市场本身的原因。一是既存的可仿资源几乎耗尽，而新专利失效的可仿资源较少；二是随着市场的快速发展，企业数量大幅增加，价格竞争加剧。

一系列的变化，让美国仿制药市场提前进入了一个小"转型期"。因为竞争加剧，美国仿制药企业出现两极分化，效益好的企业开始兼并效益差的企业。1991 年，华生与 Zetachron 合并，并在 1993 年上市。1995 年，华生以小吃大，收购了涉美国 FDA 腐败丑闻的不良资产 Circa Pharma（原 Bolar），整合后产品组合增加至 30 多个品种，简化新药申请（ANDA）批文达 86 项。此后的几年里，华生又收购了 Royce、Rugby、Oclassen、Schein 等公司，通过供应链的整合，华生的利润水平远超过平均水平，到 2000 年时，已经发展成为全美前五大仿制药巨头，总营收达 8.12 亿美元。

◎ 第一次向创新转型

因为激烈的竞争，利润不断下降，很多仿制药企业开始思考多样化发展或转型，华生也有了逐渐向品牌药转型的想法。1993 年，华生融资 1 亿美元收购了一项载药技术，开始瞄准 505（b）（2）。随后的几年里，又通过收购或分销品牌药与 OTC 等方式搭建品牌药管线。1997 年，从收购 Oclassen 中获得了 5 个治疗皮肤病的产品，随后又购买了 Dilacor XR、Tri-Norinyl、Brevicon 等产品的美国销售权益，形成了以皮肤、妇科为特色的品牌药管线，1998 年的品牌药销售额达到了 2.54 亿美元。

在完成对多家公司的收购与整合后，华生首次明确了产品开发战略。一是侧重于缓（控）释技术的开发与应用；二是聚焦专利载药技术的开发与应用；三是现有口服速释制剂的剂型与规格扩展；四是布局开发或制造难度大的仿制药；五是开发特异性强、小众化、市场供应不足的仿制药；六是关注中后期新药的收购机会。

为了实施该战略，华生在 1999 年收购了载药技术公司 TheraTech，获得了 Androderm、Alora 等多个透皮制剂的权益，使得品牌药销售额首次超过了仿制药。品牌药销售额的快速上涨，大大增强了华生转型的信心和决心。2002 年，华生收购了注射铁剂载药技术公司 Makoff，获得了 Ferrlecit 的权益。2003 年，华生首个自主开发的新药 Oxytrol（奥昔布宁透皮贴）获得了美国 FDA 批准，并收购了缓（控）释制剂载药技术公司 Amarin。此外，华生还与诺华、拜耳等巨头合作，授权引进了 Actigall、Adalat CC 等 30 多个品牌药或 OTC。

然而在 2002 年以后，华生的品牌药业务发展遇到了瓶颈，销售额逐年萎缩。虽花了大量资金，但没有换回销售额的持续增长，还造成了资产减值，其中 Dilacor、Tri-Norinyl、Alora 和 Actigall 等几大品种在 2001~2006 年间引发的资产减值合计达 2.6 亿美元。2004 年以后，因为主力品种出现了仿制药，品牌药销售额断崖式下降，品牌药战略宣告失败。华生不得不再一次战略调整，重心重新回到仿制药。

◎ 第一次转型失败后的重心回归

腐败事件，对美国 FDA 造成了巨大的影响，仿制药批准数量直到 1999 年才开始直线恢复，2007 年才恢复到腐败事件爆发前的水平（图 2-7）。随着批准数量的增加和新可仿资源的大量释放，美国仿制药市场再次进入了快速发展的黄金时期，2001~2010 年的年复合增长率超过了 10%。

（个）

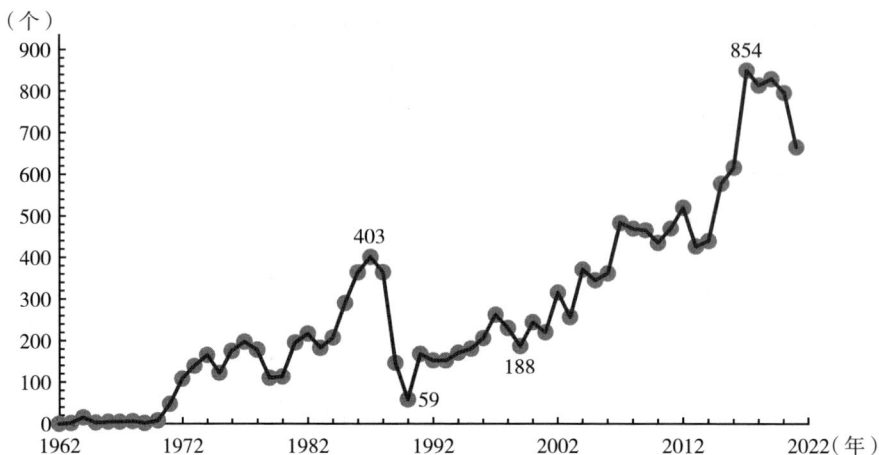

图 2-7 美国 FDA 历年批准的 ANDA 数量变化

因为市场的快速发展，华生的仿制药业务在 2001~2005 年间，虽未大规模兼并，但销售额和利润都快速增长。在品牌药业务受挫后，华生的战略重心回到了仿制药，在 2006 年收购了美国仿制药巨头 Andrx 和印度原料药企业 Sekhsaria。在获得两家印度公司后，原料药供应有了基本保障，而兼并 Andrx 则增强了缓（控）释制剂的开发能力，并成功登榜美国第三大仿制药巨头。

◎ 华生的国际化

2007 年，赵宇天退休，董事会从外部聘请了 Paul M. Bisaro 来接管华生。尽管美国市场保持高速增长，但竞争已显著加剧，美国仿制药巨头普遍出现了销售额增长乏力和利润下滑的现象。相比美国，法国、意大利、西班牙等欧洲发达国家，推行仿制药替代的时间普遍滞后，市场在快速增长，但成熟度非常低。为此，Bisaro 带领华生制定了国际化扩张的战略：继续保持在美国市场的领先地位，并通过提供稳定可靠的仿制药来加强全球的地位，继续专注开发或制造高门槛仿制药，或扩充现有的产品组合；降本增效，让产品拥有足够的竞争力；努力扩大美国以外市场的商业运营来迅速扩充产品组合。

经过一年多的调整，华生以 17.5 亿美元的价格收购了 Arrow 集团。Arrow 不但可以让美国的业务得以加强，同时还获得了英国、加拿大、法国、澳大利亚等国家，共计 140 亿美元的市场机会，以及生物技术公司

Eden 36% 的股份。Eden 于 2010 年被全资收购，用以生物制剂的开发与生产。同年，华生从 Itero 公司获得重组卵泡素的商业化权益，从此，开始布局 biosimilar 业务。

由于欧洲市场是多个零碎而多样化的市场集合，单纯收购一个 Arrow 不足以建立欧洲业务的优势地位，为此，华生又先后收购了 Specifar Pharma 和欧洲仿制药巨头阿特维斯。虽然阿特维斯的优势业务在欧洲，但拥有全球化的业务。为了进一步强化澳洲业务的领先优势，又于 2012 年收购了 Ascent Pharma。

经过一系列兼并与整合，华生逐渐在北美、欧洲和澳大利亚市场建立起领先优势，2012 年的仿制药销售额达到了 43.85 亿美元，成为全球第四大仿制药巨头。为了提高全球影响力，于是放弃了原名"华生"，沿用子公司阿特维斯的名称，并将总部从美国迁至税收更低的欧洲。

◎ 第二次向创新转型

2010 年前后，美国和欧洲仿制药市场均逐渐步入成熟期，销量增长放缓，竞争白热化，行业进入了微利时代。在印度低价仿制药的冲击下，西方巨头显得力不从心。华生于是又开始酝酿二次转型。因为拥有第一次转型失败的经验和强大的财务能力支持，第二次转型的成功率大幅提升。

在完成阿特维斯的整合后，新公司在战略上开始强调专科药、品牌药和 biosimilar 的开发。于是相继收购了比利时生物药企业 Uteron、爱尔兰专科药巨头 Warner Chilcott（华纳·切尔考特）和美国品牌药巨头 Forest（森林实验室）。通过几次大型兼并，新阿特维斯形成了以妇产科、消化和中枢神经系统为特色的品牌药管线，2014 年的品牌药销售额达到了 66.33 亿美元，再次摘掉了"仿制药企业"的帽子，而且负债率从 2012 年的 73% 下降至 46%。为了完成转型，该公司在 2014 年又收购了爱尔兰专科药巨头艾尔建，因在此过程中受到操盘手的暗箱操作，成交价格比预期高了 63%，这为后来的资产减值埋下了祸根。

在收购艾尔建之后，该公司再次放弃了原名"阿特维斯"，改名艾尔建，即新艾尔建，并成功将公司总部迁至避税圣地爱尔兰。虽然收购价格严重偏高，但华生成为全球领先的专科药巨头，并建成了全球化的供应链。有分析师称，通过这一起交易，新艾尔建可节省运营支出 18 亿美元。在完成对 Allergan 的收购之后，品牌药销售额达到了 151 亿美元，而仿制药业务和配送业务以 410 亿美元的总价出售给了 Teva（其中 67.5 亿美元使用股票支付），大幅降低了收购艾尔建过程中造成的债务压力。

◎ 转型成功后失败

通过几次兼并，华生成功蜕变为全球最大的专科药企业，但危机也随之而来——多个产品在 5 年内面临专利悬崖。为此，该公司在 2015~2016 年先后收购了 AqueSys、Kythera、Oculeve、Tobira、Vitae、ForSight、VISION5 等多家公司，又与 Motus、Chase、阿斯利康、RetroSense、Akarna、Topokine、Heptares、Anterios 等企业建立起合作，并收购了多个研发项目。

由于及时而有效的战略调整和业务布局，新艾尔建得到了资本市场的广泛认可，市值也超过了 1000 亿美元。而此时辉瑞又送来了"助攻"——开价 1600 亿美元想收购这家公司。在辉瑞的助攻之下，新艾尔建的市值达到了 1300 亿美元。然而辉瑞最终放弃了收购，新艾尔建的股价也在登顶后下滑。

从 2013 年起，新艾尔建的业务营业利润均为负值，且 2015~2019 年的合计资产减值高达 211 亿美元。其中商誉减值 96 亿美元——来自对艾尔建、Zeltiq 等企业的收购；资产出售导致的减值 76 亿美元——来自对仿制药业务、皮肤治疗管线的剥离，尤其是 Teva 在收购其仿制药业务后股票一直下行；研究开发过程导致的减值 40 亿美元，主要是 Cenicriviroc、Rapastinel 等项目的开发失败。

虽然经过几次兼并，成功脱掉了"仿制药企业"的帽子，但未能引起内在"基因"的蜕变。作为仿制起家的"大杂烩"，该公司在创新药研发方面的资源与能力储备远不及传统制药巨头。不但自身创新乏力，而且在收购和引进研发项目的过程中，也更容易"踩坑"。为了还债，新艾尔建相继出售了非核心业务，业务重心又回到了医美和眼科上。相比旧艾尔建，新艾尔建的产品组合并没有显著增强，而且核心产品环孢素滴眼液还面临专利悬崖。由于债务危机、资产减值、连年亏损、信誉下调，以及数以千计的阿片药物诉讼，新艾尔建的市值在 2019 年达到谷底，一度跌破 400 亿美元，最终被艾伯维以 635 亿美元收购。

华生虽完成了华丽转型，但不过是白给别人做了嫁衣，在整个转型的过程中，500亿美元的账面差额，只能由各股东来填平。

如以上案例所示，分析者可根据外部环境的重大变化、企业的战略行为将企业发展史分为多个阶段，并根据这些变化或行为特点，分析企业资源、能力的形成过程。在全过程中，分析者应重点关注各历史事件对企业关键战略行为的影响，管理者对企业增长模式、企业文化、核心价值和管理体系的影响，最后提炼出企业文化、核心价值和管理体系，对应对当前环境变化、发挥和保持竞争优势的影响。

从案例中，我们不难发现，为华生带来竞争优势的资源主要是数量庞大的仿制药批文与研发管线、领先的载药技术平台和强大的产能等，而优势能力主要是缓（控）释制剂与透皮贴剂的开发能力，应变能力、外部资源整合能力和高效的制造能力等。这些资源与能力有的是通过收购其他企业整合而成的，有的是通过长期经验积累形成的，但这些资源与能力都只能让其在仿制药领域发挥和保持优势。虽然华生在完成转型后更换了管理人，但并不足以在创新药领域快速形成让公司建立、发挥和保持竞争优势的资源与能力，所以该公司在完成转型后很快就走向了衰败。华生的案例告诉后人，仿制药和创新药之间存在着非常高的移动壁垒，转型要循序渐进，须注重新资源与能力的培养与建设。

二、企业的资源与能力分析

企业内部环境是企业家精神、企业物质基础、企业组织结构、企业文化的总和。企业内部环境因素分析主要是企业的资源与能力分析，包括识别企业资源与能力、判断资源与能力的配置合理性，选择合适的标准判定资源与能力的优（劣）势，以及识别核心竞争力的所在。

（一）企业资源的分析

1.资源的类型

企业的资源是企业拥有和可控因素的总和，分为有形资源和无形资源。

有形资源，是指能用货币直接衡量的资源，包括实物资源（如土地、厂房、设备、货物、原材料等）和货币资源（如现金、股票、债券、应收账款或其他货币等价物等）。无形资源是无法用货币准确计量的资源，包括技术资源（如专利、版权、质量标准、药品批文、研发管线、技术平台、特殊资质等）、声誉资源（如商标、品牌、商誉、企业文化、组织经验、企业战略、商业模式、合作客户、战略网络）、人力资源和组织资源等。

值得一提的是，战略本身也是公司的资源，因为战略是应环境变化而制定的，可以保持或提升公司的竞争力。战略也是一种对投资者、合作伙伴、债权人、顾客、政府等利益相关者的承诺，可以增加他们的信心，进而帮助企业获得更多的外部可整合资源。大量案例表明，两个营收和利润相当的上市公司，战略合理且清晰表达的企业，市值会显著高于战略不清晰、未将战略用于投资者关系管理的企业。另外，对于初创型公司而言，企业战略和商业模式是俘获投资人芳心，成功融资的关键。

2. 企业资源的分析

企业资源分析是对公司的资源识别和评估，以找出具有竞争优势的资源。资源分析包括两个步骤，一是识别资源的数量和质量，二是对资源的价值进行评估，并判断优（劣）势。由于资源无法单独发挥作用，企业需要将各种资源有机地结合到一起，所以在资源分析时还应注重资源配置的平衡性与合理性。例如，某工厂虽有先进的厂房、设备，但在缺乏药品批文、合格的技术与管理人才的情况下，是无法正常运转的。另外，企业的资源配置与战略相关，判断这种平衡性与合理性，必须与公司的战略相结合。

由于有形资源可以被货币度量，可以直接参考财务报表。虽然资源的战略价值不等同于会计师核算价值，但资产负债表、损益表、现金流量表中的参数（如总资产、净资产、无形资产等）或二次计算参数（如负债率）可以直观地判断两个企业的资源数量差异。除了有形资源，某些无形资源（如商标、商誉、产品管线）也可能会按行业准则估值，量化后计入无形资产中（美国通用会计准则要求，其他会计准则不一定要求），在资源分析过程中也可以提供参考。无形资源虽然难以准确量化，但难以被竞争对手掌握、购买、模仿或替代，是构成核心竞争力的重要部分，是企业资源分析的重点和难点，尤其是技术资源、商誉资源、人力资源和组织资源。为了更好地分析这些资源，判断优势或劣势，分析者可以选择主要竞争对手、处于行业平均水平或领先水平的企业作为标杆，进行综合比较分析。

在企业众多资源中，人力资源是其他资源的"驱动软件"，所有资源只有在人力资源的"驱动"下才能发挥效用和创造价值，因此，人力资源是企业资源最核心的部分。企业之间的竞争，归根结底是人才的竞争，高端人才的多少、人才的合理、高效应用，是企业取得竞争优势的关键。对于初创型公司而言，高质量的人力资源是技术创新的源泉，也是获得风险投资的关键。

在资源的平衡性分析过程中，分析者可从"业务平衡性""现金平衡性""高级管理资源的平衡性"和"战略平衡性"4个维度，分析资源配置的合理性，并以资源柔性、产品组合等方式为抓手，识别出稀缺资源和瓶颈资源——常作为资源配置的起点或核心。战略的调整过程其实是一种资源的再分配过程，资源可被利用的范围越大，二次定位使用的成本越低、难度越小、耗时越短（即资源柔性越好），在战略调整过程中的浪费就越少。因此，资源柔性是资源配置过程中重点考虑的因素，在资源平衡性分析的过程中，可作为一个抓手。

企业资源的平衡结构可能因政策变化、技术进步、消费因素改变或组织能力提升而打破，原有的优势资源可能变为劣势资源，反之亦然。因此，资源配置是动态的，资源分析时不仅要关注现有资源的状态，还要注意其变化趋势，并对战略中将要增加或减少的资源做出预测。

除了内部资源，可整合利用的外部资源也需要进行识别和分析。可控制的分销商、顾客、供应商、战略性合作伙伴、互补产品生产企业、政府、投资人，以及其他利益相关者都是企业的优势资源，将这些资源有效地嵌入战略网络中，是企业在日益残酷的市场竞争下，获取和保持优势的关键。例如，政府的临床试验补贴、风险投资，对于小微型创新药企业而言，可能是生存发展的关键。

（二）企业能力的分析

1. 企业能力分类

企业的能力与资源相对应，是企业将资源开发利用、整合配置并转化为生产力和竞争力的知识与技能。企业的资源数量多、质量高，不一定有竞争优势，因为资源只有得到高效、合理的运用，才能最大化转化为竞争力。企业的能力包括管理能力、经营能力、动态能力、整合能力等，它们是企业在长期运营过程中，通过学习、实践、创新积累形成的。不同的企业，能力存在较大差异，同一块玉在不同的雕刻师手里，将会得到不同价值的工艺品，而同样的资源在不同的企业和不同的团队手里，转化为生产力、竞争力的效率也各不相同。

（1）管理能力

管理能力是企业管理者的组织能力、策划能力、协调能力、指挥能力和控制能力的统称。企业的管理能力与管理团队的规模、素质与结构，管理方法的科学化与现代化程度，管理教育的广度与深度，以及管理科学的理论水平相关。迈克尔·波特认为，管理者应至少具备策划、管理、激励、专业、执行、评估和沟通等7种能力。

管理能力是企业能力的集中体现，其决定了企业的组织效率，高效地决策、高效地沟通、高效地执行是企业在激烈的竞争中获胜的关键。企业管理能力的高低可以通过项目执行与推进效率、人均产值、产品平均加工成本等参数直接或间接地反映出来。

（2）经营能力

经营能力体现的是企业对资产的利用程度和效率，是企业所具备的各种专业能力的总和。从价值链的角度看，这些能力包括原材料购买能力、技术开发能力、生产制造能力、物流管理能力、营销能力、销售和服务能力、人力资源管理能力、基础设施的战略决策能力和各种经济活动的组织管理能力等。企业的运营能力在很大程度上决定了经营效益和债务偿付能力。

经营能力是企业竞争力的最直接体现，仿制药市场竞争的白热化，越来越多的企业强调全价值链的能力优势，创新药由于是稀缺性资源，企业主要强调技术开发能力与营销、销售能力，而OTC产品是高度差异化的，企业主要强调生产制造能力与营销、销售能力。

（3）动态能力

动态能力是企业整合、构建、重置内外部资源，以迅速响应外部环境因素变化的能力，包括创新能力、应变能力和重组能力等。外部环境瞬息万变，企业不仅需要根据环境因素变化，动态地吸收、整合与调配资源，还需要通过不断地学习和创新，持续地改进现有能力或提升资源利用效率。新医改实施以来，我国医药市场的运营逻辑、运营方式、竞争格局都发生了重大变化，如果企业不能实时地洞察外部变化，动态地做出应对策略，就无法做到趋利避害。尤其是进入行业转型期后，企业的两极分化会加速，动态能力的强弱将是导致企业分化的主要因素。因此，企业必须要强调学习型组织，不断刷新员工的认知，保持与时俱进。

（4）整合能力

整合能力是企业利用战略、预算、文化、管理矩阵或其他方式整合、协调内外部资源，实现组织目标的能力。资源整合有利于企业扩大资源总量、提升配置效率、增强技术能力和提升规模经济效应，是获得竞争优势的关键。尽管内部资源是企业管理者可直接调配的，但不同的企业，整合结果千差万别。有的企业形同一盘散沙，不同业务、不同职能部门、不同子公司各自为政，有的企业虽然表面看似统一，却只是机械的结合，只有极少数企业能够做到有机融合。外部资源是企业管理者无法直接调配的资源，但可以通过企业战略、企业文化、合作关系去争取和整合。例如，企业可以利用战略、专家资源进行投资者关系管理，以争取到更多投资或提升股价，也可利用技术优势或战略承诺，争取政府的科技补贴或投资机构的风险投资，还可以利用企业文化、合作关系，获得合作伙伴、互补商品生产企业或其他利益相关者的支持。

2. 企业的能力分析

企业能力分析的目的是识别企业的关键能力并确认其强度，以帮助管理者制定战略和评估战略的可执行性。企业能力分析的起点是找出现有能力与新业务活动所必需能力之间的差距，以制定能力提升计划，进而实现新业务的顺利开展。因此，在能力分析时，分析者必须明确能力的结构、各种能力的实际情况及其相较竞争对手的优（劣）势。在此过程中，可以将现有能力与某基准所要求的能力进行对比，这种基准可以是自行设定的理想能力，也可以是行业中优秀企业的能力、平均水平的能力或竞争对手的能力。

企业的组织效率由管理能力决定，所以反映组织效率的指标可间接地反映管理能力，如人均产值（总营业额／员工总数）、人均净利润（净利润／员工总数）、平均加工成本等。由于运营能力反映的是企业对资产的利用程度和效率，所以反映资产运营效率的指标也可以间接地反映运营能力，如资产周转率（总营业额/总资产）、总资产收益率（净利润/平均资产）、偿债能力（净债务/息税和摊销前营业利润）、投入产出比等。由于影响企业经营能力的因素较多，而且其他公司或竞争对手的财务数据不一定能够获取，分析者可根据需要进行一一确认并对比（表2-3）。

表2-3　制药企业需要重点对比分析的经营能力

能力类型	评估重点
采购能力	√ 企业所处的地理位置； √ 企业与资源供应商之间的关系建立与维持； √ 资源供应商与企业之间的讨价还价能力； √ 采购部门人员素质和效率； √ 供应商前向一体化趋势； √ 动态、全面了解上游信息的能力； √ 企业招采制度的灵活性与合理性
研发能力	√ 研发投入能力，包括投入规模和投入强度； √ 研发产出效率，包括每年产出的产品与专利数量、单个产品或专利所消耗的投入、投资回报率等； √ 新技术的应用能力，包括新技术或新靶点的情报获取能力、评估筛选能力、开发能力、商业转化能力等； √ 产品管线的打造能力，包括用户需求获取能力、产品设计能力、竞争对手的情报获取能力、数据评估能力、工艺设计与开发能力、临床试验的设计与推进能力等； √ 项目的管理与推进能力，包括速度与效率； √ 外部资源获取能力，包括对外技术或项目合作能力，技术与项目资源整合能力、获取政府科研经费支持的能力等； √ 研究人员的数量、素质及高质量人才的获取通道和获取能力； √ 创新思想和积极向上的研发文化
生产能力	√ 制造能力：各剂型的产能规模、生产线的先进性、产能配置的合理性、产品质量的合格率、高壁垒产品的制造能力等； √ 规模经济效应：产能利用率，单位产品的加工成本、年人均产出量、年人均产值、最小效率规模等； √ 生产规划能力：不同产品生产的切换效率、各产品的原料、半成品和成品的合理比例、质量保证和检验优化等； √ 人员的素质和员工激励措施； √ 环保能力：单位产品的耗能、造成的环境污染大小和环保成本等； √ 向上下游一体化延伸的能力

续表

能力类型	评估重点
营销能力	√ 营销规划能力：市场调查和分析能力，根据市场调研结果和产品特征细分市场、确定目标市场，并构建营销战略的能力； √ 推广能力：品牌推广、品牌延伸和品牌维护能力、营销渠道和市场终端的占领能力、宣传创意的构建能力、服务差异化能力、临床专家资源的维护能力等； √ 营销队伍的规模、人员素质； √ 营销效率：人均创收，人均投入产出比等； √ 售后能力：解决顾客问题的数量与效率，顾客满意度等； √ 动态收集消费者需求的能力

以上内容为笔者的总结，不一定全面，仅为抛砖引玉。

由于基准选择的复杂性，为了避免主观因素导致结果偏差，分析者有必要参考内外部专家、合作伙伴或利益相关者的意见或评价。合作伙伴、客户或其他利益相关者的评价，可反映出他们希望的企业能力与现有能力之间的差距，应通过利益相关者调研收集相关信息。值得一提的是，近年来，各种行业研究报告、证券报告的专业度和准确度越来越高，可有选择地使用其中的数据，来比较分析能力的差距。

除了内部资源的利用和转化能力，在能力分析的过程中，还要关注外部资源的整合与转化能力——上下游产业链的控制能力、外部资源发掘能力和包装整合能力等。

（三）价值链分析

1. 价值链的原理

价值链是由迈克尔·波特提出的，他认为每个企业都是在设计、生产、营销、交付和产品支持过程中的集合体，所有与这些过程相关的活动均为价值活动。这些活动可分为两类，一类是主要活动，即与产品（或服务）创造或交付直接相关的活动，如入厂物流、生产运营、出厂物流、营销和销售、售后服务等。另一类是支持性活动，这类活动的意义是提高基本活动的效率或效能，包括采购管理、技术开发、人力资源管理和基础设施等。这两类活动共同构成了价值创造的动态过程，即价值链（图2-8）。

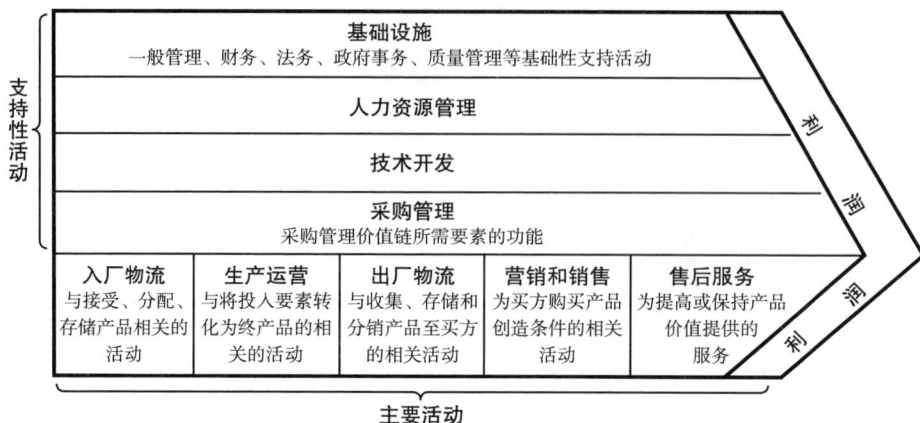

图 2-8 企业的通用价值链（示意图）

价值是客户为产品或服务支付的总费用，包括价值活动的成本和利润。在整个价值链中，企业所创造的价值主要来自某些特定活动，这些活动是企业价值链的"战略价值环节"。因此，企业的竞争优势，归根结底是在某些特定战略价值环节上的优势，创新药企业、OTC 企业和仿制药企业的战略价值环节是不同的。

每种价值活动都可以分成不同类型的活动。由于企业历史、战略的不同，选择的价值活动类型、开展活动的方式及其运用的经济学原理各不相同，也就是说价值链具有特异性。价值活动开展的方式及其经济学原理，决定了企业相较竞争对手的成本高低。所以，企业与企业之间的竞争，可以视为价值链之间的竞争，通过对比价值链，便可以确定竞争优势的来源。

价值链不是各种独立价值活动的机械集合，而是相互关联的，即某个活动的执行方式与其他活动的执行成本和效益密切相关。引起这种关联的原因有多种：一是企业可以使用不同的方式来执行相同的职能，例如，可以通过招聘人才、购买技术或技术外包等方式实现技术开发；二是可以通过间接活动提升直接活动的成本效益，例如，更合理的岗位设置，可以降低生产成本，提升生产效率；三是质量保证功能可以通过不同的方式来实现，例如，溶出测试可以代替崩解测试，放行检测可以代替"0"天的稳定性检测。为此，企业通过优化或协调价值活动间的关系，可以维持或增强竞争优势。例如，A药企为了实现整体目标，在产品开发、生产制造、产品销售等价值活动之间的联系上进行最优化选择；B药企通过协调产品开发、生产制造、产品销售等价值活动之间的内在联系，实现了低成本或差异化。

不仅企业内部价值活动存在关联，企业价值链与上游供应商和下游渠道商的价值链也存在关联，即纵向关联（图2-9）。与内部关联相似，企业与供应商、渠道商之间的价值活动的执行方式也会影响彼此的效益。例如，制剂企业将所需原料的粒径、比表面积、晶型、晶癖等物理参数的控制标准告诉原料供应商，可以省去双方某些重复的操作和二次加工过程带来的物料损耗。因此，优化企业与供应商之间的价值链联系可以让双方获益，下游经销商亦是如此，例如，经销商的推广、促销活动可以让经销商和生产企业共同获益。

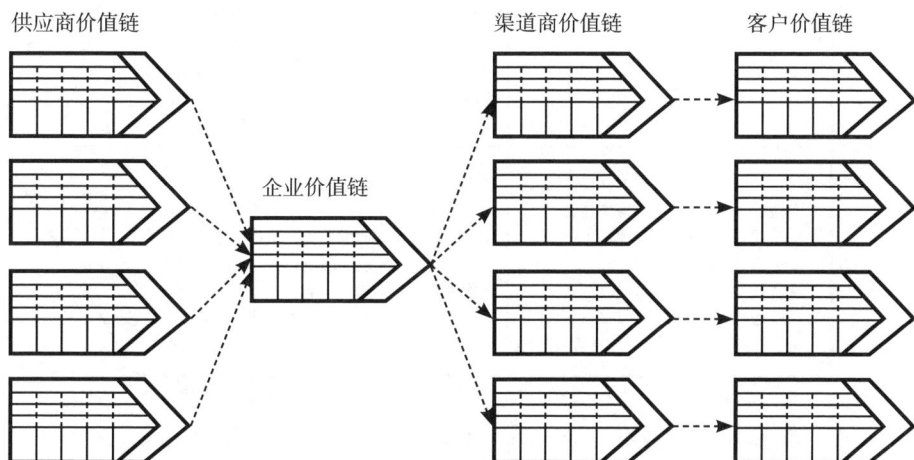

图 2-9 价值链的纵向关联（示意图）

2. 价值链的分析方法

两个企业的竞争其实是价值链的竞争，企业的国际化、一体化、多元化扩张也可视为价值链的延伸或扩张，因此，价值链分析具有非常重要的意义。首先，有助于了解竞争优势的来源，内部各环节对整体价值的贡献度，资源能力的配置与分布及其合理性；其次，有助于识别对降低成本和增加客户价值存在重大影响的价值活动、理解价值活动之间的联系，进而优化或协调价值链以提升竞争力；再次，有助于确认企业在行业中的位置以及与上下游企业的关系，选择合适的竞争战略；最后，纵向价值链分析有助于企业更好地满足客户需求，提升产品或服务的价值。

在价值链分析时，企业可根据自己的目的或经营活动的具体情况，把价值链分解为各种价值活动（图 2-10）。然后确定各项活动与成本和收入的关系，了解各项活动对总价值的贡献度，并找出"战略价值环节"。最后分析各种价值活动之间的联系，为价值链优化或协调提供依据。

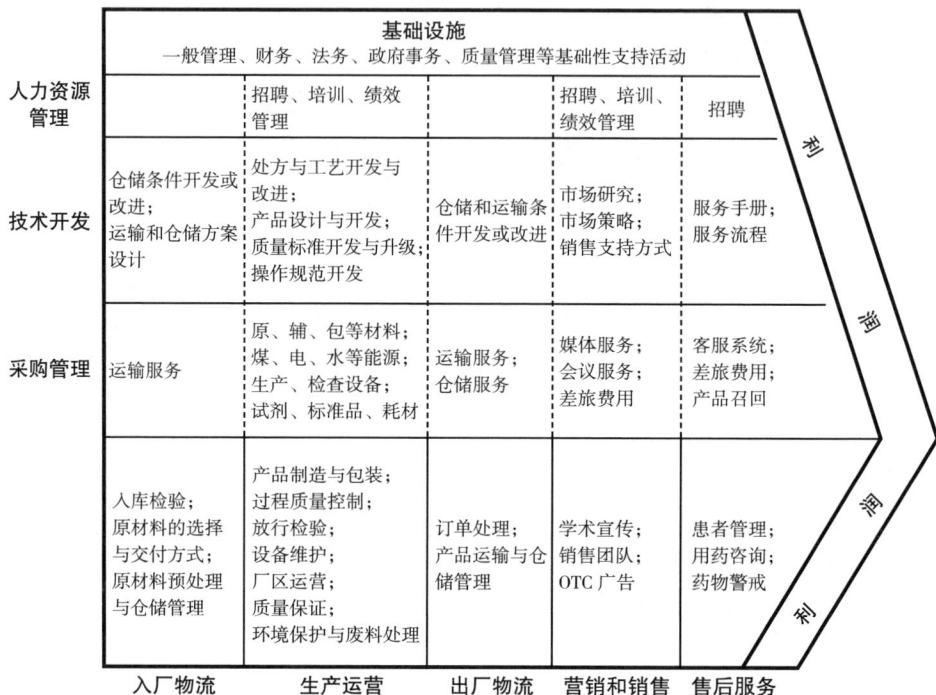

	入厂物流	生产运营	出厂物流	营销和销售	售后服务
基础设施 一般管理、财务、法务、政府事务、质量管理等基础性支持活动					
人力资源管理		招聘、培训、绩效管理		招聘、培训、绩效管理	招聘
技术开发	仓储条件开发或改进；运输和仓储方案设计	处方与工艺开发与改进；产品设计与开发；质量标准开发与升级；操作规范开发	仓储和运输条件开发或改进	市场研究；市场策略；销售支持方式	服务手册；服务流程
采购管理	运输服务	原、辅、包等材料；煤、电、水等能源；生产、检查设备；试剂、标准品、耗材	运输服务；仓储服务	媒体服务；会议服务；差旅费用	客服系统；差旅费用；产品召回
	入库检验；原材料的选择与交付方式；原材料预处理与仓储管理	产品制造与包装；过程质量控制；放行检验；设备维护；厂区运营；质量保证；环境保护与废料处理	订单处理；产品运输与仓储管理	学术宣传；销售团队；OTC 广告	患者管理；用药咨询；药物警戒

（右侧箭头：利润）

图 2-10　制药企业的价值链分解（示意图，仅供概念参考）

在价值链对比时，分析者需制定合适的评价标准，——比较各项价值活动与竞争对手的差距，包括执行方式，执行效能等（表 2-4）。在此过程中，应重点注意识别"以优于竞争对手的方式完成的价值活动"或"任何竞争对手都无法执行的价值活动"，如果内部活动都不存在优势，可进一步研究企业与上下游之间的价值链关联，以发掘价值链外的优势。从价值链的角度上讲，企业所追求的不应是供应商的供货价格最低，而是更短的生产周期、更强的市场应变能力、更高的产品质量和更高的存货周转率。同样的道理，企业也不应该追求向渠道商出售更多的产品（向渠道商压货），而是设法增加渠道商出售给顾客的产品数量。因此，改变上下游价值链的关联，同样能够获得竞争优势，实现降本增效。

表 2-4　制药企业的价值活动评价标准

价值活动	评价标准
入厂物流	原材料与存货系统的健全程度 原材料仓储活动的效率
生产运营	设备产能、性能以及资源柔性 工艺自动化程度 剂型覆盖和高壁垒产品的生产能力 生产控制体系和质量保证体系的性能 工厂与工艺的效率、物料利用率等
出厂物流	订单处理、运输和仓储活动的效率 流通管理系统的健全程度、成本和效益
营销和销售	研究市场、准确细分市场的能力 替换或抢占销售渠道的能力 控制的终端数量和掌握的临床专家数量 推广、促销或广告方式创新的能力 销售团队的激励与竞争机制对人均销售额 / 销售数量的提升 品牌知名度和品牌忠诚度
售后服务	及时解决消费者抱怨的能力 发生不良反应时，及时召回产品的能力 药物警戒的成本与效益 收集患者需求或临床需求的能力
基础设施	确定市场机会与威胁，并科学制定战略的能力 完成战略目标和战略计划的质量 规划各价值活动，并合理配置公司资源与能力的水平 较低成本的融资能力、资金管理效率等 管理系统的信息化程度 处理公共关系，维护公司公共形象的能力 与政策制定者及利益相关者间的关系
人力资源管理	员工的薪酬和激励机制设计的合理性 岗位设计的合理性 与其他部门的关系质量 员工满意度
技术开发	掌握领先技术的能力和技术领先程度 与其他部门的关系质量 科员人员规模和试验设备的数量与质量 业务运营和项目管理水平 鼓励创新的企业文化和工作环境 产品或技术开发效率 研发投入水平

价值活动	评价标准
采购管理	根据各项采购需求统筹安排采购计划的能力 供应商的集成能力和数字化管理能力 租赁与购买决策标准及决策流程的开发 采购效率和议价能力 和关键供应商的长期关系发展水平

（四）竞争优势分析

1. 冗余性分析

在战略调整的过程中，企业须根据战略的需要判断资源与能力的充盈程度。例如，某药厂获得了1亿片的二甲双胍片订单，但该厂不能按1亿片去准备物料，而是在一亿片的基础上增加一定比例的余量，以防止某些不确定因素引起备货不足。在此过程中，富余的物料被称为冗余资源，与此类似，企业为了保障各项活动的正常运行，在资源和能力配置上都会留有一定的余量，这种余量是战略柔性的保障。所谓的战略柔性是指战略在一定程度上，具有适应环境变化的能力，企业可以使用冗余资源、提升能力、二次定位高柔性资源等方式应对环境变化，而不需要因风吹草动就调整战略。

企业拥有的冗余资源与能力的总量越多、质量越高，战略的可选择性就越大，反之则战略可选择性越低，获取竞争优势的难度越大。在两个竞争对手资源与能力总量和质量相当的情况下，竞争优劣取决于资源配置的合理性，只有资源与能力被合理配置，竞争潜力才能最大限发挥。我国很多药企习惯了卖方市场时代的决策思维——产能大销量就高，质量好定能卖出去，把主要的资源与能力配置在了价值链的主要活动中，尤其集中在生产制造环节。这种重主要活动、轻支持性活动的配置，犹如"头部小而四肢大"的"畸形"。行业进入转型期后，这些"畸形"企业出现了一系列问题，如产能利用率低下，新产品与新技术储备不足，新产品选择困难，战略方向迷失、管理效率低下等。

企业资源和能力的配置应紧扣战略需求或商业模式的特点，技术驱动型药企，资源和能力配置应向技术开发倾斜，而商业驱动型药企则向营销和销售倾斜。由于资源与能力的价值会随外部环境的变化而改变，例如，集中带量采购的实施让仿制药企业的销售资源和销售能力大幅贬值，而利好中药政策的实施让中药批文和中药开发技术大幅升值。为此，这种"合理配置"是动态的，企业应根据外部环境的变化趋势，预测资源与能力的价值变化，并对战略中将要加强的资源和能力做出预测。

2. 战略价值分析

资源和能力的战略价值主要体现在有价值性、稀缺性、难以模仿性和不可替代性 4 个方面。

有价值的资源与能力是公司规划和执行战略，建立、发挥和保持竞争优势的基础。在两个企业资源与能力的数量与质量相当的情况下，资源的价值大小取决于配置的位置、时间和可转移程度，而能力则看其是否处在价值链的关键性位置。例如，A 药厂的生产线是按工艺流程固定化设计，而 B 药厂的生产线是模块化设计，模块化的生产线可按需要灵活组装（具有可移动性，即柔性资源），进而实现降本增效或二次定位。

资源与能力的稀缺性可理解为拥有该资源与能力的企业数量的有限性。很多资源与能力虽然拥有价值，但被竞争对手大量持有，这样的资源并不能为企业带来竞争优势。例如，我国有上千个制药企业拥有固体制剂的制造能力，所以一般固体制剂的产能和制造能力就不具有稀缺性。相同的情况下，企业拥有的资源与能力越稀缺、拥有稀缺资源与能力的量越多，创造价值的能力越强。在制药领域，稀缺资源与能力主要体现在先进技术平台和新产品组合上，通过技术平台和产品组合的规模与稀缺程度，可判断一个企业成长潜力的高低。

企业一旦取得成功，必然会有其他企业模仿，而且开创者被模仿者打败的案例屡见不鲜。模仿者通过"挖人""剽窃""反向工程"等手段快速获得技术或商业模式的精髓，而无需在探索性研究上过多投入。如果模仿者在原创技术或商业模式上改良、升级、迭代，或资源与能力存在显著性优势，模仿者就可能超越开创者。因此，不可模仿或难以模仿的资源与能力，是企业保持竞争优势的关键。难以模仿的原因有多种，例如，"起因模糊""历史条件独特""模仿成本高"等。起因模糊令模仿者不知道该模仿什么，怎么模仿，如高度复杂的消化酶类产品（混合物）；历史条件独特是在特定的历史条件下形成的，时过境迁后因客观条件无法模仿，我国很多中成药、中西医结合的产品就符合这一特点；模仿成本高是指竞争对手进入所需消耗的资源多，进入壁垒越高，模仿者数量就越少，成功模仿所需的时间越长，高壁垒仿制药就属于此类。根据这一原理，企业可以通过特定历史时期批准的产品、管制药品生产资质、品牌与商标、技术壁垒、战略网络、价值链和特色企业文化构建差异化。

不可替代性是指资源与能力不存在既可复制又不稀缺的替代品或替代方案，否则，这些资源与能力就不具备战略价值。例如，在成本低廉而又环保的生物合成法已成为某些原料制备主流方法的情况下，企业的化学合成技术不论有多先进，专利保护强度有多高，都不能视作战略性能力。相反，某些临床无法替代的"老药"，如果因为政策或技术的原因难以被仿制，依然可能成为战略性资源，如肉毒杆菌毒素。

在 4 种属性分析的基础上，可以利用 VRIN 框架——判断各项资源与能力的战略价值和竞争后果（表 2-5）。只有资源与能力符合 VRIN 框架，才能视作竞争优势的基础。

表 2-5　VRIN 框架

有价值性	稀缺性	难模仿性	不可替代性	竞争后果	业绩评价
否	否	否	否	劣势	低于平均回报
是	否	否	是 / 否	对等	平均回报
是	是	否	是 / 否	暂时性优势	平均回报 – 高于平均回报
是	是	是	是 / 否	持久优势	高于平均回报

VRIN 框架的缺陷是对不完全模仿和不完全替代资源与能力的判断较为模糊，实操较为不便，为了方便应用，Jay Barney 将"不可替代性"改成了"可整合性"，形成 VRIO 框架（表 2-6）。VRIO 要求企业必须对可整合的资源与能力进行分析。清楚内部哪些资源能够被按需整合，并确认是否具备将这些资源整合为竞争优势的能力，如形成规模经济效应。

表 2-6　VRIO 框架

有价值性	稀缺性	难模仿性	可整合性	竞争后果	业绩评价
否	—	—	否	劣势	低于平均回报
是	否	—	↕	对等	平均回报
是	是	否		暂时性优势	平均回报 – 高于平均回报
是	是	是	是	持久优势	高于平均回报

案例：某公司用 VRIO 框架分析各项能力的战略价值

能力	有价值性	稀缺性	难模仿性	可整合性
产品开发能力	是	是	是	是
财务管理能力	是	否	是	是
制造能力	是	否	是	是
供应链控制能力	是	否	否	是
营销能力	是	否	否	是
企业文化	是	否	否	是
组织管理能力	是	否	否	是

企业良好的商誉、令人尊敬的形象、清晰的战略，可以帮助企业获得供应商、渠道商、政府、金融机构、客户和其他利益相关者的支持，而这种支持的力量被整合，就有可能转化为竞争优势。例如，与渠道商与供应商的战略一致可以获得它们的助力；瓦格洛斯为默沙东树立了令人尊敬的企业形象，让更多高质量人才愿意为其服务；早期的 Teva 争取到美国犹太人的大力支持，为企业的快速发展起到非常重要的作用。另外，各种风险基金、政府补贴的作用也不可忽略，尤其是初创型公司。

（五）核心竞争力分析

核心竞争力，也被称作核心能力或核心专长，是企业在长期经营与发展过程中积累形成的集体学习能力、协调各种生产的技能和有机整合多种技术的能力。通过资源与能力对比分析，可以找出企业相对于同行或竞争对手存在竞争优势的资源与能力，并进一步包装、整合为竞争优势组合，而其中与战略相吻合的组合即为核心竞争力。核心竞争力是相对战略而言的，与战略不匹配的竞争优势不属于核心竞争力。例如，某医药集团曾是我国最早布局生物药的大型企业之一，不仅拥有国内领先的研究技术，而且在2010年前就形成了biosimilar研发管线，但该集团的战略定位是OTC和从国外引进产品，所以这些技术与研发管线就不被视为核心竞争力，最终被企业放弃。

如上所述，具有战略价值的资源与能力必须具备有价值性、稀缺性、不可模仿性和不可替代性，而核心竞争力也必须符合这4个特征。首先，核心竞争力必须有助于实现客户想要的价值，如提升质量、降低价格、改善服务、增加功能等；其次，它必须为企业提供一个进入多种产品市场的潜在途径，即可延伸性；再次，核心竞争力必须让企业保持竞争优势，这要求它必须不可替代，而且具有限制竞争对手的进入壁垒。

管理学家普遍认为，几乎没有企业能够同时拥有5项以上的核心竞争力，对业务高度聚焦的制药企业而言，拥有1~3项核心竞争力，就能够脱颖而出。判断企业是否具备核心竞争力，可按三步进行。第一步，分析企业在目标市场、战略定位或商业模式上是否具有清晰的取舍和承诺（是否有清晰的战略）；第二步，判断企业在所选择的目标市场、战略定位或商业模式上是否具有核心优势；第三步，判断企业是否成功构建了科学的管理模式，将核心竞争力最大限度地发挥和保持。例如，某企业的战略定位是国内领先的biosimilar供应商，该公司的核心竞争力是持续高效的产品开发能力和持续领先的发酵工艺。

核心竞争力作为企业获取和保持竞争优势的关键，不仅要注重现有核心竞争力的管理，还要注重新核心竞争力的培育。在核心竞争力的管理和培养时，首先要识别核心竞争力并形成核心竞争力列表，各项核心竞争力的定义与内容、所包含的元素应统一获得认可。其次还要根据市场变化制定核心竞争力的获取计划并按计划培养新的核心竞争力。在此过程中，企业必须展现出足够的预见力，同时核心竞争力的建设内容应基本获得一致认可，培育团队也必须基本一致，否则很容易半途而废或中途变形。另外，企业需要建立灵活配置或部署核心竞争力的机制，例如，将其从一个部门（业务单元）移动或延伸到另一部门（业务单元）。最后，还必须注重核心竞争力的维持，资金投入不够、没有人统一负责和管理、外部环境变化、核心人才被挖走、核心机密泄露或过度多元化等情形，可能会导致核心竞争力的萎缩、消散或被稀释。

任何事物都是双刃剑，核心竞争力也可能成为企业发展的累赘。一方面，企业在构建核心竞争力的过程中会形成路径依赖。当外部环境或业务发生重大变化时，如果企业无法预测行业趋势或对新行业、新业务不熟悉，就可能沿用原有的战略，形成"刻舟求剑"的现象。既往的成就越高、核心竞争力越显著，就越容易"走老路"。新医改以来，宏观环境发生了重大变化，但很多企业依然沉浸在过去的"成功经验之中"，最终导致了业绩的每况愈下。另一方面，企业在高度多元化或大跨度的战略转型时，核心竞争力也可能成为战略转变过程的包袱，让企业在新战略定位上难以取舍。例如，在行业快速成长期，大产能、大规模是很多企业引以为傲的"核心竞争力"，但在产能过剩的情形之下，庞大的产能就成为食之无味而弃之可惜的鸡肋，让很多企业迟迟不能转型。

强生的多元化基因

强生是最早多元化、也是为数不多在多元化浪潮中获利的药企，虽然制药巨头在七八十年代相继放弃了多元化，但强生仍然保留着大众消耗品、医疗用品和药品业务，而且在三大领域都能够保持领先的地位。强生之所以能够面面俱到，跟它的多元化基因，尤其是管理方式、企业文化密切相关。

◎ 多元化基因的形成

强生的发家史可追溯到 1886 年，创始人是 Robert Johnson。一开始，强生是一家生产伤口敷料的公司，因为当时没有对抗细菌感染的有效手段，患者术后死亡率较高，由于强生的敷料能够显著降低感染率，广受市场青睐。此后的几年里，强生一直围绕着手术、急救、牙科开发产品，是一家典型的医疗公司。

1893 年，强生推出了婴儿爽身粉，业务从此向大众消耗品拓展。James Johnson 接任公司董事长后，一是积极网络销售人才，扩大国内市场的销售能力，二是向国际市场扩张。1921 年，强生推出了邦迪牌创可贴，1927 年，又推出了 Modess 牌卫生巾，使得强生成为了家喻户晓的大众消耗品供应商。

1932 年，Robert Johnson Ⅱ（强生二世）继任了董事长，他是强生历史上的灵魂人物。为了避免多元化导致的决策困难，他的管理理念是权力下放，让各部门和子公司拥有充分的自主权。他将手术包扎用品和卫生服业务整合为 Surgikos，卫生巾业务整合为 Personal Products，计生用品业务整合为 Ortho Pharma，而伤口缝合产品相关的业务整合为 Ethicon。他主张提高最低工资，改善工厂条件，强调企业对社会的责任，呼吁管理者尊重员工，制定规划，提高工人的技能，以更好地为工业现代化做准备。1943 年，他写下了著名的强生信条，强调了公司在 4 个社会领域的责任：第一，关注我们的客户，世界上所有的医生、护士和父母们；第二，关注自己的员工，并尊重他们的尊严和价值；第三，关注我们的社会，时刻提醒自己为社会做贡献，维护我们所共有的财产；第四，关注股东的利益，给股东以合理的回报。后来该信条成为强生发展的核心价值观。

20 世纪 50 年代以后，强生把制药纳入了发展战略，通过收购 McNeil、Cilag-Chemie、Janssen（杨森）等企业快速组建了制药业务。所以，与其他制药巨头所不同的是，强生是因多元化而进入了制药业。1963 年，强生二世退休，彼时的强生已基本形成以医疗用品、大众消耗品和药品为核心的三大板块业务，总销售额达 7 亿美元。

◎ 多元化基因的进化

在强生二世之后，Philip Hofmann、Richard Sellars 和 James Burke 相继成为强生的董事会主席，他们为多元化基因的发展与进化起到了关键性作用。Hofmann 是强生二世的追随者，在他的主导之下，强生公司的国内和海外子公司得以蓬勃发展。Sellars 是 Hofmann 的门生，仅掌管了 3 年的帅印，1976 年，营销专家 James Burke 成为强生的第六位掌门人。

20 世纪 60 年代以后，美国医疗用品竞争加剧。为了实现业绩持续增长，强生加大了大众消耗品业务的布局，1966 年，强生从宝洁公司的销售部挖来了 James Burke，并不断从宝洁公司吸纳顶级营销人员。Burke 改变了业内对女性卫生用品广告低调而谨慎的风格，将 Carefree 和 Stayfree 的宣传广告开创性地放到了电视上，成功击败了当时的行业霸主 Kimberly-Clark（金佰利），占领了一半以上的美国市场。为了增加卫生巾的国际市场占有率，强生还收购了德国 Dr. Carl Hahn，获得了 o.b. 牌卫生巾。

因为出色的销售表现，Burke 在 1976 年被任命为 CEO 和董事长。在他上任以前，强生各部门业务一直保持着高度平衡，尤其是大众消耗品和医疗用品，没有一个产品能够占到公司总销售额的 5%。在 Burke 掌舵之后，大众消耗品业务迅速扩大，而泰诺则成为销售额遥遥领先的"领头羊"，1981 年的销售额达到了 7000 万美元。在大力发展大众消耗品的同时，Burke 也没有放松医疗用品的业务发展，收购了大量的公司，让强生持续领跑医疗用品行业。

1982 年，芝加哥发生了著名的"泰诺篡改包装事件"。不法分子向泰诺胶囊中掺入氰化物，至少造成 7 名服药者死亡。因为该事件，泰诺的品牌形象几乎毁于一旦，而且强生信条也面临着舆论冲击。事件发生后，强生立即召回了 3100 万瓶泰诺，迅速停止了推广和销售，在各媒体上发布通知，接受患者的退款或换货，直接答记者问，及时向公众告知事件的进展。后经调查发现，这种"掺毒"的现象仅发生在流通渠道中（与厂家无关），但依然引起品牌减值 12.4 亿美元，市场份额从 37% 下降到 7%。为了挽救品牌和弥补损失，Burke 提出以"向消费者报销在事件中丢弃泰诺胶囊带来的损失"为名义，在各地报纸上印发价值 2.5 美元的泰诺抵用券，鼓励消费者购买新的泰诺。与此同时，为了增强公众对其产品的信心，强生在第一时间推出了防篡改包装的泰诺，并通过一系列的营销策略，让泰诺在短短几个月内销量恢复了正常。"泰诺事件"的成功处置，让强生信条得以捍卫，也展现出该公司强大的应变能力。

Burke 是强生历史上非常伟大的一任掌舵人，不但让强生度过了泰诺事件危机，还让强生发展成为一个年销售额达 98 亿美元、拥有 153 个子公司的国际医药巨头。

◎ 多元化基因的消散

在泰诺事件的处置中，Ralph Larsen 也起到了至关重要的作用，并在 1989 年成为新一任董事长。Larsen 是一位推陈出新的人，他认为在庞大的集团里，权力过度下放是造成效率低下的原因，于是上任以后将强生的业务重组。让婴儿保健部门与保健部门、牙科业务部门合并，组建更加广泛的消耗品部门，重组了海外业务，将欧洲的医疗用品业务部门从 28 个整合成 18 个，让 Ethicon、Johnson & Johnson Medical 和 Johnson & Johnson Professional Products 三家子公司合并，成立 Ortho Biotech，开始布局生物制药。经过一系列整合，形成了三大业务部门，即消耗品（consumer）、医疗用品（professional）和药品（pharmaceutical）。

20 世纪 90 年代初期，受到萧条经济的影响，以多元化业务为主的强生，增速开始放缓，为了提振业绩，Larsen 发起了一个兼并潮。在 1993~1999 年间，先后收购了多家医疗器械公司和消耗品公司，并从惠氏公司获得了美林（布洛芬）的经营权，兼并了单抗先驱 Centocor 公司，获得了现金牛类克（英夫利昔单抗），1999 年的总营收增加至 276 亿美元。经过一系列的收购、剥离与整合，强生的业务逐渐聚焦，三大业务中的医疗用品仅剩下医疗器械与诊断。

2002 年 Larsen 退休，强生迎来了第三位与泰诺事件相关的 CEO William C. Weldon。Weldon 从 McNeil 销售员到杨森再到 Ethicon Endo-Surgery，他出色的业绩赢得了高层的关注，尤其是在 90 年代初期，强生的业务面临大萧条，Ethicon Endo-Surgery 却在他的带领下成为一枝独秀。1998 年，Weldon 被任命为强生制药集团总裁，并在上任后不久就推动了对 Centocor 和 ALZA 的兼并。

在 Weldon 担任董事长的 10 年间，强生三大板块业务都得到非常好的发展。制药方面，Weldon 加大了研发投入，将药品研发投入强度提高到 20% 以上，并相继收购了多家载药技术和生物技术公司，不但将药品销售额从 172 亿美元提高到 254 亿美元，还为研发管线攒下了多个重磅级产品。消费者保健和医疗器械与诊断用品方面，Weldon 则通过不断收购新业务、卖出不盈利业务等方式来增加业务的盈利能力。其中消费者保健业务营收从 2002 年的 65.6 亿美元增加到 144.5 亿美元，并将业务逐步聚焦至婴儿护理（主要是爽身粉）、皮肤护理（主要是洗护用品、护肤霜等）、口腔护理（主要是李施德林漱口水）、伤口护理（主要是邦迪和 Neosporin 软膏）、妇女健康（主要是三大品牌卫生巾）和 OTC。

2012 年，Alex Gorsky 接任了董事长和 CEO 的职位。Gorsky 在 1988 年加入强生，曾多年从事药品营销工作，也曾担任过强生器械业务公司 Ethicon 的董事长。Gorsky 是一位多元化和包容性的倡导者，在担任董事长后，他积极收购中小型研发公司，大力推行联合研发的模式，让强生的药品管线得到很大的增强，尤其是成功推出了新冠疫苗。在消耗品和医疗器械与诊断领域，Gorsky 通过持续不断地收购和剥离，虽然盈利水平在同行中保持领先，但已大不如前。医疗器械与诊断业务经过不断整合，放弃了医疗服务和诊断业务，并更名为医疗技术（Medtech）业务。

在 Alex Gorsky 的领导下，强生成功登上《财富》杂志"全球最受尊敬的公司"，市值也翻了 2.6 倍。2022 年 1 月，Alex Gorsky 退休，继任者为 Joaquin Duato。Duato 早在 1989 年就加入了强生，虽然在强生的三大业务领域都有丰富的工作经验，但却是一个聚焦战略的倡导者。通过他的努力，制药业务的研发战略在 2009 年聚焦在了心血管与代谢、免疫、传染病与疫苗、神经科学、抗肿瘤和肺动脉高压六大领域，因为这种战略，强生的处方药业务实现了长期增长。在继任董事长之后，他迅速剥离了盈利能力较差、增长达不到战略需求的消费者保健业务。

随着业务的不断聚焦，这种多元化基因逐渐减弱，甚至消散。

◎ 难以复制的多元化基因

强生之所以能够在多元化的领域保持利润领先，面面俱到，根本是强生在长期的经营和实践过程中形成的核心竞争力，它具有难以复制性、持久性。

第一，强生是由消耗品和医疗用品多元化而走向制药的企业，大众消耗品的底蕴深厚，组织灵活、应变能力强，具有驰名品牌和强大的营销能力，所以它本质上不同于由制药走向多元化的企业。

第二，权力下放，避免了多元化过程中的决策困难。因为权力下放，可以让专业的人主导专业的事，下属公司或子公司不但具有相当的自主运营权，甚至可以推动业务的剥离与兼并。为此，强生的下属公司能够及时地发现新机遇或丢掉包袱，动态地保持着资产的优良性。

第三，权力的下放让强生形同"一盘散沙"，但形散却神不散。因为强生拥有独特文化和与这种模式相适应的管理矩阵。这种文化和矩阵是经过多年的磨合形成的，其他企业难以模仿。

第四，强生之所以长期坚持多元化，并能实现各种业务的持续发展，与该公司掌舵人的核心价值观和工作背景密切相关。首先，强生的每一任主帅几乎一辈子都在强生工作，而且在不同的业务板块都具有工作经验，这有效地降低了决策难度；其次，强生的主帅几乎是销售出身，而三大业务相似性最高的价值活动就是销售。

第三节　制药企业的战略制定方法

经过内外部环境因素分析，识别了外部环境的机会与威胁、确认了内部资源能力的优势与劣势，企业才能匹配出能够趋利避害和扬长避短的战略。在公司战略的基础上，还需要基于内外部环境因素分析的结果，选择合适的竞争战略模型（业务战略），并制定相应的职能战略。需要强调的是，每一种战略的制定与选择，都是基于内外部环境因素分析的结果，而且都必须形成各自的战略目标和战略举措。

过去我国市场的高速发展，让很多企业的战略错误被掩盖，"看似虚无"的战略理论一直不被重视，甚至认为研究战略是浪费时间，或者把"老板"的目标当成战略。就如王志纲所述，"中国企业的发展是非常粗放的"，这种粗放式的发展已无法继续适应我国经济升级与转型，也无法在行业转型期良好地生存与发展。虽然越来越多的企业选择定期召开战略会，但"好读书而不求甚解""滥竽充数"的现象非常普遍，最终导致了战略方向的错误或无法实施。所以，专业的人员组织与引导、合理的内外部因素分析与评估，准确地理解各种战略制定的逻辑与方法、熟练地运用各种分析工具及思考方法显得至关重要。

一、公司战略制定或调整方法

公司战略也称集团战略或总体战略，它是企业的总体目标和顶层规划，是统筹业务和职能战略的方针和纲领。企业只有制定了集团战略，才能进一步制定业务层或职能战略。而调整战略时，能调整业务层或职能战略就能解决的问题，不宜调整集团或公司战略。战略调整的过程一般分为三步，一是确定战略问题，二是调整战略承诺（如需要），三是制定新的战略目标。

（一）战略性问题的确认

对于全新的公司（如刚刚被巨头剥离出来的 Haleon、Sandoz 等），企业需根据业务特点，确定利益相关者——外部环境中受组织决策和行动影响的任何相关者，包括股东、实控人、债权人、员工、政府、合作伙伴等（表2-7）——并基于内外部环境因素匹配的结果、利益相关者调研的结果制定战略承诺——使命（宗旨）或愿景等。然后再依次确定公司战略目标、业务战略和职能战略。然而，大部分企业都是因内外部因素发生重大变化，对现有的战略进行调整。而在此过程中，企业必须首先确认战略问题。

表 2-7　利益相关者的分类

利益相关者分类	利益相关者	为企业提供的内容	诉求
产品市场利益相关者	客户	利润	采购和服务
	供应商与合作伙伴	原材料、设备、技术等	利润
	政府	服务、法律保护等	税收、遵守法规等
	工会	支持与对话	员工权益
	协会、媒体等	支持与对话	承担社会责任
资本市场利益相关者	股东	资本	股息
	债权人	资本	利息
组织利益相关者	管理者	管理	薪酬、权利、地位等
	员工	知识与技能	薪酬、工作环境等

战略调整的过程可以分解为发现问题、分析问题和解决问题3个过程。首先，企业在日常运营中发现问题，并反映到战略层面，然后分析问题，确认问题的原因和严重性。为了清晰认识战略问题的原因，必须进行内外部环境因素分析，并有效预判关键因素的变化规律和发展趋势。例如，导致业务

增长乏力、利润低下的原因，可能是企业自身技术与能力储备不足，也可能是市场衰退，还可能是政府的价格控制。不同的原因，问题的严重性也不一样。如果经过内外部环境因素的分析，确定企业战略不能继续扬长避短、趋利避害和很好地解决利益相关者诉求，就需要调整战略。

如果战略问题发生在业务层或职能部门，在调整业务或职能战略就能解决问题的情况下，不宜调整公司战略。如果是公司战略的问题，则必须在集团层面上解决。如果战略不需要重大调整，如只需调整某个阶段内的奋斗目标，则调整战略目标和战略举措即可；如果企业要发生重大战略调整，如多元化、大幅度转型、转行、重大资产重组，利益相关者会发生变化或利益受到重大影响，战略承诺也需要做出相应的改变，而此过程必须在利益相关者调研后才能做出。由于战略具有柔性，如果通过学习和提升能力就能解决问题，不宜随便调整战略，因为在战略调整的过程中，需要放弃某些资源与能力，会造成资源的浪费。只有当外部环境因素发展到一定程度或趋势非常显著，企业按原有的战略难以继续适应环境的情况下，才考虑调整战略。

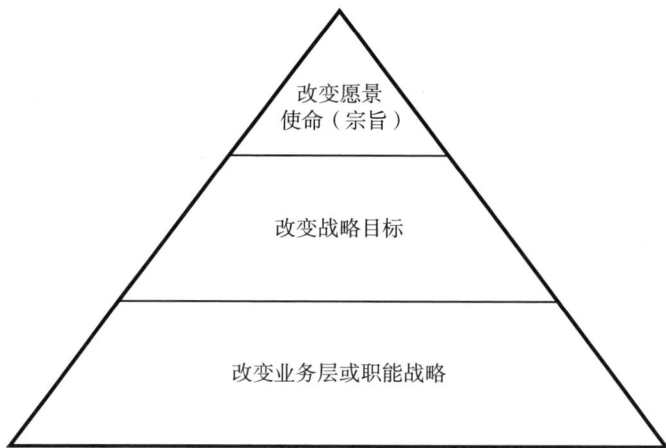

图 2-11 战略调整的逻辑层次（示意图）

综上，企业战略调整的逻辑层次共分为三层（图 2-11），由下而上依次为"是否需要调整业务层战略（调整竞争方式、商务模式等）""是否需要调整战略目标（调整某个时期内的奋斗目标）""是否需要调整战略承诺（重新定义公司的愿景、使命或宗旨）"。如果上层建筑发生改变，下层建筑也需要

——与之相适应，故调整的战略层级越高，战略制定的任务就越复杂，越具有挑战性，风险也越高。

（二）战略承诺的调整

战略承诺是企业结合内外部环境因素，为实现利益相关者利益最大化而做出的、将长期坚守的承诺，它代表企业未来的战略选择。如果集团战略发生重大调整（如多元化、转行、大跨度转型、业务重组等），利益相关者可能发生改变或对其利益产生重大影响，企业必须基于利益相关者调研的结果调整战略承诺。例如，Valeant 在杠杆研发模式失败之后，出现了严重的债务危机、股价崩盘，为了实现公司的转型和安抚利益相关者，将原来以销售获利提振公司股价为导向的战略承诺："Focusing on our key stakeholders while delivering consistently high performance"（关注关键的利益相关者并提供持续的高效）调整为以提供产品和服务获取利润为导向的战略承诺："To improve people's lives with our healthcare products"（用我们的医疗产品改善人们的生活），承诺在保证债权人利益的同时，为股东产生真实的收益。

战略承诺的内容包括企业的经营目的、经营范围、经营方式、聚焦领域和对利益相关者的关注等。经营目的是企业有别于其他同类企业而存在的意义，它由企业的产权性质和行业性质决定，例如，诺和诺德的经营目的为"推动改变，以战胜糖尿病、肥胖症、罕见血液疾病、内分泌紊乱等其他严重慢性疾病。"罗氏控股的经营目的为"不断探索从前沿科学到疾病诊断和治疗药物的成果转化，挽救生命、改善人类生活质量。"经营范围是企业为了满足特定客户需求，在行业与市场方面做出的选择。经营方式是企业在经营活动中所采取的方式与方法。聚焦领域是企业为达到经营目的而将建立与保持竞争优势的领域，例如，诺和诺德选择的是糖尿病、肥胖症、罕见血液疾病、内分泌紊乱等其他严重慢性疾病，而罗氏选择的是疾病诊断、肿瘤、免疫和罕见病等。对利益相关者的关注目的是获取利益相关者的持续支持。例如，强生对利益相关者的关注是"'因爱而生'的公益理念为核心，强调对客户、员工、社会和股东的责任"。

案例一、强生对利益相关者的关注（强生信条）

关注客户：对病人、医生、护士、父母亲以及所有使用强生的产品和接受强生服务的人负责；

关注员工：尊重他们的尊严和价值；

关注社会，积极支持社会发展，促进人类健康；

关注股东：企业经营必须获取可靠的利润，给股东以合理的回报。

案例二、Aspen 对利益相关者的关注

关注客户：强化高质量、负担得起的药物的可及性；

关注员工：为员工创造一个安全、具有挑战性、回报丰厚的工作环境；

关注社会：践行良好的企业公民意识；

关注股东：为股东创造持续的价值。

跨国制药巨头对战略承诺的表达形式并不统一，除了使命（宗旨）和愿景，还有战略意图、经营理念、企业哲学或蓝图等。使命（mission）或宗旨（purpose）是企业对存在目的和责任的描述，包括"形成和存在的基本目的""应从事的经营活动范围""在经营活动中将坚守的基本准则"。愿景（vision）是企业对未来憧憬的描述，它代表企业的长期价值取向，包括"要到哪里去""未来是什么样""目标是什么"。战略承诺应简明扼要、通俗易懂，以便获得利益相关者的关注、理解和认同。使命（宗旨）应伟大而有号召力，愿景应宏伟、振奋人心而可实现。

制药巨头的使命（宗旨）与愿景

诺华的宗旨：Reimagine medicine to improve and extend people's lives（重新构想医药以提升和延长人的寿命）。

诺华的愿景：Become the most valued and trusted medicines company in the world（成为世界上最有价值和最值得信赖的医药公司）。

默沙东的宗旨：We use the power of leading-edge science to save and improve lives around the world（用尖端科学的力量拯救全世界人民生命和改善生活）。

辉瑞的宗旨：We're in relentless pursuit of breakthroughs that change patients' lives, we innovate every day to make the world a healthier place（为改变患者的生活而不懈努力，让世界更健康而每日创新）。

诺和诺德的宗旨：Driving change to defeat serious chronic diseases, built upon our heritage in diabetes（基于糖尿病的优势，推动改变以战胜严重慢性疾病）。

强生全视的使命：Help improve sight for more than 40 million people around the world（帮助全球 4000 多万人改善视力）。

强生全视的愿景：To be the leader in eye health and be the support for patients along their life-long journey（成为眼部健康的领导者和患者终生支持者）。

Teva 的宗旨：We are all in for better health（我们都在为更好的健康而努力）。

沢井的愿景：To create a heathier, more sustainable world where people have easier access to healthcare services and can live a full life with peace of mind（创造更健康、更可持续的世界，让人们更容易获得医疗服务，能安心地度过一生）。

（三）战略目标的制定

如果说战略承诺是企业的宏伟蓝图，战略目标就是阶段性奋斗计划，是企业根据内外部环境因素状况和变化趋势，向利益相关者兑现承诺的具体计划和行动。与战略承诺所不同的是，战略目标需要具体化、量化，有时间的限制和具体的检验标准，它对企业的战略决策和战略行为具有科学的指导意义。如果战略调整过程不涉及修改战略承诺，战略目标的设定就是战略制定的工作起点。就此而言，企业的发展很大程度上取决于战略目标是否明确。

在战略目标制定时，要基于战略承诺和内外部环境因素匹配的结果，不能随意、凭空喊口号。战略目标要紧扣战略问题，能够实现，且短期目标和长期目标要具有一定的相关性。战略目标可由各个业务部门、职能部门或公司高管提出，然后汇总提炼，最后再根据目标的正确程度、可实现程度和预期效果进行综合评定。企业可以设定多个领域的目标，但不是所有目标都关系企业的兴衰与存亡，所以需要根据轻重缓急进行筛选和排序，而在此过程中，可以采用管理者和专家投票的方法。

战略目标要客观、准确、具有明确的时间限制和能清晰描述成功时的样子，内容可是发展目标、社会责任目标、员工福利目标、利润目标、竞争目标、市场目标，也可以是重要问题的解决或重要任务的达成。例如，某公司的战略目标是在 2023~2028 年间，实现利润翻倍、每年营收增速不低于 10%，最少完成 50 个仿制药的获批，完成 X 工厂的搬迁，并通过价值链优化降本 10% 以上。

在制定好战略目标后，企业还需确定战略目标的实现方式，即战略举措或措施。战略目标和与之相应的战略措施应逐级分解为各业务单元和职能部门的工作任务，并明确相应的跟进措施和考核标准。而各业务单元或职能部门为了更好地实现这些目标，通常还会基于业务所处的行业或职能的特点，进行内外部环境因素分析并选择合适的竞争战略模型和制定科学的职能战略。

二、公司战略的类型

（一）增长型战略

在外部环境优越（如行业飞速发展）、内部资源冗余的情况下，企业比较容易采取增长型战略。增长型战略的目的是让公司业务快速增长或加速增长，包括业务扩张、业务开拓和业务强化等。采用该战略的原因一般包括企业的战略是以攻为守、通过规模经济和经验曲线提升组织经营效率、公司高管的价值观与业绩压力和利益相关者的推动等。实施增长型战略的企业，通常增长速度比市场平均增速快、市场占有率提升，而且随着企业规模的不断扩大，经验曲线和规模经济效应会不断增强，效率也会随之提高。

一般情况下，实现企业快速增长的路径可分为有机增长和无机增长。有机增长又称为内源式增长，是公司基于当前的资源、业务本身的优势或机遇，通过产品开发、提高产品品质、提升销售能力，以获得更多客户和更大市场机会，进而实现销量增加。无机增长是通过外部因素驱动、人为干预而实现快速增长，如企业并购、广告促销、降价促销等。一般情况下，在行业的早期阶段，企业以有机增长为主，而在相对成熟的行业中，单纯的有机增长通常难以满足企业增长战略的需求，所以会加入"无机增长"的元素。

增长型战略是一种机会与风险并存的战略，虽然可以让企业快速增长，但也会带来诸多风险。一是过快的发展扩张可能引起企业的综合素质下降。例如，大量的新人、新设备进入导致组织运行效率下降、应变能力降低。二是快速的发展容易引起企业忽略内外部环境因素而盲目扩张，破坏资源配置结构的平衡性，进而引发财务风险。例如，过度扩张会降低企业对某些关键产品或业务的关注度，进而引发销售失利。三是新推出的产品如不被市场立即接受或市场发展受政策等条件限制，过度扩张会导致资源浪费。四是在行业衰退期扩张，可能引发资产减值。五是如扩张速度与内部资源不匹配，还容易引发债务危机。

西方仿制药巨头的市值泡沫

在历史上，西方仿制药巨头的市值峰值有两次，一次发生在 2010 年前后，一次在 2015 年前后，虽然 2015 年的峰高是 2010 年的 2~3 倍，但充满了泡沫。

美国仿制药市场在 20 世纪 80 年代后期开始快速发展，欧洲和日本则在 2000 年前后。由于发达国家快速推进仿制药替代和以阿托伐他汀为代表的大量小分子普药先后进入专利悬崖，2000~2010 年是全球仿制药市场快速增长的黄金时期。仿制药巨头为了充分获取市场增长所带来的红利而快速扩张，到 2010 年时，Teva、Sandoz 等巨头的仿制药业务营收达到了 100 亿美元上下，而 Mylan、Watson 也达到 50 亿美元上下。因为这些仿制药巨头都表现出极强的应变能力和整合能力，不但通过优化价值链实现了差异化和低成本，还通过大规模兼并实现了全球化扩张。两大原因之下，企业市值自然水涨船高，并在 2010 年前后达到第一个峰值。

2010 年之后，大环境发生了重大变化：一是美国市场的仿制药替代率和仿制药处方量占比接近极限，市场步入成熟期；二是欧洲前五大市场销量增长放缓，加上各国政府的价格控制，市场增长缓慢；三是印度低价仿制药的冲击，让人力和环保成本高昂的西方仿制药巨头的竞争优势不断下降，Mylan、Endo、Valeant 等北美仿制药巨头的业务盈利能力极低，甚至几乎不能盈利。在这些趋势下，欧美仿制药巨头的市值开始逐渐回落。

为了对抗估值下调和市值回落，2012 年之后，仿制药巨头开始人为地炒高市值。由于在某些职业经理人的眼里，市值远比利润重要，于是就出现了以炒市值为导向的公司，如 Valeant 和 Endo。这些公司的共同特点是不注重公司的长远发展，大幅压缩研发和质控开支，甚至完全砍掉研发，通过收购具有相对垄断性地位的产品大幅抬价、大力促销，以迅速提升销售规模。起初只是收购或代理产品，后来就为某个不起眼的产品而兼并企业，到最后就因"收红了眼"而漫无目的地收购。这些公司的目的只是快速扩大营收，制造企业飞速增长的假象，以引起投资者关注，进而炒高市值。除了以炒市值为导向的公司，整个行业在此期间都格外躁动，Teva、Mylan、Actavis 和 Sun Pharma 等巨头为了对抗估值下调和实现全球性业务布局，也展开了兼并竞赛。由于高频率、大规模的兼并活动，让仿制药企业的市值水涨船高，最终在 2015 年底二次达峰。

相比 2010 年的第一个高峰，仿制药企业在利润没有增长甚至下滑的情况下，市值普遍翻了 2~3 倍，部分企业更是翻了 5~8 倍。Valeant 在操盘手的帮助下，市值在 3 年内从 100 多亿美元炒至 900 亿美元，而 Endo 也从 30 多亿美元炒至 170 亿美元。因为漫无目的的兼并，收购了大量盈利较差的公司，对母公司造成了严重拖累，虽然市值持续高涨，但亏损越来越严重，负债率超过 80%。

因为药品过度涨价，Valeant 等公司被美国政客抓为典型。由于他们的攻击，Valeant、Endo 被操盘手做空，市值在 2015 年底和 2016 年初相继崩盘。在两大公司市值崩盘的影响下大量仿制药公司的市值暴跌。最终泡沫彻底破裂。

2017 年之后，仿制药巨头的市值持续回落，除了泡沫被刺破的原因，还有行业本身的原因：一是美国仿制药市场开始走向衰退，日本和欧洲市场也进入到转型期，其他新兴市场则零碎而多样化，仿制药巨头因无法开发出新的增长点而营收逐渐萎缩；二是美国 FDA 批准的小分子普药数量大幅减少，可仿资源逐年萎缩，市场预期低迷；三是印度低价仿制药的持续冲击，而且从普通产品蔓延至高壁垒产品，巨头们盈利变得更加困难；四是美国阿片保卫战的影响，但凡曾经在美国销售阿片药物的公司都面临巨额诉讼索赔，大大增加了财务负担；五是债务危机，巨额的债务利息吃光了利润、降低了企业的再投资能力，Endo 等炒股型公司，最终因资不抵债而破产重组；六是在高泡沫时期大兴兼并而导致了严重资产减值，净资产减少自然会引发市值下降，例如，Teva 因 500 亿美元收购 Actavis 等公司，合计资产减值超过 260 亿美元。

因为一系列原因，有的仿制药巨头不得不破产重组，有的市值跌破净资产。因此，过度扩张，脱离外部机会和内部优势的扩张，都可能将企业带入泥潭。

根据扩张方式的不同，增长战略可分为一体化战略、多元化战略和国际化战略。其中一体化又可分为横向一体化和纵向一体化，多元化也可分为相关多元化、不相关多元化和混合多元化，而国际化则可视为地域上的多元化。

1. 一体化战略

一体化战略是指企业利用自己在产品、技术、市场上的优势，向垂直方向（纵向）或水平方向（横向）扩张的战略。纵向一体化是指企业将主营业务相关的价值活动纳入自己的体系，以实现产业链控制或支配的过程，从方向上可以分为向前一体化和向后一体化。

向前一体化的目的是获得对分销商、配送商和零售商的所有权或控制力。虽然药企普遍分为直营和代理商（CSO）代销两种模式，但不能将直营模式视为向前一体化，而是代理商承包了药企的部分营销职能。一方面，营销是企业价值链内环节，且两种模式的药品流通路径都是药企→批发商→药店或医院；另一方面，代理商不拥有产品所有权，只是起到促成交易的作用。向后一体化是企业对供应商的控制行为，目的是实现原材料的控制，以降低运营风险。药品的核心是原料，低价格、高质量原料的稳定供应是产品持续供应的关键。随着仿制药竞争的加剧，企业越来越重视原料制剂一体化。

表 2-8　纵向一体化战略的优缺点

优点	缺点
1. 通过特殊服务或内部制造特殊原材料，有助于企业实现差异化战略，例如通过高壁垒原料实现差异化；	1. 纵向一体化的过程需要克服移动壁垒或新行业的进入壁垒；
2. 可防止被上下游孤立或联合抵制；	2. 纵向一体化会降低企业的灵活性，无法自由更换合作伙伴，尤其是内部生产的原材料成本远高于市售品或下游服务能力不足时，一体化企业的成本反而更高；
3. 在竞争对手议价能力较强时，通过纵向一体化，可以抵消其因强议价力所致的成本优势；	3. 退出壁垒升高，难以快速退出行业，尤其是在行业衰退时无法及时撤退；
4. 能够稳定地保证供应或需求，例如，制剂厂家自主生产原料，可以保障高质量原料的稳定供应，反之，原料制剂厂家生产制剂则可以保障原料的需求；	4. 管理要求差异，纵向一体化常见的误区是，企业掌握了一个产业链环节的管理，就理所应当地将经验延伸到上下游，例如，用制剂生产的管理者直接接管原料；
4. 可获得来自多方面的一体化经济效益，包括整合运营后的协同效益、内部统一控制或协调带来的经济效益（如避免重复检验）、纵向一体化的规模经济效益等；	5. 上下游一体化后，外部交易变成了内部交易，供销双方相互牵制，导致供应链缺乏市场竞争，进而引发执行力低下或提升效率的动力不足；
5. 企业可通过纵向一体化，更好地理解上下游技术，有利于技术开发。例如，微球生产商内部生产 PLGA，有利于产品开发和质量控制；	6. 产品供应要考虑上下游平衡，双方彼此牵制，原料生产需考虑制剂需求、兼顾制剂成本，不能为制剂培养竞争对手，而制剂生产也要考虑原料产能利用，双方都可能无法得到最大化效益的发展；
6. 提高移动壁垒或进入壁垒，行业里纵向一体化的企业越多，移动壁垒或进入壁垒越高；	7. 来自上下游的知识、技术共享被切断，企业需要增加投入。例如，下游渠道商可能会共享市场需求信息、消费者画像，而上游供应商可能会提供产品开发技术，纵向一体化后，这些信息共享都会因此中断；
7. 可能进入高回报的业务领域，不同的产业链环节利润不同，上下游延伸有可能获得更高的回报；	8. 一体化过程需要大规模的资本投入；
8. 有利于对抗行业分散；	9. 运营杠杆升高，企业的业绩可能会因某一环节的供需波动而产生周期性震荡
9. 向前一体化可提升产品的附加值和差异化程度、更好地了解市场信息、获得更多的销售渠道，而向后一体化可降低成本、提升差异化程度、获得专有技术	

　　如表 2-8 所示，纵向一体化各有利弊，企业需根据实际情况综合决策。根据《竞争战略》，在一体化的过程中会经常出现 5 个误区：第一，企业在供应链的某个环节有较强的市场地位，但这种地位不一定会自动延伸至上下游环节；第二，内部开展业务，成本不一定比外部低，很多厂家开发制剂的同时也开发原料，但获批后才发现，市售原料的价格比生产成本还低；第三，妄想通过纵向一体化来拯救病入膏肓的业务，这种操作很多时候的结果是业务不仅无法盘活，还浪费了大量资源；第四，认为某一环节的管理经验可以

自动延伸到上下游环节，直接让制剂生产管理员接管原料生产或药品营销；第五，不顾新行业的竞争态势或发展状况，为了一体化而冒险进入竞争异常激烈或衰退型行业。

横向一体化是通过收购、参股、合作等方式将处于同一生产领域的企业整合到一起的发展战略。其主要目的是扩大生产规模、降低成本、巩固市场地位、提高竞争优势等。对于创新药企业，专利悬崖犹如悬在头顶的"达摩克利斯之剑"，需持续创新，不断强化研发管线才能建立和保持领先优势。由于各种类型的 biotech 遍地开花，制药巨头逐渐改变了纯粹内部研发的模式，收购项目、兼并公司、投资合作、技术授权逐渐成为打造管线的主流方式。对于仿制药企业，在价格竞争日趋激烈的形势下，横向扩张是提升市场份额、降低成本、强化产品组合、快速完成国际业务布局的主要方式。对于 OTC 企业，市场高度成熟化，在任何一个领域打造新品牌的难度都极高，而收购知名品牌或兼并企业是快速突破移动壁垒或行业壁垒的最有效方式。然而有利也有弊，横向一体化也可能让企业深陷泥潭，如表 2-9 所示。

表 2-9　横向一体化战略的优缺点

优点	缺点
1. 快速扩大业务规模，提升规模经济效应，降本增效； 2. 获得互补的资源与能力，降低生产、销售成本或运营费用； 3. 获得新技术、新项目、知名品牌或其他稀缺性资源，实现产品管线或技术平台的强化和优化； 4. 快速打破进入壁垒，迅速进入新领域、新市场； 5. 扩大或巩固市场影响力、建立或保持领导者地位； 6. 减少竞争对手数量，简化竞争格局； 7. 兼并和剥离结合，可以实现快速转型或资产转移，进而提升资产的收益率； 8. 行业增长期横向一体化，可以最大限度获得市场增长的红利； 9. 扩大规模，增加抗风险和再投资能力	1. 难以找到物美价廉的标的，而且可能存在其他的竞标者或操盘手暗箱操作，导致标的额外溢价的风险； 2. 交易可能受反垄断部门的阻挠，甚至不批准； 3. 可能无法按照既定的战略目的有效整合或无法发挥出应有的效益，如两家公司因巨大的文化差异而无法融合，或无法留住技术娴熟的职工和经验丰富的管理人员； 4. 项目可能被夸大疗效或隐藏不良反应，技术可能因交易过程而被泄露或扩散； 6. 可能带来隐形的债务，如专利侵权、产品责任索赔等； 7. 过度扩张可能引发债务危机或产能过剩； 8. 行业衰退期兼并扩张，可能引发资产减值的风险； 9. 企业发展太快的风险，如综合素质下降、管理者顾此失彼等

2. 多元化战略

在某些文献中，企业在一条产品管线的基础上建立另一条产品管线、上下游一体化、国际化都被视为多元化的一种形式，但本书中的多元化仅指跨行业经营的行为。根据业务之间的相关性，分为相关多元化、不相关多元化和混合多元化。相关多元化是指新业务与现有的产品和服务存在关联，可以共享某些价值活动的资源与能力，例如，使用相同或相似的研发技术、生产设备或销售渠道等。不相关多元化则是新业务与企业现有的业务没有相关性，多元化的目的纯粹是为了获取新市场的发展机会；混合多元化是指企业同时具有相关多元化和不相关多元化的业务。

（1）相关多元化

管理学界认为适度的相关多元化可以获得规模经济效应和范围经济效应，企业绩效相比单一业务会有所提高。一方面，通过能力与资源共享，可以提升资产的利用率，例如，在 OTC 版钙片的基础上开发保健品版的钙片（共享技术与设备），在妇科保健药品的基础上发展卫生巾、护肤品（共享销售渠道和客户资源）。另一方面，相关多元化能形成跨行业补贴，有助于经历市场萧条的主营业务渡过难关，尤其是在行业衰退的情况下。然而有利也有弊，资源和能力共享的过程也会带来额外的成本增加——不可能百分百共享，管理和决策难度提升，企业需要根据可共享程度综合评估共享组合体的成本与效益，并结合着行业的特点，具体问题具体分析。

首先，制药行业的资产是高度专业化的，不适合用于其他行业产品的生产，这很大程度上限制了制药企业的多元化空间。

其次，处方药市场化程度较低，营销和推广活动主要集中在医疗机构，除了医疗器械、诊断试剂，其他产品可共享的价值活动非常有限。故制药巨头相继剥离了相关多元化业务，在世界 Top 15 制药巨头中，仅强生保持有医疗器械业务，默沙东保持有动物保健业务，罗氏保持有诊断试剂业务，赛诺菲拥有小规模的药妆业务（仅约占总营收的 1%），从中可见一斑。相比创新药，OTC 的市场化程度较高，可在药店、超市、便利店和电商平台销售，可共享渠道、终端和特定客户的机会较多，比较容易实现多元化，另外，OTC 市场规模较小（仅占医药市场的 10%），盈利能力低下，长期市场增长缓慢，企业有必要多元化。所以，OTC 巨头或将 OTC 作为主要业务的巨头几乎是多元化的，例如，Haleon 在经营 OTC 的同时还经营牙膏业务，Kenvue、利洁时、宝洁的业务更是广泛涵盖保健食品、个护产品、美妆、日用品、计生用品等。

再次，创新药市场仍处于快速发展期，利润水平远高于相关行业，而且是典型的技术驱动型经济，除了创新乏力的企业，没有必要多元化，相反，多元化还会降低企业的利润水平，耽误主业的发展。

此外，创新药企业的核心竞争力在于前沿技术的开发与应用，近年来新技术、新靶点如同雨后春笋般涌现，创新药企业变得越来越聚焦。通用仿制药产业虽已步入成熟期或衰退期，但属于成本效益经济，固定资产占比较高而营销能力较弱，并不适合多元化。因此，在制药行业实施相关多元化战略的企业，主要是 OTC 企业和品牌仿制药企业。

（2）不相关多元化

不相关多元化与相关多元化对应，是企业通过财务资源的优化配置实现收益增加和风险控制的过程。不相关多元化战略的优点是：①在新生市场较多的情况下，企业布局利润较高的新生市场可以提高利润水平；②在市场机会多而资金严重缺乏的情况下，总部可以发挥财务杠杆的作用，充当子公司或孙公司的资金放大器；③企业可以通过买进朝阳性资源和剥离夕阳性资源保持资产的优良性，也可以在资产买卖中提升资本的使用效率，或直接从中获利；④可以帮助企业降低因行业衰退、专利悬崖、市场需求改变、国家政策限制等因素所致的业绩波动；⑤跨行业补贴或内部融资，例如，某制药公司的实控人使用药品的利润去救济风雨飘摇的房地产；⑥多元化可以扩大企业的规模、增加现金流量，提升融资能力、降低破产风险。

不相关多元化在市场初期阶段较为常见，但在 20 世纪 80 年代以后，逐渐被制药巨头抛弃。首先，管理学认为不相关多元化会导致企业绩效下降；其次，制药行业高度专业化的资产、资源与能力并不适合多元化，尤其是创新药；再次，创新药市场远未饱和，市场增速快、利润高、企业最佳的战略选择是重点发展主业，而非多元化。此外，大部分产业的市场已经高度成熟，跨行业运营的难度较大，多元化过程中的风险较多，除了遇到创新乏力，否则企业一般不考虑多元化。

不相关多元化的风险：①在竞争越来越激烈、资本市场越来越完善的情况下，"资金放大器"的效果越来越弱，内部融资也不如外部融资高效；②过度多元化会分散企业的资源、资金，稀释企业的核心竞争力，尤其是品牌形象和某些专业能力；③多元化的过程具有兼并和重组失败的风险，高频率的兼并重组可能引发债务危机、资产减值；④过度多元化会让企业顾此失彼，引发决策效率低下、产生决策失误的风险，尤其是进入不熟悉的行业，决策者往往不知道该如何用人、如何有效投资，用"大概""好像"等方式决策，非常容易导致业务失败；⑤因市场不断成熟，各行业的进入壁垒越来越高，跨行业经营变得越来越难，而且很容易进入夕阳性产业；⑥过度多元化可能会导致职业经理人好大喜功、为了巩固自身地位或最大化自身利益而频繁兼并或财务冒进。

不相关多元化是典型的产业基础决策模式，在高强度的市场竞争环境中，企业更应该以自身的优势资源与能力作为战略出发点。

（3）制定多元化战略的要素

第一，企业必须具备多元化的资源与能力基础，包括是否具备多元化的财力、物力和人力等，财力包括可动用的财务能力和融资能力，物力包括可共享的厂房、设备，以及受控终端、企业管理体系等，而人力则包括管理者的多元化经营能力、合适的业务开展人才等。第二，必须有正确的动机，应避免"因抵挡不住外部诱惑而投机性地大量进入新行业""因肥水不流外人田思维而盲目地上下游多元化"或"因管理者为巩固自身地位或最大化自身利益而广泛多元化"的行为。第三，在主营业务未达到成熟期，尤其是在高速上升时期，不宜多元化。第四，必须有适当的多元化程度与速度——由企业的资源、能力所决定，企业要做好每一行，而非每一行都进入，却每一行都搞不好。另外，如果多元化过快，很容易导致财务冒进，诱发债务危机。

混合多元化的医药巨头拜耳

拜耳是当今德国第一大"制药"巨头，是为数不多的，仍在使用混合多元化战略的公司。虽然在过去的20多年里砍掉了大量的多元化业务，但并未彻底放弃多元化。随着各行各业成熟度的不断提高，跨行业运营的难度越来越大，不确定性越来越高，盈利变得越来越困难，相比高度聚焦的制药巨头，拜耳的盈利能力较差。

　　20 世纪 80 年代末期，全球化工行业出现周期性衰退，化工巨头的增长速度大幅下降，利润明显下滑，与此同时，欧洲的政治和经济出现了诸多不确定性，西欧经济增长大幅减速，而东欧发生政治剧变。为了控制医疗开支，德国政府在 1993 年进行了医疗体制改革，为大幅削减药品支出，医保向仿制药倾斜，医生不得已大量开具仿制药处方来代替高价的原研药。这对长期销售成熟药品的拜耳造成了巨大的挑战，国内药品营收下降了 20% 以上。农业品方面，因为欧洲共同推行了"Common Agricultural"的农业政策，致力于减少欧洲农业化学品的使用量，受此影响，拜耳的农作物保护品业务也出现疲软。受这一系列的不利因素影响，拜耳在 1988~1993 年间，销售额几乎停止增长，利润则在 10 亿美元周围徘徊，平均净利润只有 4.4%。

　　为了应对危机，维持利润水平，拜耳只能大规模压缩运营成本，1991~1995 年，在全球范围内裁掉了 14% 的员工，剥离了一系列不赚钱的业务，减少了 16 亿美元的成本支出。与此同时，进一步加大了亚洲和美洲市场的扩张，以减少对欧洲市场的依赖。收购了 Sterling Drug 在北美和波多黎各的 OTC 业务，并整合到美国子公司 Miles Inc 中，从中拿回了"拜耳"在美国的商标权，并将 Miles Inc 改名为美国拜耳。

　　一系列的业务调整和创新药业绩爆发有效地改善了拜耳的困境，但治标不治本。21 世纪之后，拜耳进一步降低了多元化程度，砍掉了大部分化工业务，将业务整合成医疗保健（healthcare）、作物科学（crop science）、材料科学（material science）等三大核心业务板块（图 2-12 和图 2-13）。尽管如此，虽然销售额规模很大（2014 年销售额达 550 亿美元），但利润依然不理想，在 21 世纪的前 18 年里，平均净利润水平只有 6.7%，远低于同等规模的制药巨头。为了提高利润率，拜耳逐渐将重心转向了制药，虽然没有全面转型，但是在保障其他业务发展的基础上，力所能及地加强医疗保健业务的发展。

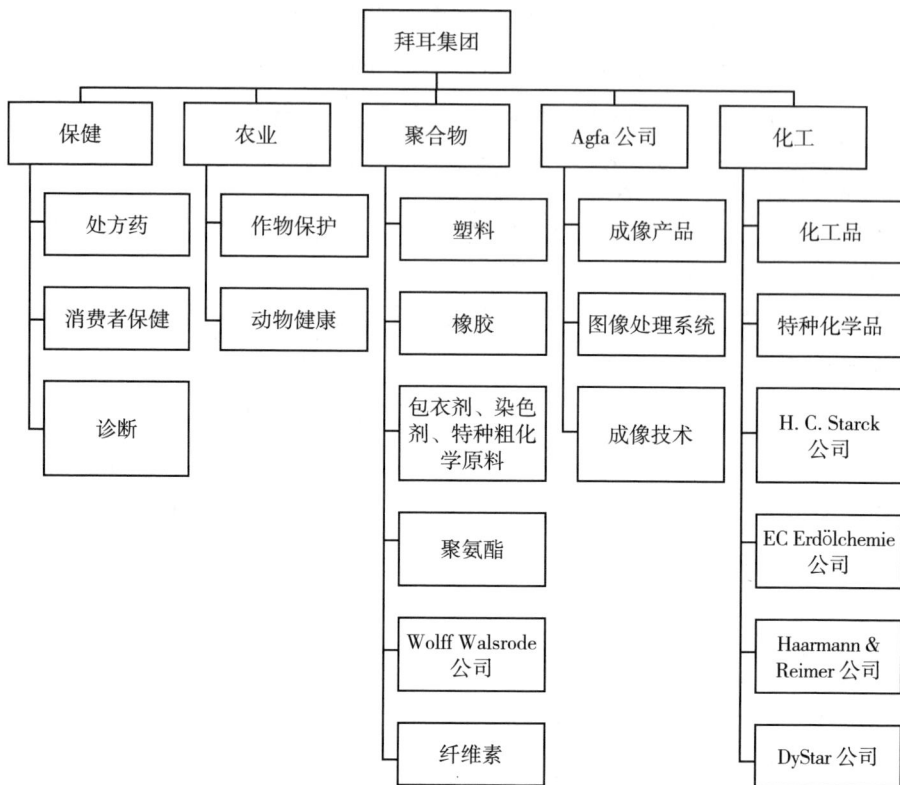

图 2-12 拜耳 1998 年的业务构成

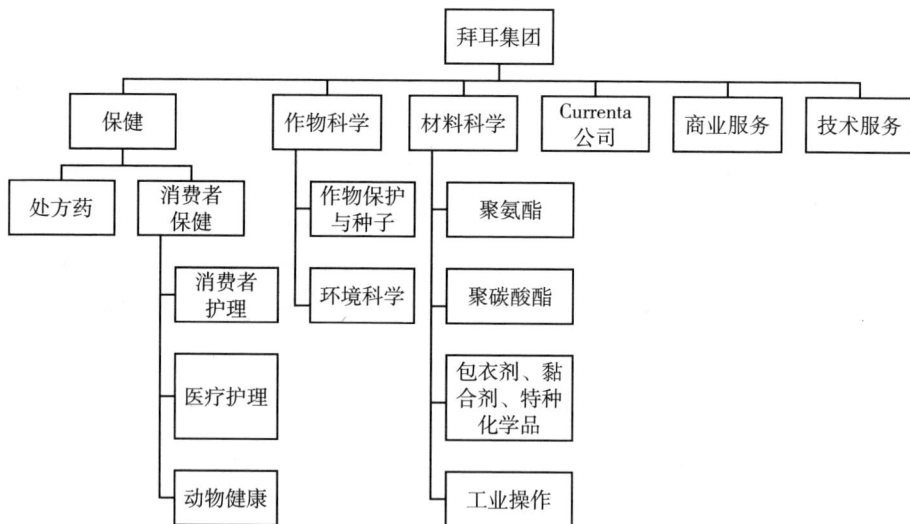

图 2-13 拜耳 2015 年的业务构成

一方面，大幅提升了药品研发投入，另一方面则收购了罗氏、默沙东的消费者保健部门和 Topsun、Schiff Nutrition 和滇虹药业等公司，使得药品营收快速增长。药品销售额在总营收中的占比从 1998 年的 25% 提高到 2015 年的 49%，盈利能力也随着两大业务的不断增强而逐步提高，2014~2017 年，拜耳的平均净利润水平达到 11.9%，远超过 2001~2010 年的 4.4%。为了缓解巨额并购之后的财务压力，拜耳先后出售了诊断业务、医疗器械业务和材料业务部门，彻底放弃了经营百年的化工业务。

在剥离上述业务以后，拜耳形成了以处方药、消费者保健（主要是 OTC）和作物科学为核心的业务。然而，拜耳并没有彻底放弃混合多元化，而是为了强化作物科学业务，以 660 亿美元的价格收购了美国种子巨头孟山都。

虽然孟山都的盈利能力比拜耳的作物科学业务强，但被拜耳收购之后，盈利能力不升反降。更为关键的是，孟山都遗留了大量的诉讼索赔。因为收购孟山都，拜耳背上了巨额债务，大量的诉讼索赔无异于雪上加霜。拜耳 2020 年的年度报告显示，负债率达到了 74%（总债务 / 总资产）。

尽管拜耳相继出售了动物保健业务和环境科学业务，但 2019~2023 年的累计净亏损仍达 41.95 亿欧元。不仅如此，随着利伐沙班和阿柏西普两大现金牛产品的专利悬崖不断迫近，拜耳的危机进一步加剧。2023 年，Bill Anderson 接过了帅印，次年初，Anderson 对拜耳进行了全面的业务改革。他认为拜耳正面临四项危机，一是专利悬崖和产品管线缺失的危机，二是美国草甘膦诉讼的危机，三是沉重债务的危机，四是官僚层级制度的危机。为了帮助拜耳走出困境，他主张架构调整、大规模裁员，此外，网络上还有多种有关 "Anderson 计划剥离作物科学业务或将拜耳拆分为 3 个公司" 的传言，但该信息并未得到拜耳官方证实。

或许，拜耳放弃不相关多元化已是大势所趋，剩下的只是时间上的事。拜耳的案例说明，随着市场成熟度的提高，跨行业经营的难度越来越大，风险越来越高，不相关多元化已经不适合企业的发展。

3. 国际化战略

国际化战略是指企业跨过国界，向其他国家扩张的战略，也被视为地域多元化。国际化的动因一般有 4 种：一是寻求资源，尤其是某些国内稀缺、难以转移的资源，如廉价劳动力，美国仿制药企业在印度开办工厂，目的就是获得低价的劳动力资源。二是寻求市场，如果母国的市场无法满足企业继续发展时，就有必要国际化，例如，日本药企国际化的一大动因就是日本的医疗费用控制，市场增长低迷。三是在全球范围内优化价值链，降本增效。随着竞争的加剧，越来越多的仿制药巨头、消费者保健巨头综合各地域的原材料供应成本、市场需求和响应能力，有选择地集中大规模化生产，以最低化供货成本。四是寻找战略性资产。因战略需要，企业可能在海外投资、收购或建立资产。例如，我国药企到美国投资或收购项目、建立研发基地、收购美国技术公司等。

20 世纪 60 年代，美国管理学家将国际化的进程总结为 3 个阶段：第一个阶段为产品出口阶段，特点是通过代理商在目标国销售产品，目前我国大部分国际化制药企业都属于这一阶段。第二个阶段为国际化运营阶段，特点是在目标国建厂，开设子公司，并就地销售，当今我国少数国际化制药企业达到了该阶段。第三个阶段为全球一体化阶段，特点是利用全球性的资源优势，优化价值链，当今的 Teva、辉瑞、Haleon 等跨国巨头已处于该阶段。

国际化的策略有多种，不同国际化阶段的公司，在不同的市场，国际化策略各不相同。对于中小型创新企业或 OTC 公司，专利授权或品牌授权是最常见的形式，也是我国创新药企业出海最常用的方式。对于中小型仿制药企业，除了批文授权和产品代卖，在目标国收购不良资产盘活，也是极其常见的方式。一方面，仿制药的不良资产较为便宜，而且比较容易盘活；另一方面，仿制药无需渠道营销，只需有一定的注册申报和制造能力即可。Teva、Hikma、Sun pharma 在出海之初就使用了这种策略。对于大型企业，常见的出海模式是收购目标市场大型的、运营良好的公司，以实现快速国际化。大企业的国际运营能力较强，收购大型企业可以快速突破国界障碍，达到业务扩张的目的。例如，Watson 通过收购 Actavis 实现了欧洲业务的快速布局。除此以外，与目标市场的公司建立战略联盟、合资公司，也是较常见的模式。这种模式对大小规模的公司皆宜，尤其是对新市场极不熟悉，或是在外资受政策限制的市场。以上不同的策略，国际化速度、程度、投资回报率各不相同，企业应综合资源与能力、目标市场的可整合资源、发展战略要求，选择合适的国际化方式。

在国际化过程中，企业会面临诸多政治、经济和运营层面上的挑战。国际形势动态多变，很容易造成资产损失。在战略制定时，首先要考虑目标国的政治因素，包括政治稳定性，与母国的长期友好性等，其次要考虑目标国的经济体量，药品支付能力，通货膨胀水平，药品的准入、监管、流通和支付体系等；最后，还需要考虑目标国的产业环境、企业的运营能力，支持国际化的财力、产品的竞争力，判断是否适合国际化。一般情况下，创新药是稀缺的资源，国际化的投资回报率高，应尽量国际化；仿制药虽非稀缺性资源，但国际化投入低，可适当国际化；OTC是非稀缺性资源，而且国际化主要通过品牌国际化来实现，难度大而投入高，中小企业应慎重，虽然有企业用仿制药的模式实现了OTC的对外出口，但无法获得品牌和服务的溢价，与普通仿制药无异。

总之，企业制定国际化战略时，需要从资源和能力出发，选择合适的市场、正确的时机、恰当的国际化速度，合理配置产品组合，有效的国际化策略和运营管理措施，否则很容易功败垂成。

日本沢井制药的战略演变过程

沢井（Sawai）制药是日本第一大仿制药企业，2022年的总营收为2003亿日元。因为最大化利用了日本仿制药替代所带来的机遇，企业规模迅速扩大，销售额在20年内翻了约12倍。在此期间，沢井的战略演变过程非常具有代表性，可作为仿制药企业增长型战略制定与调整的范例。

2002年，日本正式推出了"扩大仿制药使用"的相关政策，在公立医院率先鼓励使用仿制药。但由于日本民众对品牌药的忠诚度较高而对仿制药的质量信心不足，加之医生、药师在低价的仿制药上几乎都无利可图，为了促进仿制药的使用，2003年4月，NHI上调患者自费比例至30%，让民众迫于成本的压力而选择接受仿制药，与此同时，在医院系统内实施疾病诊断相关分组制度（DPC，日本化的DRG），限制医生过度使用高价药的行为，间接地推动了仿制药的普及。在新政的带动下，日本仿制药市场有了初步的发展，日本厚生劳动省（MHLW）数据显示，日本仿制药总产值从 2002 年的 2819 亿日元迅速增长至 2006 年的 4034 亿日元。

2003 年，泽井在东京交易所第一板上市，为了最大化政策带来的红利和获得利益相关者的支持，泽井首次公开了战略承诺——泽井的使命是高效运营、为患者低价提供最高质量的药物。并制定了如下战略措施：①扩大医药信息部门员工数量，并在营销办公室部署药品信息人员；②将医药代表数量从 200 人增加至 250 人；③在全国范围内与批发企业加强合作；④3 年内投资 65 亿日元用于产品开发；⑤通过系统性关联生产和销售，降低成本和交货周期；⑥3 年内投资 16 亿日元用于广告。在战略的作用之下，泽井的营收增速大幅提升并超过了市场平均水平，从 2003 年的 225 亿日元增长到 2006 年的 343 亿日元。

在政府的大力推动之下，日本仿制药的境地有了明显的改观，但远不及预期，不论销售额占比还是处方量占比，日本依然远低于欧美发达国家。为此，日本政府在 2007 年制定了"2013 年仿制药处方量占比超过 30%"的目标。为了实现这一目标，相继出台了多项有利于仿制药应用的措施，包括增强患者信心，允许药师使用仿制药替代，并对仿制药的开方、配药和流通链条的各个环节进行补偿。在一系列的政策鼓励之下，日本仿制药市场终于腾飞。

泽井经过了 2003~2006 年的快速发展，战略进一步细化。2007 年 3 月，泽井提出了新的使命和愿景："通过我们贴心的产品为人们的健康生活而努力"和"我们渴望通过服务而成为社会不可或缺的一部分"。在新战略承诺的指导下，泽井还制定了市场开发战略和产品开发战略。市场开发战略为通过增加医药代表数量和紧密合作的批发商数量，在 DPC 覆盖的医院和健康保险覆盖的药店市场取得领先的竞争地位，而产品开发战略为通过增加新产品开发和销售成为行业研发投资的引领者，通过提高研发投入，扩大仿制药产品组合，加快专利到期药品的仿制速度。虽然泽井已开始内外部环境因素的分析和匹配，但战略相比西方巨头仍显得有些粗放。不过在高速增长的大市场里，企业只需要加大产品的供应以解决未满足的市场需求就能实现快速发展。对于仿制药而言，加大研发、提高产能是通用的做法。但由于日本民众对仿制药的信任度低，且没有统一的药品采购机制，仿制药也需要学术宣传和市场推广。

由于日本仿制药市场的快速增长和公司战略的有效实施，2008 年的销售额增幅达 13.1%，净利润增幅达 40.3%。在一切形势见好的情况下，沢井提出了 "M1 Trust 中期发展规划"，旨在 2012 年实现营收和净利润分别为 740 亿日元和 60 亿日元，2014 年实现营收 1000 亿日元。其中 T 为 top brand，即强大的品牌；R 为 reliability，即可靠性的提升；U 为 unity，即利用竞争者联盟的力量；S 为 stable supply，即稳定的供应；T 为 top share，在日本市场占据绝对的优势地位。"M1 Trust 中期发展规划"要求该公司的销售额增速继续跑赢市场的增速，建立强大的沢井品牌，通过成本控制和战略投资强化运营结构。

2008 年以后，日本仿制药市场进入黄金时期，沢井最终也实现了 "M1 Trust" 规划的目标，2014 年的销售额达到了 1055 亿日元，净利润 141 亿日元。不仅如此，令沢井欣喜的是，该公司在 2010~2014 年间的平均营业利润率达到了 21.88%，相比 2005~2009 年间的 13.63% 几乎翻了一倍。然而市场的高速发展，必然会引来更多的竞争，2010 年前后，国际仿制药巨头逐渐进入了日本市场，竞争由此逐渐加剧。

随着市场的不断增长和仿制药使用水平的不断提高，日本政府在 2013 年提出了 "2018 年仿制药替代率达到 60%" 的口号，为了实现该目标，首次推出了强制性措施。在这些措施的影响下，仿制药替代率迅速提升，于是在 2015 年又提出了 "2020 年仿制药替代率达到 80%" 的目标。

新政的实施对仿制药市场发展空前利好，而且当时日本的仿制药替代率依然还存在巨大的上升空间。随着 "M1 Trust" 的实现，沢井制药又提出了 "M1 Trust 2018" 的规划，旨在 2018 财年实现销售额达到 1470 亿日元的目标。除了中期规划，该公司同时还制定了长期规划，目标是在 2021 年销售额突破 2000 亿日元。

2016 年，日本仿制药替代率达到了 65%，"2020 年达到 80%" 的目标对政府而言几乎不再具有挑战性，随后控制药价的政策开始频繁出台。通过每两年一次的价格修订，使得日本仿制药的平均批发价迅速下滑。日本仿制药价格原本就低于全球平均水平，在经历频繁调控价格后，仿制药开始变得"食之无味"，Teva、Sun pharma 和 Aspen 等跨国巨头陆续撤资出逃，日本仿制药巨头也被迫陆续出海。在这样的背景之下，沢井也调整了增长战略，开始考虑仿制药替代率超过 80% 以后的增长路径：一是布局新业务实现多样化，二是国际化。

2017 年 5 月，沢井制药吞并了 Upsher-Smith 开始向美国市场扩张，通过对该公司的收购，沢井制药实现了中期目标，但"2021 年实现销售额超过 2000 亿日元"的长期目标并未达成。就如该公司副总裁 K. Sawai 所言，日本中长期市场的商业环境让仿制药业务面临严峻的挑战。2018~2023 年，沢井制药在日本市场的销售额仅增长了 22.7%，从 1441 亿日元增长至 1769 亿日元，而且营业利润水平直线下滑，2021 年还出现了净亏损。

因为药价的持续下降，日本仿制药企业将低成本战略发挥到极致，2021 年，沢井的人均销售额高达 78.5 万美元，远超西方仿制药巨头，但依然止不住利润下滑。然而就在 2021 年，日本政府将价格修订频率从每两年一次调整为一年一次。政府的频繁干预，让市场环境不断恶化，而且预期充满了不确定性。为了顺应市场的发展趋势和多样化、国际化的战略需求，沢井进行了重组，改制成一家控股集团公司。因为利益相关者的改变，战略承诺也进行了修订。将愿景调整为"创造一个更健康、更持久的世界，让人们更容易获得医疗服务以安心度过一生"，将价值观调整为"全心全意为每一位利益相关者服务、为更多的人获得医疗保健机会而持续奋斗、希望通过发挥医疗保健领域的关键作用对社会做出贡献"。

在新战略承诺的基础上，沢井集团又提出了"START 2024"的发展规划，设定了"2030 财年营收达到 4000 亿日元"的远期目标，为了实现该目标，该公司在中期阶段将从 3 个方面进行努力：①日本业务要在未来 3 年内推出 85 个新仿制药品种，通过建设或收购工厂、与优质 CMO（代工企业）合作等方式实现产品供应能力的提升；②美国业务要扩大 Upsher-Smith 现有产品的销售收入，努力扩大利基仿制药的产品管线，布局高度复杂的仿制药产品；③培育新增长点，包括布局以肌萎缩侧索硬化（ALS）为中心的罕用药，布局数字化医疗设备的治疗解决方案，以及预防性的健康食品等。

然而在美国和日本仿制药市场不断衰退的形势下，沢井要实现销售额的大幅增长，几乎没有可能。另外，因为该公司放弃了美国仿制药业务，2023 财年的总营收下降至 1768.7 亿日元，与新战略目标的距离更加遥远。

（二）稳定型战略

每一次战略调整或战略转型，企业都要重新培养核心竞争力，这势必会造成大量的资源损耗，所以在某些情况下，使用稳定型战略是更好的选择。所谓的稳定型战略是指企业遵循与过去相同或相似的战略目标，维持现有的产能规模、财务水平、市场份额或增长率，不改变产品类型、服务或经营范围，如防御性战略、维持性战略等。

稳定型战略是一类相对保守的战略，按偏离原来战略的程度，分为无增战略和微增战略。无增战略顾名思义是不求增长，采用这种战略的情形主要有3 种：一种是在过去非常成功（如市场份额大幅领先）且内外环境无重大变化（如行业结构稳定、竞争对手的威胁较少），企业可以采用原有的方式获取最大化的利润；另一种是企业不存在重大的经营问题或隐患，同时外部机会又较少，无需进行战略调整；最后一种是在企业现有的资源与能力下，无法改变竞争格局或实现增长，需要蓄势待发。微增型战略是通过局部或细微的战略、策略调整，在原来的基础上有略微的增长。采用这种战略的情形也主要有 3 种：一种是企业经过了一定时期的高速发展，需要平衡和优化内部资源与能力，以防止发展过快引起的效率下降，例如，大量的新人、新设备导致组织运行效率下降、应变能力降低；另一种是刚刚完成大规模的兼并，企业需要一定时间的整合、融合、修复财务报表；最后一种是企业已经建立了大幅的领先优势且市场容量在持续扩大，只需保持份额不变，业绩就能实现增长。

除了上述情形，使用稳定型战略的常见原因还包括：①公司管理层刚刚完成变更，对业务不够熟悉，对内部资源能力和外部环境认识不充分，需要在一定时间内平稳过渡；②市场高度动荡，管理者看不清形势和未来的趋势，不敢贸然改变战略；③管理者保守的管理风格。

稳定型战略是阶段性较强的战略，优点是风险小、可以防止发展过快造成的弊端、避免战略调整引起的资源分配困难与资源消耗、可以为企业创造休整时间。稳定型战略并非以不变应万变，虽然公司战略不做大规模调整，但局部战略、策略应与时俱进，例如，改变竞争模式（调整竞争战略）、市场策略等。稳定型战略也存在诸多风险，例如，导致企业风险意识薄弱、丧失主动性、效率下降。另外，实施稳定型战略需以基础战略具有一定柔性，且市场需求、竞争格局等条件基本稳定为前提，外环境一旦发生重大改变或市场竞争格局一旦被打破，稳定型战略就不能再"稳定"。

（三）收缩型战略

收缩型战略是指企业从经营领域和基础水平收缩或撤退，包括收割战略、放弃战略、剥离战略、转型战略等。收割战略是企业对市场前景不看好（尤其是在行业衰退期），最大限度地收割利润，主要适用于市场领先的企业，通过压缩研发投资与市场费用、提高销售价格、压货、打折促销等方式最大化利润。放弃战略是当企业面临经营危机或行业衰退时，关闭运营或交易变现。剥离战略是，出售某些业务、某些区域市场的资产，以换取新资源或修复财务报表。而转型战略是压缩原行业或细分市场的业务规模，布局新的行业或细分市场。

收缩型战略是一类偏离原战略较大的战略，具有诸多优点：一是能帮助企业在外部环境恶劣的情况下，节约开支和资源，以度过危机。例如，Teva在发生债务危机后，大量甩卖资产、大规模裁员以降低财务压力。二是在企业经营不善的情况下最大限度降低损失。三是能够帮助企业实现资产重组。例如，Aspen为了降低财务杠杆和实现业务的二次聚焦，将业务范围在 2 年内从 150 多个国家压缩至 50 多个。然而，这种战略也存在风险：①可能扼杀掉具有发展前途的业务和市场；②引起士气低落；③可能引发动荡、报复，甚至质量风险。企业为了节省开支，会降低运营经费，甚至大规模裁员，这可能引发员工报复。例如，Teva因大规模裁员引发了抗议，国内某药企因裁员而遭到营销合规性举报。

三、业务战略的制定与选择

业务战略是企业某业务在特定的市场环境下，为建立、发挥和保持竞争优势，所做出的一系列决策和行动。业务战略的战略目标是集团战略目标在特定业务方向上的分解，而总资源也是由集团战略配给的，所以制定业务战略的主要任务是根据业务特点、内外部环境因素分析和匹配的结果，选择适当的业务战略模型，将集团战略配给的资源二次调配，并根据集团战略目标制定相应的业务战略目标和战略举措。

不同的战略学派，对业务战略的认识和分类上存在一定差异。理查德·鲁梅特按市场增长向量原理将业务战略分为产品开发战略、市场渗透战略和市场开发战略，这些战略统称为密集型战略或强化战略。迈克尔·波特根据公司的市场定位提出了总成本领先战略、差异化战略和聚焦战略，即竞争战略。竞争战略对大部分行业通用，企业只需要根据业务特点、市场状况、资源与能力，选择相应的战略模型即可，故业务战略在某些情况下被等同于竞争战略。在竞争战略的基础上，又发展起来了蓝海战略，该战略被认为是对竞争战略的补充——既不符合低成本，又不符合差异化的市场定位战略。

对于拥有多种业务的公司，各业务应基于内外部因素匹配的结果，选择各自的业务战略。不同的竞争战略，所需的资源与能力各不相同。在制定或调整业务战略时，为了便于战略的执行，业务战略必须有清晰的战略目标和明确的战略举措。

（一）密集型战略

密集型战略的出发点是市场增长向量的原理（图2-14），即企业在原有业务范围内，充分利用产品和市场两个方面的潜力来获得增长，包括市场开发、产品开发和市场渗透3种类型（多样化涉及跨业务，属于公司战略的范畴）。

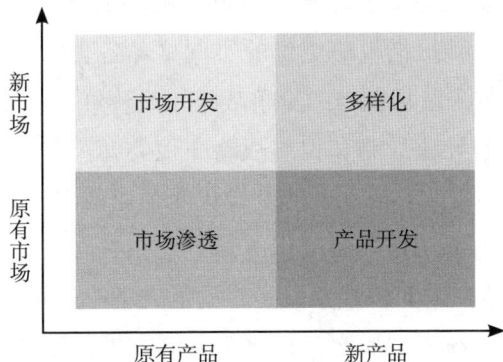

图 2-14　市场增长向量矩阵（安索夫矩阵）

市场开发战略是现有产品与新市场组合所对应的战略，即利用现有产品开辟新市场，通过发展新顾客群体而扩大销售。其实现路径一般分为3种：一是在原区域市场发展潜在顾客，即进入细分市场；二是在原区域开辟新营销渠道，增加中间商的数量；三是开拓区域外的市场，包括国内和国外市场。该战略的适用前提为"拥有可廉价获取的新渠道""存在未经开发或未饱和的市场""企业拥有扩大经营所需要的资金和人力""企业存在过剩的产能"。

产品开发战略是现有市场与新产品组合所对应的战略，其原理是通过改良、升级迭代现有产品或开发新产品来扩大销售；其核心是以现有顾客为基础，激发他们新需求并开发出新产品去满足这些需求。产品开发战略有4种，分别为领先型开发战略（作为原创者的角色），追随型开发战略（作为仿制和改良者的角色）、替代型开发战略（通过合作或收购等方式开发产品）和混合开发战略（多种方式联合使用）。

市场渗透战略是现有产品与现有市场组合所对应的战略，其是指企业充分开发现有产品和市场潜力的战略；其核心逻辑是系统地研究市场、产品和营销方式，通过开发细分市场、扩大销售投入等方式，以增加顾客人群、消费强度和消费频率，实现市场份额的提升。除了扩大市场占有率、扩大销售，在市场衰退的时候，这种战略也能有效帮助企业维持份额。该战略的风险是重大技术变革、消费趋势改变。市场渗透战略可以与迈克尔·波特的竞争战略关联到一起，表现为3种竞争战略形式。

（二）定位战略

定位战略的出发点是基于行业结构分析和企业的资源能力情况，在市场上选择合适的位置，并根据战略定位的不同培养各自的核心竞争力。最经典的定位战略是迈克尔·波特提出的竞争战略（又称红海战略）。竞争战略分为总成本领先战略、差异化战略和聚焦战略3种类型。这些战略的出发点是认为产业结构是既定不变的，成本低或差异化的企业利润更高。然而 W. 钱·金和勒妮·莫博涅认为市场是不断演化的，于是在红海战略的基础上提出了蓝海战略。蓝海战略依然是定位战略，是对竞争战略的补充。

竞争战略是一类通用型战略，只要企业清晰了行业结构和自身的资源能力情况，大部分行业都可以直接匹配使用。由于不同类型的竞争战略对企业资源、能力的要求不同，企业在战略模型选择时必须判断资源与能力是否符合实现各战略类型所必需的基本条件（表2-10）。如不符合，应选择其中一个更有利的战略类型全力以赴地培养核心竞争力，同时舍弃与所选战略类型相反战略所具备的资源与能力。

表 2-10　竞争战略所需的资源与能力

战略类型	必需的一般资源与能力	常见的组织条件
总成本领先战略	可持续的资本投资能力和资本利用情况； 工艺工程技巧； 严格的劳动力监督手段； 产品设计易于生产； 低成本的分销系统	严格的成本控制； 定期制作详细的控制报告； 结构化组织安排和责任； 基于满足数量目标的激励机制
差异化战略	强大的营销能力； 强大的产品设计和开发能力； 敏锐的创新能力； 强大的基础研究能力； 公司在质量或者技术领先等方面的声誉； 公司长期以领先的质量或技术在业内闻名，或能从其他企业学到技术，并以独特方式综合增加绩效； 与渠道商合作密切	研发和营销之间能开展紧密的合作； 主观评价代替以数量标准为基础的激励制度； 组织氛围好，能吸引到高水准的劳动力、科学家或者创新人才
聚焦战略	既有低成本，又有差异化，应针对特定战略目标或细分市场，综合运用上述资源与能力	既有低成本，又有差异化，应针对特定战略目标或细分市场，综合运用上述策略

到了行业成熟期，新产品难以获得、产能过剩，行业快速成长期那种通过增加产品供应获得增长点的战略将不再奏效，企业需要通过相互攻击，抢夺彼此的市场份额才能获得增长。而只要实现了"总成本领先""差异化"或"细分领域聚焦"，就能有效地避开竞争主流，从而获得更高的利润。"总成本领先"和"差异化"是完全相反的分流方向，既"总成本领先"又"差异化"，说明企业定位不清，利润反而最低（图2-15和图2-16）。一则，很多差异化的产品需要定制化的设备、生产线才能生产；二则，差异化的产品需求少，批量小，使用大规模的生产线制造是"大马拉小车"，不仅无法发挥规

模经济效应，反而会增加物料损耗；三则，差异化战略的特点是品种多、剂型多、协同性差，如果与"成本领先"型产品混合生产，会频繁打乱"成本领先"型产品的生产计划，引起成本升高。虽然差异化战略也需要优化价值链实现降本增效，但不可视为既"总成本领先"又"差异化"。

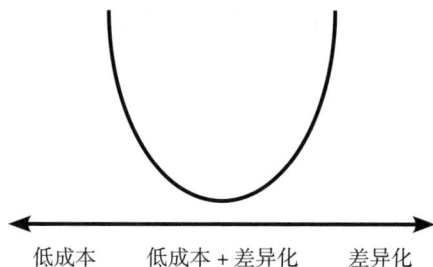

图 2-15　竞争战略的利润水平曲线

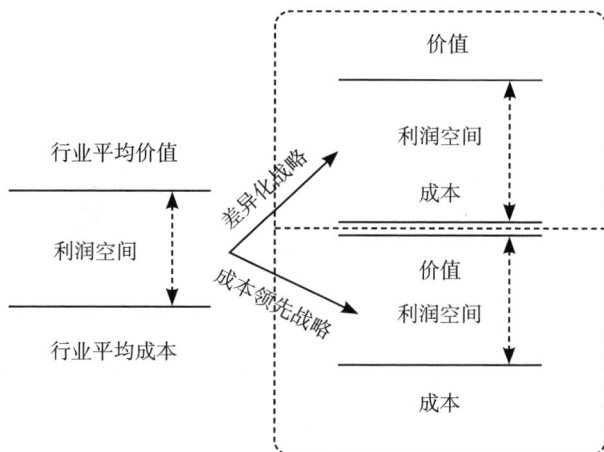

图 2-16　竞争战略的核心原理

总成本领先战略又称为低成本战略，它瞄准的是大众化、标准化的产品和服务，舍弃产品非核心的价值元素，利用规模经济效应和经验曲线效应，将生产成本降至行业平均水平以下，进而提升利润空间。为了降低成本，企业必须在各价值链环节优化成本。第一，采用高效率、大批量、低成本的生产和物流设备、设施；第二，将营销、研究和开发成本降低至最低水平；第三，严控物料采购成本、物流和仓储成本；第四，尽量提升运营效率。然而这种战略也存在诸多风险：一是过度强调低成本会让企业对市场感知能力变差，容易忽略顾客需求变化，进而错失机会；二是技术进步可能让企业的技术或设备过时，无法持续成本领先；三是这种战略过于直观，很容易引起竞争对手的模仿，进而招致降本竞赛，最终只有在全价值链成本占优的"卷王"才能存活；四是在价格竞争高度激烈的情况下，企业想要建立起领先的优势非常困难，尤其是在五花八门的竞争逻辑之下——有的企业竞争并不为利润。

差异化战略与总成本领先战略相反，它瞄准的是顾客的非主流或定制化需求，以获得较高的价格。因为非主流、定制化的产品一般无法获得规模经济效应，故生产成本也相对升高。差异化战略最大的优点是无需克服规模经济和经验曲线效应所带来的成本劣势，有效地规避同质化竞争。但这种战略也存在诸多风险：一是企业创造的差异化元素并非是顾客所需要的或无法实现客户的价值，尤其是未经过客户调研，以技术类推或闭门想象出来的差异化；二是可能存在被模仿的风险，差异化面向的是非主流市场，一旦被模仿或同质化竞争，必将无利可图；三是价格高则受众寡，产品做大市场的难度较大，企业很容易遇到瓶颈；四是差异化需要长期的积累才能形成，前期需要大量的客户调研、市场分析、技术储备甚至生产线建设，投资高而回报慢，企业往往在漫长的核心竞争力构建过程中半途而废。

聚焦战略是指企业自认为不具备全行业或市场竞争的能力，将业务范围聚焦于部分细分市场或地域市场，以实现在聚焦领域建立和保持领先的优势地位。聚焦战略既不强调"总成本领先"，也不强调"差异化"，而是强调在聚焦领域的效益最大化。聚焦战略可通过"治疗领域聚焦""特定客户群聚焦""技术平台聚焦""品牌树聚焦""区域市场聚焦""特定销售渠道聚焦"等方式实现。由于制药行业的差异化战略对企业的核心竞争力具有较高的要求，企业不可能随心所欲、漫无边际地差异化，而是差异化与聚焦联合，形成以"治疗领域聚焦""技术平台聚焦"或"特定销售渠道聚焦"的产品管线。因此，聚焦战略与差异化战略联用，可以提高差异化的程度，增加两种战略的适用空间。

创新药企业一般通过技术聚焦或治疗领域聚焦来建立和保持某些细分市场的领先优势，例如，诺和诺德聚焦于糖尿病和血液病，默沙东聚焦于肿瘤、糖尿病等。OTC企业一般通过品牌树聚焦、区域市场聚焦来提升影响力，进而甩开竞争对手。另外，品牌仿制药企业也常使用聚焦战略，其形式为品牌仿制药与 OTC、消费者保健品形成混搭管线，高度差异化的产品或高壁垒仿制药与改良型新药、非专利品牌药形成混搭管线。所谓的高度差异化是指对某些细分患者群而言，产品是独一无二的治疗选择或相比其他治疗方案有非常显著的优势，而且稀缺性较高、短期内无法被竞争对手复制。相反，一般的通用仿制药都不具备这些特征——具有通用性和可替换性，聚焦战略不是主流。

红海战略认为产业结构是既定不变的，故企业之间会形成红海竞争。蓝海战略的出发点则是认为市场是不断演化的，企业跨过了原有市场的边界、超越现有的需求，就能进入没有竞争的新市场。由于没有竞争，在红海市场中不可兼容的"高价值"与"低成本"就能同时实现。二者的异同如表 2-11 所示。

表 2-11　红海战略与蓝海战略的异同

红海战略	蓝海战略
通过竞争抢夺现有市场份额	开创无竞争的新市场
打败竞争对手	摆脱竞争
开发现有需求	创造或获取新需求
在价值与成本间取舍	成本和价值可兼容
按差异化或低成本协调价值活动	同时追求差异化和低成本协调价值活动

蓝海战略的核心是打破市场边界、超越现有需求、绘制与众不同的价值曲线，故并不像红海战略那么直观，制定和实施的难度非常大。首先，在设计和制定蓝海战略时，需要找到既无法归类为差异化，又不符合低成本的独特顾客需求，或是对现有产品与服务不满意的诉求；其次，设计独特的产品或服务，建立独特的价值活动体系。在此过程中，企业要厘清哪些是理所当然被删除的元素、哪些是含量应降低至产业标准以下的元素、哪些是含量应增加至产业标准以上的元素、创造哪些行业从未有过的元素，通过增加、减少、删除或创造这些元素而形成与众不同的价值曲线（图 2-17）。再次，蓝海战略需要形成一种难以复制的商业模式，以提升跨越者进入的壁垒。最后，需要不断创新，否则蓝海市场终究会变成红海（图 2-18）。

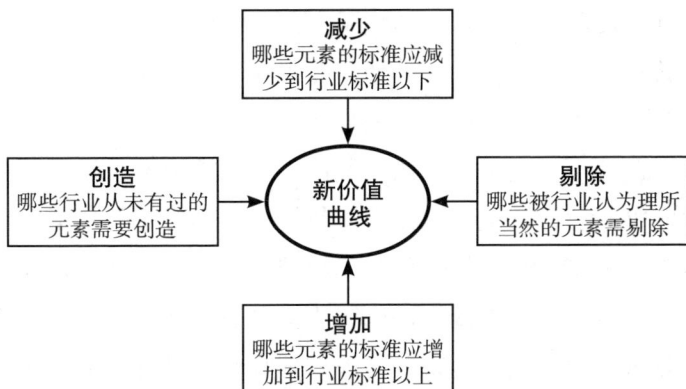

图 2-17　蓝海战略构建价值曲线的方式（示意图）

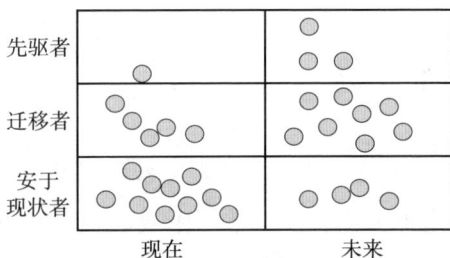

图 2-18　蓝海会再次变为红海（示意图）

（三）小微企业的业务战略

战略是内部环境因素与外部环境因素匹配的结果，对于内部资源与能力雄厚的企业，战略通常会向发挥内部优势倾斜，而内部资源与能力不足的企业，对外部机会的倚重会更大。在分散型行业中或行业壁垒突然降低的变革期内，通常会出现大量的小微企业，这些企业的资源与能力既无法实现总成本领先，也没有足够的技术或产品实现差异化或业务聚焦，所以战略的选择只能以获取可识别的外部机会为导向，通过"游击战"法避实击虚。从原理上讲，这种"战略"属于利基者战略。

在行业新生期、快速发展期、格局大变革时期，外部机会较多，这种战略适用的机会也较多。但随着市场成熟度的不断提高或行业变革的逐渐结束，这种战略的适用机会将越来越少。因为好的机遇会被先发者不断占据，新机会的发掘越来越难、新机会带来的收益会因竞争的加剧而越来越低。

为了捡到"市场漏洞",企业必须深度研究市场、细分市场,理念创新,开发具有独特市场定位的产品、其他企业关注不到或不愿意开发的产品,尤其是对于某些特定患者人群而言,是独一无二的治疗选择或相比其他治疗选择可显著获益,而且具有一定难以复制性,在短期内不会被大量竞争对手复制的产品。如果企业捡漏成功,在资源与能力得到升华的情况下,可沿着差异化或聚焦战略的方向构建产品管线、培养核心竞争力,进而实现战略转型。

随着集中带量采购的不断推进,行业格局的重塑过程已接近尾声,可识别的机遇会越来越少、回报越来越差,实现利基的难度也越来越大,在适当的时候战略转型或撤退或许是大多数小微企业的理性选择,尤其是无研发、生产和销售渠道的轻资产企业。

四、战略制定的工具

由于战略制定的过程较为复杂,合理有效地使用分析矩阵,可以大幅简化工作,让过程和结果形象而直观。常用于战略制定的矩阵有竞争态势矩阵、SWOT分析法、战略地位与行动评价矩阵、定量战略计划矩阵、波特五力分析模型、价值链分析法、PEST分析法、大战略矩阵等。

(一)外部环境因素评价矩阵

外部环境因素评价矩阵(EFE矩阵,如表2–12所示)适用于评价企业对外部环境的应变能力。使用外部因素评价矩阵时,首先要确定10~20个对企业发展造成重大影响的因素,并根据影响的正负将这些因素定性为"机会"或"威胁"两类。然后根据各影响因素的重要程度进行加权,权重范围大于0而小于1,越接近1表示越重要。最后根据公司对各个因素的响应程度进行评分(从低到高分别为0~4分),并计算出加权分值和总加权得分。

最高总加权得分为4分(满分),分值越高说明企业对外部环境变化的反应越出色,满分意味着企业不仅能最大限度地利用机遇,也能最大限度地规避威胁。相反,总加权得分越低,说明企业对外部环境变化的反应力越差,低于2分就说明企业不能有效地利用机会和规避威胁。

表 2-12　EFE 矩阵

类型	影响因素	权重	评分	加权得分
机会类	有利因素 1			
	……			
	有利因素 5			
威胁类	不利因素 1			
	……			
	不利因素 5			
合计		1.0		

（二）内部因素评价矩阵

与外部因素评价类似，可以使用内部因素评价矩阵（IFE 矩阵，如表 2-13 所示）分析影响企业未来发展的关键因素。使用该矩阵时，首先要确认 10~20 个关键因素，并制定合适的标准将这些因素定性为优势或劣势。然后根据各因素的影响程度进行加权，权重范围大于 0 而小于 1，越接近 1 表示越重要。最后，按企业对各关键因素的有效应对程度分别给予评分，计算出各项因素的加权评分和总加权分数。

与 EFE 矩阵所不同的是 IFE 矩阵优势必须为 3 分或 4 分，劣势必须为 1 分或 2 分。IFE 矩阵中各因素评分越高，优势越明显，反之亦然。总加权得分的平均值为 2.5 分，如企业高于 2.5 分，说明该企业内部状况处于优势，满分为 4 分，分值越高，优势越大，反之亦然。

表 2-13　IFE 矩阵

类型	影响因素	权重	评分	加权得分
优势类	优势因素 1			
	……			
	优势因素 5			
劣势类	劣势因素 1			
	……			
	劣势因素 5			
合计		1.0		

（三）竞争态势矩阵

竞争态势矩阵又称 CPM 矩阵（表 2-14），常用于竞争对手的优劣势分析，以评价竞争对手相对于企业的战略地位。它不仅可以用于企业层面上的竞争分析还可用于业务层面上的竞争分析和产品战略的制定。

CPM 矩阵的评分包括外部和内部两个方面的因素，使用该矩阵时，分析者要先明确行业或市场竞争的关键因素，并根据各因素的重要程度进行加权，总权重为 1。然后选择关键的竞争对手（数量无限制），并按每个因素对企业进行评分。评分范围为 1~4 分，其中 1 分代表竞争弱势，2 分代表次弱，3 分代表次强，4 分代表竞争强势。最后依次计算总加权得分，总分大于 2.5 分说明处于竞争优势，分值越高，竞争力越强。对比各公司之间的总加权得分，便可判断各公司的竞争实力差异。

表 2-14　CPM 矩阵

关键因素	权重	对手A	对手B	对手C	公司
因素 1					
因素 2					
因素 3					
因素 4					
……					
因素 10					
合计	1.0				

（四）SWOT 分析矩阵

企业内部因素的优势和劣势是相对外部环境的机遇和威胁而言的，这也就是说 SWOT 分析是根据自身条件在选定的范围内进行分析，所以它是一种内部分析方法。S 代表企业内部优势、W 代表企业内部劣势、O 代表企业外部机会、T 代表企业外部威胁（图 2-19）。按照竞争战略的理念，战略应是一个企业"能够做的"（组织的强项与弱项）和"可能做的"（环境的机会与威胁）之间的有机组合。

优势 （strength）	劣势 （weak）
机会 （opportunity）	威胁 （threat）

图 2-19　SWOT 分析矩阵

在 SWOT 分析之时，分析者需要全面分析内部和外部环境因素，并判断哪些外部因素是机会、哪些是威胁，哪些内部因素是优势、哪些是劣势，然后绘制分析表（表 2-15）。内部因素分析主观性强，可结合 IFE 矩阵、CPM 矩阵和价值链对比的结果加以判断。在优势分析时，应重点注意"最擅长什么""有什么领先的技术""能做什么别人不能做的事""和别人有何不同""最近因什么原因成功"；而劣势分析时应重点注意"什么是做不了的""缺乏什么技术""别人有什么比我们更好""不能满足哪些顾客需求""最近因什么原因失败"。外部因素较为客观，可结合 EFE 矩阵、波特五力分析模型和 PEST 分析的结果加以判断。在机会分析时，应重点关注"市场中有什么适合我的机会""可以获得什么技术""可以提供什么新技术或服务""可以吸引到什么样的顾客""怎样才能与众不同""新政策释放哪些红利"；而在威胁分析时应重点关注"市场有何改变""竞争者在做什么""顾客需求是否发生改变""政策环境变化会带来哪些危害""是否存在有其他威胁企业生存或发展的重大变化"。

在 SWOT 分析表的基础上，分析者可以对各种内外部因素——匹配，形成 SO、ST、WO 和 WT 4 个象限——"扬长避短"+"趋利避害"的若干选择。由于因素众多，企业可以选出影响重大的、直接的、迫切的、深远的因素进行分析和匹配，而影响轻微的、间接的、短暂的因素可以暂时搁置，每个象限的入选因素不宜超过 8 个。

表 2-15　SWOT 分析表

内部环境 外部环境	优势（strengths） 1. 生产与运营优势 2. 进厂物流的优势 3. 出厂物流优势 4. 营销和销售优势 5. 售后与服务优势 6. 人力资源管理优势 7. 基础设施优势 8. 购买活动优势 9. 技术开发优势 10. 价值链上下游优势	劣势（weaks） 1. 生产与运营劣势 2. 进厂物流的劣势 3. 出厂物流劣势 4. 营销和销售劣势 5. 售后与服务劣势 6. 人力资源管理劣势 7. 基础设施劣势 8. 购买活动劣势 9. 技术开发劣势 10. 价值链上下游劣势
机会（opportunities） 1. 政治与法规变化带来的机会 2. 经济发展带来的机会 3. 社会文化改变带来的机会 4. 技术进步带来的机会 5. 人口规模或结构变化带来的机会 6. 自然环境改变带来的机会 7. 行业环境变化带来的机会 8. 市场环境变化带来的机会 9. 微观环境变化带来的机会	发挥自身优势，利用外部机会对应的策略或战略（SO）	克服自身缺陷，利用外部机会对应的策略或战略（WO）
威胁（threats） 1. 政治与法规变化带来的威胁 2. 经济因素带来的威胁 3. 社会文化改变带来的威胁 4. 技术进步带来的威胁 5. 人口规模或结构变化带来的威胁 6. 自然环境改变带来的威胁 7. 行业环境变化带来的威胁 8. 市场环境变化带来的威胁 9. 微观环境变化带来的威胁	发挥自身优势，避免外部威胁对应的策略或战略（ST）	克服自身缺陷，避免外部威胁对应的策略或战略（WT）

（五）战略地位与行动评价矩阵

战略地位与行动评价矩阵又称为 SPACE 矩阵（图 2-20），主要用于分析企业内外部环境及企业应该采用的战略组合，以选择出战略方向。SPACE 矩阵选取了竞争优势（CP）、财务优势（FP）、环境稳定性（SP）和产业优势（IP）4 个因素，前两者为企业内部因素，后两者则是外部因素。

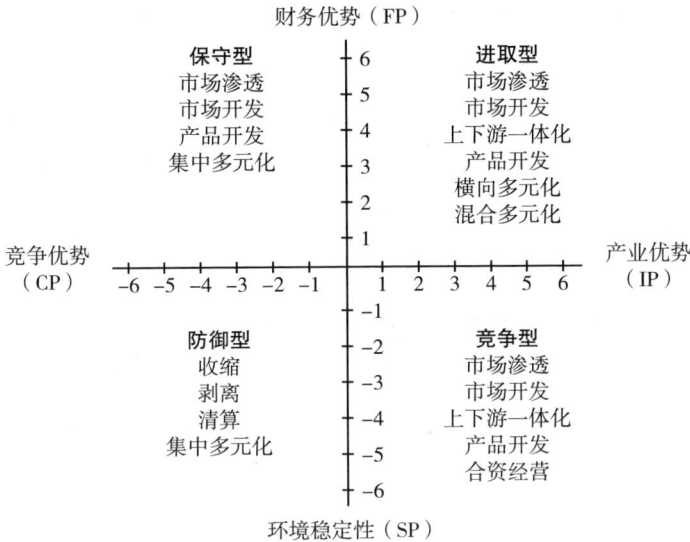

图 2-20 SPACE 矩阵

首先，分析者要确定 FP、CP、SP 和 IP 所对应的因素或变量组合。其次，对各种变量评分，根据情况好坏对构成 FP 和 IP 轴的各变量分别给予 1~6 分（1 分代表最差，6 分代表最好），而对于构成 SP 和 CP 轴的各变量则分别给予 -6~-1 分（-1 分代表最好，-6 分代表最差）。再次，计算出 FP、IP、SP 和 CP 的平均分，并标记在对应的坐标轴位置上。最后，分别将 X 轴方向的 IP 和 CP 分数相加和 Y 轴方向的 FP 和 SP 相加，并计算出（X, Y）坐标，而原点到坐标点的连线就代表企业应选择的战略类型。如处于第一象限，企业应进取，可选择增长型战略，第二象限则可选择稳定型战略，第三象限为收缩型战略，第四象限为增长或组合型战略。

使用 SPACE 矩阵的难点是如何有效地确定 FP、CP、SP 和 IP 所对应的因素或变量组合（表 2-16）。各组因素一般不超过 8 个，应根据企业具体情况选择关键的因素。环境稳定性因素一般关注"技术变化""通货膨胀率""政策法律""竞争产品的价格范围""进入市场的难度""竞争压力""需求变化""需求的价格弹性"等；产业优势因素一般关注"发展潜力""盈利能力""财务稳定性""技术与资源利用率""资本密集性""专有技术知识""生产力和生产资源的利用程度""进入市场的难度"等；竞争优势因素一般重点分析企业的"市场份额""产品生命周期""产品质量层次""用户忠诚度""资源与能力的冗余度""专有或领先技术知识""对供应商和经销商的控制力"等；财务优势因素一般重点分析企业的"投资回报率""财务杠杆比率""偿债能力""现金流状况""融资能力""经营风险""退出市场的难度"等。另外，为了提高评分的准确性和客观性，可要求多个专业评分者进行评分，然后取平均值供进一步分析。

表 2-16　SPACE 矩阵因素分析

类型	因素	评分者A	评分者B	评分者C	平均分
财务优势	因素 1				
	……				
	因素 5				
	总平均分				
竞争优势	因素 1				
	……				
	因素 5				
	总平均分				
产业优势	因素 1				
	……				
	因素 5				
	总平均分				
环境稳定性	因素 1				
	……				
	因素 5				
	总平均分				

（六）内部 – 外部矩阵

内部 – 外部矩阵也称 IE 矩阵，是在麦肯锡矩阵的基础上发展起来的。将麦肯锡矩阵中的企业竞争力和市场吸引力分别用内部和外部因素替换，便可

得到 IE 矩阵（图 2-21）。内部因素使用 IFE 矩阵的评分结果来表示，得分为
1.00~1.99 代表企业内部的劣势地位，2.00~2.99 代表企业内部的中等地位，而
3.00~4.00 代表企业内部的优势地位。与此类似，外部因素使用 EFE 矩阵的评
分结果表示，得分为 1.00~1.99 代表企业外部面临严重威胁，2.00~2.99 代表企
业外部面临中等威胁，而 3.00~4.00 代表企业能将外部威胁最小化。

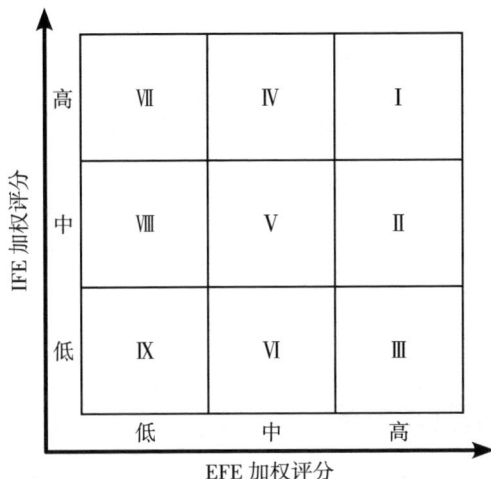

图 2-21　IE 矩阵

矩阵中Ⅰ、Ⅱ、Ⅳ区域代表增长型或建设型，应采取增长型战略；Ⅲ、
Ⅴ、Ⅶ区域代表保持型，可选择性收割或发展；Ⅵ、Ⅷ、Ⅸ区域代表收割或
放弃，应选择收割或收缩战略。

（七）大战略矩阵

大战略矩阵从波士顿矩阵发展而来，是由市场增长率和企业竞争地位两
个坐标所组成的一种模型，它用于指导企业在不同的市场增长率和企业竞争
地位下选出合适的战略。以市场增长率作为 Y 坐标轴，以企业竞争地位为 X
坐标轴，便可得到 4 个不同组合的象限（图 2-22）。若处于第一象限，可选
择市场开发或产品开发相关的战略；若处于第二象限，需要认真地评价参与
竞争的方式方法（如选择有利的竞争战略模型）；若处于第三象限，应尽量选
择收割、清退型战略；若处于第四象限，则可考虑多元化经营。

市场增长迅速

市场开发　　　　市场开发
市场渗透　　　　市场渗透
产品开发　　　　产品开发
横向一体化　　　横向一体化
剥离　　　　　　纵向一体化
清算　　　　　　集中多元化

弱竞争　　　　　　　　　　　　　　　强竞争
地位　　　　　　　　　　　　　　　　地位

战略收缩　　　　集中多元化
集中化经营　　　横向多元化
剥离　　　　　　混合式多元化
清算　　　　　　合资经营
转型
横向多元化
混合多元化

市场增长缓慢

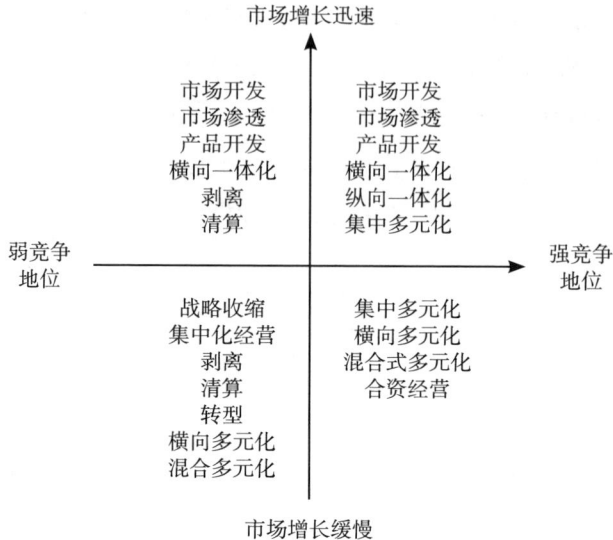

图 2-22　大战略矩阵

（八）定量战略计划矩阵

定量战略计划矩阵又称 QSPM 矩阵（表 2-17），是用于战略决策的矩阵。它利用第一阶段（IFE、EFE、CPM）和第二阶段（SWOT、SPACE、IE 或大战略矩阵）的分析结果对战略进行综合评价，可从多种拟定战略中选择出最优的方案。QSPM 的分析原理是将第二阶段制定的各种战略分别给予评分，评分的依据是各战略是否能让企业更充分地利用外部机会和内部优势，尽量避免外部威胁和规避内部弱点。QSPM 中应至少包括 10 个外部和 10 个内部关键因素，这些因素可通过专家小组讨论得出，而得分高低反映战略的最优程度。

表 2-17　QSPM 矩阵表

类型	关键因素	权重	备选战略A		备选战略B		备选战略C	
			AS	TAS	AS	TAS	AS	TAS
优势	优势因素 1							
	……							
	优势因素 5							

类型	关键因素	权重	备选战略A		备选战略B		备选战略C	
			AS	TAS	AS	TAS	AS	TAS
劣势	劣势因素 1							
	……							
	劣势因素 5							
机会	机会因素 1							
	……							
	机会因素 5							
威胁	威胁因素 1							
	……							
	威胁因素 5							
总分								

　　QSPM 矩阵顶部一行为第二阶段分析（SWOT、SPACE、IE 或大战略矩阵）得出的备选战略。左边第二列是第一阶段（IFE、EFE）分析得出的关键内外部因素，左边第三列为各因素在 EFE 矩阵及 IFE 矩阵中的权重系数。AS 为各因素吸引力评分（0~5 分），1 分代表备选战略完全不能把握机会、完全不能应对威胁、完全不能利用优势、完全不能弥补劣势；2 分代表备选战略不能较好地把握机会、不能较好地应对威胁、不能较好地利用优势、不能较好地弥补劣势；3 分代表备选战略把握机会的程度一般、应对威胁力一般、利用优势程度一般、弥补劣势程度一般；4 分代表备选战略能较好地把握机会、较好地应对威胁、较好地利用优势、较好地弥补劣势；5 分代表备选战略能充分把握机会、充分应对威胁、充分利用优势、充分弥补劣势。TAS 为加权 AS 评分，它是权重与 AS 评分的乘积，TAS 总分越高，说明备选战略越能够让企业扬长避短和趋利避害。

各种矩阵的综合使用案例

战略分析工具或矩阵众多，不同的矩阵侧重点不同，有些矩阵在使用时可以表现出异曲同工的效果，而有些矩阵得出的结论可能截然不同。为此，分析者要熟悉各种矩阵的原理和用途，能够合理地选择矩阵，并将它们用合理的逻辑联结到一起。另外，各种因素的选择、匹配和评分都需要非常高的专业水准，分析者需要使用合适的方法将误差或主观性降到最低，否则极有可能得到与预期相悖的结论。

为了更好地说明各种矩阵的应用，以笔者熟悉的某大型仿制药企业为原型，从外部专家的视角对该公司进行粗略的内外部因素分析，并根据分析结果匹配出备选战略，最后再对备选战略进行合理性评估，选出最佳的方案。该公司是一家产能非常大、生产剂型齐全、员工人数近万、仿制药开发实力领先的传统仿制药企业。因为长期积累和近期抓住了集中带量采购的红利，账面上拥有大量资金，但地理位置偏僻，员工守旧思想严重，管理效率低下，是典型的人力密集型企业。就目前而言，因人力成本较低，在全国范围内仍有竞争力，但随着经济的增长和人均收入的上升，这种优势在逐渐消退。

对该公司的战略分析过程分三步进行。第一步，使用 EFE 矩阵和 IFE 矩阵分别对该公司所处的内外部环境因素进行分析，使用 CPM 矩阵对该公司与主要竞争对手的竞争优势进行分析和比较；第二步使用 SWOT 分析矩阵、IE 矩阵、大战略矩阵和 SPACE 矩阵对该公司的内外部环境因素进行匹配，选出 2~3 种备选战略；第三步，使用 QSPM 矩阵对拟定战略进行分析评估，选择出最能让该公司扬长避短和趋利避害的战略。需要说明的是，此举只为了阐释各种分析矩阵的有效、合理运用，因素分析并不全面，评分也较为随意，仅供理念参考。

1. 内外部因素分析阶段

使用 EFE 矩阵、IFE 矩阵和 CPM 矩阵分别对该公司进行评分。EFE 矩阵评分为 2.35 分（表 2-18），说明该公司对外部环境的响应程度略低于平均水平，这印证了该公司"传统""地理位置偏僻""创新和应变能力差""思想守旧"等标签。IFE 矩阵评分为 3.00 分（表 2-19），说明该公司的实力处于同行领先的水平，这也印证了该公司"大型企业""实力领先""资金雄厚"等标签。

表 2–18　EFE 矩阵评分

类型	影响因素	权重	评分	加权分
机会类	仿制药集中带量采购，企业无需自主做市场推广	0.20	4	0.80
	人口结构性老龄化，治疗需求持续提升	0.05	3	0.15
	OTC 监管路径有望调整和健康中国 2030 战略	0.05	2	0.10
	AI 技术、合成生物学技术、连续流制造技术的应用将大幅降低仿制药生产成本	0.10	3	0.30
	biosimilar 大范围替代即将开始	0.10	2	0.20
威胁类	辅助性用药重点监控	0.05	2	0.10
	MAH 制度的实施，大量企业进入行业，内卷加剧	0.15	2	0.30
	日趋严格的医疗费用控制，药价逐年下降	0.10	1	0.10
	现存的可仿资源即将耗尽，而随着美国 FDA 批准的小分子普药越来越少，新可仿资源也将逐年下降	0.10	1	0.10
	平均工资和环保标准提升，将引发制造成本增长	0.10	2	0.20
合计		1.00	—	2.35

表 2–19　IFE 矩阵评分

类型	影响因素	权重	评分	加权分
优势类	全国领先的研发能力，能开发多种剂型的仿制药	0.20	4	0.80
	盈利能力中偏上水平，有大量现金结余	0.15	3	0.45
	产能大剂型全，制造能力全国领先	0.10	4	0.40
	信誉良好，拥有长期且固定的合作伙伴	0.05	3	0.15
	拥有完善的原料设施，主要品种的原料均可自产	0.15	4	0.60
劣势类	生产设施陈旧，人力密集度大，人均产值偏低	0.10	2	0.20
	企业规模大，决策流程长，决策效率低	0.10	2	0.20

类型	影响因素	权重	评分	加权分
劣势类	长期走代理商模式，销售能力偏弱	0.05	2	0.10
	位置偏僻，很难招聘到高质量人才	0.05	1	0.05
	长期仿制思维，企业创新和应变能力较差	0.05	1	0.05
合计		1.00	—	3.00

在 EFE 矩阵和 IFE 矩阵评分的基础上，使用 CPM 矩阵进一步对该企业评分，以确认该公司在关键竞争对手中的竞争地位和领先的关键竞争优势。在所选的 4 个关键竞争对手中，企业的制造能力、财务投资能力和过一致性评价的批文总数明显领先，研发能力和原料自产能力处于中偏上水平，但高质量人才储备、商业模式处于明显劣势。如表 2-20 所示，对手 A 和对手 B 的实力偏弱，在全行业已经处于中偏下水平，未来可能不再是"关键竞争对手"；对手 C 和对手 D 竞争实力雄厚，处于行业领先水平，将为企业持续创造挑战，尤其是对手 C 还处于明显的领先地位。要想在竞争中获胜，企业必须重视高质量人才储备、强化研发、建立特色商业模式和不低于行业平均水平的营销能力。

表 2-20　CPM 矩阵评分

关键因素	权重	对手A	对手B	对手C	对手D	公司
制造能力	0.05	3	2	4	3	4
价格竞争力	0.15	2	2	3	4	3
研发水平	0.20	3	4	4	3	3
过一致性评价的批文数量	0.10	2	2	3	3	4
原料自产能力	0.15	2	2	3	2	3
特色商业模式	0.05	2	3	2	3	2
市场占有率	0.05	3	2	3	3	3
财务状况与投资能力	0.10	2	2	3	3	4
高质量人才储备	0.10	3	3	4	4	2
营销和销售能力	0.05	2	1	3	3	2
合计	1.0	2.40	2.50	3.30	3.10	3.05

2. 内外部因素匹配，筛选拟定战略阶段

基于 EFE 矩阵、IFE 矩阵和 CPM 矩阵的评分结果，使用 SWOT 分析矩阵对该公司所面临的内外部环境进行——匹配（表 2–21），筛选出"既能发挥优势又能利用机会""既能发挥优势又能应对威胁""既能规避劣势又能利用机会""既能规避劣势又能应对威胁"的策略组合，并综合以上方案初步形成战略。

表 2–21　SWOT 分析结果

内部环境 ⟍ 外部环境	优势（strengths） 1. 全国领先的研发能力，能开发多种剂型仿制药； 2. 盈利能力中偏上水平，有大量现金结余； 3. 产能大剂型全，制造能力全国领先； 4. 信誉良好，拥有长期且固定的合作伙伴； 5. 拥有完善的原料设施，主要品种的原料均可自产	劣势（weaks） 1. 生产设施陈旧，人员密集度大，人均产值低； 2. 企业规模大，决策流程长，决策效率低； 3. 长期走代理商模式，销售能力偏弱； 4. 位置偏僻，很难招聘到高质量人才； 5. 长期仿制思维，企业创新和应变能力差
机会（opportunities） 1. 仿制药集中带量采购，企业无需自主做市场推广； 2. 人口结构性老龄化，治疗需求持续提升； 3. OTC 监管路径有望调整和健康中国 2030 战略； 4. AI 技术、合成生物学技术、连续流制造技术的应用将大幅降低仿制药生产成本； 5. biosimilar 大范围替代将开始	SO（利用机会 + 发挥优势） 1. 利用账面资金投资 AI、连续流技术，降低制造成本，聚焦集中带量采购； 2. 开发新仿制药，提升规模经济效应； 3. 相关多元化，布局 OTC、老年人保健品； 4. 利用账面资金收购生物技术公司，布局 biosimilar	SW（利用机会 + 规避劣势） 1. 生产线升级，投资 AI、连续流制造技术，降低成本，聚焦集中带量采购； 2. 价值链优化、人员培训，降本增效； 3. 发展 OTC、老年人健康品，二次定位多余的产能
威胁（threats） 1. 辅助性用药重点监控； 2. MAH 制度的实施，大量企业进入行业，内卷加剧； 3. 日趋严格的医疗费用控制，药价逐年下降； 4. 现存的可仿资源即将耗尽，而随着美国 FDA 批准的小分子普药越来越少，新可仿资源也将逐年下降； 5. 平均工资和环保标准提升，将引发制造成本增长	ST（应对威胁 + 发挥优势） 1. 利用强大的研发能力开发差异化的产品； 2. 利用账面资金，收购 OTC 公司，实现多元化； 3. 生产线升级，投资智能化生产线、连续流制造，降低生产人员数量，降低制造成本； 4. 老产品工艺优化，提升价格竞争力	WT（应对威胁 + 避免劣势） 1. 多元化、转型，从其他行业寻找增长点，并二次定位产能； 2. 优化价值链，员工培训，降本增效

经过综合分析，该公司的最优备选战略为总成本领先战略，因为该战略可以将公司现有的资源和能力优势最大化，同时也符合外部环境的发展趋势；次优备选战略为差异化战略，可以充分发挥领先的研发能力，但缺点是生产环节的优势无法完全利用，应变能力和销售能力的劣势无法有效避免。除了以上两者，该公司也可以横向多元化，布局OTC和保健品。多元化的优点是能充分利用外部机会和应对外部挑战，但研发能力优势无法有效发挥、销售能力和商业模式的弱势无法避免。

除了SWOT分析矩阵，还可以使用大战略矩阵、IE矩阵和SPACE矩阵进行综合判断和匹配，找出更多或更合理的备选战略。在IE矩阵中，该公司的EFE评分为"中"而IFE评分为"高"，处于第Ⅳ区域，该区域对应的是"选择性增长或建设"，可采取"抓细分市场（差异化战略或聚焦战略）""大力投资（产品开发战略、横向一体化战略）"和"保持竞争地位（稳定型战略、兼并战略）"相关的战略。在大战略矩阵中，"市场增长缓慢""公司竞争力强"所对应的是第四象限，意味着应选择多元化战略、横向一体化、合资战略等。

如表2-22所示，FP、SP、CP和IP的平均分分别为3.7分、-3.3分、-3.4分和3.3分，Y=FP+SP=3.7+（-3.3）=0.4；X=CP+IP=（-3.4）+3.3=-0.1，（X, Y）坐标为（-0.1, 0.4），位于第二象限（图2-23），企业应采取保守策略或稳定型战略，包括市场渗透（竞争战略）、市场开发、产品开发和集中多元化等。

表2-22　SPACE矩阵评分

	因素	评分者A	评分者B	评分者C	平均分
财务优势（FP）	偿债能力	5	6	6	5.7
	现金流稳定性	5	6	5	5.3
	业务风险	3	3	3	3.0
	投资回报率	2	3	3	2.7
	退出壁垒	2	2	2	2.0
	总平均分				3.7

续表

	因素	评分者A	评分者B	评分者C	平均分
竞争优势 （CP）	专有技术	−2	−3	−2	−2.3
	产品生命周期	−4	−4	−3	−3.7
	客户忠诚度	−5	−5	−4	−4.7
	市场份额	−4	−3	−4	−3.7
	上下游控制力	−3	−2	−3	−2.7
	总平均分				−3.4
产业优势 （IP）	专有知识	5	6	5	5.3
	增长潜力	3	2	2	2.3
	利润潜力	2	3	2	2.3
	市场准入难度	4	6	5	5.0
	产能利用率	2	2	1	1.7
	总平均分				3.3
环境稳定性 （SP）	竞争压力	−5	−5	−6	−5.3
	进入壁垒	−2	−1	−2	−1.7
	需求弹性	−2	−3	−2	−2.3
	技术变化	−3	−2	−2	−2.3
	政策变化	−5	−4	−5	−4.7
	总平均分				−3.3

　　综合以上矩阵的分析结果和当代的战略决策模式，该企业可以使用稳定型战略或相关多元化战略（公司战略）与竞争战略（业务战略）的组合。由于行业增长缓慢，企业要么维持现状（稳定型战略），要么从其他行业获取增长点（相关多元化战略）。如果企业选择相关多元化，可考虑布局宠物保健品，OTC、消费者保健品，而如果放弃多元化，则可以选择稳定型战略＋竞争战略的模式博取竞争优势。稳定型战略（公司战略）与市场渗透战略（业务战略）和竞争战略（业务战略）是关联非常密切的战略模型，非常适合行业机会不多，而公司具有明显优势的情形。

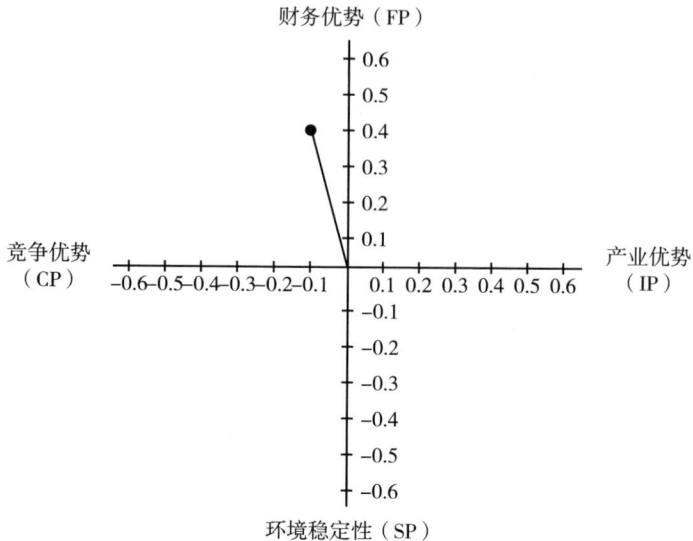

图 2-23　SPACE 矩阵分析结果

3. 决策阶段，选出最佳备选战略

使用 QSPM 矩阵对该公司的 3 种备选战略进行评估，分析哪一种战略能够让该公司最大限度地利用外部机会、应对外部威胁，同时发挥内部优势、避免内部劣势。评分结果显示，总成本领先战略最能让企业同时实现趋利避害和扬长避短（5.75 分），差异化战略位居其次（4.70 分），而横向多样化发展 OTC 最次（4.65 分），如表 2-23 所示。

表 2-23　QSPM 矩阵评分

类型	关键因素	权重	成本领先		差异化		发展OTC	
			AS	TAS	AS	TAS	AS	TAS
优势	全国领先的研发能力，能开发多种剂型的仿制药	0.20	4	0.80	3	0.60	2	0.40
	盈利能力中偏上水平，有大量现金结余	0.15	3	0.45	3	0.45	3	0.45
	产能大剂型全，制造能力全国领先	0.10	4	0.40	2	0.20	3	0.30
	信誉良好，拥有长期且固定的合作伙伴	0.05	2	0.10	3	0.15	3	0.15
	拥有完善的原料设施，主要品种的原料均可自产	0.15	3	0.45	2	0.30	2	0.30

续表

类型	关键因素	权重	成本领先		差异化		发展OTC	
			AS	TAS	AS	TAS	AS	TAS
劣势	生产设施陈旧，人力密集度大，人均产值偏低	0.10	2	0.20	1	0.10	3	0.30
	企业规模大，决策流程长，决策效率低	0.10	3	0.30	2	0.20	2	0.20
	长期走代理商模式，销售能力偏弱	0.05	4	0.20	2	0.10	1	0.05
	位置偏僻，很难招聘到高质量人才	0.05	3	0.15	1	0.05	3	0.15
	长期仿制思维，企业创新和应变能力较差	0.05	3	0.15	2	0.10	1	0.05
机会	仿制药集中带量采购，企业无需自主做市场推广	0.20	4	0.80	2	0.40	1	0.20
	人口结构性老龄化，治疗需求持续提升	0.05	3	0.15	3	0.15	3	0.15
	OTC监管路径有望调整和健康中国2030战略	0.05	1	0.05	2	0.10	4	0.20
	AI技术、合成生物学技术、连续流制造技术的应用将大幅降低仿制药生产成本	0.10	3	0.30	2	0.20	1	0.10
	biosimilar大范围替代将开始	0.10	2	0.20	2	0.20	1	0.10
威胁	辅助性用药重点监控	0.05	3	0.15	3	0.15	4	0.20
	MAH制度的实施，大量企业进入行业，内卷加剧	0.15	2	0.30	3	0.45	3	0.45
	日趋严格的医疗费用控制，药价逐年下降	0.10	3	0.30	2	0.20	3	0.30
	现存的可仿资源即将耗尽，而随着美国FDA批准的小分子普药越来越少，新可仿资源也将逐年下降	0.10	1	0.10	3	0.30	3	0.30
	平均工资和环保标准提升，将引发制造成本增长	0.10	2	0.20	3	0.30	3	0.30
总分		2.00	—	5.75	—	4.70	—	4.65

五、战略无法实施的常见原因

战略制定后无法实施是常见的现象，企业在战略制定时，应考虑战略的可执行性，将战略的执行纳入战略的制定中。基于笔者的工作经验和行业走访，导致我国制药企业战略无法实施的原因一般包括如下 9 种。

第一，过度强调外部机会而忽略了内部因素，尤其是公司的能力，导致企业无法克服战略调整或转型过程中的移动壁垒或进入壁垒，这样的战略就如同空中楼阁，注定无法实施。第二，内部环境因素分析不到位或不客观，导致战略目标与企业的资源、能力不匹配，形成"小马拉大车"或好高骛远的战略。第三，战略描述不清晰，尤其是战略目标的描述模棱两可，进而无法形成由公司战略、业务战略到职能战略的逐级分解，各种战略目标不能逐级分解为可实施的业绩指标。第四，缺乏有效的抓手或战略措施不清晰、不合理。不论是公司战略、业务层战略还是职能战略，都必须确定与战略目标相对应的战略举措，而且这些举措必须能够转化为各个业务单元的工作任务和逐级分解为关键绩效指标（KPI）。第五，缺乏有魄力、德高望重的管理人员持续推进，或没有形成行之有效的监督措施、明确的验收标准和考核体系。第六，管理架构、商业模式与战略不匹配或重组失败。第七，企业文化氛围差，员工不能理解战略或刷新认知以理解战略，再或是企业文化基因与战略不匹配，均会导致员工消极对待战略变革，甚至对抗新战略的实施。第八，宏观环境变化，导致战略无法实施。例如，监管环境变化让某些产品无法通过注册，国家突然出台政策限制某些产业的发展等。第九，长期的权力斗争、左右摇摆，进退两难，尤其是在行业转型期，这种现象异常突出。

参考文献

[1] 蓝海林. 企业战略管理 [M]. 北京：科学出版社，2021.

[2] 迈克尔·波特. 竞争战略 [M]. 陈丽芳，译. 北京：中信出版社，2013.

[3] 迈克尔·波特. 竞争优势 [M]. 陈丽芳，译. 北京：中信出版社，2014.

[4] 哈佛商学院管理与 MBA 案例全书编写组. 哈佛商学院管理与 MBA 案例全书

[M]. 北京：中央编译出版社，2017.

[5] 陆雄文. 管理学大辞典 [M]. 上海：上海辞书出版社，2013.

[6] 李伟. 基于六力互动模型下主题公园竞合格局分析与战略经营 [J]. 企业经济，2011，30（7）：12-14.

[7] 魏利军，王立峰，王海盛. 跨国药企成功启示录 [M]. 北京：中国医药科技出版社，2022.

[8] 王建英. 美国药品申报与法规管理 [M]. 北京：中国医药科技出版社，2005.

[9] 胥彬. 抗癌新药临床研究近况 [J]. 国外医学参考资料·药学分册，1977（4）：224-230.

[10] 许小虎. 基于企业能力的自我中心型战略网络研究 [D]. 杭州：浙江大学，2006.

[11] 陈妍. 基于核心竞争力的企业战略网络管理理论研究 [D]. 乌鲁木齐：新疆大学，2007.

[12] 魏利军，王海盛. 仿制药企兴衰启示录 [M]. 北京：中国医药科技出版社，2023.

[13] 王锦霞. 中国医药五十年 [M]. 北京：新华出版社，2000.

[14] 中华人民共和国中央人民政府. 中共中央 国务院关于深化医药卫生体制改革的意见 [EB/OL]. （2009-03-17）. https://www.gov.cn/gongbao/content/2009/content_1284372.htm.

[15] 魏际刚. 中国医药体制改革与发展 [M]. 北京：商务印书馆，2009.

[16] 中华人民共和国中央人民政府. 国务院关于印发"十二五"期间深化医药卫生体制改革规划暨实施方案的通知 [EB/OL]. （2012-03-14）. https://www.gov.cn/gongbao/content/2012/content_2106854.htm.

[17] 中华人民共和国国家卫生健康委员会. 关于开展基本医疗保险付费总额控制的意见 [EB/OL]. （2012-12-05）. http://www.nhc.gov.cn/wjw/gfxwj/201304/00524b44dc5047e390b9c249efe6cebb.shtml.

[18] 国家卫生计生委，国家发展改革委，财政部，等. 关于印发控制公立医院医疗费用不合理增长的若干意见的通知 [EB/OL]. （2015-11-06）. http://www.nhc.gov.cn/tigs/s3577/201511/0038da2bf8fe43d69511fb675e205d37.shtml.

[19] 中华人民共和国国家卫生健康委员会. 解读：中共中央办公厅 国务院办公

厅转发 国务院医改领导小组关于进一步推广深化医药卫生体制改革经验的若干意见［EB/OL］.（2016–11–08）. http://www.nhc.gov.cn/tigs/s3578/201611/4fe3ba28135849f79e398b1eeb14d9f9.shtml.

［20］国务院. 国务院关于印发"十三五"深化医药卫生体制改革规划的通知［EB/OL］.（2017–01–09）. http://www.nhc.gov.cn/bgt/gwywj2/201701/c2cb5f11ebbd4dea99b9b0c32080fda6.shtml.

［21］中华人民共和国中央人民政府. 国务院办公厅关于进一步改革完善药品生产流通使用政策的若干意见［EB/OL］.（2017–02–09）. https://www.gov.cn/zhengce/content/2017–02/09/content_5166743.htm.

［22］中华人民共和国中央人民政府. 国务院深化医药卫生体制改革领导小组印发关于以药品集中采购和使用为突破口进一步深化医药卫生体制改革若干政策措施的通知［EB/OL］.（2019–12–03）. https://www.gov.cn/xinwen/2019–12/03/content_5457859.htm.

［23］中共中央纪律检查委员会. 见证新时代｜药品耗材集采累计节约费用约3900亿元国家级"团购"惠民生［EB/OL］.（2022–10–07）. https://www.ccdi.gov.cn/yaowenn/202210/t20221007_222571.html.

［24］中华人民共和国中央人民政府. 国务院办公厅关于印发深化医药卫生体制改革2022年重点工作任务的通知［EB/OL］.（2022–05–04）. https://www.gov.cn/gongbao/content/2022/content_5696237.htm.

［25］Warner K, Hajdin C, Weeks K. Principles for targeting RNA with drug–like small molecules［J］. Nat Rev Drug Discov, 2018, 17（8）: 547–558.

［26］Barney J. Firm Resources and Sustained Competitive Advantage［J］. Journal of Management, 1991, 17（1）: 99–120.

［27］Prahalad CK, Hamel G. The Core Competence of the Corporation［M/OL］. Hahn D., Taylor B. Strategische Unternehmungsplanung/Strategische Unternehmungsführung. 1997: 275–292. https://doi.org/10.1007/978–3–662–41482–8_46.

［28］范志刚, 吴晓波. 动态环境下企业战略柔性与创新绩效关系研究［J］. 科研管理, 2014, 35（1）: 1–8.

［29］Perry G. The European generic pharmaceutical market in review: 2006 and beyond

［J］. J. Generic Med, 2006, 4（1）: 4-14.

［30］陈欢，魏利军. RNA 药物非病毒递送系统研究进展［J］. 药学进展，2022，46（11）: 839-847.

［31］Wouters OJ, Kanavos PG, Mckee M. Comparing Generic Drug Markets in Europe and the United States: Prices, Volumes, and Spending［J］. Milbank Q, 2017, 95（3）: 554-601.

［32］Thayer A M. 30 Years of Generics［J］. Chemical & Engineering News, 2015, 92（39）: 8-16.

［33］Boehm G, Yao LX, Han L. Development of the generic drug industry in the US after the Hatch-Waxman Act of 1984［J］. Acta Pharmaceutica Sinica B, 2013, 3（5）: 297-311.

［34］张东，陈宏生. 强生孵化器运营管理模式及对我国的启示［J］. 全球科技经济瞭望，2018，33（395）: 71-74.

［35］W. 钱·金，勒妮·莫博涅. 蓝海战略［M］. 吉宓，译. 北京：商务印书馆，2005.

［36］王志纲. 王志纲论战略关键阶段的重大抉择［M］. 北京：机械工业出版社，2022.

［37］Sawai holding. Integrated report 2000-2023［EB/OL］. https://global.sawaigroup.holdings/ir/library/integrated_report/.

［38］日本厚生劳动省. 2021 年医药工业视野资料汇编［EB/OL］. https://www.mhlw.go.jp/content/10800000/000831974.pdf.

［39］Kuribayashi R, Matsuhama M, Mikami K. Regulation of Generic Drugs in Japan: the Current Situation and Future Prospects［J］. AAPS J, 2015, 17（5）: 1312-1326.

［40］日本制药工业协会. Databook 2022［EB/OL］. https://www.jpma.or.jp/news_room/issue/databook/en/rfcmr00000000an3-att/DATABOOK2022_E_ALL.pdf.

第三章
创新药企业的战略制定与产品管理

第一节　创新药行业的发展史

研究行业历史，有助于识别企业、行业和宏观环境之间的相互影响过程，进而理解行业运营逻辑、市场发展规律，以更好地预测未来趋势。现代制药业的发展史主要是创新药的发展史，根据行业发展的成熟度，可大致分为3个阶段。第一个阶段（1906年以前）是萌芽阶段，行业因缺乏有效的监管，混乱不堪，进展缓慢；第二个阶段（1907~1962年）是初步成型阶段，随着监管法规的逐渐成熟，行业进入壁垒形成并逐渐提高，与化工、消耗品等行业形成了清晰的边界；第三个阶段（1963年至今）是成熟阶段，市场完成了无序向有序的过渡，独特的市场发展规律和行业运行逻辑逐渐形成。

一、现代制药业的萌芽

现代制药业的起源可追溯为两个方面：一是提取药物，二是合成药物。提取药物的起源相对较早，在19世纪初期就有公司开办工厂，加工并销售吗啡、奎宁和士的宁等生物碱，因为没有良好的制剂手段，剂型基本是汤剂或酒剂，稳定性不好，服用也不方便，更不适于长途运输，制药公司只能在一个很小的区域内发展。另外，提取药物还受限于原材料，产品仅限于为数不多的几种容易提纯的药物。19世纪后期，得益于化学染料工业的高速发展，德国和瑞士化工巨头开始用化学方法合成药品，19世纪末20世纪初，化学药品如雨后春笋般涌现，人类疾病的治疗因化学药的诞生而出现了质的飞跃。同一时期，药物制剂技术也取得了重大突破，片剂、胶囊、丸剂和注射剂等现代化剂型让药品的长期保存和长途运输成为了可能。

　　虽然药物的大量出现和制剂技术的突破，让特定的需求和供给产生，但这种供给关系在缺乏有效监管的情况下显得混乱不堪。19世纪的美国，药品不需要注册，标签上也不需要标注成分，还可以随意申请专利。市场上流行着各种"包治百病"的神药，广告铺天盖地，各种"土著秘方""传统秘方"，几乎世界各地的"神药"都齐聚美国，因为配方获得专利保护而不被公开，疗效不得而知。后来研究发现，所谓的"万能神药"大多不过是含酒精的吗啡——吗啡具有镇痛、止泻、镇咳、缓解焦虑等作用，几乎可以控制大部分疾病的"症状"，在那以症状判断病情的时代，很容易被误认为"药到病除"。为了改变该状况，美国经历了近半个世纪的斗争，才迎来了全球第一个药品监管机构——美国化学局，即美国FDA的前身。

　　虽然美国化学局在1862年就已成立，但要收拾如此大的一个"烂摊子"，依然任重而道远。为了揭露"神药"的谎言，化学局经过了40多年的斗争才让《纯净食品、药品法案》在1906年获得通过，该法案规定药品须达到美国药典（USP）规定的纯度，标签上必须标明成分，自此"神药"的谎言不攻自破。然而该法案并不能让各种"神药"彻底退出历史舞台，直到20世纪60年代，美国药品监管制度逐渐成熟，美国的"神药"历史才得以终结。

二、逐步成形的现代制药

　　人类最早期的化学药物，源自染料合成中的副产物，发现过程充满了偶然性，而普鲁卡因的问世代表着新药发现从"偶然发现"向"有目的改造"发展。普鲁卡因的成功意味着药物的结构可以被优化或简化，于是大量的同类药物被开发出来，治疗选择得到了巨大的丰富和提升。从此，有公司开始建立专门的研发实验室开发新药，与医生合作，在医生的帮助下进行药品创新。20世纪20年代，流水生产线被引入行业，现代化的制药工厂逐步建立起来。

　　一战以前，化工技术最发达的国家是德国，最早尝试化学药品规模化生产的也是德国企业，麻醉药品、止痛药品、肾上腺素、抗癫痫药、维生素相继被开发上市。在鼎盛时期，德国的原料药产量占全球的80%。然而因为两次世界大战的"洗礼"，德国制药工业的优势地位逐渐被美国取代。

　　20世纪初期，药品上市前无需进行安全性和有效性评估，药品的安全性依然是一颗深埋的定时炸弹。在此期间，海洛因被不法商人当作止咳镇痛的OTC销售，让大量患者染上毒瘾；有毒的二甘醇被用作磺胺药物的助溶剂，导致了107名患者丧命。巨大的教训之后，制药领域又迎来了巨大的变革——1938年6月，美国通过了《食品、药品和化妆品法案》，该法案要求药品上市前必须经过美国FDA的安全性和有效性评估，获批准后方可上市。自此，研发成为必不可少的一环，小作坊做药的时代正式终结。据文献报道，美国前200强制药公司的研发队伍从20年代的几千名上升至40年代的6万名。

　　1928年，英国医生弗莱明发现了青霉素，为制药业的初期繁荣奠定了基础。青霉素在40年代初期实现了量产，虽然刚开始只限军用，但是多个制药巨头依然在战争中赚到了大量财富。二战以后，抗生素被允许民用，药品经济因抗生素的发展出现早期的繁荣。由于青霉素没有专利，各国在二战后的几年里相继实现了量产，市场的蛋糕被迅速瓜分殆尽。为了守住既得利益，美国制药巨头们只能花重金开发青霉素的替代品——以青霉素的发现过程为鉴，派遣科学家到全球各地采集土壤样本，然后分离细菌菌株培养研究，以获取新的抗生素。这种方法非常奏效，相继发现了氨基糖苷类（链霉素，1943年）、氯霉素（1947年）、四环素类（金霉素，1948年）、大环内酯类（红霉素，1952年）、万古霉素（1952年）和头孢菌素类（头孢菌素C，1953年）抗生素。

　　抗生素的大量出现，行业历史上出现了第一个飞速发展的小黄金时代。在抗生素快速发展的同时，人类在四五十年代还合成了糖皮质激素、苯二氮䓬类镇静催眠药、氢氯噻嗪、氯丙嗪、氮芥衍生物、组胺受体1（H_1受体）阻断剂等具有划时代意义的药物，据美国FDA数据，美国在1940~1960年间，一共批准了413种新分子实体上市，极大地满足了疾病治疗需求。

　　20世纪50年代的美国，药品监管体系还不够成熟，虽然《食品、药品和化妆品法案》要求药品上市前注册审批，但对临床试验并没有规范性要求，且大部分药物的审批仅基于安全性的证据，这导致了大量鱼龙混杂的"新药"涌向市场。为了最大化利润，"创新药公司"也不断地广告"轰炸"。质量低劣、广告泛滥、腐败盛行，药品不良反应频发，美国 50 年代的制药行业，依然可以用"混乱不堪"来形容。为了规范这种混乱不堪的环境，美国又通过了《处方药修正案》和《Kefauver- Harris 修正案》。

两部法案的出台，让药品研发、生产和销售环境得到了极大的规范，为认真做药的人和企业营造了前所未有的环境，但也带来了诸多问题。一方面，高度规范化的药品审批环境大幅提升了研发成本和研发失败率，另一方面，因为此前的种种经历，美国 FDA 行事异常谨慎，审评时限大幅延长，专利保护期间接地被大幅缩短。两大原因导致了创新药的投资回报率大幅下降。

随着市场的快速增长和监管体系的逐步成熟，这种"以创新驱动""以疾病治疗为导向""被特殊化监管"的细分产业逐渐从化工业中被区分出来，发展成为一个独立的工业门类。20 世纪 60 年代以后，经历了"反应停"之痛的欧洲国家也开始陆续地建立药品监管机构，构建现代化的药品监管体系。自此，有别于化工行业的制药业在全球范围内发展成型，成为受全球性认可的独立门类。

三、创新药发展的黄金时代

20 世纪 60 年代，美国、欧洲和日本的监管机制逐渐成熟，市场的规范性空前提升，这大幅提升了药物的研发难度，加之"收集土壤寻找抗生素"的新药开发思路步入了瓶颈，创新药发展进入了低谷。而正值此时，多元化的热潮席卷各行各业，制药和化工巨头降低了研发投入，将资源转移到多元化中。在诸多因素的影响下，1962~1973 年，美国 FDA 平均每年批准的新分子实体数下降至 12.8 个，远不及 40 年代的 19.2 个和 50 年代的 20.1 个（图 3-1）。

20 世纪 60~70 年代是资本主义经济发展的黄金时期，各行各业的需求飞速增长，加之受第三次工业革命的影响，新生的行业大量出现，故多元化这种以产业为基础的战略决策模式，的确能让企业的高管们信服。从相关多元化到不相关多元化，销售和兼并几乎贯穿了始终。然而事与愿违的是，多元化虽然让巨头们的销售额大幅增长，但盈利非常困难。在意识到无利可图后，战略重心又陆续回到了制药，进入 80 年代以后，大部分制药巨头剥离了不相关多元化业务，仅留下与制药业务高度相关的消费者保健、诊断、医疗器械、动物保健等业务。

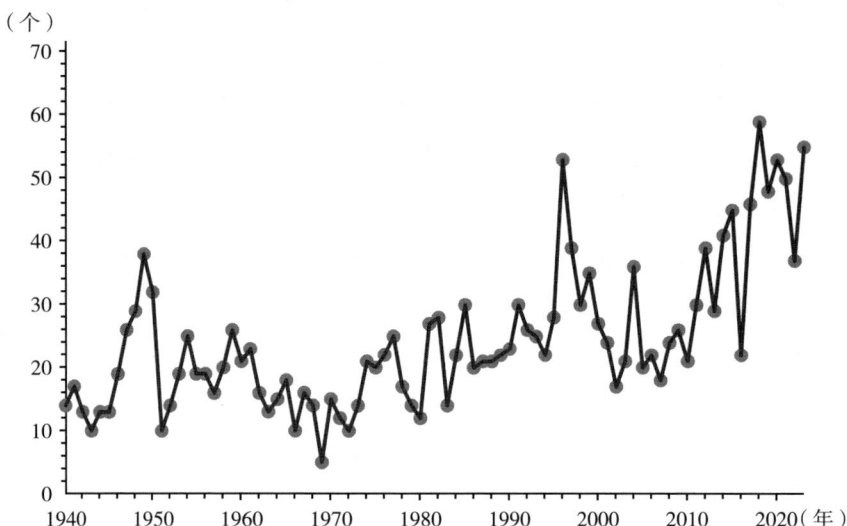

图 3-1　美国 FDA 历年批准的新分子实体及新生物制品数量

1972 年，史克科学家建立了现代化的模型方法并筛选出首个 H_2 受体阻断剂西咪替丁，使得药物的研发效率大幅提高；同一时期，美国科学家将外源基因整合到质粒上，并成功在大肠埃希菌中表达，开启了基因工程的序幕。1975 年，英国和阿根廷科学家使用杂交瘤技术首次得到了单克隆抗体。这些"诺奖级"的突破，为创新药的发现增添了多条路径，使得"瓶颈"被打破，创新药行业再次迎来了飞速发展的黄金时代。

除了制药巨头的战略性回归，在石油危机的影响下，有的化工巨头选择了向制药转型。化工巨头的加入，为行业带来了大量资金，进一步加速了发展。1975~1985 年，美国 FDA 年均批准的新分子实体数量上升至 21.0 个。20世纪 80 年代，地平类、普利类、磺脲类、他汀类药物相继被研发出来，心血管系统疾病和糖尿病得到了良好的控制，药品的销售记录不断被刷新。与此同时，生物技术的飞越式发展，各种细胞因子和生理激素以基因重组的方式被生产出来，让曾经的天价药可以造福更多患者。90 年代，沙坦类、拉唑类、抗病毒药物、抗精神病药物飞速发展，单抗技术也获得了巨大突破，不但解决了产能问题，还成功克服了免疫原性问题。这些产品的上市，一次又一次地引爆药品市场。90 年代以后，在肿瘤靶向治疗的理念下，酪氨酸激酶抑制剂被推向了市场。

随着技术的快速发展，人类发现新药的路径不断增多，2000 年以后，免疫疗法、细胞疗法、基因疗法、溶瘤病毒、靶向放射疗法相继问世，每年获批上市的新药数量大幅增长，市场也快速扩大。据 IQVIA 报告，全球 2023 年的药品市场已达 1.5 万亿美元。

第二节　创新药行业的发展规律

虽然现代制药业是从化工业分化而来，但经过了百年的发展，两者间产生了明显的界线。制药行业的鲜明特点是"以满足治疗需求为导向""技术驱动进步""高投入、高收益、高风险""受特殊监管和市场化程度低"。因为这些差异，跨行业运营变得越来越艰难，20 世纪 80 年代之后，化工企业要么逐渐放弃了制药业务（如杜邦、阿克苏 – 诺贝尔、巴斯夫、帝国化工），要么彻底转型为纯粹的制药企业（如汽巴 – 嘉基、山德士、赫切特、罗纳 – 普朗克）。

一、技术驱动行业进步

在现代制药业形成初期，人类药物的发现过程充满了随机性，通常是在染料合成过程中意外发现具有活性的成分或是从植物、细菌代谢物中发现具有活性的成分。随着技术的进步，科学家能够在这些活性分子的基础上进行结构修饰，进一步筛选出活性更高、副反应更低、药代动力学特征更优越的产品。然而随机的药物筛选，效率非常低下，所以 20 世纪 70 年代以前，美国 FDA 每年批准的新分子实体数量较少。

20 世纪 70 年代，三大"诺奖级"技术的出现，让新药发现产生了质的飞跃。现代化药物筛选技术的出现，人们开始根据各靶点的特征有目的地去设计药物分子；基因工程技术和单克隆技术的问世，让分子量巨大的蛋白质拥有了成为药品的可能。80 年代，人类基因组计划的实施，人们开始逐渐认识到癌症和遗传疾病的病根在基因，这为创新药的发展起到极大的推动作用。21 世纪以来，各种新技术、新靶点、新治疗理念大量出现，人类甚至能够通过基因治疗技术实现"逆天改命"，而行业则在一次次"技术革命"的推动之下快速前行。

当今人类的第一大"杀手"是癌症，而人类对抗癌症的过程，就是"技术推动行业进步"的直观表现。人类对癌症的科学认识，可以追溯到 20 世纪 50 年代初。1951 年，美国科学家从宫颈癌患者中分离到一种可以不断增殖的细胞（即海拉细胞），后来逐渐意识到这种细胞是导致人死亡的罪魁祸首。1955 年，美国国家癌症研究所（NCI）成立了国家癌症化疗服务中心（CCNSC），开始进行全国性的化疗药物筛选。筛选方法包括评估已知结构的化合物与四处提取、分析和筛选天然药物。在成千上万名科学家的参与下，长达 20 年的过程中，筛选了 3 万多个药物，最终获批上市的化疗药不过 10 余个，效率极其低下。随着人类基因组计划的实施，人们开始有目的的干预癌症基因的表达，基因靶向药物、细胞疗法犹如雨后春笋般涌现，美国独立卫生研究院（NIH）2023 年公开数据显示，1991 年以来，美国的癌症死亡率下降了 33%。

虽然人类在对抗癌症上已经取得了巨大的进展，但尚不能完全地攻破，因为在对抗癌症的新疗法开发上，人类遇到了技术瓶颈。一方面是人们可干预的靶点非常有限，另一方面是大量的靶点都不具备成药性。据文献报道，目前人类药物（小分子或蛋白质）干预的靶点主要是蛋白质，而人类仅有 1.5% 的基因组可编码蛋白质，且在人体两万多种蛋白质中，仅有 10%~15% 与疾病相关。然而不仅如此，大部分相关蛋白还不具备成药性，所以人类通过干预蛋白质这种间接的方式，可干预基因在庞大的基因组中仅仅是沧海一粟。截至 2018 年上市的全部药物，可干预的基因总数不足 700 个，仅占人类基因组的 0.05%。如果人类绕开蛋白质，直接干预基因的复制与表达，可开发的靶点数量有望扩大几个数量级。然而限制人类直接干预基因的障碍是核酸递送，一旦这种技术获得实质性突破，瓶颈将被打破。

近年来，人工智能（AI）技术兴起并加速迭代，AI 对人类社会发展的意义将毫不逊色于蒸汽机，它必将引发新的技术革命。AI 在辅助药物设计、辅助药物筛选、辅助临床试验设计的大面积应用，势必大幅提升创新药的开发效率，开发成本和开发时间大幅降低，不仅如此，在现代化药物筛选技术和AI 的加持下，在传统模型筛选中被淘汰的成千上万个分子有望被二次定位，随之而来的是每年获批的创新药数量将进一步大幅提升。

科技型公司的大量出现，从不同角度和方向共同推进了技术进步。除了药物治疗，人造器官、脑机互联也有望成为现实，人类对抗疾病的手段将不断被拓宽。不难想象的是，随着科学技术的加速发展，人类预期寿命不断迈上新台阶并非天方夜谭。

虽然技术进步会推动行业发展，为企业带来巨大的机遇，但也会抬高行业的进入壁垒或移动壁垒，让业内的企业变得越来越聚焦。另外，技术的快速迭代，会让产品的生命周期缩短，这要求企业在产品布局时，必须具有前瞻性，以免出现未上市就被淘汰或刚上市就被淘汰的悲剧。

二、以疾病治疗为导向

市场发展本质上是一个由买方决定、卖方推动的动态过程。只要人类对"长寿"与"健康"的追求不停止，治疗需求就不会得到完全的满足，创新药市场就会持续发展，也就是说，行业不会在短期内表现出明显的生命周期特征——但不排除因为技术发展和医疗费用控制等原因而产生周期性波动。另外，在创新药的发展过程中，不断满足需求的同时，又会不断创造新需求，所以需求是此起彼伏的，细分市场会呈现出明显的生命周期特征。

在 100 多年以前，人类的平均寿命只有 30~40 岁，感染是致死的最主要原因。所以在漫长的制药历史中，感染是最大的治疗需求。为了攻克疟疾，人们发现了奎宁，奎宁在很长一段时期内成为畅销药。为了解决细菌感染，人们开发了创口敷料、磺胺、青霉素等一系列抗生素。抗生素的出现，让人类的抗感染治疗需求得到基本的满足，平均寿命延长到 50 岁以上。

50 岁以后，随着身体机能的逐渐衰退，高血压、高血脂、心力衰竭、糖尿病逐渐取代感染，成为人类的最主要死因，这意味着需求发生了巨大的变化，创新药的研发趋势也因此而向心血管疾病和糖尿病转移。20 世纪 60 年代以后，肾上腺素 β 受体阻断剂陆续问世，80 年代以后又相继出现了钙离子拮抗剂、血管紧张素转化酶抑制剂、血管紧张素受体抑制剂和羟甲基戊二酰辅酶 A 还原酶抑制剂，这些新药的出现大幅降低了心血管疾病的死亡率。糖尿病方面，因为重组胰岛素和磺脲类等口服降糖药的出现，这种"口渴症"不再是绝症。因为心血管疾病和糖尿病都得到了有效的控制，人类的预期寿命再次被提高至 60~70 岁。

随着寿命的延长，新的疾病谱又会出现，随之而来的是全新的治疗需求。20 世纪 90 年代以后，人们开始考虑如何有效地治疗癌症。为此，上千项癌症疗法获得了美国 FDA 批准，癌症的死亡率大幅下降，患者的生存期得以大幅延长，部分类型的癌症（如慢性髓细胞白血病）甚至成为慢性疾病。随着寿命的再一次延长，新的疾病谱又再次出现，以阿尔茨海默病（AD）为代表的神经退行性疾病将是人类亟待攻克的首要问题。据 NIH 数据，在 2000~2019 年间，美国 AD 死亡率增加了 145%，是死亡率不降反增的主要疾病。不过庆幸的是，新药开发失败率极高的 AD 和非酒精性脂肪性肝炎（NASH），近年来已经取得了明显的突破，如果两大疾病得以控制，人类平均预期寿命将站上 80 岁台阶。

综上，创新药的发展以治疗需求为导向，而需求随着人类疾病谱的变化而改变。一方面，当技术或治疗靶点取得突破，新的疗法必然会带到市场，疾病的治疗需求就会得到基本的满足。而治疗需求得到基本满足后，治疗水准就会大幅提高，创新药的开发难度也随之大幅增加而市场回报却大幅下降，企业为了保障投资回报水平，就会选择新的赛道——挑战新的技术、新的靶点和新的适应证。另一方面，随着技术和靶点的突破，疾病就会得到有效的控制，人类的平均寿命就会得到延长，而寿命的延长又会衍生出全新的疾病谱，新的疾病谱意味着新的需求，新的需求意味着下一个市场。所以，在创新药行业的宏观视角很难看到周期性，但在细分市场却有显著的周期性特征。

细分市场随技术或靶点的突破而兴起，随上市产品的生命周期结束而衰落，整个时间跨度约 30~40 年。为此，在制定企业战略、打造产品线时，应重视科技进步所带来的契机，预见性地顺应人类疾病谱的变化，积极布局朝阳产业，及时脱离夕阳产业。

三、高投入、高风险、高回报性

1938~2023 年，美国 FDA 一共批准了 2051 个新分子实体或新生物制品，常见疾病的治疗需求不断被满足，治疗标准也因此不断地提高，人们对创新药的疗效和安全性要求越来越高，这大幅增加了创新药的研发难度。不仅如此，随着药物研发的不断深入，新靶点和新技术的复杂性越来越高，这也会导致创新药的开发难度逐渐上升。研发难度增加和标准提升都会导致创新药的研发成本升高，风险加大。PhRMA（美国药品研究和制造商协会）数据显示，其会员企业在 20 世纪 70 年代的平均研发投入强度为 9.3%，成功研发一个新药的平均成本只有 1.79 亿美元；而 20 世纪 90 年代的研发投入强度增加至 14.4%，成功研发一个新药的平均成本高达 10 亿美元。2005 年前后，美国 FDA 收紧了对 "me too" 类药物的审批，这进一步提升了创新药的研发成本和失败率。受此影响，21 世纪 10 年代的平均研发投入强度进一步飙升至17.0%，成功研发一个新药的平均成本则飙升至 26 亿美元（表 3-1）。

表 3-1 PhRMA 会员企业的总销售额和研发投入变化

年份	1970	1980	1990	2000	2010	2020
总销售额（亿美元）	66.4	223.0	583.3	1610.8	2912.5	4249.6
研发投入（亿美元）	6.2	19.8	84.2	260.3	507.1	911.3
研发投入强度（%）	9.3	13.1	14.4	16.2	17.4	21.4

然而高昂的研发投入并没有让制药企业退缩，反而加大了投入规模，欧洲制药工业协会联盟（EFPIA）的报告显示，美国和欧洲在 2022 年的药品研发投入高达 1200 亿美元，相比 2021 年增加了约 80 亿美元。研发风险方面，大约只有 10% 的项目能够顺利完成临床试验并最终获得监管机构批准，然而在如此高的风险之下，研发项目的总数却在迅速飙升。PhRMA 的报告显示，2001~2024 年第一季度，全球创新药的管线数量从 5995 个增加至 22 825 个，翻了近 4 倍。之所以出现这种现象，原因在于高投入、高风险的背后有丰厚的回报。24 家跨国巨头的财务数据统计显示，2019~2023 年的平均净利润水

平高达 18%，远高于大部分行业。为此，创新药研发被习惯性地称为高投资、高风险和高回报的赌博。

创新药之所以能够高回报，是因为市场独占。一方面，创新药通常有专利保护和数据保护，产品上市后的市场独占期在 14 年左右；另一方面，因为高投入、高技术壁垒，行业的进入壁垒和移动壁垒极高，行业内的企业数量少，竞争压力自然也就比较小。

由于未盈利的公司被允许上市，创新药公司凭借技术平台、科学家背景、产品管线和公司战略，就能够获得风险投资，甚至 IPO 上市，这使得中小型 biotech 公司犹如雨后春笋般出现。相比制药巨头，biotech 公司的运作更加灵活、高效，新药开发成本也更低。在宽松的融资环境下，biotech 公司发展极其迅速，从不同方向推动着行业的进步。21 世纪以来，各种新技术、新靶点、新疗法应接不暇，biotech 公司逐渐成为了创新药研发的主力军。biotech 公司大量出现，不仅是创新药管线数量快速增长的主要原因，也是 2010 年之后，创新药研发成本未继续快速飙涨的主要原因。为了适应新趋势，传统制药巨头在不断加大研发投入的同时，逐渐改变了"in-house"（单纯的内部研发）的研发模式，将投资、收购中小型研发公司或研发项目作为强化管线的主要方式。

除了改变"in-house"的研发模式，开发罕用药也是对抗创新药研发成本上涨的有效方法。1983 年，美国通过了《罕用药法案》，使得罕用药不仅可以大幅减少临床试验入组样本量、走"快速审批通道"，而且还可以获得税收减免、市场独占期延长和高定价等一系列优惠。另外，由于罕见病的治疗选择少、治疗起点低、竞争企业少，药物开发失败的风险也相对较小，罕用药的投资回报率并不低。基于罕用药的诸多优点，研发越来越热门，而且对于拥有多个潜在适应证的药物，企业都会把罕见病作为药物快速推向市场的敲门砖。例如，Keytruda 首个获批的适应证是黑色素瘤——在美国属于罕见病。

从另一个角度讲，不论创新药的研发多么烧钱，制药巨头都不能放弃新药研发。自美国《Hatch-Waxman 修正案》实施以来，专利悬崖如同一直悬在头顶上的达摩克利斯之剑，一旦产品管线青黄不接，销售额和利润就会大幅下降，企业甚至因此而消失在历史的长河。为此，制药巨头不得不提高研发投入强度，以持续更新产品管线。然而研发投入提升，企业的利润水平就可能会下降，为了维持利润稳定，管理者只能想办法压缩运营费用（节流）或提高药品的价格（开源）。为了提升运营效率，企业会不断降低运营难度，将业务变得越来越聚焦，而涨价必须是在市场可接受的条件下。美国统计局数据显示，1990~2023 年，美国药品价格指数上涨了 4.4 倍，但是因为研发投入上升的原因，制药巨头的利润水平未发生大幅上涨。24 家现存上市制药巨头的财务数据统计结果显示，2014~2023 年的平均净利润水平为 17.7%（净利润平均值，如按合计净利润 / 合计销售额计算则为 18.3%），仅相比 1990~2000 年间上升了 3.4 个百分点（如按合计净利润 / 合计销售额计算则上升了 4.1 个百分点）（图 3-2）。

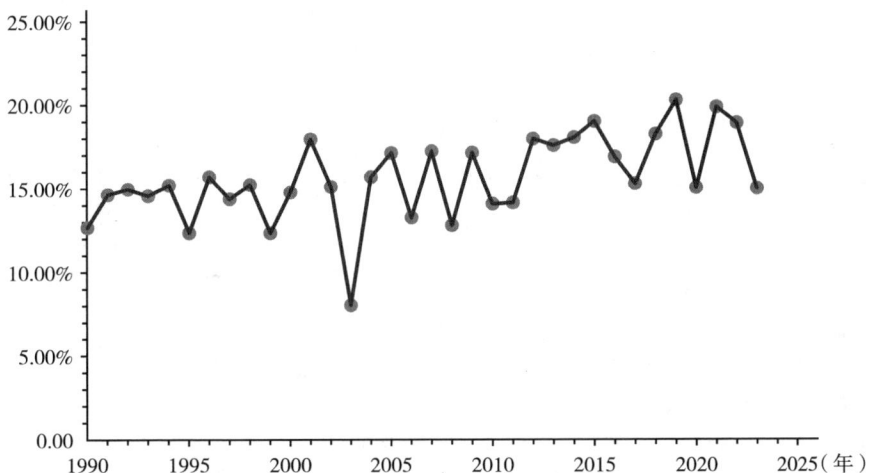

图 3-2　24 家创新型制药巨头的平均净利润水平变化

　　虽然逐渐增加了研发投入，摒弃了"in-house"的研发策略，但并不是所有的企业都能保持一如既往地高效创新，尾大不掉的制药巨头很容易陷入创新乏力的困境。一旦出现创新乏力，销售额和利润就会因专利悬崖而下滑。为此，制药巨头还需要不断地资产重组，以实现业务、技术或产品管线的推陈出新。因为制药巨头的资产重组（表 3-2），制药行业的竞争格局变得持续动荡。而这种动荡，从另一个角度体现出创新药研发的高风险性。在持续的动荡中，有的企业一鸣惊人，如吉利德、赛诺菲、安进、再生元；有的则悄然退出历史舞台，如 Hoechst（赫切特）、American Home Product（AHP）、艾尔建、新基。

表 3-2 制药行业的大规模兼并（100 亿美元以上）

年份	收购者	标的	交易形式	新公司	交易金额（亿美元）
1989	百时美	施贵宝	合并	百时美施贵宝	120
1989	史克贝克曼	必成集团	合并	史克必成	未知
1994	AHP	American Cyanamid	收购	AHP（后来改名惠氏）	100
1995	葛兰素集团	威康	合并	葛兰素威康	142
1995	法玛西亚	普强	合并	法玛西亚普强	150
1996	山德士	汽巴－嘉基	合并	诺华	290
1997	罗氏	Boehringer Manheim	收购	罗氏	110
1998	捷利康	阿斯特拉	合并	阿斯利康	304
1999	辉瑞	华纳兰伯特	收购	辉瑞	1180
1999	孟山都	法玛西亚	合并	法玛西亚	265
1999	罗纳普朗克	赫切特	合并	安万特	215
1999	赛诺菲	Synthelabo	合并	赛诺菲－Synthelabo	131
2000	葛兰素威康	史克必成	合并	葛兰素史克	760
2001	强生	ALZA	收购	强生	110
2002	安进	Immunex	收购	安进	168
2002	辉瑞	法玛西亚普强	收购	辉瑞	643
2004	赛诺菲	安万特	收购	赛诺菲安万特	735
2006	拜耳	德国先灵	收购	拜耳先灵	184
2006	强生	辉瑞保健业务	收购	强生	166
2006	德国默克	雪兰诺	收购	默克雪兰诺	132
2007	阿斯利康	Medimmune	收购	阿斯利康	147
2007	先灵葆雅	Organon	收购	先灵葆雅	145
2009	辉瑞	惠氏	收购	辉瑞	680
2009	默沙东	先灵葆雅	收购	默沙东	471
2009	罗氏	基因泰克	收购	罗氏	440

续表

年份	收购者	标的	交易形式	新公司	交易金额（亿美元）
2010	诺华	爱尔康	收购	诺华	393
2011	赛诺菲安万特	健赞	收购	赛诺菲	201
2011	吉利德	Pharmasset	收购	吉利德	112
2012	强生	Synthes	收购	强生	197
2013	安进	Onyx	收购	安进	104
2014	阿特维斯	森林实验室	收购	阿特维斯	207
2014	诺华	GSK 肿瘤业务	收购	诺华	160
2014	拜耳	默沙东保健业务	收购	拜耳	142
2015	辉瑞	Hospira	收购	辉瑞	170
2015	阿特维斯	艾尔建	收购	艾尔建	705
2015	梯瓦	阿特维斯	收购	梯瓦	405
2015	艾伯维	Pharmacyclics	收购	艾伯维	210
2016	雅培	St. Jude Medical	收购	雅培	250
2015	Valeant	Salix	收购	Valeant	158
2016	夏尔	Baxalta	收购	夏尔	320
2016	勃林格殷格翰	赛诺菲动物保健业务	收购	勃林格殷格翰	124
2017	强生	爱泰隆	收购	强生	300
2017	吉利德	Kite	收购	吉利德	119
2018	武田	夏尔	收购	武田	620
2018	葛兰素史克	诺华保健部门	收购	葛兰素史克	130
2018	赛诺菲	Bioverativ	收购	赛诺菲	116
2018	拜耳	孟山都	收购	拜耳	630
2019	迈兰	普强	合并	晖致	120
2019	百时美施贵宝	新基	收购	百时美施贵宝	730
2019	艾伯维	艾尔建	收购	艾伯维	630
2020	吉利德	Immunomedics	收购	吉利德	210
2020	阿斯利康	Alexion	收购	阿斯利康	390

年份	收购者	标的	交易形式	新公司	交易金额（亿美元）
2020	百时美施贵宝	Myokadia	收购	百时美施贵宝	131
2021	默沙东	Acceleron	收购	默沙东	115
2022	安进	Horizon	收购	安进	278
2022	强生	Abiomed	收购	强生	166
2022	CSL	Vifor	收购	CSL	117
2022	辉瑞	Biohaven	收购	辉瑞	116
2023	辉瑞	Seagen	收购	辉瑞	430
2023	百时美施贵宝	Karuna	收购	百时美施贵宝	140
2023	默沙东	Proetheus	收购	默沙东	108
2023	艾伯维	Immunogen	收购	艾伯维	101
2024	诺和诺德	Catalent	收购	诺和诺德	165
2024	强生	Shockwave	收购	强生	131

四、低市场化性

低市场化性是制药行业有别于其他行业的主要特征之一，这种低市场化性主要体现在3个方面：①消费者不能根据自己的喜好与意愿选择产品和购买数量，而要经过医生开具处方。在整个交易过程中，医生既是销售者又是购买者，很容易受个人利益的影响。②药品的研发、生产、运输、销售、使用和支付过程都受到国家政策监管和干预，药品的价格受到政府的严格控制，而非完全取决于供求关系。③其他影响公平竞争的行为，例如，政府对国有制药企业的补贴或救济，招标和使用过程中的腐败行为等。

药品的市场化程度之所以低于食品、消耗品，主要原因在于政府的医疗费用控制。而导致医疗费用控制的原因又主要来自医疗费用增长失控和经济增速下行两个方面。

老龄化是任何国家都难以逃避的宿命。一方面，医学的发展会不断延长人的寿命，平均寿命越长，老龄人口就越多。另一方面，出生率随人均GDP

的增长而下降是人类社会发展中的普遍规律，随着出生率的快速下降，年轻人口会越来越少。在两大趋势之下，人口结构性老龄化在所难免。

由于人的可工作年龄是有限的，过多的老龄人口会增加社会的负担，影响经济发展。一旦经济增长速度因老龄化而下降，国家财政收入、居民收入的增长速度也会随之放缓。然而人的平均寿命越长，老年人的带病生存期越长，消耗的医疗资源就越多，进而大幅增加总医疗开支。在两方面原因的共同作用下，医疗开支在 GDP 中的比例越来越高，在过去的 50 年里，发达国家医疗支出占 GDP 的比重普遍翻了 2~3 倍。

为了维持总医疗开支和 GDP 增速的相对平衡，政府必定会制定各种控制医疗费用的措施。公立医疗保障体系占主导的国家，因为政府是最直接的花钱人，所以控制费用的诉求和力度较高，如日本、欧洲，而非公立医疗保障体系占主导的国家，政府控制费用的诉求和力度相对较低，如美国。这种差异导致了在不同的市场具有不同的市场化程度。欧洲、日本等公立医疗保障体制为主导的国家，药品的准入、定价、采购、销售、使用和报销都会受到政府的行为影响，产品的生命周期特征、投资回报率与美国市场相比，具有显著的差异。

在费用控制的过程中，如果政府过多干预药品价格，企业利润就会下降，甚至收支失衡。因为欧洲和日本严格的医疗费用控制，创新药研发产业受到了巨大的影响。众所周知，欧洲是现代制药业的发源地，但因为两次世界大战的破坏，欧洲的龙头地位已被美国取代，20 世纪 40~60 年代开发上市的新药中，美国占 60%，而整个欧洲不足 40%。为了挽回优势，欧洲在六七十年代开始重点发展创新药，并逐渐寻回了优势。然而 90 年代以后，欧洲经济增速明显放缓，各国陆续实施了控制医疗费用的措施。EFPIA 数据显示，1990~1998 年间，欧洲医药市场的平均增速仅为 4.0%（调整通胀后的价格），而美国却高达 7.6%。因为投资回报不理想，1995 年以后，美国的创新药研发投资规模超过了欧洲。IQVIA 报告显示，欧洲创新药管线数量占全球的比重从 2006 年的 31% 下降至 2023 年的 23%，不论是研发上市的新药数量（表 3-3）还是研发管线数量，欧洲与美国的差距都在不断拉大。

表 3-3　全球研发上市的新分子实体数量变化（EFPIA）

年份 国家或 地区	1975~ 1979	1980~ 1984	1985~ 1989	1990~ 1994	1995~ 1999	2000~ 2004	2005~ 2009	2010~ 2014	2015~ 2019	2019~ 2023
欧洲	149	126	129	94	89	57	52	73	58	81
美国	66	63	77	84	77	70	66	83	120	148
日本	28	57	70	77	36	25	17	29	36	43
其他	4	2	1	4	5	10	11	30	41	114

日本的境地与欧洲相比，有过而无不及。20 世纪 60 年代，日本为了鼓励创新而进行了审批制度改革，为创新药发展制定了一系列的"保姆政策"，创新药产业得到了飞速发展。虽然上市的产品大多是"me too"，但也有大量的产品出海成功。90 年代以后，日本泡沫经济破裂，政府出台了最严格的医疗费用控制措施，创新药发展由盛转衰。经过 30 年的行业寒冬，日本的创新优势逐渐消逝，研发上市的新分子实体在全球范围内的比重从 1990~1994 年间的 29.7% 下降至 2018~2022 年间的 12.6%，创新药研发管线数量占全球的比重从 2006 年的 11% 下降至 2023 年的 4%。另外，日本医药工业协会（JPMA）数据显示，日本的研发人员规模已经锐减至两万余人，已不足美国的十分之一（表 3-4）。

表 3-4　2020 年世界主要国家或地区制药行业从业人口

国家或地区	美国（PhRMA）	日本（JPMA）*	欧洲（EFPIA）
研发（万人）	31.4	2.3	12.5
合计（万人）	90.3	14.0	83.0
人均产值（万美元）	79.7	62.2	42.6

注：* 数据取自 2019 年，其余均为 2020 年数据。

由于美国是商业医疗保险占主导的国家，政府难以对药品价格实施有效控制，另外，美国有相关的法律规定，CMS（Centers for Medicare & Medicaid Services，美国医疗保险和医疗补助服务中心）不能直接参与药价谈判，高价的创新药几乎都能够获得医保的报销。因为独特的医疗体制，让美国成为创新药发展的天堂，庞大的市场使得全球的优势资源逐渐向美国聚集，形成了其他国家难以比拟的产业环境。

除了政府的干预，决定创新药市场化程度不高的另一大原因是产品的购买权和选择权都掌握在医生的手上。这样，医生既是创新药的购买者又是销售者，非常容易滋生腐败。为此，美国、日本等发达国家不仅制定了严格的法律来杜绝腐败，还实施了医药分离的制度。

第三节　创新药企业的战略制定与选择

一、创新药企业的公司战略

任何行业、任何企业，战略制定和选用的方法学都是一致的（详情请见第二章）。但考虑到制药行业的特殊性，在战略制定或调整中，还应做到具体问题具体分析。由于创新药高投入、高技术壁垒的特性，业内企业的战略决策模式基本是资源基础型的。当然，创新药企业也需要关注外部机会与挑战，这种机会与挑战，主要来自治疗需求变化、技术进步和支付能力3个方面。由于创新药是完全垄断或寡头垄断性市场，相比激烈竞争的仿制药行业、消费者保健行业或消耗品行业，企业的运营难度更低，战略的复杂度也更小，当今制药巨头的战略，主要体现在强化研发管线，改善运营效率，提升市场份额等方面。为了便于理解创新药企业的战略，本文以诺华为案例加以说明。

根据诺华2023年年报，诺华认为影响其业务开展与运营的关键性外部环境因素主要有以下8点。

1. 科学技术的飞速发展将为疾病治疗带来新的途径。技术的快速进步必然为新型疗法带来机会，企业有必要对这些技术投资，例如，下一代的放射性配体疗法、基因疗法和细胞疗法。然而这些技术投资，将会带来行业研发投入强度的进一步上升，EvaluatePharma（知名医药行业数据分析机构）的数据显示，2028年以前，制药公司的研发投入预计将以每年2.6%的速度增长。

2. 越来越多的国家需要高质量的医疗。全球各大市场对癌症、心血管疾病和免疫相关疾病药物的需求都在持续增长，美国和欧盟市场仍在扩大，中国市场在快速发展，日本市场预计将保持稳定，为了满足市场需求和保持销售额持续增长，诺华有必要在这些领域投资开发创新疗法。

3. 各国医疗系统不堪重负。很多国家的医疗系统都面临巨大压力，不是不堪重负就是医疗资源供应严重不足，美国和欧洲都出现了医务人员短缺的情况。除了新冠疫情的因素，还包括老龄化和生活方式改变导致癌症、糖尿病和心脏病等非传染性疾病的患病率显著增加等长期因素。

4. 各国医疗政策的不断变化。美国、欧盟和我国的新法规或政策可能带来药品支付方式的改变。美国的《通胀削减法案》将把 Medicare（美国的一种公立医疗保险）药物的价格上涨限制在通货膨胀范围内，而且从 2026 年起，将对 Medicare 保险计划中的选定药物实施价格控制，欧盟正在修订药品的立法框架，试图平衡药品的可及性和可负担性，而我国则正在实施以价换量的价格控制措施。

5. 患者希望对药物拥有更多的话语权。越来越多的患者希望在新药研发的过程中听到他们的声音，以便治疗时能获得最想要的预期结果，希望对影响他们获取药物的相关政策具有更多的发言权。为此，制药公司需要建立一种方式，让患者参与到药品的开发和商业化过程中。

6. 全球各地医疗资源的不平衡性难以改变。全球有数十亿人在为获得药品和医疗服务而挣扎，尤其是在中低收入国家，他们同时面临着传染病和非传染性疾病的双重负担，以及脆弱的医疗保健系统和匮乏的医疗资源。这种不平衡性在高收入国家也存在，这与医疗系统结构、人口学特征、社会和经济状况有关。

7. 人工智能（AI）将重塑制药行业。AI 不仅能够帮助人类发现新的治疗方案，还能提升开发效率。据摩根士丹利预测，未来 10 年里，AI 将为医疗领域带来 500 亿美元的市场，而公司能在多大程度上利用这一潜力，将取决于收集和分析数据的能力。

8. 气候变化将扩大医疗资源的不平衡性。气候变化和自然灾害持续对人类健康产生不利影响，中低收入国家受影响程度尤为严重。据世界卫生组织（WHO）预测，2030~2050 年间，每年将约有 25 万人死于气候变化所致的营养不良、疟疾、腹泻和热应激（中暑），此外，呼吸系统疾病也将因空气污染而急剧飙升。为此，卫生系统的一大目标是建立抵御气候威胁的能力。

基于外部环境的变化趋势、诺华强大的药品研发与商业化能力，以及使命与愿景，诺华制定的战略为"通过领先的研发技术和全新的药物准入措施，提供高价值的药物，以减轻社会最大的疾病负担"。诺华采用了聚焦战略作为业务战略，战略举措包括：①产品组合聚焦于市场增长潜力大、患者需求未满足度高的心血管、肾病与代谢、免疫、神经系统和抗肿瘤五大领域。通过聚焦，让公司在这些领域建立深度，以找到治疗与治愈疾病的新途径，早期干预慢性疾病的方法或提高患者生活质量的手段。②技术聚焦于化学药疗法、生物药疗法、RNA治疗、放射性配体治疗、基因与细胞治疗。诺华拥有化学药和生物治疗两大成熟的技术平台，RNA治疗（xRNA）、放射性配体治疗（RLT）和基因与细胞治疗三大新建技术平台，这些平台能够为诺华提供有深度、有规模的药物发现、开发及商业化。③市场聚焦于美国、欧盟、中国和日本。美国、欧盟、中国和日本将是全球创新药市场的主要增长点，将优先开发，美国市场的目标是市场份额保持前五，德国市场目标是保持龙头地位，而在中国和日本的目标是份额达到第三。在其他地区，目标是保持在全球范围内的强大影响力。

为了保持领先的优势，诺华将在现有核心竞争力的基础上构建三大战略性优势：①持续提供高质量的药物。基于增长强劲的产品（Entresto、Kiskali、Kesimpta、Cosentyx、Scemblix、Pluvicto和Leqvio）和即将推出的关键药物，力争在2023~2028年间的销售额实现5%的复合增长率（CACR）增长。②嵌入卓越的运营。为了应对日益激烈的竞争环境，通过简化流程、优化成本、提高决策效率与效能，以腾出资源用于新药投资，以实现2027年的核心利润（相比2023年）提升40%以上。③强化基础设施。强化企业文化以吸引和留住高质量人才，强化AI在药物研发方面的应用能力，强化利益相关者和社会的信任度。

-------- **Alnylam 的战略** --------

2021年初，著名RNA载药技术公司Alnylam制定了P5×25战略，目的是在2025年发展为世界顶级的biotech公司。P5分别为：①患者（patient）——全球有超50万人使用其RNAi疗法；②产品（product）——拥有6种及以上治疗罕见病和流行病的上市产品；③研发

管线（pipeline）——临床试验阶段的项目超 20 个，10 个以上进入晚期
开发阶段，且每年至少有 4 个项目申请 IND；④绩效（performance）——
2021~2025 年间的营收复合增长率 ≥ 40%；⑤盈利（profitability）——
2021~2025 年间的非通用会计准则利润达到稳定。为了实现这一战略目
标，除了成功营销、销售和扩大已批准产品的适应证外，Alnylam 还需做
到：①持续地产品开发，不断利用 RNAi 新技术将 siRNA 输送到相关组
织和细胞，包括肝脏、中枢神经系统、眼睛、肺部、脂肪和肌肉；②建
立和维护强大的知识产权组合；③获得监管机构对候选开发产品的认可，
将候选产品、已批准产品或其他商业化产品成功地营销；④吸引和留住
产品的客户；⑤建立并保持成功的合作关系；⑥严格控制临床试验、注
册审批和商业化过程中的费用增长。

（一）国际化战略

随着经济的全球化，国际化越来越受到重视。创新药企业国际化的动因
主要有两种：一方面，国际化是提升产品收益的最有效方式，所以创新药企
业国际化的动因主要是寻求市场；另一方面，由于全球创新药研发资源的不
平衡性，很多企业国际化的目的也包括获取知识、技能或战略性资产。由于
创新药毛利水平较高，以寻求廉价自然资源与人力资源为目的或以优化价值
链为目的而国际化的现象并不常见。

由于全世界人民都有相似的疾病谱和治疗需求，企业开拓的市场越多，
产品的投资回报就越丰厚。虽然在药物获得权威机构批准以后，国际化的过
程主要是到各个市场验证药物在不同人种上的疗效差异、注册准入和建设销
售渠道的过程，但任何公司的商业化能力都是有限的，而且不同的产品、不
同的市场，企业商业化能力建设的投资回报率并不相同，这要求国际化战略
因产品特点和公司的商业化能力而异。一般情况下，中小型 biotech 公司的商
业化能力较弱，专利授权、技术转让、合作开发、委托销售、成立合资公司
是最常见的做法。制药巨头因商业化能力较强，一般会在全球主要市场建立
市场准入和营销能力，而中小型市场或政局不稳定的市场，因为投资回报率
的关系，也会选择专利授权、技术转让、合作开发、委托销售、成立合资公

司等方式。

由于创新药是稀缺性资源，进入新市场所需克服的壁垒远低于 OTC 和消费者保健品，所以国际化战略制定时所需考虑的因素也相对较少。企业在制定国际化战略时，应根据各市场的市场规模，准入要求、人种差异、政局稳定性、支付能力（人均可支配收入、总医疗支出、总医疗支出在 GDP 中的比例、国家医疗支出在总医疗支出中的比例、国家医疗支出在总财政支出中的比例）、发展潜力（经济增长速度、人口增长速度、市场不满足度等）和企业的商业化能力选择聚焦区域或建立优先级顺序。美国、欧盟和日本约占据了全球 80% 的创新药市场，是创新药国际化的首选。澳大利亚、加拿大等发达国家、中东等高收入国家创新药的消费能力较强，也是不可忽视的市场。值得一提的是，虽然我国的支付能力依然存在不足，而且政府严格地控制药品价格，但我国人口基数较大，是有望长期保持增长的市场，跨国巨头越来越重视。

为了便于产品国际化，企业在产品开发时就要融入国际化的元素，例如，申请 PCT（专利合作条约）专利，国际多中心的临床试验开发，符合 ICH 标准等。

（二）多元化战略

不相关多元化和混合多元化在 20 世纪 50~70 年代较为流行，80 年代以后，大部分制药巨头放弃了这种战略。由于管理学界认为，相关多元化可通过共享核心能力或职能活动（如生产动物药可共享技术、共享原材料供应，生产医疗设备、诊断试剂可共享客户资源）增加企业的绩效，至今仍有制药巨头保留着相关多元化的业务。然而随着行业的不断发展，不同细分市场、不同领域的专业知识与技术壁垒越来越高，相关多元化也逐渐被抛弃。截至 2023 年，销售额 top 15 的制药巨头中，仍保留相关多元化业务的企业仅有强生（药品、医疗器械）、罗氏（药品、诊断）、默沙东（药品、动物保健）和赛诺菲（药品、消费者保健），而且赛诺菲已将剥离消费者保健业务纳入发展战略。

制药巨头放弃相关多元化的原因，主要有 3 个方面：①制药巨头普遍由销售驱动转型为研发技术驱动，而且创新药主要面向医生销售（需处方），能够共享价值活动的领域并不多，相关多元化带来的"规模经济效应"和"范围经济效应"非常有限。②创新药的市场足够大，利润足够高，行业的生命周期并未发展至成熟期或衰退期，相关多元化会分散企业的资源与能力，影响主业发展。③相比市场独占的创新药，消费者保健、动物保健等业务面临着激烈的市场竞争，销售资源依赖高且利润水平低下，除非巨头创新乏力，否则没有必要再保留多元化的业务。近年来，制药巨头普遍已摒弃 in-house 的研发模式，即便出现创新乏力，也能通过合作、收购、兼并等方式度过危机，辉瑞、葛兰素史克就是典型的例子。相比 OTC 与保健品，诊断试剂、医疗器械主要的销售渠道也是医院，不仅与处方药可以共享渠道，与某些产品还可以形成互补效应，这或许是强生、罗氏依然坚守这些业务的根本原因。

拜耳是销售额 top 20 创新药巨头中，唯一仍保留不相关多元化业务的公司。虽然在过去 30 年里，拜耳相继放弃了化工、诊断等多项业务，但彻底放弃多元化的决心不足，目前仍保留着处方药、消费者保健（OTC）和作物科学三大业务。因为同时运营三大业务，公司盈利低下，而且面临着严峻的债务危机。

相比单一业务的企业，多元化企业在战略制定或调整时要兼顾各个业务，管理上强调权力下放，企业文化上强调包容。多元化最大的弊端是跨行业或跨业务运营所带来的决策困难或决策效率下降。为了克服这一弊端，多元化企业常采用扁平化的管理矩阵，通常是集团下辖多个事业部（BU）或子公司的模式。

（三）一体化战略

1. 纵向一体化

纵向一体化分为向前一体化和向后一体化。由于创新药是市场独占性资源（具有专利保护），不会像仿制药那样，出现被原料供应商"卡脖子"的现象，企业可以视情况选择自主生产原料或找原料供应商合作。另外，由于创新药的毛利较高，而且向后一体化的过程还需要克服一定的移动壁垒或进入壁垒，所以意义非常有限。

向前一体化主要是控制渠道商和分销商，如批发商、药店等。一般情况下，创新药的流通路径是从制药企业到批发商或配送商，然后再到医院或药店，根据美国仿制药和生物类似药协会（AAM）的报告，批发商、配送商和药店分走的利润，在创新药的价值链总值中仅占很小一部分（4%），而且创新药的销量主要取决于产品自身和公司营销和销售队伍的宣传、推广和铺货能力，所以创新药公司向前一体化的案例并不常见。1993 年，默沙东收购了下游分销商 Medco，试图通过上下游一体化建立竞争优势，但因为盈利低下，而且战略价值有限，最终在 2003 年剥离。

2. 横向一体化

横向一体化是企业通过收购、兼并、接管或合作等方式将同领域的企业整合到一起，以达到扩大规模、降低成本、巩固市场地位、提高竞争优势等的目的。由于创新药研发资源的多极化和制药巨头低下的研发效率，横向一体化逐渐成为制药巨头实现业务增长、强化产品组合、产品管线推陈出新的常见方法。

通过全球相关案例的梳理与分析，创新药企业实施横向一体化的动因主要有 6 种：①获得新产品，以扩大销售与利润规模或维持专利悬崖危机下的营收平衡，例如，辉瑞收购法玛西亚、华纳 – 兰伯特、惠氏等；②强强联合，扩大规模，提升财务投资能力、抗风险能力、研发能力及渠道能力，通过剥离重复资源实现降低成本，获取更高的规模经济效应，例如，阿斯特拉与捷利康合并，百时美和施贵宝合并；③强化产品管线，提升在细分市场的份额，建立领先的优势，例如，百时美施贵宝收购新基大幅强化了抗肿瘤产品管线；④扩充研发管线或实现研发赛道的多样化，建立或强化技术平台，以帮助研发在细分领域建立领先的地位，例如，新基收购 Juno，在强化抗肿瘤研发管线的同时获得 CAR-T 技术；⑤完成产品管线的推陈出新或业务转型，例如，默沙东收购先灵葆雅获得了生物制剂管线，从而实现了业务转型；⑥快速扩充产能，例如，诺和诺德为快速扩充司美格鲁肽的产能而收购了 CDMO 巨头 Catalent。

在《Hatch-Waxman 修正案》实施之后，专利悬崖犹如头顶之剑，一旦巨头创新乏力，必将出现周期性危机。而随着规模的不断扩大，尾大不掉的跨国巨头很容易陷入创新乏力的境地。为了避免这种危机，制药巨头之间的合并、兼并日益频繁（表 3-2）。除了大规模的合并与兼并，投资合作、技术授权、收购研发项目、兼并初创公司也是非常普遍的形式。近年来，各种类型的 biotech 遍地开花，制药巨头完全可以把其他公司研发的产品"视作"自己管线的一部分——以合适的价格收购或整合即可。

当今世界的科学技术日新月异、遍地开花，各种新技术、新靶点犹如雨后春笋般出现，任何巨头都没有足够的人力和财力做到全面布局，此外，复杂的决策流程、固化的思维，很容易导致创新效率低下，进而导致研发投资回报不佳。为了适应新环境，跨国巨头逐渐改变了"in-house"的研发模式，将收购项目、兼并公司、投资合作、技术授权作为新药项目的主要来源，而自身的研发团队重心定位于项目开发，通过高度专业的技能，将"舶来品"高效地推向市场。

默沙东在新世纪的大转型

20 世纪 80 年代，默沙东在 P. Roy Vagelos（瓦格洛斯）的带领下，以高效的研发而著称，独霸全球制药巨头榜首长达十五年。然而瓦格洛斯时代的辉煌，让默沙东研发产生了严重的路径依赖，呈现出盛极必衰的现象。瓦格洛斯在 1994 年卸任，虽然此后的几年里，默沙东凭借瓦格洛斯时代积累的优势，依然能够保持领先，但问题也很快就暴露。

瓦格洛斯卸任后，默沙东从美国碧迪公司挖来了 Raymond V. Gilmartin 担任董事长兼 CEO。虽然 Gilmartin 管理经验丰富，但并没有真正操盘过创新药企业。由于在 Gilmartin 上任之前的半年里，默沙东以增强企业的新竞争力为名，以 66 亿美元收购了健康管理公司 Medco，于是 Medco 就成为新帅规划发展战略的重要一环。该战略可总结为：①探索发现新产品、开发新适应证；②销售模式、市场推广与教育技术创新；③与大型健康管理机构战略性合作；④打造 Medco 在同赛道的龙头地位。

Gilmartin 上任之后，虽然默沙东的研发不再像 80 年代那么高产，但瓦格洛斯为他留下了丰富的研发管线。在 1995~1999 年间，默沙东一共推出了 15 款创新药，而且研发管线中仍储备着多个具有"重磅炸弹"潜力的产品。凭借这些产品，外加健康管理公司在销售端的加持，默沙东仍有望坐稳全球第一大制药企业的宝座。然而医疗设备供应商出身的 Gilmartin 所不知道的是，创新药研发难度正在全面上升，研发成本正在逐年高涨，为了突破创新药研发的瓶颈，很多制药巨头都采取了强强合并的措施。跨世纪的几年间，制药行业频频发生大规模的资产重组，默沙东这"世界第一大药企"的地位受到巨大的挑战。企业的外部环境在快速改变，Gilmartin 却选择了稳定型战略，他对"联姻"丝毫不感兴趣，一直推行"go-it-alone"的战略模式。

因为其他药企的强强合并，制药界的格局很快就发生了天翻地覆的改变，2000 年，辉瑞和葛兰素史克的药品销售额超过了默沙东，默沙东由此失去了蝉联 15 年的宝座。与此同时，默沙东旗下分销商 Merck-Medco 的销售额高速增长，建成了当时全球最大的互联网药店 merckmedco.com，并与 CVS 公司达成了战略性合作，在药品销售和健康管理方面获得领先的优势。虽然研发的问题正在逐渐暴露，但他对研发管线的态度仍极其乐观，认为没有合并的必要。

2000 年以后，研发管线里的"重磅"产品先后夭折，Merck-Medco 销售额虽然在快速增长，但并没有奉献真正的利润，辉煌的默沙东迎来了黄昏。尽管如此，Gilmartin 仍没有调整原来的发展战略，只是增加了一条：控制成本，提升效率，精减人员规模。2003 年，默沙东不得已卖掉了无利可图的 Merck-Medco。2004 年，万络（罗非昔布）事件曝光，默沙东面临着上百亿美元的索赔官司……内忧同时夹杂着外患，战略转型已迫在眉睫。

21 世纪是生物学的世纪，当时的生物制品已爆发出巨大的潜力，但默沙东仍是一个极其传统的大型药企，产品组合和研发管线中除了疫苗，几乎没有生物制品。另外，几乎所有的制药巨头都在争先恐后地布局癌症治疗，但"老司机"默沙东仍然紧盯着心血管、糖尿病和抗感染类药物，不论是产品组合还是研发管线里都没有抗肿瘤产品。从研发方式上讲，biotech 已经成为创新药研发的主力军，收购 biotech 或项目已成为制药巨头更为廉价、高效的管线建设方式，但很长一段时间里，默沙东还在坚守"in-house"的研发模式，效率低下而创新乏力。

2005 年，Gilmartin 辞职，原 Medco 的董事长 Richard T. Clark 经生产业务总裁岗位短暂过渡后接管了默沙东的帅印。Clark 意识到转型的重要性，上台后主张加强对外合作并布局抗肿瘤药，处理完万络事件遗留下来的烂摊子之后，默沙东逐渐改变了研发策略，收购了多个研发公司，建立了大量的合作，大幅增加研发投入并开始重点布局生物药和抗癌药。然而冰冻三尺非一日之寒，此时的默沙东，研发问题已经非常明显，在2008年的研发管线中虽然出现了6个抗癌药项目（3个一期，2个二期，1个三期），但没有一个获得成功，生物制品的研发境地也几乎一致。为了打破僵局，在 Clark 的带领下，默沙东走出了大规模合并的第一步——以411亿美元收购了先灵葆雅。

先灵葆雅不仅拥有默沙东想要的抗肿瘤药管线、生物制品管线，而且是一个年销售额高达185亿美元、净利润高达19亿美元的制药巨头，兼并先灵葆雅，默沙东可以达成一石三鸟的目的。不仅如此，通过收购先灵葆雅，默沙东在无意中捡到了 PD-1 单抗 Keytruda（帕博利珠单抗），该产品在2014年获批上市，很快成为默沙东的现金牛。

福维泽（Kenneth C. Frazier）上台之后，默沙东提出了扩大研发管线的计划：一是改变"in-house"的研发策略，立志与全球1%的生物医学研究机构达成合作，包括研究所、大学和其他公司；二是加大研发投入，以 Keytruda 为中心，积极开展临床试验拓展适应证，并开展联合用药试验，扩大用药范围；三是融入时代大流，积极投资并购，引进研发项目。

转型的效果立竿见影，默沙东不仅走出了困境，而且重返了昔日的辉煌——销售额已从2005年的220亿美元增长至2023年的601亿美元，今日的默沙东，已是生物制剂占主导、抗肿瘤药引领世界的制药巨头。

（四）稳定型战略和收缩战略

稳定型战略一般是阶段性的战略，所谓的"稳定"强调的是战略无重大变化，而非业绩不增长。纵观各大制药巨头，都很容易找到稳定型战略的案例，例如，默沙东和礼来都曾在很长一段时间里采用稳定型战略。而两个公司采用稳定型战略的原因主要是建立了领先的优势，对自己的研发管线非常自信。除了礼来和默沙东这种情形，创新药企业使用稳定型战略的常见情形还有三种。一是管理层新上任，对业务不够熟悉或对外部环境形势和发展趋势吃不准，在短期内沿用既往的战略，以谋求稳定发展或平稳过渡；二是企业刚刚完成大规模兼并，需要一定时间来整合、融合、修复或改善财务状况；三是管理者保守的性格，将自己定位为守业者。

创新药企业采用收缩战略，主要是因为企业经营不善，遭遇项目研发失败或法律诉讼（如专利官司、不良反应官司、欺诈诉讼等）的困境，需要出售资产、压缩业务、裁减员工以偿还债务，甚至破产清算。创新药研发是高风险、高投入的赌博，因项目研发失败而破产的企业比比皆是，因产品销售不理想、药品出现严重不良反应而退市导致破产的企业也屡见不鲜。

二、创新药企业的业务战略

业务战略也称竞争战略，常见的竞争战略有三种，分别是总成本领先战略、差异化战略和聚焦战略。创新药是市场独占性资源，市场化程度较低，产品是为解决未满足的临床需求而设计，本身是高度差异化的，附加值高而发生价格竞争的风险小，所以，创新药企业一般不采用总成本领先或差异化战略，而常采用聚焦战略。

聚焦战略（也称集中化战略）是指企业不具备全行业或全市场范围竞争的能力，将业务范围聚焦于部分细分市场或地域市场，从而在聚焦领域建立和保持领先优势。聚焦战略的实现路径一般有四种，分别为产品管线聚焦（治疗领域或技术平台聚焦）、顾客聚焦（品牌树聚焦）、地域市场聚焦和低市场占有率产品集中化。产品管线聚焦和地域市场聚焦是最常见的方式，例如，诺华的产品管线聚焦于心血管、肾病与代谢、免疫、神经系统和抗肿瘤五大领域，地域市场聚焦于美国、欧盟、日本和中国四大区域。低市场占有率产品集中化主要针对一些市场占有率较低、专利失效的老产品，通过管线合并以降低运营成本，例如辉瑞和葛兰素史克的成熟药品业务，有的制药巨头则在产品生命周期结束后以合适的价格剥离。相比前三种，顾客聚焦主要集中在 OTC 和消费者保健领域，在创新药领域中并不常见，代表性案例是专注医美的艾尔建。由于医美具有特色鲜明的客户群体，本质上与其他处方药存在显著不同。

产品组合是制药巨头的核心竞争力，而产品组合的优劣取决于产品管线的强弱。一般情况下，创新药巨头的产品管线都是基于治疗领域或技术平台聚焦的,而形成这种聚焦的意义主要有五点。一是各适应证的治疗市场存在明显的周期性,不同的细分市场,在不同时期的发展前景、增长速度、市场规模各不相同,企业没有必要全行业布局;二是由于创新药研发的高投入和长周期性,即便是全球顶级的制药巨头,每年可获得的新产品数量都是屈指可数,可覆盖的适应证非常有限,没有一个企业能够在全行业"通吃";三是新技术、新靶点、新治疗方法的大量出现,没有一个巨头能够做到全方位领先,将资源有选择地投入优势领域或朝阳领域,是利润最大化、风险最小化的有效办法;四是随着行业的发展,新药开发和商业化所需的专业知识和技术要求越来越高,这导致了各细分市场或技术领域之间的移动壁垒越来越高,例如,每个科学家团队都有自己擅长的研究领域,一旦跳出该领域,研发效率就会大幅降低;五是创新药上市以后,企业需投入大量的资源进行学术教育和渠道建设,如果不能形成聚焦,销售渠道建设的投资回报率将大幅下降。

纵观全球制药巨头,在销产品一般是数个到数十个不等,在研管线数量是数十个到数百个不等,但不论产品多少,都只聚焦于屈指可数的几个细分市场或技术领域,而这种聚焦通常以产品管线的方式表现出来。传统制药巨头通常拥有 3~8 条管线,而大型 biotech 公司一般只有 1~3 条(表 3-5)。然而不论管线数量多少,企业 80% 以上的业务营收都只来自 1~3 个聚焦领域。除了产品管线聚焦,最为常见的是地域市场聚焦,这种聚焦取决于各国市场的大小、进入难度、企业的商业化能力,以及开拓新市场的投资回报率等。

表 3-5　制药巨头的业务聚焦领域

制药公司	药品聚焦领域
默沙东	抗肿瘤、疫苗、医院重症护理、心血管、抗病毒、中枢神经、免疫、糖尿病,其中抗肿瘤和疫苗两大领域贡献了近 80% 的销售额
强生	免疫、抗感染、中枢神经、抗肿瘤、肺动脉高压、心血管与代谢,其中免疫、抗肿瘤和中枢神经三大领域贡献了约 80% 的销售额
艾伯维	免疫、抗肿瘤、医美、神经系统和眼科,其中免疫、医美和神经系统三大领域贡献了约 80% 的销售额
罗氏	抗肿瘤、免疫、神经系统、血友病、眼科和抗感染,其中抗肿瘤、免疫和神经系统贡献了约 80% 的销售额

续表

制药公司	药品聚焦领域
诺和诺德	糖尿病与肥胖、罕见病，约 90% 的销售额来自糖尿病与肥胖
吉利德	抗病毒、抗肿瘤，约 90% 的销售额来自抗病毒
百时美施贵宝	抗肿瘤、心血管和免疫，约 90% 的销售额来自抗肿瘤和心血管
辉瑞	抗肿瘤、疫苗、中枢神经、免疫、抗感染、血液与造血、心血管，其中抗肿瘤、疫苗和心血管贡献了约 70% 的销售额

　　大部分跨国创新药巨头都是业务单一、高度聚焦的企业，所以业务战略也通常会反映到公司战略上，成为公司战略的一部分，如诺华的战略。为此，如何选择聚焦领域并在各聚焦领域构建核心竞争力，也是公司战略所要解决的核心问题。在此过程中，企业必须结合技术进步、需求变化、市场支付能力、企业的投资能力、技术开发能力、商业化能力和现有的产品管线优势，综合地选择聚焦领域。

　　对于多元化的企业，公司战略无法集中体现业务战略，而是兼顾各业务单元的业务战略。因此，各业务部门（事业部）必须在公司战略的框架下，根据自己业务的特点，通过内外部环境因素分析以后制定或调整业务战略。由于行业或细分市场不同，业务战略选择通常会存在巨大差异。例如，仿制药业务通常会选择总成本领先战略或差异化战略，消费者保健业务虽然也常用聚焦战略，但聚焦的方式、侧重点与创新药业务相比，是明显不同的。

-------------------- 拜耳的战略 --------------------

（一）集团战略

　　全球人口的持续增长和老龄化，以及自然生态系统压力与日俱增，是当前人类面临的主要挑战。作为健康与营养领域的领导者，拜耳的使命是"全民健康，消除饥饿（Health for all，Hunger for none）"。在这一使命的指导下，该公司做出了通过产品和服务持续改善人类生活质量的承诺。将致力于提升营养与医疗服务的可及性，同时减少农业全产业链及企业自身的生态足迹。

　　该公司不仅强调产品与解决方案的开发与创新，还持续推动业务流程的数字化，继续在监管严格且利润丰厚的创新驱动型行业深耕，并以"超行业增速"为发展目标。此外，拜耳还将持续优化资源配置与成本结构，以实现业务成长、盈利与可持续性的协同发展。其业务运营可为联合国可持续发展目标（SDGs）的达成做出贡献，同时在全价值链推行基于科学的气候行动方案。

2023 年，拜耳开始深化战略与公司使命的契合度。作为公司战略的核心元素，引入了"动态共享责任制（dynamic shared ownership）"的运营模式。该模式以员工自主管理团队为基础，充分释放创造力与专业能力。目标是加速创新，为农民、患者和消费者提供更好的支持与帮助。

拜耳采取动态回顾战略，以确保其能灵活应对经济与政策环境的变化，并在全集团范围内推行新型运营模式。通过这些改革，该公司致力于实现三大目标：一是提升员工的生产力与满意度；二是加速全球领先创新产品上市；三是持续提升财务表现。所有业务活动均基于其对公司使命的贡献度进行优先级排序，并以 90 天为周期评估进展。此举旨在让公司变得更灵活，减少跨部门协调成本及管理层级冗余。各业务单元的具体战略将遵循上述框架展开。

（二）业务层战略

1. 作物科学业务

在全球气候变化和人口持续增长的双重压力下，农业迎来了转型关键期。农业生产主体亟需探索资源集约型发展道路，以可持续方式保障粮食安全、能源供给及纺织纤维需求。这些挑战加速了行业的颠覆性变革，不仅重构了价值链的竞争格局，还催生出新型参与者和新市场机会。

在这充满变革的产业环境中，创新的速度与规模、可为客户带来可持续发展的成果交付能力是制胜的关键。拜耳的目标是在未来十年内推出 10 款年销售额超 5 亿欧元的重磅产品，以创新技术赋能全球农户。依托覆盖种子＆性状（seeds & traits）、作物保护及数字农业（digital farming）的创新管线，深度融合的数字化生态体系，遍布全球的业务网络与合作关系，拜耳正着力打造紧贴客户需求的敏捷型组织架构，聚焦培育具有抗风险能力的商业模式。另外，在系统化解决方案创新方面，该公司已形成突破性成果矩阵：Preceon™ 智能玉米系统、新一代耐除草剂大豆品种、30 年来首个苗后广谱除草剂新作用机理，以及颠覆性的技术储备，包括小麦杂交种、水稻直播技术（DSR）、亚非玉米生物技术性状、生物源植保产品及碳汇农业系统。在人工智能领域，拜耳正通过植保化学创新标杆技术 CropKey，实现新植保产品研发在精准性、安全性及可持续性方面的革命性突破。

通过将产品组合与数字洞察相融合，能够倍增农户收益。例如该公司开发的 Climate FieldView™ 数字农业平台就是这种实践的典范。在 B2B 领域，拜耳依托 AgPowered Services 等数字化平台创造价值。数字化战略的深化实施显著加速了创新的进程，推动了全链条流程自动化升级，改善了研发成功率。

拜耳的愿景是通过规模化推广再生农业系统，构建更高产、更稳定的粮食生产体系。为了实现这一愿景，该公司构建了 "Produce 50% More（增产 50% 以上）" "Restore Nature（自然修复）" "Scale Regenerative Agriculture（规模化再生农业）" 三大战略支柱。将在 2030 年以前实现 "通过提升中低收入国家小农户对农产品、服务及合作伙伴关系的获取渠道，累计支持 1 亿户小农户"。

2. 制药业务

随着人口老龄化的不断加剧和慢性病发病率的持续上升，越来越多患者因多种病症叠加而生活质量受损。细胞与基因疗法、精准医学等领域的科学突破，有望治愈需求最迫切的患者，甚至实现疾病预防，这为制药市场提供了巨大的机遇。与此同时，全球医疗系统成本上升也对药品定价及新药成本效益评估模式形成了压力。为此，拜耳制定了明确的战略优先级：①最大化上市产品的价值，②通过成功发布新品扩大收入，③推进晚期阶段的研发管线。

在充分发掘现有产品组合潜力的同时，着力开发新增长引擎，包括四款具有显著销售潜力的新药（Nubeqa、Kerendia、Elinzanetant、Acoramidis），以及正在开发二级中风预防适应证的 Asundexian。拜耳正集中营销与研发资源推动这些战略性产品的成功商业化。

为保障长期增长，该公司将持续投资研发以构建创新的、差异化且可持续的研发管线。业务聚焦于抗肿瘤、心血管、神经系统、罕见病、免疫系统等具有高临床价值与市场潜力的治疗领域。为了持续提升研发效率与效能，将构建以在研产品为核心的组织架构、实施动态资源配置、深化数据科学与人工智能技术应用。除了强化内部研发能力，我们还将持续投资平台性公司。BlueRock Therap 与 Asklepios BioPharma 正稳步推进突破性细胞与基因疗法开发，Vividion Therap 有助于强化我们的新药发现能力，尤其是在抗肿瘤与免疫领域。此外，我们通过研发合作与授权引进加速获取外部创新，以持续把握生物制剂与新兴技术带来的发展机遇。

除了提升药品可及性，拜耳的另一核心要务是改善女性健康状况并强化其社会角色。依托在妇女保健领域的市场领导地位，拜耳的目标是到 2030 年，每年为中低收入国家 1 亿女性提供现代避孕药具获取渠道。此外，我们还将持续推进抗击热带病及非传染性疾病的行动。

3. 消费者保健业务

消费者健康意识的持续提升、总人口的不断增长与人口结构的不断变化，以及医疗成本的逐步攀升，推动着消费保健市场长期向好的发展态势。消费者对自我护理、疾病预防及整体健康的关注度显著增强，预计将持续驱动所有核心消费者保健品类的增长。拜耳同时预判消费渠道将持续向电商平台转移。

拜耳将继续为消费者提供有助于改善日常健康的产品、服务及信息，并拓展业务版图以覆盖全球更多人口。战略聚焦于品类的培育与延伸，以及将处方药转化为 OTC。为了推动业务强势而可持续的增长，将采用"以科学为本且值得信赖的品牌"和"持续推出创新型新产品"为抓手。

在业务运营中，拜耳采用敏捷的资源配置机制，优先聚焦前瞻性增长机会，旨在通过品牌影响力赢得消费者信任。与此同时，该公司还强调"为零售伙伴创造价值及深化与专业医疗机构的合作关系"，致力于提升全价值链的生产力、柔性与韧性，以强化成本与资金效能，并同步降低对环境的影响。另外，拜耳还通过内部创新与外部合作，以持续地发展现有品牌树和交付创新，通过并购与合作，以获取"可为市场带来个性化诊疗解决方案"的新商业模式及新能力。

其目标是到 2030 年，每年为经济落后或医疗资源薄弱地区的 1 亿人口提升自我护理服务的可及性。为实现这一目标，拜耳将可持续性全面融入了运营体系，以开发精准匹配消费者需求的解决方案，尤其关注以自我护理为核心健康管理方式的群体。

三、创新药企业的职能战略

职能战略主要包括研发战略、营销战略、运营战略等，不论制定和调整何种战略，都需要进行因地制宜的内外部环境因素分析。由于创新药行业的特点，研发战略和营销战略是企业职能战略最核心的部分，传统制药巨头一般强调以产品力和销售力为基础的双驱动模式，形成了研发和销售"两头大"的格局，而技术起家的 biotech 公司一般采用以产品力为核心的单驱动模式，更加强调技术领先和产品创新。另外，由于研发成本高涨和各国的医疗费用控制，企业的盈利压力越来越大，所以以降本增效为核心的运营战略也变得越来越重要。

（一）研发战略

创新药是技术驱动型行业，在公司战略中，研发战略是最重要的内容，是公司获得利益相关者支持的最大亮点。在制定研发战略时，研发部门应根据职能特点对内外部环境因素进行分析和匹配。外部环境因素应重点关注监管机构的监管法规、审批标准、技术指南，技术发展趋势和发展速度，靶点的成熟度，未满足的临床需求，竞争对手的数量与质量等。内部因素应重点关注公司对研发部门或研发中心的战略定位，公司战略的聚焦领域、财务能力（包括财务投资能力和融资能力），科学家的知识、技能与经验，技术平台的成熟度与领先程度，公司的创新文化、科研基础设施等。基于内外部因素的匹配结果，确定恰当的创新模式、研究方向、研发方式、培养核心竞争力的方法，并制定合理的研发目标和战略抓手。例如，Alnylam 在 2021~2025 年间的研发战略目标是临床试验阶段的项目超 20 个，10 个以上进入晚期开发阶段，且每年至少有 4 个项目申请 IND。

1. 创新模式的选择

与竞争者角色定位相似，创新模式分为引领式创新、跟随式创新和模仿式创新三种。创新模式的选择与企业内部的资源与能力、外部机遇和企业对研发系统战略定位有关。

（1）引领式创新

引领式创新通常以重大技术突破为目标，将自身定位为赛道的开辟者和领头羊，强调龙头地位。引领式创新即为源头创新，通过基础性研究，不断拓展知识的深度和广度，让自身处于行业的最前沿，通过开发全新的技术或靶点，以获得首创性新药（first in class，FIC）。引领式创新的特点是高投入、高风险和高回报，高风险是因为 FIC 不确定性极大，而高回报是指产品一旦上市，便可开辟一个全新的市场，是高度稀缺的资源。

采用引领式创新的企业，首先必须拥有优秀的人才团队和优秀的创新环境与文化；其次必须在基础研究上拥有足够的知识积累或技术储备，走在科学技术的最前沿；然后必须有强大的财务基础或强大的融资能力；最后业务布局必须具有前瞻性和预见性。而拥有这种实力的企业，多为全球性制药巨头、顶级 biotech 公司或知名科学家创办的初创型科技公司。

除了创新本身，维持领先地位也是战略的重点，否则来之不易的创新成果可能被他人快速跟随、复制甚至弯道超车。因此，企业必须拥有强大的专利团队和高效的项目开发团队，以确保项目的快速推进。近年来，很多制药巨头都陷入了创新乏力、创新效率低下的困境，为了避免丧失领导者地位，打破传统的内部研发模式，与科研院所、高校或其他公司建立合作，是最有效的方式。

（2）跟随式创新

跟随式创新是以已取得进展的技术或已验证了成药性的靶点为基础的创新，最常见的模式为 fast follow（快速跟进）。采用这种战略的企业将自身定位为第一梯队的跟跑者，并有条件弯道超车（例如，引领者项目开发失败、跟随者项目开发较快而引领者开发较慢、跟随者使用优先审评券压缩审评时间、跟随者更合理的临床试验方案设计、跟随者选择小众化的适应证开发等）或局部市场弯道超车成为赛道领头羊（例如，选择源头创新者开发速度较慢的市场重点推进）。相比引领式创新，这种创新模式的投入和风险更小，回报通常也不及 FIC，但也不排除"弯道超车"或"青出于蓝胜于蓝"（例如，跟随者的产品比 FIC 更有优势、跟随者的推广能力更强或实现了营销方式创新）

的情况。

采用跟随式创新的企业，必须具备四项资源与能力基础。第一，必须拥有强大的信息和情报收集能力，这样才能在第一时间跟进；第二，必须拥有一流的科学家团队和足够的财务基础或融资能力，否则项目无法快速、顺利地开展；第三，必须拥有专业而高效的项目开发团队，否则不仅弯道超车无望，还可能会被他人赶超；第四，拥有足够强大的学术推广和渠道建设能力，否则投资回报无法最大化。基于上述资源与能力限制，选择这种创新模式的企业主要有两种，一种是不具备引领式创新能力的二流创新药公司、中小型biotech，另一种是想走捷径、不愿意冒风险的制药巨头。

跟随式创新模式在我国得到了非常好的实践，由于源头创新者更重视欧美市场开发，我国的市场开发普遍存在滞后，这为快速跟随者营造了非常好的弯道超车机会。加之本土企业更熟悉国内的临床试验开发规则和市场推广方式，在强大的研发和销售能力推动下，易获得丰厚的利润。

采用跟随式创新开发出来的产品被习惯性地称为"me too"，大量的企业从事跟随式创新会损害源头创新者的利益，引发创新药的价格竞争，故在一定程度上会受到各国监管机构的限制。如果跟随者的项目推进遇到了问题，研发进度与源头创新者相差太远或跟随者太多，就极有可能被视为过度重复的资源而受到监管机构的限制。

（3）模仿式创新

与跟随式创新相似，模仿式创新也是一种成本低廉、风险更小的创新方式。模仿式创新有两种形式，一是完全模仿，二是部分模仿加部分创新。完全模仿主要是开发仿制药，部分模仿则是开发改良型药，包括制剂改良和分子改良。在创新药领域，分子改良较为常见。这种模式的出发点是与源头创新者和快速跟随者拉开距离，在他们成功和失败经验的基础上二次创新，开发出比以往产品更好（me better）、同领域最好（best-in-class，BIC），甚至迭代性的产品。这种模式常被日本创新药企业使用，尤其是在"me too"出海受阻以后，代表性产品包括盐野义的多替拉伟（整合酶抑制剂 me better）、日本烟草的埃替拉韦（整合酶抑制剂 me better）、盐野义的瑞舒伐他汀（HMG-CoA 还原酶抑制剂的 BIC）、第一三共的抗体药物偶联物 Trastuzumab deruxtecan（me better）等。

三种创新模式中，引领式创新的战略决策基础主要是公司内部的资源与能力，而跟随式创新和模仿式创新，更多取决于跟随或模仿的时机与对象。三种创新模式并不矛盾，在不同的情境下可以采用不同的创新模式。所以，企业不必在每一个领域都坚持源头创新，在恰当的时机跟随或适当的模仿（指分子改良），可以大幅降低风险、增加回报。例如，吉利德开发的比克替拉韦（整合酶抑制剂中的 BIC）、默沙东开发的西格列汀（me better 弯道超车为 FIC）、勃林格殷格翰开发的阿法替尼（表皮生长因子受体抑制剂的二代升级品）都是典型的案例。

模仿式创新的成功案例：西格列汀

早在 20 世纪 80 年代，科学家们就已经能够清晰认识到胰高血糖素样肽 –1（GLP–1）对血糖的调节作用，于是产生了两种新药开发思路：一种是改造 GLP–1 的结构，让其长效化；另一种是抑制二肽基肽酶 –4（DPP–4），阻断 GLP–1 的代谢通路，从而间接地提高血液 GLP–1 水平。这两种思路在 20 世纪 90 年代末期都很流行，而拥有强大的小分子药物开发经验的默沙东，义无反顾地选择了后者。

2000 年初，默沙东在新泽西组建了一个具有相当规模的、多学科的 DPP–4 抑制剂研发团队。科学家们兵分两路，一路基于已发表的相关文献，对文献报道的 DPP–4 抑制剂的化合物结构进行全面分析，以找到有改良价值的先导化合物；另一路则对默沙东原有的化合物库进行二次高通量筛选。经过评估，文献报道的潜力 DDP–4 抑制剂为 NVP–728（诺华）、LAF237（维格列汀，诺华）、(S)–isoleucine thiazolidide 和 (S)–cyclohexylglycinepyrrolidide。尽管 NVP–728 和 LAF237 对 DPP–4 均有很好的抑制作用，但对 DPP–7、DPP–8 和 DPP–9 的选择性不高，会引发大鼠、犬的脾脏、胃肠道等多器官毒性，最终研究人员决定对 (S)–cyclohexylglycinepyrrolidide 的结构进行改造，在环己烷的 4 位引入氨基，将吡咯环 3 位的碳原子替换成杂原子，结果发现新化合物对 DPP–4 具有非常好的选择性抑制作用。与文献检索同步进行的高通量筛选团队也取得重大进展，通过对 80 多万个化合物进行筛选，合成或改良了 2000 多个药物，最终确定了 2 个候选化合物，一个是 β– 氨基酸与脯氨酸的酰胺类衍生物，而另一个是 β- 氨基哌嗪类衍生物。

在获得 3 个先导化合物之后，科学家分别对它们进行了大量的优选和改造，最终在 β- 氨基哌嗪类衍生物结构中优选出西格列汀。2002 年 7 月，默沙东申请了西格列汀的化合物和治疗用途专利，这距离团队成立仅两年半时间。2003 年，默沙东将西格列汀推上临床试验，为了抢占先机，默沙东大胆地采用了 I 期和 II 期临床试验齐头并进、多项试验同时开展的策略，仅用了 2 年零 3 个月的时间就证实了西格列汀单独用药、与二甲双胍或其他降糖药联合用药方面的疗效。最终于 2006 年 10 月获得美国 FDA 的批准。

在 DPP-4 抑制剂的布局上，默沙东明显落后于诺华和百时美施贵宝，甚至晚于武田的子公司，使用了典型的模仿式创新战略。然而默沙东通过高效的研发实现了"弯道超车"，仅用了两年半时间就筛选出了西格列汀的结构，又用两年多时间就完成了上市前临床试验，堪称创新药研发的神话。而原本作为 FIC 的维格列汀，因安全性被美国 FDA 延长审评时限、最终拒绝批准。由于维格列汀马失前蹄，西格列汀坐稳了 FIC 的位置，上市后销售额飞速增长，截至 2023 年，西格列汀及其复方制剂已为默沙东及合作伙伴创造了约 800 亿美元的销售收入。

2. 研究方向的选择

创新药企业的业务战略通常是聚焦战略，而聚焦的核心是产品管线。通过产品管线聚焦，可以加深企业对知识、技术、疾病和患者的理解，有利于在聚焦的细分领域建立和保持领先优势。创新药企业的产品主要源自研发，研发的聚焦领域决定了企业未来的聚焦领域。为此，研发战略的聚焦领域应尽量与公司的产品管线保持一致，除非产品管线是夕阳领域，或因技术进步、治疗需求变化而需前瞻性布局新领域。

创新药企业的产品管线聚焦可通过两种方式来实现，一种是按技术平台聚焦，另一种是按治疗领域聚焦。当今世界，新治疗技术、新工程技术和新工具性技术层出不穷，没有任何一个巨头能够面面俱到，相反，通过聚焦于少数领域，形成平台化技术，有助于提升经验曲线效应，进而提高新药开发效率，帮助企业建立领先优势。而通过治疗领域聚焦，不但可以加深企业对疾病治疗技术、干预方法和患者的理解，还能共享销售渠道，降低药品的销售成本。然而不论是技术平台聚焦还是治疗领域聚焦，都取决于技术进步和治疗需求变化。如果研发没有根据技术发展趋势和治疗需求变化而前瞻性地布局，很容易误入夕阳赛道或基于当前技术无法攻克的赛道。

近年来，抗肿瘤市场高速增长，各种新型疗法应接不暇，从放疗、化疗到小分子靶向治疗、靶向放疗，再到免疫治疗、溶瘤病毒，未来还将实现基因治疗。不同的治疗方法，药物的研发技术差异巨大，聚焦于某些细分领域深耕细作并形成核心竞争力是制药巨头最常见的举措。例如，诺华的技术聚焦于化学药（小分子）、生物药、xRNA 技术、RLT 技术和基因与细胞治疗技术，而阿斯利康聚焦于小分子技术、单克隆抗体技术、寡核苷酸技术、Anticalin® 蛋白技术、靶向蛋白降解嵌合体（PROTAC）技术、细胞治疗技术、CRISPR 基因编辑技术、核酸修饰技术、双环肽技术等。

治疗领域方面，研发的聚焦领域应与公司产品管线尽量保持一致，但不排除公司转型，产品管线推陈出新的情况。为此，研发聚焦领域的调整或改变，应上升至公司或业务战略层面上，以获得公司或事业部的战略性支持。否则，研发只能开展探索性研究，为公司的战略布局寻找支持性依据。

3. 竞争优势的构建

纵观全球各大制药巨头的研发战略，构建战略性优势的方法通常包括以下几个方面。

（1）培育创新文化

良好的研发文化能够激发员工的创造性、勇于试错和无畏困难的精神，同时也能让跨部门、跨学科的沟通与交流畅通无阻，大幅提高研发的效率和效能。ALZA 的创始人 Alejandro Zaffaroni 在接受 *Nature* 杂志采访时曾提到，管理者不要密切监督自己的研究团队在干什么，应考虑如何设计公司架构以保障跨学科交流的畅通，以何种方式激发员工的创造力。相反，不良的企业文化会导致内部斗争、路径依赖或夜郎自大，进而导致高质量人才流失、研发效率下降。20 世纪 70 年代后期，罗氏因地西泮的成功而成为全球第一大制药巨头，但研发人员夜郎自大、创新乏力，公司陷入了危机。为了改变这种困境，时任罗氏主帅 Fritz Gerber 进行了大刀阔斧的改革，要求研发人员走出实验室去了解市场需求，并大幅增加对外合作力度。在这种理念下，罗氏成功研发出每日一次的长效抗生素头孢曲松（Rocephin），而当时的主流头孢菌素均为每日注射 3~4 次。头孢曲松上市后深受医生们的欢迎，很快发展为罗氏最畅销的产品。

　　一篇 2014 年发表在 *Nature Review Drug Discovery* 杂志上的文章称阿斯利康在 2005~2010 年间的研发成功率显著低于行业中位值。2010 年，Mene Pangalos 出任阿斯利康研发副总裁，为改变糟糕的状况，提出了 5R+R 框架。5R 为正确的靶点（靶点与疾病之间强关联性，疗效差异性，具有可用的或可预期的生物标记物）、正确的组织暴露（足够的生物利用度和组织暴露、特定的药效学生物标记物，清晰理解临床或临床前的药效学和药动学数据，了解药物间的相互作用）、正确的安全窗口（具有显著差异且边界清晰的安全窗口，了解次要的药理学风险，了解反应性代谢产物、遗传毒性、药物相互作用，了解靶点的负荷）、正确的患者人群（确定反应最敏感的患者群，对既定人群限定风险与获益）、正确的市场潜力（差异化的价值定位与未来的治疗标准，关注市场准入渠道、支付者和供应商，个性化医疗策略）。另外一个 R 为正确的文化，即追求真理而非进度（追求质量而非速度）。2018 年在 *Nature Review Drug Discovery* 杂志发表的另外一篇相关文章称，经过 5R+R 框架的改革，阿斯利康的新药研发成功率从 2005~2010 年间的 4% 提升至 2012~2016 年间的 19%，成功率翻了近 5 倍，效果非常显著。

　　阿斯利康在介绍研发举措的手册中，将研发文化的重要性放在了首位。根据该手册，阿斯利康的研发文化可以归结为五点：一、让具有好奇心的人受到启发，让他们进行创造性的思考、摆脱失败的恐惧、自由提出恰当的问题、大胆地决定，对复杂疾病进行复杂的生物学研究；二、追求真理而非进度；三、利用数据和技术武装自己，敢为天下先；四、强调包容与合作；五、向患者学习，以了解他们的需求，让实验室走出的药物能够真正改变患者的生活。

　　除了激发人的创造性及勇于试错和积极进取的精神，良好的企业文化也是吸引和留住高素质人才的关键。企业令人尊敬的形象、积极而和谐的研发氛围，能够让更多的人才心甘情愿且毫无保留地"奉献"自己的才华。例如，瓦格洛斯时代的默沙东，不仅拥有高效的研发，而且做了大量人道主义事业，让默沙东成为全球最受人敬仰的制药公司。这种"敬仰"不但大幅增强了内部员工的自豪感和使命感，工作变得更加努力，还提高了公司对外部人才的吸引力，持续地吸纳最优质人才为企业的发展添砖加瓦。

（2）注重高素质人才队伍建设

公司最重要的资源是人力资源，而现代企业的竞争，归根结底是人才的竞争。高素质的人才是知识、技术和创意的来源，所以跨国巨头非常重视高素质人才队伍的建设。而高素质人才队伍建设，不仅仅只是高薪资、高职位和高调的招聘宣传，更重要的是为他们提供一种优良的创新环境，让他们能够实现自我价值。例如，阿斯利康在研发举措的手册中提到，公司建立并保持科学领导地位的雄心，将取决于吸引和留住最优秀科学家的能力。阿斯利康强调，要持续吸纳、培养全世界最聪明、最大胆的创新者，最热爱科学并坚信科学能够改变世界的人。作为回报，公司将为他们创造一个能够突破科学边界、充满能量和灵感的工作环境，让好奇心、创新和协作能够发扬光大，让动力和决心得到应有的回报，让伟大的科学焕发活力。相似地，默沙东的研发战略中也强调，要持续建设具有活力的领导团队和雄厚技术实力的人才队伍，让新的尖端发现中心（一个业务部门）和新的人才推动公司的研发进步。

（3）数字化和平台化技术

研发数字化和平台化，是提升研发效率的重要方式。通过各种管理软件将决策流程数字化可以让决策变得更高效、更直观，而通过大数据建模分析，可以提升分子设计、试验开发的效率。随着人工智能技术的快速普及，数字化程度已经成为评价各公司竞争优势的关键指标。

技术平台是开展特定先进技术研究和应用的基础设施，它包括各种必要的知识、技术、人才、设备、设施和工作环境等。在众多创新药设计与开发的路径中，大部分技术是可以平台化的，尤其是工具性和工程性的技术。技术平台化不仅可以有效避免科学家跨领域研究，以循序渐进地积累前沿性知识，不断加深前沿科学的研究深度，还可以实现知识与技能的共享，避免人员流动造成的研发中断。对于工具性和工程性的技术，平台化可大幅提升技术的应用效率——照葫芦画瓢地快速开发一系列产品或优选出性能最佳的产品。

先进技术平台化是各大创新药公司持续创新、高效开发的有效保障，几乎所有的创新药巨头都拥有自己的特色技术平台，并通过专利保护阻止其他企业模仿或跟随。阿斯利康为抗肿瘤药开发，发展了免疫肿瘤学（immuno-oncology）、DNA损伤应答（DNA damage response）、抗体药物偶联物（antibody drug conjugates，ADC）、肿瘤驱动因素与耐药机理（tumour drivers and resistance mechanisms）、细胞治疗（cell therapies）和表观遗传学（epigenetics）六大平台技术。

因为科技的迅猛发展，人们可开发的治疗技术、工程或工具性技术越来越多，技术聚焦是聚焦战略的一个重要体现，而这种技术聚焦，主要就是通过技术平台实现的。近年来，AI加速迭代，最新的AI技术不仅能够预测各种蛋白质的结构和作用机制，还能够指导基因编辑、辅助试验方案设计，这必将为创新药研发带来颠覆性的改变。另外，核酸可干预的靶点数量远超过蛋白质和小分子，一旦核酸实现高效递送，药物研发的瓶颈将会打破。因此，从远景来看，建立AI和核酸递送两大技术平台并形成领先的优势，就可能意味着企业站上了行业的制高点。

4. 研发方式的选择

研发方式的选择，可视为将研发战略执行纳入研发战略中。研发方式可分为内部研发（in-house）和内外兼修的外延式研发两种。

2000年以前，制药巨头的研发方式以"in-house"为主，但两大原因导致了这种模式的逐渐转变。第一，随着企业规模的逐渐扩大，流程繁多而决策效率低下是在所难免的事，而且还会滋生夜郎自大、路径依赖等思想，进而导致研发效率低下，研发成本升高。辉瑞因20世纪90年代后期的大规模兼并，企业规模暴涨，研发人员数量也一度超过了两万，据相关文献报道，1996~2001年间，辉瑞申请了1217项新化合物专利，平均每项成本为1750万美元，默沙东申请了1933项化合物专利，平均每项成本仅为600万美元，不仅效率低于默沙东，而且低于行业平均水平。第二，Biotech公司大量出现，为创新乏力或效率低下的制药巨头提供了直接购买项目或以借鸡生蛋的方式获得项目的可能。据美国国会预算办公室发布的报告，虽然美国FDA自2009年以来批准的新药中，一半以上来自销售额超过10亿美元的大公司，但这些大公司开展的三期临床试验项目不足总数的20%。相反，70%以上的三期临床试验项目都是销售额不足5亿美元的小公司开展的。该数据说明，大公司收购临床后期阶段的研发项目或兼并拥有临床后期阶段项目的小公司，是非常普遍的现象。

收购处于晚期开发阶段的项目，可以利用商业化优势来提升标的的估值，同时有效地避免研发风险，但投入也非常高。项目一旦进入三期临床试验，获批的概率高达80%左右，产品的潜在价值与价格相对透明，捡到"大便宜"的概率很小。而帕博利珠单抗、纳武单抗和阿达木单抗之类的"大便宜"，都是二期临床初期或更早阶段捡到的。为此，制药巨头在收购晚期临床阶段研发项目的同时，也积极地收购或培育有潜力的早期项目。相比晚期项目，早期项目投入低，但风险大，必须大量布局。这不仅要求商务拓展（BD）团队拥有强大的信息收集能力、对未来趋势的预判能力、慧眼识珠的能力和讨价还价的能力，还要求决策者拥有敢赌、敢拼、果断决策的精神。除了收购企业和项目，与科研院所合作、投资孵化具有前景性的项目或企业、研发项目阶段性试验外包，也是非常普遍的外延式模式。

因为这种"内外兼修"的研发模式，制药巨头砍掉了大量的药物发现团队，逐渐压缩了研发人员规模，有的巨头甚至鼓励科学家创业——拿着公司不看好而科学家自己看好的项目和公司的一定支持性资金创办新的公司（原公司是新公司的天使投资人）。通过"内外兼修"，不仅有效避免了流程繁多带来的决策效率低下，而且业务布局也变得更加灵活。一方面，创新药研发是高度专业化的工作，一个团队通常只擅长于一个技术领域或一个疾病领域的药物开发，但人类的疾病谱与创新药发展是相互关联的，一旦药物研发成功，治疗需求就会发生变化，企业的管线布局也需要不断推陈出新。而在"in-house"的研发模式下，研究人员不但需要不断地"跨领域"研究，还可能引发路径依赖。另一方面，制药技术日新月异，各种新技术、新靶点、新治疗方法层出不穷，而随着美国FDA收紧对"me too"的审批，只有处于赛道龙头地位的企业才能获得成功。由于没有一个巨头能全方位地掌握各种技术，更不可能每项技术都处于行业前沿，因此，如果企业不对外合作，将会错过新技术、新靶点的市场红利。

事实证明，"内外兼修"的研发模式效果非常显著。一篇发表在 *Nature* 官网上的文章讲述了阿斯利康通过交易的方式成了抗肿瘤领域的领导者，该公司的BD部门以打破惯例的交易方式，不仅实现了抗肿瘤药销售额的快速增长，而且让多个药物成了某些适应证的金标准。在阿斯利康的抗肿瘤管线中，交易药物奉献了一半以上的销售额，明星产品 acalabrutinib、trastuzumab deruxtecan 都是通过交易获得的。

除了辉瑞、默沙东、阿斯利康等巨头，罗氏也是非常典型的案例。罗氏拥有 Genentech（gRED）、罗氏（pRED）和中外三大研发板块。Genentech 作为全球研发实力最强的生物技术公司之一，罗氏对 gRED 的定位是以源头创新为主，新药发现、开发和外部合作并重；罗氏自有研发 pRED 虽然在二十世纪七八十年代曾闻名于世，但当今的优势不再，定位是以项目开发与对外合作为主，通过不断收购新技术公司加强其技术储备，引进新项目增加其项目推进能力。相比 gRED 和 pRED，中外是后起之秀，研发定位是以平台化技术为核心，以研发 BIC 为主。

安进的研发战略

安进的研发目标是发现、开发和向世界各地患者提供能改变生活的药物。为了完成这一使命，该公司充分利用了科技快速进步带来的机遇。生物技术和数据科学正以惊人的速度发展，这为开辟新疗法提供了巨大的机会。与此同时，行业竞争正在加剧，药品准入门槛越来越高。为了快速应对这些机会和挑战，安进将采取动态的研发战略：①聚焦于治疗需求未获满足的重大疾病；②优先从生物学理解疾病并设计新的疗法；③将领先的内部创新与世界级的外部创新结合起来。

随着技术和生物技术的结合，安进正处于药物发现和开发的关键时刻。其成功源于以下独特的能力：①人类学数据——利用基因组学、多组学和其他数据发展精准医学并更好地理解人类的多样性与疾病；②多特异性和其他方式——通过同时作用于一个或多个靶点，开发不可成药靶点的药物；③AI 和数据科学——更快、更有效地设计更好的生物制剂；④临床试验创新——利用最新技术加快和改进试验。

（二）营销战略

开发一个创新药，通常只有 10% 左右的成功率，但需要 10 年左右的研发周期，高达 26 亿美元的研发成本，产品获批后，企业必须通过高效的营销和销售，以实现投资回报的最大化。因此，对于创新药公司而言，营销和销售是除研发之外，最重要的板块。

根据 4Ps 营销理论，影响营销成功的因素包括产品（product）、价格（price）、促销（promotion）、渠道（place），简称"4P"，外加策略（strategy），合称为 4Ps。产品的功能（适应证疗效、不良反应、用法用量等）是内在的，是决定市场潜力的主要因素，也称为产品力，但销售人员可以找出最理想的卖点来提升产品的市场潜力；不同市场定位的产品，企业应采取不同的定价策略；合理的渠道建设，恰当的推广与宣传（如广告、公关、促销等），能够让产品的收益最大化。为此，围绕着 4Ps 就可以形成营销战略的框架。

在 4Ps 营销理论的基础上，菲利普·科特勒又发展了 10Ps 理论，即增加了政治力量（political power，跨国企业在不同的国家布局业务，必须先了解各国的政治力量）、公共关系（public relations，营销人员必须注重产品的公众形象）、探查（probing，即市场调研）、细分（partitioning，即根据特点的差异将市场分割成若干板块）、优先（prioritizing，即确定优先发展的细分市场）、定位（positioning，即企业或产品在顾客心中的形象定位）。从 4Ps 到 10Ps 的发展，是营销精细化的体现。10Ps 营销力量发展已经非常成熟，跨国巨头普遍采用这一理论为基础制定营销战略。随着营销战略和营销管理的不断精细化，营销结果的可预期性也变得越来越高，计划学派的战略理论在营销战略中的重要性也得到了凸显。

在营销战略制定时，营销部门也需要进行全面的内外部环境因素分析和匹配。虽然营销战略关注的外部环境也包括宏观环境、行业与市场环境和微观环境，但侧重点与集团战略和业务战略并不相同。宏观环境应重点关注与产品流通、入院、报销、使用相关的政策与法规、支付能力、医生及患者的诉求等，市场环境应重点关注市场容量、总体需求（通过人口规模和患病率、就诊率等相关数据预测）、市场成熟度、市场增长率、市场结构等；微观环境应结合着产品组合，分析可替代的治疗选择或解决方案、竞争对手的数量、质量与战略。而内部因素分析主要关注产品组合的稀缺性、销售能力、受控终端与渠道的数量与质量、营销费用投入，以及企业内部影响营销业绩达成的各种有利和不利的因素。在内外部因素匹配的基础上，选择合理的营销战略模型、营销模式、营销管控措施，并确定恰当的营销目标（如市场份额、销售额增长率等）。不同的事业部、不同的市场区域，营销战略可能不同，公司层的营销战略目标应兼顾各个板块、各个市场。

营销战略模型方面，目前广泛被接受的是密集型战略。由于创新药的开发不由销售部门决定，跨国巨头最常用的营销战略是市场渗透战略和市场开发战略。市场渗透是在现有产品和现有市场的基础上通过增加用户人群和购买频率来增加销量或提升份额，而市场开发是尽可能地开发新市场或新渠道，以获得更大的销售机会。

市场渗透主要适用于存在竞争产品（包括同类或非同类）的市场，其核心逻辑是系统地研究市场、产品和营销方式，通过开发细分市场、增加销售投入等方式，以增加顾客人群和消费频率，实现市场份额的提升。由于药品不同于一般商品，医生的处方量决定产品的销量，所以最常见的做法有以下三种。一、通过加大宣传来影响医生的用药选择，例如，面对面宣传、专业杂志投放广告、赞助临床试验、学术会议、发表专业文章等。二、通过寻找差异化来切分特殊用药患者人群，例如，某降压药能够很好地抗心肌肥大，那么企业就会想办法让伴有心肌肥厚或具有心肌肥厚风险的患者都使用该产品。第三，通过提供赠品、赠药等促销方式，提升患者的消费性价比，抢占竞争产品的用药患者。

市场开发指在现有产品和现有市场的基础上开发新市场、新渠道、新用药人群，从而增加销量。这种销售战略的实现方式也有三种：一是在原有的区域市场开发新的用药患者，从而增加销量。例如，通过特殊包装、特殊剂型或特殊规格以满足老人、儿童、肝肾功能不全等特殊患者用药；开发新用途、与协同产品形成捆绑销售或超适应证用药，以获得新的用药人群。二是在原来的市场区域内开发新的销售渠道、增加铺货终端，从而增加销量。在医院渠道的基础上增加DTP（direct to patient）药房、电商渠道铺货，终端下沉是最为常见的方式。三是开发区域外的市场，包括国内和国外市场。市场数量足够多、空间足够大，产品的销量才有保障。由于开发新市场、新渠道需要投入大量的资金，企业在做出此项决策前，需计算投资回报率。

两种战略模型并不矛盾，可以结合市场情况、产品的生命周期特点、产品的稀缺性，相互配合使用。例如，在产品生命周期的早期阶段，营销战略以市场开发为主，在生命周期的晚期阶段则以市场渗透为主，在市场开发不充分的情况下，营销战略以市场开发为主，在市场充分开发或新市场、新渠道建设成本高昂时，以市场渗透为主。对于高度稀缺、没有竞争的 FIC 类新药，只需进行市场开发即可。由于两种市场战略的营销费用投入和营销资源依赖度不同，企业还需要根据营销投入、营销资源和营销能力，综合权衡。

21 世纪以来，创新药的研发成本大幅攀升，研发投入强度不断增加，还有进一步增长的趋势。在毛利一定的情况下，压缩营销费用与管理费用是提升营业利润的主要办法。在有限的资源投入下，企业更加重视营销的效率与效能，精细化管理是普遍的趋势。另外，随着精准医疗的理念深入人心，市场高度细分化，而跨国巨头的管线布局又是差异化聚焦的，因此，在特定的细分领域，竞争产品并不多，医生的处方选择非常有限，高强度销售投入的投资回报并不理想。为此，跨国巨头的市场费用在销售额中的比重，呈现出明显下降的趋势，曾经高度重营销的巨头（如百时美施贵宝、葛兰素史克、辉瑞）在过去的几年里都完成了转型——由"销售驱动为主技术驱动为辅"转变为"技术驱动为主销售驱动为辅"，销售团队大幅压缩，人员规模高度精减。

（三）运营战略

近年来，创新药行业面临的两大挑战是研发成本飙升和各国政府的医疗费用控制。研发成本飙升必然导致研发投入强度增加，而国家的医疗费用控制会导致药品的价格下滑和毛利下降。在这两种不利的形势下，跨国巨头为了提升利润水平，不得不强调运营效率。一般情况下，运营效率的高低可通过资产周转率、人均产值和一般管理费在销售额中的占比进行衡量，通过运营效率优化可大幅降低一般管理费投入，营业利润可以提升数个百分点。

虽然创新药公司在业务战略上一般不采用总成本领先战略，但在运营战略上可以借鉴总成本领先战略的理论进行价值链的优化和协调。其中最常见的做法包括：①优化进厂物流，提升原材料供应效率，降低供应成本；②优化出厂物流，提升终产品的中转和仓储效率，降低物流成本；③优化各厂区的产能和产品结构，提升规模经济效应，如将相同剂型且能共线的产品整合到同一个厂区生产；④员工培训，增加经验曲线效应；⑤低利润的产品集中化管理（降低聚焦度）；⑥管理架构与流程制度改革，提升决策效率；⑦培养优良的企业文化，降低员工间的沟通成本，提升员工的工作积极性；⑧人力资源合理配置和优化，裁减重复、不必要的岗位；⑨合理安排生产计划，自主生产、委托生产、代工生产等方式并用；⑩合理的绩效考核制度，提升工作效率；⑪生产设施升级，提升生产线的自动化程度；⑫生产工艺升级与优化，检验流程优化等。

除了自主生产，很多创新药是通过 MAH 的方式代工生产的，企业可根据CMO 资源的获取便捷性和自主建设生产线的投入产出比、生产成本和代工服务费，综合选择自产或代工。

第四节　创新药企业的产品管理

一、产品管理的意义

1. 产品组合与产品管线的含义

除了初创型企业，一般企业都拥有多个产品，企业全部产品的集合称为产品组合。产品组合可分为一条或多条产品管线，而产品管线又由多个产品按照一定的规律整合而成。不同类型的企业，产品管线的整合规律不同，创新药企业通常按照治疗领域、技术领域或产品特点进行整合，例如，心血管、普药、专科药、成熟产品。仿制药企业通常按剂型、制造工厂、技术领域、治疗领域进行整合。OTC 企业的管线整合通常基于品牌和品类，例如，补益类（品类）、泰诺系列等。

之所以称之为"管线"，因为它如同管道流水般动态，须不断地推陈出新。产品管线内产品数量的多少代表产品管线的宽度，而产品管线生命周期的长短代表管线的长度，企业可以通过增加协同性新产品来扩充管线的宽度，也可以通过产品的生命周期管理、添加迭代产品来延长产品管线的长度。所以，产品管理不仅仅是对上市产品的管理，还包括对研发管线的管理。

2. 产品管线和产品组合的形成

根据安索夫矩阵的原理（图 2-14），在现有产品和现有市场的情况下，企业可以通过市场渗透来提升市场占有率，但这是一种保守的策略。市场不会一成不变，在有新竞争对手出现时，企业必须开发新品或新市场以获得新的增长点。另外，产品本身也会因生命周期的结束而衰败，企业必须开发新产品来维持市场份额。这样，在原有的产品之上推出新产品就形成了产品管线，而当产品管线无法延续或达不到战略需求时，企业必须布局新的领域，建立新的产品管线，最终实现产品管线的多样化。因此，任何企业都要经历从单个产品到单个产品管线，再到多个产品管线的发展过程。随着产品管线的形成和不断增多，产品管线或产品组合的管理就变成了一项非常重要的工作。

3. 产品管理的意义

产品管线需不断地推陈出新，让生命周期到达终点的产品不断被淘汰的同时，持续向管线中注入新产品，以保持产品管线的生命力、扩大产品管线的长度和宽度。因此，产品管理的第一层要义是根据产品管线内各产品的生命周期特点和公司的战略布局，选择合适的策略，以实现产品管线的推陈出新和效益最大化。

不但产品存在生命周期，产品管线也有自己的生命周期，产品管线的生命周期与技术进步、治疗需求变化和管线内各产品的生命周期延长策略相关。如本章第二节所述，创新药行业的发展受技术进步驱动，以临床需求为导向，一旦治疗技术突破，就会为某种疾病带来新的治疗方法，而新治疗方法会极大地满足治疗需求，如果在需求基本已被满足的基础上无法开发出具有突破性优势的治疗方案，该疾病的治疗市场就会因产品的专利悬崖而逐渐衰退。也就是说，产品管线、聚焦治疗领域也需要推陈出新，故产品管理的第二层要义是根据各管线的生命周期特点和公司的战略布局，实现各产品管线和聚焦领域的推陈出新。

制药企业的竞争，实际上是产品组合的竞争，产品组合的强弱，直接决定着企业的发展潜力和利润高低。初创型公司的成功通常源自单个成功的产品，但发展到一定规模（中型公司），其成功就要依靠一条具有行业竞争力和市场吸引力的产品管线。而成熟的大型企业，一条产品管线通常无法继续满足其业绩增长需求，需要同时运营多条产品管线，形成更加复杂的产品组合，如何科学、有效地对产品组合进行管理，是建立和保持竞争优势的关键。为此，成熟的大型公司，不仅要建立专业的产品管理部门，还需建立一种体系，使得研发、生产、销售都能高效地进行，以最大化产品组合的效益和实现产品组合的持续新陈代谢。行业里已有大量的案例可以说明，一两个产品的成功足以让初创型公司一炮走红，但最终发展成为大中型公司的，却少之又少，根本原因是产品管线打造不成功。

阿斯利康的败局扭转和管线管理

因为创新乏力，产品管线青黄不接，阿斯特拉与捷利康在 1998 年进行了合并，组建了阿斯利康。通过合并与整合，两个公司的资源与能力产生了很大的协同，并推出了洛赛克（奥美拉唑）的迭代品耐信（埃索美拉唑，奥美拉唑的一种手性单体），形成了以消化、中枢神经、抗肿瘤、心血管、呼吸和抗感染为特色的六大产品管线，如表 3-6 所示。

表 3-6　阿斯利康 2003 年的产品组合

管线	上市产品	备注
消化	抗酸药奥美拉唑与埃索美拉唑	总销售额 59.43 亿美元，均自主开发，奥美拉唑专利已过期
中枢神经	抗精神病药物喹硫平、麻醉剂丙泊酚、抗偏头痛药佐米曲坦、局麻药罗哌卡因和利多卡因制剂	总销售额 28.33 亿美元，左米曲坦从 Burroughs Wellcome 引进，其余自主开发，罗哌卡因和利多卡因为非专利品牌药
抗肿瘤	抗乳腺癌药阿拉曲唑、氟维司群与他莫昔芬，抗前列腺癌药比卡鲁胺与戈舍瑞林，抗肺癌药吉非替尼	总销售额 27.43 亿美元，均自主开发
心血管	降血压药坎地沙坦、非洛地平、美托洛尔、阿替洛尔与奈诺普利，降血脂药瑞舒伐他汀	总销售额 39.10 亿美元，坎地沙坦从武田引进，瑞舒伐他汀从盐野义引进，赖诺普利从默沙东引进，其余自主开发
呼吸	抗哮喘药扎鲁司特、福莫特罗吸入剂、布地奈德吸入剂、布地奈德福莫特罗吸入剂和抗鼻炎药布地奈德鼻喷剂	总销售额 22.61 亿美元，均自主开发
抗感染	美罗培南	总销售额 4.76 亿美元，授权自日本住友

虽然合并之后，阿斯利康的产品管线得到了明显强化，业绩在强化销售力量以及耐信等核心产品的带动下，实现了持续、稳步增长，但创

新乏力的问题并未解决，专利悬崖始终是挥之不去的阴影。2010 年之后，阿斯利康陷入了爆品后时代的危机——销售额下滑，产品管线青黄不接，研发管线储备不足（表 3-7），股价一蹶不振。在阿斯利康最黑暗的时候，辉瑞曾两次报价欲收购该公司。然而令阿斯利康气愤的是，辉瑞对这家百年巨头的两次报价均远不及新生"牛犊"艾尔建。

表 3-7　阿斯利康 2012 年的产品组合

管线	上市产品	备注	研发管线
消化	抗酸药奥美拉唑、埃索美拉唑、奥美拉唑（OTC）	总销售额 55.36 亿美元，奥美拉唑专利已过期，埃索美拉唑面临专利悬崖，是典型的夕阳性管线	生命周期管理项目 2 个
中枢神经	抗精神病药物喹硫平片及缓释片、麻醉剂丙泊酚、抗偏头痛药佐米曲坦、局麻药罗哌卡因和利多卡因制剂、奥美拉唑萘普生	总销售额 72.04 亿美元，新增了复方制剂奥美拉唑萘普生，但大部分产品面临专利悬崖，是典型的夕阳性管线	生命周期管理项目 1 个；Phase 3 或注册阶段新分子实体项目 1 个
抗肿瘤	抗乳腺癌药阿拉曲唑、氟维司群，抗前列腺癌药比卡鲁胺与戈舍瑞林，抗肺癌药吉非替尼	总销售额 37.05 亿美元，比卡鲁胺、阿拉曲唑面临专利悬崖，管线断层	生命周期管理项目 2 个；Phase 3 或注册阶段新分子实体项目 1 个
心血管	降血压药坎地沙坦、非洛地平片及缓释片、美托洛尔、奈诺普利与阿替洛尔，降脂药瑞舒伐他汀、抗栓药替格瑞洛	总销售额 102.12 亿美元，新增了替格瑞洛，但大部分产品面临专利悬崖，是典型的夕阳性管线	生命周期管理项目 3 个；Phase 3 或注册阶段新分子实体项目 2 个
糖尿病	沙格列汀二甲双胍、沙格列汀	总销售额 2.8 亿美元，自百时美施贵宝引进，产品刚上市，是朝阳性管线	生命周期管理项目 10 个；Phase 3 或注册阶段新分子实体项目 1 个
呼吸	抗哮喘药福莫特罗吸入剂、布地奈德吸入剂、布地奈德 / 福莫特罗吸入剂和抗鼻炎药布地奈德鼻喷剂	总销售额 44.68 亿美元，福莫特罗吸入剂、布地奈德吸入剂和布地奈德鼻喷剂面临专利悬崖	生命周期管理项目 1 个；Phase 3 或注册阶段新分子实体项目 3 个

续表

管线	上市产品	备注	研发管线
抗感染	抗菌药美罗培南、抗呼吸道合胞病毒药Palivizumab、流感疫苗	总销售额18.56亿美元，美罗培南面临专利悬崖，新推出Palivizumab和流感疫苗，其中Palivizumab从MedImmune引进	Phase 3或注册阶段新分子实体项目3个

如此境地的阿斯利康，要么接受被收购的命运，要么背水一战——逐步完成产品管线的推陈出新与生命周期的延长。幸运的是，阿斯利康在至暗的时刻迎来了"救世主"——CEO Pascal Soriot和研发副总裁Mene Pangalos。Pascal Soriot不但回绝了辉瑞的收购邀约，而且豪言要让阿斯利康的销售额在此后的十年里翻一倍，随后便对阿斯利康大刀阔斧地改革。Mene Pangalos则提出5R决策框架，在该框架的影响下，阿斯利康的研发效率在短短几年间发生了显著的变化，研发成功率几乎翻了5倍。

2012年10月，原罗氏首席运营官Pascal Soriot加入了阿斯利康，出任阿斯利康的CEO。2013年3月，阿斯利康制定了实现销售额恢复增长并建立科学领导者地位的战略目标：①扭转因专利悬崖和收入下滑所致的不利局面，驱动业绩恢复增长；②加速二期临床管线的开发，以扩充三期临床管线的规模、提升生物制品管线的潜力；③持续稳定地推出专科药，以抹平阿斯利康在普药领域的历史优势；④通过各地团队的共同努力和获取全球认可的科学集群，以创新和差异化定位的科学研究重塑阿斯利康的研发平台；⑤简化业务，提高生产力，建立支持长期成功的文化；⑥利用商务拓展和收购机遇，强化产品管线。

为了达成该战略目标，阿斯利康停掉了大量夕阳性领域的产品研发，聚焦于朝阳性的领域。在开发新分子实体的同时，也不断投资产品的生命周期管理（如开发埃索美拉唑新剂型、新规格、新用法、新适应证、新复方、OTC用药方案等）。为了支持研发，阿斯利康大幅增加了研发投入，平均研发投入强度从2008~2012年间的16.4%提升至2013~2017年间的25.5%；为了在专利悬崖之下提振业绩，阿斯利康也大幅增加了销售投入，通过在专利悬崖效应不显著的区域市场提升销售力

量来最大化产品价值。为此，该公司的平均市场和一般管理费投入强度
从 2008~2012 年间的 34.2%，提高至 2013~2017 年间的 50.2%（在跨国巨
头中，几乎已是最高水平）。除此以外，阿斯利康还以"不惜血本"的态
度引进、投资或收购产品或管线资产。在 2013~2017 年间，阿斯利康收
购了 Ardea Biosciences、百时美施贵宝的糖尿病业务部门、Amplimmune、
Spirogen、Pearl Therap、Omthera Pharma、Definiens、ZS pharma、阿特维
斯在北美的呼吸系统品牌药管线，控股了 Acerta Pharma，总合同金额高
达 140 亿美元（表 3-8）。除了企业兼并，阿斯利康还花了 41 亿美元，
用以授权引进了纳洛西醇、罗沙司他、monalizumab（phase 3）等 20 多个
产品或研发项目。

表 3-8　阿斯利康在 2013~2017 年间的兼并

收购或控股的企业	获得产品	目的
阿特维斯呼吸系统业务	阿地溴铵、阿地溴铵 / 福莫特罗和罗氟司特	强化呼吸管线
武田呼吸系统业务	扩展罗氟司特权益	强化呼吸管线
百时美施贵宝糖尿病业务	艾塞那肽、艾塞那肽微球、达格列净、达格列净 / 二甲双胍等	强化糖尿病管线
Definiens Group	技术平台	强化生物药开发技术
Ardea Biosciences	Lesinurad，Lesinurad/ 别嘌醇	强化糖尿病管线
ZS Pharma	环硅酸锆钠	构建肾病管线
Amplimmune	获得 PD-1 在研项目	强化抗肿瘤研发管线
Spirogen	获得 ADC 技术平台	强化抗肿瘤药物开发技术
Pearl Therap	福莫特罗 / 格隆溴铵，布地奈德 / 福莫特罗 / 格隆溴铵	强化呼吸产品研发管线
Omthera Pharma	Epanova（高纯度 DHA/EPA）	强化心血管管线
Acerta Pharma	Acalabrutinib、ACP-319	强化抗肿瘤产品管线和研发管线

高强度的研发投入、高强度的销售费用和高频率的收购，必然导致阿斯利康的利润下跌。平均净利润水平从 2008~2012 年间的 15.3% 下降至 2013~2017 年间的 10.7%，加之销售额的逐渐下滑，年平均净利润也从 2008~2012 年间的 48.71 亿美元下降至 25.81 亿美元。为此，阿斯利康不得不在 2016 年进行资产重组，剥离大量的非核心资产套现，以推动战略的继续执行。

◎ 2 月，将高血压药非洛地平和单硝酸异山梨酯缓释片的中国权益以 5 亿美元卖给康哲；

◎ 3 月，将便秘药 Naloxegol 的欧洲权益卖给 ProStrakan，交易金额未知；

◎ 4 月，将痛风药 lesinurad 的美国权益以 2.65 亿美元卖给 Ironwood；

◎ 6 月，将麻醉部门的区域权益以 7.7 亿美元转让给 Aspen；

◎ 6 月，将痛风药 lesinurad 的欧洲和拉美权益以 2.3 亿美元卖给 Gruenenthal；

◎ 7 月，将 tralokinumab 和 brodalumab 以 10 亿美元卖给 Leo pharma

◎ 8 月，将小分子感染部门以 15.75 亿美元卖给辉瑞；

◎ 10 月，将在研的 IL–23 单抗 MEDI2070 以 15.2 亿美元卖给艾尔建；

◎ 10 月，将在研的 COPD 药物 AZD7986 以 1.5 亿美元卖给强生子公司；

◎ 10 月，将 Rhinocourt Aqua 美国以外权益以 3.3 亿美元卖给强生子公司；

◎ 10 月，将艾塞那肽的中国权益以 1 亿美元卖给三生制药。

通过资产重组，阿斯利康完成了二次战略聚焦，不仅大幅压缩了人员规模，而且显著提升了资产利用率和运营效率。经过资产的重组，阿斯利康仅剩下抗肿瘤、心血管与代谢、呼吸三条特色管线，2017 年的总销售额分别为 40.42 亿美元、72.66 亿美元和 47.06 亿美元，对其他无法归类的产品进行了集中化管理，总销售额为 41.56 亿美元。因为资产的大量剥离和长期的产品管线青黄不接，阿斯利康的销售收入在 2017 年达到 2004 年以来的历史低谷，仅为 201.52 亿美元。但相比 2012 年，阿斯利康不仅基本完成了产品管线的推陈出新，而且研发管线中储备了多个高潜力值的产品（表3-9）。

表3-9　阿斯利康2017年的产品组合

管线	上市产品	备注	研发管线
抗肿瘤	氟维司群、阿那曲唑、奥拉帕利、阿卡替尼、戈舍瑞林、比卡鲁胺、吉非替尼、奥希替尼、德瓦鲁单抗	总销售额40.24亿美元，比卡鲁胺、阿拉曲唑专利已过期，但奥希替尼、奥拉帕利、德瓦鲁单抗和阿卡替尼已经补上，实现了销售额止跌反弹	注册或phase 3阶段项目12个；phase 2阶段项目6个；战略性合作与引进项目2个
心血管与代谢	坎地沙坦、美托洛尔、瑞舒伐他汀、替格瑞洛、达格列净、沙格列汀、艾塞那肽/艾塞那肽微球、普兰林肽	总销售额81.16亿美元，心血管与糖尿病管线合并，通过糖尿病药物的发力，实现了管线的止跌反弹	注册或phase 3阶段项目4个；phase 2阶段项目4个
呼吸	福莫特罗、布地奈德、布地奈德/福莫特罗、阿地溴铵、罗氟司特、阿地溴铵/福莫特罗、格隆溴铵/福莫特罗、Benralizumab	总销售额47.06亿美元，虽然老产品面临专利悬崖，但通过兼并公司补充了阿地溴铵、阿地溴铵/福莫特罗、格隆溴铵/福莫特罗，通过合作引进了benralizumab，基本实现了管线的更新	注册或phase 3阶段项目4个；phase 2阶段项目3个
其他（集中化管理）	埃索美拉唑、喹硫平、奥美拉唑、利多卡因、罗哌卡因、美罗培南、流感疫苗、丙泊酚、纳洛西醇和Palivizumab等	总销售额41.56亿美元，仅有纳洛西醇和Palivizumab尚处于专利保护期	无

经过2016年的资产重组，阿斯利康放弃了夕阳性的抗感染、消化管线，整合了心血管和糖尿病等普药产品管线，强化了朝阳性的抗肿瘤产品管线。随着产品管线的推陈出新和稀缺性的不断提高，阿斯利康在随后的几年里，大量甩出了老旧的产品权益或管线资产，用以套现并换取新的管线资源。除此以外，阿斯利康为了最大化资产的价值，还将部分

产品的权益授权给了其他公司，例如，将奥拉帕利的部分适应证权益授权给默沙东，让其与 Keytruda 形成捆绑销售，从而提升经济效益。

2017 年的形势虽然有了明显的好转，但仍需坚持才能达到战略意义上的成功。为此，阿斯利康在研发投入强度保持不变的情况下，大幅增加了产品引进的强度。2018~2022 年间，阿斯利康的项目交易总额达 329 亿美元，引进了 Evusheld（Cilgavimab/tixagevimab）、Vimovo（奥美拉唑/碳酸氢钠）、Wainua（eplontersen）、Andexxa（andexanet alfa）、Enhertu（trastuzumab deruxtecan）、新冠疫苗等产品，以及 Sipavibart（phase 3）、camizestrant（phase 3）、ceralasertib（phase 3）、IPH5201（phase 2）、monalizumab（phase 3）等重要研发项目。除此以外，还兼并了 5 家公司（表 3-10），总合同金额约为 425 亿美元。通过对 Alexion 的收购，阿斯利康不仅快速布局了罕见病，还成了赛道的领头羊。

表 3-10 阿斯利康在 2018~2022 年收购的公司

收购的公司	获得产品	目的
Alexion Pharm	Eculizumab、ravulizumab、asfotase alfa、sebelipase alfa	获得罕见病管线，并直接建立龙头地位
TeneoTwo	AZD0486 及相关技术	强化抗肿瘤管线
Neogene	TCR-T 技术平台	强化抗肿瘤管线
LogicBio Therapeutics	基因治疗技术	强化罕见病管线
CinCor Pharma	Baxdrostat	强化心血管肾病管线

经过 10 年的苦心经营，阿斯利康的变化是显而易见的。通过对老化的、非核心的产品的剥离与出售，产品管线实现了推陈，通过内部研发、投资引进、交易并购等多种方式，产品管线又实现了出新。如今的阿斯利康，不仅形成了以抗肿瘤、心血管及肾病与代谢、呼吸与免疫、疫苗与免疫、罕见病为特色的五大产品管线。而且还在抗肿瘤、罕见病等领域建立了领先优势，不论是产品管线还是研发管线的稀缺性都有了显著提升（表 3-11）。为此，近两年来，阿斯利康逐渐降低了销售投入，市场及一般管理费支出下降至销售额的 42% 左右。

表 3-11　阿斯利康 2023 年的产品组合

管线	上市产品	备注	研发管线
抗肿瘤	奥希替尼、德瓦鲁单抗、奥拉帕利、阿卡替尼、trastuzumab deruxtecan、savolitinib、戈舍瑞林、capivasertib、氟维司群	总销售额 171.45 亿美元，在抗肿瘤领域已处于第一梯队。其中 Savolitinib 授权自和记黄埔、trastuzumab deruxtecan 授权自第一三共、capivasertib 授权自 Astex Therapeutics	phase 3、注册、关键 phase 2 阶段的项目 17 个；Phase 2 阶段项目 11 个
心血管、肾病与代谢	达格列净、eplontersen、艾塞那肽微球、普兰林肽、罗莎司他、环硅酸锆钠、andexanet alfa、美托洛尔、瑞舒伐他汀、替格瑞洛、沙格列汀	总销售额 105.85 亿美元，夕阳性管线，非专利品牌药较多，新品潜力不足。Eplontersen 授权自 Ionis、andexanet alfa 授权自 Portola Pharma，罗沙司他授权自珐博进，其余产品主要通过自研或收购获得	phase 3、注册、关键 phase 2 阶段的项目 5 个；Phase 2 项目 7 个
呼吸与免疫	布地奈德 / 福莫特罗、benralizumab、福莫特罗 / 布地奈德 / 格隆溴铵、tezepelumab、布地奈德、罗氟司特、格隆溴铵 / 福莫特罗、anifrolumab	总销售额 61.07 亿美元，定位为市场领导者，但新产品潜力不足，tezepelumab 授权自安进，benralizumab 授权自 BioWa、anifrolumab 授权自 Medarex，其余产品通过收购或自研获得	phase 3、注册、关键 phase 2 阶段的项目 5 个；Phase 2 项目 4 个
疫苗和免疫	tixagevimab/cilgavimab、palivizumab、新冠疫苗、nirsevimab、流感疫苗	总销售额 10.12 亿美元，是全新的管线。tixagevimab/cilgavimab 授权自 Vanderbilt 大学，nirsevimab 授权自 AIMM Therap	phase 3、注册、关键 phase 2 阶段的项目 2 个
罕见病	依库珠单抗、sebelipase alfa、asfotase alfa、ravulizumab、selumetinib	总销售额 77.64 亿美元，处于领先的地位。除 selumetinib 授权自 Array BioPharma 外，其余均来自 Alexion	phase 3、注册、关键 phase 2 阶段的项目 6 个；phase 2 阶段的项目 3 个

对创新药企业而言，现有的产品管线只能代表过去和现在的成功，而能代表未来的是研发管线。所以，相比现有产品，研发管线是影响企业市值高低的更重要因素。根据阿斯利康 2023 年年报，该公司的研发管

线一共有 178 个产品，项目高度聚焦于抗肿瘤、生物制剂和罕见病三大领域，其中处于开发晚期阶段的新分子实体有 17 个，123 个新分子实体或产品生命周期管理的项目处于临床二期或三期阶段。

因为强大的产品组合和研发管线，阿斯利康的股价一路飙升，2023年的市值和销售额几乎是 2014 年的两倍，Soriot 成功兑现了他的承诺。

二、产品的生命周期

产品的生命周期是指产品从进入市场到被淘汰退出市场的整个过程，根据销售额增长速度可分为四个阶段，即导入（进入）期、成长期、成熟期（饱和期）和衰退期（图 3-3）。产品的生命周期受市场需求、技术更迭、国家政策和企业营销战略与推广能力的影响，不同产品的生命周期特点各不相同。创新药因有专利保护，生命周期通常为 10~20 年不等（也有的较长，如无人能仿制的高技术壁垒产品）；OTC 的生命周期主要受消费趋势的影响，一般为几年到几十年不等；仿制药的生命周期受企业的制造成本、国家政策和竞争强度影响，一般为几年到几十年不等。在不同的国家，仿制药的生命周期各不相同，竞争较为激烈的美国市场，普通仿制药的生命周期一般只有两三年。

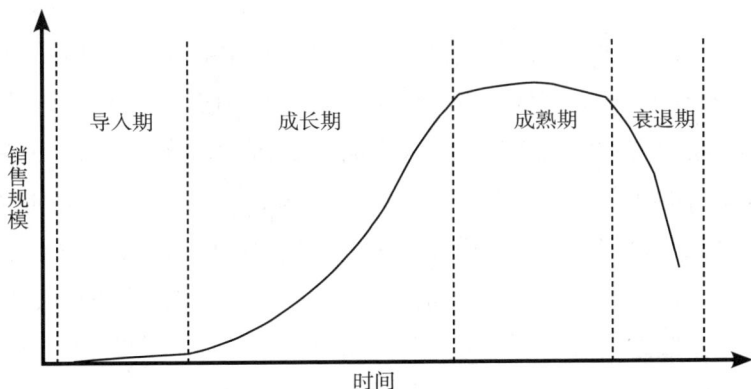

图 3-3　产品的生命周期

大部分创新药在生命周期内的销售额变化符合 "S" 形曲线（少数产品是

"Λ"形曲线，如快速迭代的丙肝药物）。产品刚上市的阶段被称为导入期，导入期的特点是销售规模小，市场占有率低，市场增长快，面临问题较多，需企业大规模资金投入，以解决技术、产能、质量、供应、推广和售后等诸多问题，进而快速获得市场认可。由于快速跟随者竞争加剧和专利挑战常态化，企业为了提升产品的投资回报率、压缩成本回收时间，会想办法将导入期前移——在产品获得批准以前，就前瞻性地解决掉大部分技术、质量和产能相关的问题，提前进行学术推广和铺货，产品一旦获得批准，当天即可产生销量。然而，这样也存在一定风险，如果产品无法获得批准，会损失大量的资金。一般情况下，新药申请获得批准的概率在90%左右，在美国FDA第一轮审评结束后就获得批准的概率在80%~85%之间，企业应根据实际情况综合权衡。

如果导入期的问题得到解决，就会进入成长期。成长期的特点是市场增长速度高，市场份额快速增加。由于可开发的市场需求是有限的，一旦需求接近饱和，销量就不会继续快速增长，成长期将过渡至成熟期。步入成熟期以后，企业需开发细分市场以进一步提升销量，通过涨价的方式扩大销售额，以最大限度的收割利润。一旦市场出现具有压倒性优势的竞争产品（替代品）或消费需求发生改变、遇到政策限制或专利悬崖（无人能仿制的高技术壁垒产品除外），就会进入衰退期。衰退期的特点是价格或销量快速下降，市场快速萎缩，利润迅速降低。在濒临衰退期之际，企业可以通过促销、压货等方式收割市场，也可以通过客户调研，推出更能满足患者需求的新剂型、新规格、新复方、新用法用量以延缓产品的下滑——此举虽在一定程度上可延长产品的生命周期，但只能保住部分细分市场，企业要实现销售份额的平稳过渡，必须推出强有力的新产品或迭代产品（如BIC）。由于药品增加剂型、规格、用法用量的开发周期较长，研发部门的生命周期管理活动必须前置。

与产品的生命周期类似，产品管线也存在生命周期，如果产品管线中只有一个产品，那么产品管线的生命周期就等于产品的生命周期，如果有多个产品，产品管线的生命周期就会大于产品的生命周期（图3-4），产品管线的生命周期可以通过产品的生命周期管理和不断布局新产品而持续延长。

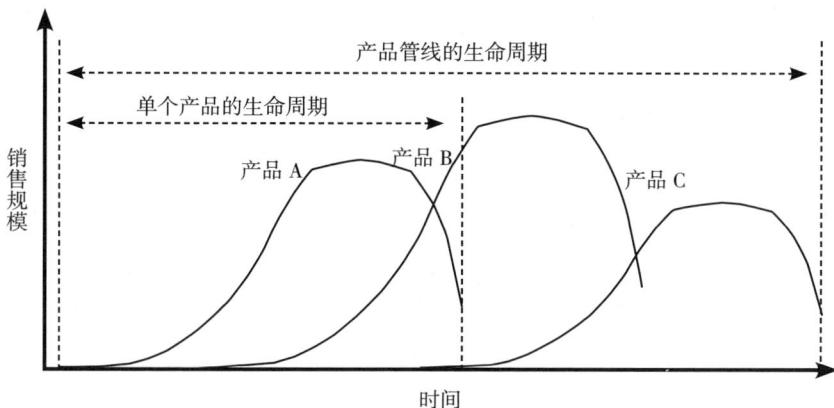

图 3-4　产品管线的生命周期

虽然产品管线的生命周期可以被延长，但也是有时间限制的。如果疾病的治疗需求得到基本的满足，而企业无法开发出能够显著提高治疗质量的产品，产品管线就会因核心产品的专利失效而逐渐衰退。例如，钙通道阻滞剂、血管紧张素酶抑制剂、血管紧张素受体抑制剂的诞生，让高血压得到了很好的控制，但近三十年来，没有企业再开发出更卓越的降血压药物，所以高血压市场因上述产品的专利悬崖而逐渐萎缩，各企业的产品管线也随之逐渐衰退。除了高血压，抗感染、高血脂、抗胃酸、抗抑郁、抗精神分裂等多个治疗市场亦是如此。为此，企业需不断淘汰夕阳性管线，持续引入新管线，以实现产品管线的推陈出新。

结合着生命周期原理，企业应对各产品管线、产品组合进行精细化管理。产品管理部要协调市场或销售部门，根据各产品和各产品管线的生命周期，制定合适的投资策略，并将市场或销售部门的客户调研结果和特异性市场需求反馈至研发或 BD 部门，为产品开发或引进提供指导性意见。尤其是产品生命周期管理过程中的新剂型、新处方、新规格或新用法用量开发，客户调研的结果是产品能够更好地满足市场需求的关键。

三、产品管理的工具

产品组合内的各产品管线管理，包括产品管线的推陈出新和投资策略管理，可以采用麦肯锡矩阵（GE 矩阵），而单个产品管线内的产品推陈出新和投资策略管理，可以采用波士顿矩阵（BCG 矩阵）。

1. 波士顿矩阵

　　根据市场增长率和市场份额的高低，矩阵中的四个象限分别对应四种不同特点的产品（图 3-5），即问题产品（市场增长率高、市场占有率低，位于第二象限）、明星产品（市场增长率高、市场占有率高，位于第一象限）、金牛产品（市场增长率低、市场占有率高，位于第四象限）和瘦狗产品（市场增长率低、市场占有率低，位于第三象限）。四种产品分别对应产品生命周期中的导入期、成长期、成熟期和衰退期。新上市产品通常面临着大量的问题，需要高投入来解决这一系列问题和开发市场，故称为问题产品。一旦这些问题得到解决，市场经过一定时期的开发（如学术宣传、患者教育），销售额就会快速增长，市场份额和市场影响力也会迅速提升，故称为明星产品。随着市场的不断扩大，利润的不断提升，研发、产能和渠道投资将逐渐收回，产品会走向净盈利。然而市场的总需求是有限的，每个产品能开发出的需求也是有限的，当需求被满足到一定程度后，销售额增长就会进入瓶颈，此时企业的市场占有率、销售额和利润都接近峰值，是企业的现金牛，故称为金牛产品。由于每个产品都具有自己的生命周期，当产品的生命周期到达终点（如专利失效、替代品出现），销售额、销量会快速下滑，企业的市场占有率和利润也会迅速降低，故称为瘦狗产品。

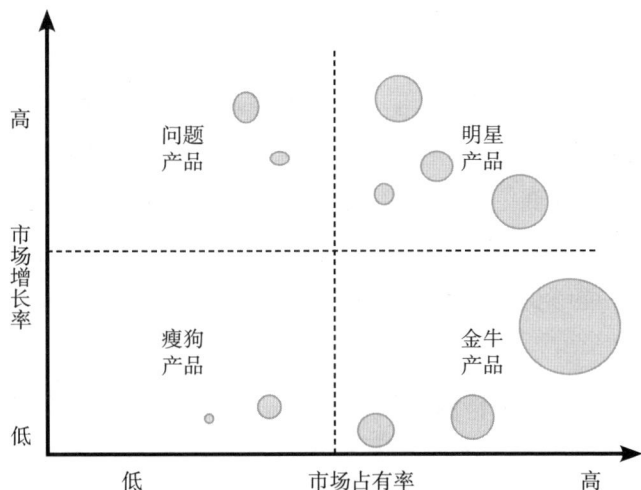

图 3-5　波士顿矩阵示意图

　　不同象限的产品，管理策略各不相同。问题产品应加大投入去解决问题和开拓市场，以迅速扩大销售规模，缩短成本的回收时间。如果管线内的问题产品较多，应根据产品的发展潜力制定一个市场开发的优先顺序，如果管线内存在相互替代或相互竞争的产品，可选择性地进行市场开发，使得投资回报最大化。例如，DPP-4抑制剂和SGLT2抑制剂，钙离子拮抗剂和血管紧张素2受体拮抗剂不宜同时推向市场，虽然它们之间具有一定的协同作用，但更多场合下是互为替代的关系，同时推向市场会降低产品的投资回报率。为此，默沙东大幅延缓了Ertugliflozin及复方产品推出市场的时间，以确保西格列汀投资回报的最大化。

　　对于明星产品，应该考虑集中优势资源，将其市场份额最大化。对于有多个明星产品的管线，必须让最核心的产品份额最大化才能实现利益最大化，这就是所谓的爆品效应。为此，企业须根据核心产品的特点，制定精细化的市场开发和市场渗透策略，通过有效的宣传，让产品销量快速增加。

　　对于金牛产品，市场需求已经发展至瓶颈，继续大规模的市场投入换回的市场增量很小，投入产出比较低。企业应考虑开发新剂型、新适应证、新规格、新复方，寻找可绑定销售的产品来增加新使用人群、拓展细分市场。通过促销的方式来进一步提升销量，或在市场份额维持的情况下，通过降低销售投入、提升价格等方式最大化利润。

　　对于瘦狗产品，管理策略主要有三种。①通过配方升级、推出新规格、新复方、可绑定销售的产品，有效地细分市场管理，开展儿童用药试验（可获得6个月专利延长），开发OTC用药方案（仅部分产品适用）等方式，以延长产品的生命周期，延缓销售额的下降速度；②通过推出新的核心产品或迭代产品，以实现市场份额的平稳过渡，例如，阿斯利康在奥美拉唑面临专利悬崖时推出埃索美拉唑实现了市场的过渡；③通过收割市场实现回报的最大化。在管线无法延续时，企业需要转移资源或资产重组，渠道也会随之放弃，在这种情况下，通过向渠道商压货、带赠品促销等方式可最大限度地收割市场。更多关于波士顿矩阵的产品管理策略，详见表3-12。

表 3-12　波士顿矩阵所对应的产品策略

类型	特点	财务状况	战略选择
问题产品	市场增长率高，但市场占有率低	利润低、所需资金不足、负债率高	选择性投资战略： 重点投资解决问题后可成为明星产品的产品，重点孵育有潜质成为明星产品的产品。孵育过程纳入长期计划，由专业团队负责
明星产品	市场增长率高，市场占有率也高	需加大投资以支持快速增长	发展战略： 积极扩大明星产品的市场规模和市场机会，提高市场占有率，强化竞争地位。最好采用事业部的形式管理
金牛产品	市场增长率低，但市场占有率高	利润高、无需大规模投资，可回收资金	保持或收割战略： 降低市场或设备投资；涨价获取更大回报；开发细分市场；工艺改良，提升产品的竞争力
瘦狗产品	市场增长率低，市场占有率也低	利润低、处于微利、保本或亏损状态	撤退战略： 尽量延长产品的生命周期，减少生产或销售，资源转移，资产重组

　　在使用矩阵时，首先要确定市场增长率高低和市场占有率高低的分界线，并依次计算出每个产品的市场增长率和市场占有率。市场增长率高低常以 10% 为界限，超过 10% 可判定为高，反之则为低。市场占有率则以 20% 为界限，判定方式与市场增长率相同。在确认完各产品的市场增长率和市场占有率之后，将各产品在矩阵中对应的位置一一标记，标记的区域面积代表产品销售额的大小。一般情况下，普通化学药一旦核心专利失效，直接可判定为衰退期，生物药、高技术壁垒的产品，需结合非专利药的替代水平进一步判断。

　　除新建立的产品管线外，在多个象限里有产品分布才是理想状态，这说明产品管线是可延续的。当矩阵中各产品的外形连线呈月牙形时，效益最高，盈利能力最强，即成功的月牙。如果金牛区没有产品，则属于黑球失败法则——管线没有盈利的产品，应考虑放弃管线，转移资源。如果产品集中在明星区域，说明产品管线的生命周期较长，而且盈利较好。另外，产品从问题区向瘦狗区的移动过程代表生命周期的变化，在此过程中，企业的资金也在流转，合适的生命周期管理，可以缩短成本回收时间，提升投资回报率，即踊跃移动法则（图 3-6）。

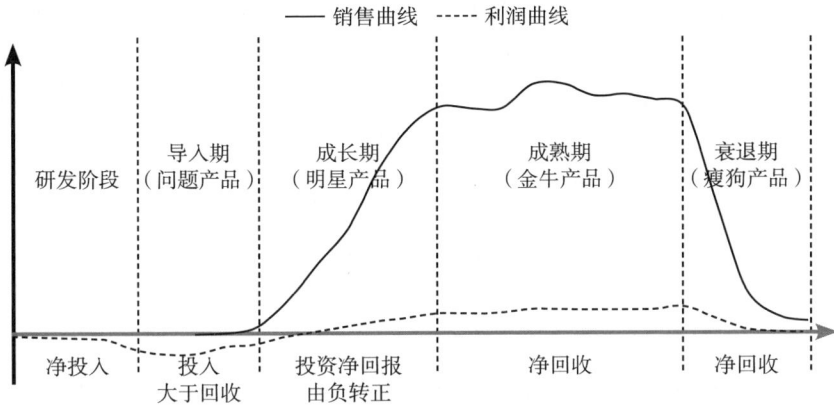

图 3-6　产品生命周期中的资金流转过程（示意图）

如果矩阵内的产品散乱分布，说明管线的管理和市场开发不成功，可考虑剥离部分问题产品和瘦狗产品，买入明星、金牛产品或加大市场投入。如果问题产品太多，尤其是新建的产品管线，则应加大市场投入，有选择、有优先级顺序地对部分产品进行市场开发，也可以直接买入明星产品拉动。对于市场潜力不佳、难以解决问题或对更优先级产品存在竞争的产品，应考虑转让或授权。如产品集中在瘦狗区，明星区没有产品或产品的销售规模很小，说明管线是夕阳性的领域或企业新产品开发不成功，管线的延续难度较大，应考虑剥离、资源置换或资产重组（如管线合并）。如果明星区或金牛区存在多个大产品（核心产品），这些产品应来自不同的适应证，或具有互补关系（如默沙东的辛伐他汀与依折麦布），或针对不同的细分患者人群（如他汀类和 PCSK9 抑制剂），或具有足够的时间跨度（如辉瑞的硝苯地平与氨氯地平），以免相互替代和相互竞争使利益不能最大化。

由于创新药研发难度大，周期长、投资大，产品管线内的产品一般较少，很多企业的产品管线里只有一两个产品。在这种情况下，应重视剂型、规格、用法用量的多样化，同时设法引进或代卖对管线内产品具有协同性或互补性的产品以增加管线的宽度，包括改良型新药或独家仿制药。

2. 麦肯锡矩阵

麦肯锡矩阵又称通用电气公司（GE）矩阵，由波士顿矩阵发展而来，常用于业务组合或产品组合的分析，以对业务单元、产品管线做出战略取舍或选择恰当的投资策略。很多制药巨头拥有多条产品管线，不同产品管线所处的生命周期、投资回报率各不相同，企业需根据治疗需求的变化、治疗技术的发展情况，有选择地放弃无竞争优势或市场发展潜力不足的夕阳性管线，以提升公司资产的收益率。

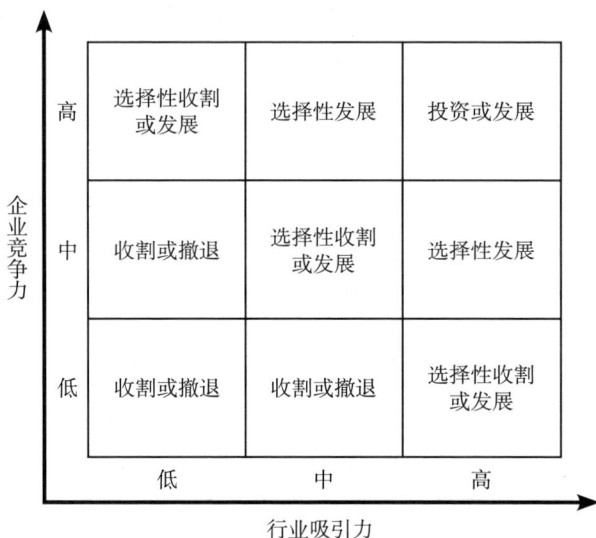

图 3-7 麦肯锡矩阵示意图

麦肯锡矩阵用市场吸引力代替了波士顿矩阵的市场占有率，用企业竞争力代替了市场增长率。根据市场吸引力和企业竞争力的高、中、低，麦肯锡矩阵分为九个不同的区域（图 3-7），每个区域对应着不同的策略。在实际应用过程中，分析者应首先确定每个业务单元或产品管线所对应的行业吸引力和企业竞争力。行业吸引力和企业竞争力通常由多个指标共同构成，可以使用评分法或加权评分法进行评定。例如，市场吸引力可以根据细分市场的销售增长率、市场容量、需求未满足度、市场集中度和替代品威胁程度来综合评定，企业竞争力则可以根据赛道的竞争对手数量与质量、企业的技术领先性、财务优势进行综合评估，必要时可以借助 CPM 矩阵。可选择 5~10 个评分指标，各指标的评分范围为 1~4 分，4 分代表市场吸引力或竞争力强，3 分代表较高，2 分代表较低，1 分代表低。完成评分后，再根据各指标的重要性进行加权，计算出各指标的加权分和总加权得分。加权得分为 1~2 分，代表吸引力或竞争力低；2~3 分代表吸引力或竞争力中；3~4 分则代表吸引力或竞争力高。

在完成企业竞争力和市场吸引力评估之后，将产品管线或业务单元在麦肯锡矩阵中对应的区域标记，并根据麦肯锡矩阵中各区域所对应的投资策略进行综合取舍。对于市场吸引力和企业竞争力双高的产品管线，应加大投资、重点发展，例如，产品开发、新市场开发、扩大宣传等；对于市场吸引力高而企业竞争力中或市场吸引力中企业竞争力高的领域，应有选择地投资，有选择性地发展；对于市场吸引力和企业竞争力双低的领域，应尽量放弃或避免布局（表3-13）。

表 3-13　麦肯锡矩阵中不同位置的策略选择

		行业吸引力		
		低	中	高
企业竞争力	低	及时撤退，资产置换； 避免布局； 业务托管	聚焦增长的小众市场； 寻求合理的增长点； 考虑撤退	聚焦细分市场； 寻求合理的增长点； 考虑通过兼并来增强实力
	中	收缩产品管线； 最小化投资； 考虑撤退	发掘增长的细分市场； 聚焦细分市场； 选择性投资	在细分市场寻求领导地位； 识别劣势； 强化优势
	高	保持总体竞争地位； 维持战略； 在维持水平上投资	确定增长的细分市场； 大力投资； 保持竞争地位	布局或发展； 寻求领导地位； 最大化投资

除了用于产品组合内各产品管线的战略取舍，麦肯锡矩阵也可用于新投资领域、新聚焦领域、新业务单元、新产品管线或新产品的投资判断依据。在新业务布局时，应进行治疗需求变化趋势和技术发展趋势研究，设法找到下一个大市场、下一个技术即将突破的领域（即市场吸引力评估），然后根据科学家团队的开发经验与技术实力、赛道的拥挤程度、公司的投资能力与既定战略（即企业竞争力评估），有选择地进行布局。对于跟随式创新的公司，市场吸引力可以根据靶点或技术的热度判断，而企业竞争力可基于科学家团队的技术与经验、项目开发能力、项目推进速度与效率、销售和推广能力综合判断。

四、产品管线设计、优化与延续

1. 构建产品管线的意义

创新药企业的聚焦战略主要是通过产品管线聚焦来实现的，产品管线可以理解为公司业务的最小单元，也是形成竞争优势的核心元素。因此，建立、优化和延续产品管线，对公司具有至关重要的意义。

第一，避免产品生命周期变化引起的销售额波动。当市场上出现替代品、政策发生改变或面对专利悬崖时，产品销售额就会大幅下降，如果企业在该产品的基础上增加多个新产品进而形成产品管线，产品生命周期所导致的销售波动就会大幅下降，而且产品越多，波动越小。

第二，可以共享某些价值活动或某些资源与能力，比如技术开发（以技术领域整合的管线）或销售渠道（以品类或治疗领域整合的管线），以降低或均摊平台或渠道的建设与维护成本。

第三，发挥协同效应，同一管线内的产品互为协力产品，互相带动、提升销量，彼此增加影响力。

第四，增加产品线的可延续性，通过不断地推出新品，可以将企业影响市场的时间从单个产品的生命周期延长为产品管线的生命周期，渠道或平台的使用时间也得以延长，从而均摊渠道和平台的建设成本。

第五，一旦形成产品管线后，将由单品竞争演变为产品集群的竞争，可大幅提升企业在细分领域的影响力和竞争力。

2. 产品管线设计与优化的要素

不同类型的企业，产品管线的整合逻辑不同，产品管线设计时需要因地制宜。一般情况下，创新药产品管线的设计应重点思考延续性、协同性、前瞻性、稀缺性、资源与能力的冗余性和与聚焦战略的一致性等。由于创新药开发难度巨大，新产品获取成本极高，很多管线建设的意图无法天遂人愿，所以在产品组合的设计与优化过程中，应折中地考虑，尽量满足更多的要素即可。

（1）延续性

任何一个公司在布局新业务、新技术平台、建设新渠道、新生产线时都要考虑当前产品生命周期到达终点以后，下一个可研发、生产和销售的产品是什么，市场的发展空间有多大等等，这些都是延续性的理念。如果当前的产品生命周期到达终点以后，没有接续产品或市场的发展空间非常小，新建的技术平台、销售渠道和生产设施可能无法得到成本均摊，投资回报率较低。因此，企业不论是自主开发还是投资并购，都需要实现管线的延续。

一般情况下，创新药管线延续的方式有三种。如果当前的产品是 FIC，企业可以开发一个 me better，甚至 BIC，在产品市场地位受到挑战时，推出 me better 或 BIC 进行市场替换。例如，诺和诺德在利拉鲁肽的市场地位受到挑战时推出了司美格鲁肽，辉瑞在硝苯地平生命周期将尽之时推出了氨氯地平。如果细分领域不是夕阳性的，还可以开发新的靶点来实现管线生命周期的大幅延长，例如，默沙东在依那普利之后推出了氯沙坦。如果企业没有能力往管线中增加新分子实体或该细分市场的需求已经得到基本满足而没有必要再开发新分子实体时，应重点考虑配方升级（如速释制剂升级为缓释制剂）、剂型规格包装多样化、开发新复方、新衍生物、新治疗方案或收购同领域的创新制剂产品。

以上三种方式可以并用，有望增加产品的协同性，进而提升产品管线的竞争力。例如，辉瑞的心血管治疗管线始于硝苯地平片，为了产品管线的延伸和延续，辉瑞与 ALZA 合作开发了硝苯地平渗透泵片，自主研发了氨氯地平片，兼并华纳－兰伯特获得了阿托伐他汀钙片，与百时美施贵宝合作代销阿哌沙班片，通过一次又一次的延伸和延续，辉瑞统治了心血管治疗市场四十多年，这几乎是单个产品生命周期的三倍。

产品管线的生命周期一旦被延长，渠道建设的投资回报率就会升高，科学家团队也无需频繁跨领域研究而降低效率。所以，制药巨头会想尽办法延长产品管线的生命周期。但产品管线的生命周期延续时间是有限的，如果管线无法延续，企业应考虑剥离资产，以腾出资源搭建朝阳性管线。类似地，如果企业布局新管线时，目标领域是夕阳性的、市场增长空间不高或企业没有竞争优势，应谨慎布局，对于已有的产品，可考虑授权给合作伙伴。例如，Japan tobacco 将整合酶抑制剂埃替拉韦授权给了吉利德，而盐野义将整合酶抑制剂多替拉韦授权给了葛兰素史克。

（2）协同性

一般情况下，企业需为每个产品管线所对应的治疗领域建立一条销售渠道，如果管线中只有一个产品，所有的渠道建设与维护成本都要算在该品种的账上，回报率并不理想。所以出于均摊成本的目的，应想办法增加产品管线的宽度。另外，管线内各产品如果相互协同，管线的竞争力就能得到进一步强化，相反，如果产品相互竞争，就可能出现 1+1<2 的情况。这就像一支足球队，球员的个人能力或许都不占优，但可以通过高效配合来提升球队的实力。在 21 世纪初，诺和诺德没有一个胰岛素产品能与赛诺菲的甘精胰岛素抗衡，但诺和诺德不仅拥有长效胰岛素，还拥有速效胰岛素、利拉鲁肽等多个能够形成协同效应的产品，市场份额依然保持领先。

产品管线通常围绕着核心产品打造，而在核心产品之外，主要是协力产品和迭代产品。协力产品是对核心产品的补充，指具有协同性的产品，如具有协同机制的产品、复方制剂、特殊剂型、特殊规格、可捆绑销售的产品等。迭代产品是核心产品的生命周期将尽时或处于竞争劣势时的替代选择，是下一代的核心产品。由于每个适应证的治疗需求是有限的，两代核心产品同时出现会相互切分市场份额，投资回报无法最大化。为此，鲜有国际巨头在一个适应证上同时推出两种不同靶点的产品或靶点相同的两个产品，主打钙离子拮抗剂的企业（如辉瑞、拜耳）几乎都没有血管紧张素受体抑制剂，而主打血管紧张素受体抑制剂的企业（如默沙东、诺华、勃林格殷格翰、赛诺菲），也几乎没有钙离子拮抗剂。阿斯利康是唯一在 2 型糖尿病治疗领域，DPP-4 抑制剂（沙格列汀）、SGLT2 抑制剂（达格列净）和 GLP-1 激动剂（艾塞那肽）三大热门靶点同时覆盖的企业，结果 DPP-4 抑制剂和 GLP-1 激动剂都成了 SGLT2 抑制剂的配角，市场表现并不理想。值得一提的是，具有不同特定细分人群的产品除外，如辉瑞的达可替尼和克唑替尼，其适应证虽然都是非小细胞肺癌，但达可替尼用于 EGFR 阳性的患者，而克唑替尼用于 ALK 阳性的患者，并不会发生冲突。

虽然在某些情况下，两种机制的产品具有一定的药理学协同效应，甚至在临床上经常被联合使用（如钙离子拮抗剂和血管紧张素受体抑制剂，DPP-4 抑制剂和 SGLT2 抑制剂），但大部分患者使用单药治疗足矣，这些患者使用 A 药或 B 药都能解决问题，两个产品主要是相互切分市场份额、相互竞争的关系（图 3-8）。销售人员在产品推广时，如将 A 机制的产品作为主推，B 机制就会被冷落。另外，从帕累托法则的角度讲，只有一个产品能够成为管线销售额的主要贡献者，另一个注定要成为配角——投资回报率不理想。

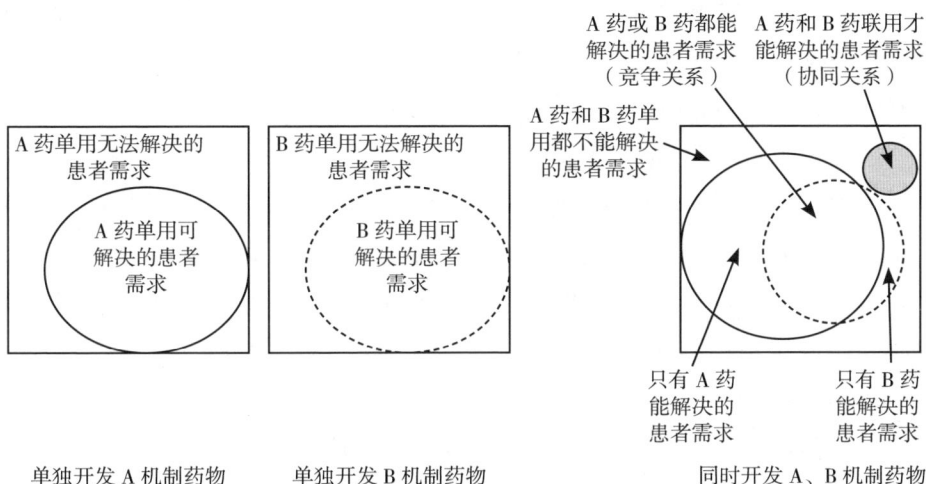

图 3-8　产品管线中两种机制核心产品的关系（示意图）

　　如果企业想要在同一适应证领域布局两个及以上靶点或两个以上的核心产品，应注意时间跨度，针对不同的细分人群，或在现有核心产品处于竞争劣势的情况下推出。否则很容易引发相互竞争、相互替代、销售额此消彼长的现象，吉利德的艾滋病治疗管线、丙肝治疗管线，Vertex 的囊性纤维化治疗管线都是典型的代表。二代鸡尾酒疗法一推出，一代鸡尾酒的市场份额就暴跌，三代鸡尾酒一推出，二代鸡尾酒又出现类似的情况。每一次迭代不过一年半载，但却要为此开发一个或多个新分子实体，产品的生命周期大幅缩短，投资回报率大幅下滑。需要说明的是，很多不符合产品管线协同性设计的案例其实是在制药巨头相互兼并和重组的过程中形成的，虽然在此过程中非常重视协同性，但一两个产品的不协调在所难免。

　　综上所述，如果产品管线按适应证聚焦，销售额将高度依赖于 1~2 个（大部分情况是 1 个）核心产品，成本分摊的效果非常有限，且销售波动的风险较大。为了避免这一问题的发生，应适度放大聚焦范围，以增加产品管线的宽度。例如，将 2 型糖尿病放大至内分泌与代谢，将高血压放大至心血管系统或将哮喘放大至呼吸系统等。通过聚焦领域放大，一条产品管线中就可以出现多个不冲突、可协同的核心产品。例如，辉瑞的降压药氨氯地平和降血脂药阿托伐他汀产生协同，赛诺菲的降压药厄贝沙坦与抗心律失常药决奈达隆、抗心肌梗死药氯吡格雷产生协同。

虽然放大聚焦范围可以大幅增加产品管线的宽度，但产品管线中的产品并非越多越好。一方面，要尽量避免相互替代现象的发生，同时避免协同性较差的产品融入（如将糖尿病药物整合至心血管产品管线）；另一方面，要重视销售渠道的协同性和推广效率。如果产品太多，销售团队可能按"二八定律"分配资源，让"非重点"产品被冷落。因此，除了集中化管理的低利润产品外，创新药产品管线中的产品数量不宜超过十个。

由于每个靶点和每个技术的红利都有时间窗口，企业不能为强调管线的协同性或避免产品相互竞争而刻意地延缓某些产品的开发进度，这样会进一步降低研发投资回报率。所以，要么选择适当的布局时机，要么将已布局的产品授权给合作伙伴。例如，专注多发性硬化的渤健把高潜质产品ocrelizumab授权给了罗氏，吉利德把艾滋病用药部分专利授权给了强生。

（3）前瞻性

创新药从立项论证到开发上市，一般需要几年甚至十几年之久，所以在产品管线设计或布局时，必须具有前瞻性。而这种前瞻性考虑主要基于技术发展和治疗需求变化两个方面（详见本章第二节）。

21世纪以来，科技发展速度大幅加快，使肿瘤、丙肝、艾滋病等多个治疗领域的产品迭代都变得非常快，导致很多布局滞后、研发缓慢的产品出现未上市就被淘汰或刚上市就被淘汰的现象。例如，NS3/4A蛋白酶抑制剂曾是研究非常火爆的抗丙肝药，但索磷布韦的出现让Vertex的特拉匹韦和默沙东的波普瑞韦刚上市就被淘汰。为此，企业不但要仔细分析技术的发展趋势与发展速度，还应考虑人类疾病谱的演化规律，预见性地分析下一个出现的重大疾病是什么，下一个即将突破的技术或靶点是什么，以及技术的突破或新靶点的出现将为治疗趋势、治疗理念、治疗方法、治疗需求带来什么样的改变。另外，生活方式的改变、气候的恶化会改变人类的疾病谱或增加某些疾病的发病率，这也意味着需求的变化，企业也需要进行前瞻性的分析和针对性的布局。

在产品立项或产品管线布局时，市场数据可以作为参考，但不能作为决定性依据。由于市场是既往需求得到满足的反映，而创新药是瞄准未满足的需求，市场越大，说明未满足的需求越小。不仅如此，市场调节具有滞后性，如果以市场数据为依据布局产品，很容易发生赛道内卷，尤其是跟随式创新者，应重点注意。

值得一提的是，产品或产品管线的布局不仅要有理性的分析，还应有感性的判断，企业应具有"敢赌""不怕输"的精神。这也是创新药研发被称为高投入、高风险的赌博的一大原因。

（4）稀缺性

稀缺性是影响产品估值的主要因素，虽然创新药都有专利保护，但不同产品的稀缺程度各不相同。有的产品能够让一种疾病从无药可治到实现有效控制，而有的产品仅是众多"me too"中的一个，从市场需求和市场供应的角度讲，它们的稀缺程度存在较大差异。一般情况下，FIC的稀缺性大于"me too"，而"me too"产品的上市会大幅降低FIC的稀缺性，如果出现"me better"产品，FIC的稀缺性就会大打折扣。同一治疗领域，"me too"越多，稀缺性越低，可及的药物越多，稀缺性越低。所以，在赛道布局时，应注重药物的可及性与治疗需求的未满足度、赛道的拥挤程度和企业自身的竞争优势。例如，质子泵抑制剂和H2受体阻断剂基本能解决大部分患者的抗胃酸需求，钾离子竞争性酸阻滞剂（P-CAB）虽有微弱的优势，但稀缺性不足，而P-CAB的"me too"产品稀缺性更低。

产品管线内的稀缺产品越多、产品的稀缺程度越高、稀缺产品的生命周期越长，产品管线的稀缺性越高。产品管线越稀缺，企业所需投入的销售资源就越少，利润也越高，这是越来越多的跨国巨头放弃强销售战略，从销售驱动向技术驱动转型的主要原因。相反，如果产品管线的稀缺程度较低，产品大多是泛泛的资源（如专利失效的产品、改剂型产品），企业就需要投入大量的销售资源推广和促销，不仅增长乏力，而且利润低下。

为了提升产品管线的稀缺性，业务或产品布局必须具有前瞻性和差异性，并强调龙头地位。第一，大幅提升研发投入，聚焦于擅长的领域，建立起赛道的龙头地位，以获得足够的先发优势；第二，利用罕见病病种多、治疗起点低的特点，差异化赛道布局，在某些细分赛道上建立起龙头地位；第三，根据技术和需求的发展趋势，前瞻性地布局下一个大市场；第四，开发全新的治疗理念、干预方法或治疗技术，例如，硼中子疗法；第五，通过产品升级迭代，开发显著优于市场主流产品的 BIC 或迭代产品，例如，瑞舒伐他汀（他汀类的 BIC）、奥希替尼（三代表皮细胞生长因子抑制剂）。

（5）资源与能力的冗余性

资源与能力的冗余性是影响战略制定的重要因素，是战略柔性的保障。产品管线设计与优化作为产品战略的重要部分，资源与能力的冗余性是至关重要的因素。产品组合或产品管线的打造可以视为产品投资，如果投资与收入不对称，企业的负债率就会大幅上升，如果资源与能力冗余性不足，在遇到不可预期的因素时，就无法保证项目的开展，无法为产品管线提供额外赋能，实现管线收益的最大化。因此，产品管线的设计与优化，应以企业的资源与能力为出发点。

影响企业产品投资的资源与能力主要是产品研发能力、财务投资能力和销售能力。创新药的技术壁垒极高，科学家的知识、技术和项目推进能力是决定产品管线设计、产品立项的第一要素。虽然很多领域的机会很诱人，但科学家没有能力开发出产品，一切是惘然。财务能力是决定产品布局的第二要素，这种能力包括企业的内部财务投资能力和外部融资能力，如果企业的资金极其雄厚，可以通过合作、交易等方式来弥补内部开发能力的不足。如果资金不足，应设法整合资源，通过融资的方式推进项目。此外，销售能力也是影响产品管线设计的重要因素，尤其是稀缺性不足的管线。

1980 年至今，全球已诞生了上万家 biotech 公司，绝大部分公司因项目开发失败或研发过程消耗的资金太多而资不抵债，消失于历史之中。21 世纪以来，虽然新技术、新靶点、新治疗方法犹如雨后春笋，但跨国巨头的研发管线数量始终保持在一定的规模（很少有企业超过 300 个），一旦数量过多就会压缩或精简，以保证资源与能力的冗余性并确保优先级较高的项目获得更多的资源配给。从另一角度讲，创新药企业选择聚焦战略的根本原因是没有足够的资源与能力在整个市场范围内取得优势，只能退而求其次，在局部领域或细分市场实现资源与能力的冗余。

（6）与聚焦战略的一致性

产品管线是公司聚焦战略的体现，应与公司的聚焦领域保持一致，以实现研、产、销的协同。对于与聚焦领域不一致的产品，可考虑转让或集中化管理。如果公司因战略转型而改变聚焦范围，进而导致产品管线与聚焦领域不一致，可以考虑出售管线，换取新的资源，例如，百时美施贵宝将糖尿病管线打包卖给阿斯利康，葛兰素史克用抗肿瘤管线与诺华换取疫苗管线。

艾伯维的产品管线延伸与迭代

跨世纪期间，雅培还是一家中等规模的多元化公司，药品销售额不足总营收的 30%——1999 年的总营收为 132 亿美元，药品销售额仅有 24 亿美元——增长乏力而股票低迷，在高度动荡的行业潮流中，时刻面临着被吞并的危险。Miles D. White 出任 CEO（1999 年）之后，大胆地发动了一系列收购，快速扩大企业规模的同时，也强化了在制药行业中的地位。幸运的是，在收购 BASF 的制药部门 Knoll 的过程中，意外获得了药王阿达木单抗。

在收购 Knoll 之前，雅培是一家以成熟药品、康复药品和大输液为特色的公司，而收购 Knoll 之后，不仅有了生物药，还有了高度稀缺的专利药管线。为了强化制药业务，随后几年里，雅培又收购了葛兰素史克的麻醉药管线、Kos Pharma 和 Solvay，获得了 Niaspan（烟酸控释片）、Flutiform（氟替卡松/福莫特罗）、Advicor（烟酸/洛伐他汀）、Udiliv（熊去氧胆酸）、Duphaston（去氧孕酮）和 Creon（胰酶）等多个畅销产品，形成了以免疫、麻醉、心血管为特色的产品管线，2010 年的药品销售额达到了 200 亿美元。

专利药业务的高速增长为企业带来了巨额利润，但也带来了专利悬崖的危机和阴影。雅培是一家长期多元化、以销售见长的公司——核心竞争力是销售而非研发和创新，2010 年前后的雅培，不论是研发管线储备还是技术储备都严重不足。这就像一个跨行的暴发户，在新领域赚了大钱却不知道下一步何去何从。2013 年，雅培忍痛割爱，剥离了专利药业务——专利药业务拆分为艾伯维。

拆分后，各自用专业的人领导专业的事，有效地避免了核心竞争力的稀释和决策困难的问题，还能实现股东利益的最大化。雅培保留了营养品、医疗诊断用品和非专利药品的业务，2013 年销售额为 218.5 亿美元，净利润为 21.8 亿美元，而艾伯维获得了修美乐、Niaspan、Creon 和 Tricor 等全部专利药，2013 年销售额为 187.9 亿美元，净利润为 41.3 亿美元。虽然艾伯维的利润较高，但头顶着专利悬崖的风险，且背负着 157 亿美元的债务。如按照 2012 年的营业状况，分析师预计要到 2015 年才能实现财务平衡。

对于雅培而言，通过拆分成功实现了风险转移，而艾伯维却要背水一战——完成产品管线的优化、升级和推陈出新。2013 年的艾伯维，年报中报告的产品仅有 10 个，销售额高度依赖阿达木单抗，治疗领域不聚焦，研发管线接近"枯竭"，仅有 20 余个分子或新适应证处于临床二期或三期阶段，而且大部分还是授权引进或合作开发的（表 3-14）。

表 3-14 艾伯维分家时的产品组合

管线	上市产品	备注	研发管线
免疫	阿达木单抗	营收 106.56 亿美元，将在 5 年内遭遇专利悬崖	阿达木单抗的生命周期管理；5 个新分子实体项目处于 phase 2 阶段
抗病毒	利托那韦 / 洛匹那韦、帕利珠单抗、利托那韦	营收 17.89 亿美元，利托那韦及复方面临专利悬崖	两个产品处于 phase 3 阶段
生殖	亮丙瑞林微球、睾酮凝胶	18.10 亿美元，专利已失效	1 个产品处于 phase 3 阶段
消化	胰酶等	14.88 亿美元，专利已失效	无
麻醉	七氟烷	5.68 亿美元，专利已失效	无
中枢神经	左旋多巴 / 卡比多巴	1.78 亿美元，专利已失效	3 个新分子实体项目分别处于 phase 3、phase 2 和注册阶段
抗肿瘤	无	新布局管线	3 个新分子实体项目处于 phase 3 阶段

为了摆脱困境，艾伯维分家时制定的战略目标为"通过开发新适应证、儿童用法，通过新市场开发、旧市场渗透等多种方式最大化现有产品管线的价值，并持续推动产品管线建设与升级"，战略措施包括：①通过开发新适应证、儿童用药、开发需求未满足的市场以进一步提升阿达木单抗的市场份额；②研发继续聚焦于免疫、抗病毒、抗肿瘤、肾病、

妇科疾病和中枢神经系统疾病等几大领域，重点开发高临床价值的产品；③加大在巴西、中国、墨西哥和俄罗斯等新兴市场的投资；④持续投资现有产品，以维持销售规模、最大化管线价值，包括开发新适应证、提升供应链效率、优化生命周期已达终点产品的剩余价值。

　　对于当时的艾伯维而言，不成功便成仁，研发能力不足，那就从外边引进或收购。然而在引进和收购这条路上，艾伯维一开始就受挫。刚拆分不久时，急迫的艾伯维就欲以 540 亿美元的价格收购罕见病巨头夏尔，但该交易因未获得政府批准而以失败告终，最终不得不支付 16.4 亿美元的分手费，这对艾伯维而言，无疑是雪上加霜。不过阿达木单抗经过有效的生命周期管理和专利维护，并没有像分析师们预测的那样"短命"。阿达木单抗销售额的持续增长，为艾伯维大规模投资研发提供了保障，研发投入规模从分家时的 28 亿美元持续增长至 2023 年的 76 亿美元，翻了两倍有余。

　　通过外延式研发，艾伯维成功推出了 Viekira、噁拉戈利、维奈克拉、Risankizumab、Cariprazine、Epcoritamab 等多个产品；通过公司收购，艾伯维获得了伊布替尼、Mirvetuximab soravtansine 等产品及 ADC 技术平台和全新的医美、眼科管线（表 3-15）。

表 3-15　艾伯维收购的公司与获得的产品

收购的公司	获得产品	目的
Mavupharma	MAVU-104（临床前）	强化抗肿瘤管线
ImmunoGen	Mirvetuximab soravtansine 及 ADC 技术平台	强化抗肿瘤管线
艾尔建	眼科管线、医美管线、利那洛肽等	强化中枢神经系统管线，新获得眼科管线、医美管线，成为专科药巨头
Pharmacyclic	伊布替尼	强化抗肿瘤管线
DJS Antibodies	DJS-002（临床前）	布局罕见病管线
Cerevel	Tavapadon（phase 3）	强化中枢神经系统管线
Stemcentrx	Rovalpituzumab Teserine 及 ADC 技术平台	强化抗肿瘤管线

在 2014~2023 年间，艾伯维在管线投入上不惜血本，总研发投入高达 613 亿美元，总并购金额超 1200 亿美元。虽然在过程中踩到不少"坑"，但成功度过了危机。经过持续地推陈出新，艾伯维放弃了夕阳性的心血管管线，边缘化了消化、抗感染等管线，形成了以免疫、抗肿瘤、医美、中枢神经为核心的产品管线（表 3-16），而且稀缺度也相较十年前有了较大提升。

表 3-16   艾伯维 2023 年的产品组合

管线	上市产品	备注	研发管线
免疫	阿达木单抗（成熟期）	营收 261.36 亿美元，完成管线更新，保持了赛道领头羊的地位。Risankizumab 引自勃林格殷格翰	乌帕替尼和 Risankizumab 的生命周期管理；4 个新分子实体项目处于 phase 2 阶段
	乌帕替尼（成长期）		
	Risankizumab（成长期）		
眼科	地塞米松植入剂（成长期）	24.15 亿美元，产品管线来自艾尔建，已老化	新分子实体项目：2 个 phase 2 阶段，1 个 phase 3 阶段（RGX-314）
	环孢素滴眼液（衰退期）		
	贝美前列素（衰退期）		
	溴莫尼定（衰退期）		
	溴莫尼定 / 噻吗洛尔（衰退期）		
中枢神经	Foslevodopa/Foscarbidopa（导入期）	72.17 亿美元，Cariprazine 引自 Gedeon Richter，其余产品主要来自艾尔建	新分子实体项目：5 个 phase 2 阶段；肉毒杆菌毒素的生命周期管理
	Cariprazine（成长期）		
	肉毒杆菌毒素（成熟期）		
	Atogepant（成长期）		

续表

管线	上市产品	备注	研发管线
抗肿瘤	Epcoritamab（导入期） 维奈克拉（成熟期） 伊布替尼（成熟期） Mirvetuximab soravtansine（导入期）	营收 59.15 亿美元，伊布替尼面临专利悬崖。Epcoritamab 引自 Genmab、伊布替尼收自 Pharmacyclic，Mirvetuximab soravtansine 收自 ImmunoGen	新分子实体项目：4 个 phase 2 阶段，1 个 phase 3 阶段（Telisotuzumab）；现有产品生命周期管理
医美	肉毒杆菌毒素（成熟期） 透明质酸（成熟期）	营收 52.94 亿美元，产品管线来自艾尔建，处于全球领先地位	2 个项目生命周期管理或产品迭代
其他	胰酶（成熟期） 利那洛肽（成熟期） 格卡瑞韦 / 哌仑他韦（成熟期）	68.09 亿美元，利那洛肽来自艾尔建，竞争力和市场吸引力不理想，属于非核心管线	新分子实体项目：2 个 phase 2 阶段，1 个 phase 3 阶段

　　虽然艾伯维已取得阶段性成功，但随着阿达木单抗和伊布替尼等畅销品的销售额下滑，该公司在 2023 年的营收出现了同比下降。另外，因为在过去十年里不惜血本地打造管线，艾伯维的负债率已超过了 90%，因此，如何有效地在阿达木单抗和伊布替尼的后时代进一步强化、延续和延伸产品管线，提升产品组合的数量和稀缺度将是该公司新的征程和挑战。

参考文献

［1］魏利军，王立峰，王海盛. 跨国药企成功启示录［M］. 北京：中国医药科技出版社，2022.

［2］Tobias Cramer. Building the "World's Pharmacy": The Rise of the German Pharmaceutical Industry, 1871–1914［J］. The Business History Review, 2015, 89（1）: 43–73.

［3］迈克尔·波特. 竞争战略［M］. 陈丽芳, 译. 北京: 中信出版社, 2013.

［4］褚淑贞. 医药企业战略管理［M］. 北京: 中国医药科技出版社, 2012.

［5］菲利普·科特勒, 凯文·莱恩·凯勒. 营销管理［M］. 上海: 上海人民出版社, 2012.

［6］Alfred D, Chandler Jr. Shaping the Industrial Century The Remarkable Story of the Evolution of the Modern Chemical and Pharmaceutical Industries［M］. Massachusetts, US: Harvard university press, 2009.

［7］Mohr KI. History of Antibiotics Research［J］. Curr Top Microbiol Immunol, 2016, 398: 237–272.

［8］Pattichis K, Louca LL. Histamine, histamine H2–receptor antagonists, gastric acid secretion and ulcers: an overview［J］. Drug Metabol Drug Interact, 1995, 12（1）: 1–36.

［9］罗宾·沃尔夫·舍弗勒, 牟文婷（译）. 癌症简史: 癌症研究的艰辛探索与启示［M］. 北京: 人民日报出版社, 2020.

［10］Wall ME, Wani MC. Camptothecin and taxol: from discovery to clinic［J］. J Ethnopharmacol, 1996, 51（1–3）: 239–253.

［11］Steenland K, MacNeil J, Vega I, et al. Recent trends in Alzheimer disease mortality in the United States, 1999 to 2004［J］. Alzheimer Dis Assoc Disord, 2009, 23（2）: 165–170.

［12］Eder J, Herrling PL. Trends in Modern Drug Discovery［J］. Handb Exp Pharmacol, 2016, 232: 3–22.

［13］Schuhmacher A, Wilisch L, Kuss M, et al. R&D efficiency of leading pharmaceutical companies——a 20–year analysis［J］. Drug Discov Today, 2021, 26（8）: 1784–1789.

［14］Santos R, Ursu O, Gaulton A, et al. A comprehensive map of molecular drug targets［J］. Nat Rev Drug Discov, 2017,（16）: 19–34.

［15］ Warner KD, Hajdin CE, Weeks KM. Principles for targeting RNA with drug-like small molecules ［J］. Nat Rev Drug Discov, 2018, 17(8): 547–558.

［16］ Hessler G, Baringhaus KH. Artificial Intelligence in Drug Design ［J］. Molecules, 2018, 23(10): 2520.

［17］ Chan HCS, Shan H, Dahoun T, et al. Advancing Drug Discovery via Artificial Intelligence ［J］. Trends Pharmacol Sci, 2019, 40(8): 592–604.

［18］ Kumar BR. Wealth Creation in the World's Largest Mergers and Acquisitions ［M］. Switzerland: Springer Nature, 2019.

［19］ 诺华. Annual report 2002–2023［DB/OL］. https://www.sec.gov/edgar/searchedgar/companysearch.

［20］ Alnylam. Annual report 2021–2023 ［DB/OL］. https://investors.alnylam.com/financial-information?sec=#sec_filings.

［21］ Parmee ER, Sinharoy R, Xu F, et al. Case Studies in Modern Drug Discovery and Development-Chapter 2 Discovery and Development Of The DPP-4 Inhibitor Januvia™(Sita-Gliptin)［M］. New Jersey, US: John Wiley & Sons, Inc., 2012: DOI: 10.1002/9781118219683.ch2.

［22］ Shaw JE. Alejandro Zaffaroni (1923–2014)［J］. Nature, 2014: DOI: 10.1038/508187a.

［23］ Cook D, Brown D, Alexander R, et al. Lessons learned from the fate of AstraZeneca's drug pipeline: a five-dimensional framework ［J］. Nat Rev Drug Discov, 2014, 13(6): 419–431.

［24］ Morgan P, Brown DG, Lennard S, et al. Impact of a five-dimensional framework on R&D productivity at AstraZeneca ［J］. Nat Rev Drug Discov, 2018, 17(3): 167–181.

［25］ AstraZeneca. AstraZeneca R&D: Turning science into medicine ［EB/OL］. https://www.astrazeneca.com/content/dam/az/r-and-d/pdf/turning-science-into-medicine.pdf.

［26］ Nature. The importance of dealmaking in AstraZeneca's pursuit of transformational cancer outcomes ［EB/OL］. https://www.nature.com/articles/d43747-023-00074-4.

［27］ Nature. Thinking differently：how AstraZeneca finds value in the competitive oncology sector through industry–leading dealmaking［EB/OL］. https://www. nature.com/articles/d43747–022–00153–y.

［28］ Abramson J，et al. Accurate structure prediction of biomolecular interactions with AlphaFold3［J］. Drug Discov Today，2024：DOI：10.1038/s41586–024–07487–W.

［29］ 阿斯利康. Annual report 2002–2023［DB/OL］. https://www.sec.gov/edgar/searchedgar/ companysearch.

［30］ Amgen Research and Development Strategy［EB/OL］. https://www.amgen.com/ science/research–and–development–strategy.

［31］ 艾伯维. SEC report 2002–2023［DB/OL］. https://www.sec.gov/edgar/searchedgar/ companysearch.

第四章
仿制药企业的战略制定与产品管理

第一节　仿制药行业的发展史

在国际上，仿制药并没有统一的定义，泛指在原研药专利失效后，"模仿"原研药开发的产品或复制品。所以仿制药的出现时间晚于创新药，而且制药行业的发展史并不以之为主线。尽管如此，仿制药依然是制药行业发展史中不可或缺的部分。

从仿制药的概念出发，可分为广义的仿制药和狭义的仿制药，狭义的仿制药指通用仿制药，即可以相互替代使用的 generic drugs，而广义的仿制药包括通用仿制药、早期上市的仿制药（品牌仿制药）、生物仿制药（biosimilar）以及未来可能出现的核酸药物的仿制药等等。通用仿制药是各国政府为节省医疗开支，推行仿制药普及与替代的产物，在 20 世纪 80 年代才出现，而广义的仿制药中的品牌仿制药早在 20 世纪 20 年代就已出现。

人类于 19 世纪末期进入化学合成药物的时代，到 20 世纪 20 年代，已经有多个产品专利失效，其中代表是阿司匹林。美国《纯净食品、药品法案》及修正案的相继出台，药品的成分被要求写入标签，而且不得伪标，这也为仿制药的出现提供了前提和基础。由于第一次世界大战，欧洲的药品供应被中断，美国出现了药品短缺。为了摆脱对欧洲药品的依赖，美国化工巨头开始仿制或自主开发药品，这促成了仿制药的出现。

1928 年，美国有医学杂志报道，有少数药房使用相同成分的"仿制药"

替代品牌药，但很长一段时间里，仿制药都未能发展成为市场主流。1938年，美国新通过的《食品、药品和化妆品法案》，要求所有药品在上市前都需要提交 NDA（新药申请），"仿制药"也不例外。由于早期的《食品、药品和化妆品法案》存在疏漏，美国 FDA 在 20 世纪 40~60 年代批准的 8605 个 NDA 中，除了 529 个是新分子实体外，大部分都是"仿制药"或改剂型产品。

20世纪40年代末期，美国就有学者提出了仿制药替代，但不幸遭到了行业主流的反对。一方面是当时的技术和理论难以证明仿制药与原研药的一致性；另一方面是仿制药替代影响了创新药企业的利益和医生的权威，另外，当时美国还没有公立医疗保障体系，仿制药替代并不能为政府带来获益。在各大协会和组织的抵制下，仿制药替代不但未获得推广，反而被明令禁止——美国各州在20世纪50年代相继通过了禁止仿制药替代的法案。因为此类法案，仿制药只有在医生处方明确指定或患者主动购买的情况下才能使用，市场地位低下。据相关文献报道，50年代末期，美国仿制药市场约占整个医药市场的10%。

1962年，美国通过了《Kefauver-Harris 修正案》，该修正案大幅提升了审批和监管标准，但依旧未对仿制药和创新药进行区分对待，导致了仿制药的准入门槛非常高，使得20世纪60年代成为美国仿制药发展的历史低谷——十年中仅有30余个产品获得批准。60年代中期，美国成立了 Medicare 和 Medicaid 两大公立医疗保险，随后政府需要往医保基金中不断贴钱，于是就有政客站出来为仿制药说话，开始酝酿仿制药替代。

为了实施仿制药替代，美国 FDA 必须先统一标准。除了严格地审批新仿制药，还对 1938~1962 年间上市的 4000 余个产品开展了药效学再评价，以弥补当时使用备案制批药、基于安全性批药的疏漏。随着药效学再评价工作的基本完成，20世纪70年代以后，美国 FDA 对仿制药的审批和监管路径进行了长期探索，最终确认了以"生物等效性"（BE）为基础的审批标准，并制定了符合替代标准的产品清单——橙皮书。与此同时，各州陆续废止了反对仿制药替代的相关法案，大部分州还通过了全新的、鼓励或强制要求仿制药替代的新法案。

在联邦各部门、各州和 PBM 的共同作用下，仿制药被赋予了五大优势：①打包采购，无需企业自主营销；②无需向医生或患者推广，在药师配药时直接替代；③赋予优先使用、优先报销的特权；④简化审批，降低进入壁垒；⑤让医保和患者都能节省费用。在这五大优势的加持下，"仿制药替代"这项历史工程才有了初步的进展，FTC（美国联邦贸易委员会）研究数据显示，美国仿制药替代率从1980年的5.5%逐渐上升到1984年的9.5%，年节省药品开支也从1.30亿美元扩大至2.36亿美元。

1984年秋天，争议已久的《Hatch-Waxman修正案》获得通过，美国FDA从此拥有了使用新路径批准仿制药的法律依据，仿制药产业发展的障碍也得以清除。为了实现相互替代，美国FDA对新申报的仿制药进行了严格的限定——剂型、规格、给药途径、质量、疗效特征和预期用途必须与参照药品（reference drug）一致。除了特别复杂的产品外，新批准仿制药不再授予商品名，称为通用仿制药（generic drugs）。由于《Hatch-Waxman修正案》实施前批准的很多仿制药未经BE验证，不具有可替代性，而且几乎都有品牌，故称为品牌仿制药（branded generic drugs）或早期上市的仿制药。经过了数十年的标准统一和自然淘汰，美国品牌仿制药的市场份额已经很小。

除美国以外，其他国家的仿制药发展起步普遍较晚，而且监管体系的形成也存在明显滞后。第二次世界大战以后，各国为了快速恢复经济，涉及民生的制药工业被重点发展，于是欧洲、日本等发达地区的仿制药都有了初步的发展。反应停事件以后，欧洲和日本开始建立现代化的药品监管体系，而法规则主要参考了美国。1986年，欧盟通过了理事会指令87/21/EEC，自此欧洲也开始接受简化申请，接受BE为标准批准仿制药。20世纪90年代以后，欧洲经济增速放缓，各国开始推动仿制药普及或替代。日本的通用仿制药发展进程稍晚于欧洲，于90年代后期开始统一标准，并在2008年正式允许仿制药替代。

如上所述，在仿制药的历史发展过程中，先后出现了品牌仿制药和通用仿制药。品牌仿制药重在解决药品可及性，是市场早期阶段的产物，主要出现于欠发达时期和欠发达国家，而通用仿制药重在节省医疗开支，是各国政府推进仿制药替代的产物。在欠发达时期和欠发达国家，原研药的可及性一般较差，品牌仿制药在原研药未上市的情况下，不但可以提供最基本的用药保障，还可以通过学术宣传，提升医生的用药知识水平。随着市场成熟度的不断提高或缺医少药问题的不断缓解，政府就可以通过统一标准、发动仿制药替代来节省医疗开支。仿制药替代利用的是同质化产品价格竞争的原理，低价的通用仿制药不仅能够替代高价的原研药，还能替代相对高的品牌仿制药，故随着仿制药替代的不断推进，品牌仿制药将会逐渐淡出历史舞台。由于发达国家实施仿制药替代的时间已很长，品牌仿制药的市场份额已很小，但在第三世界国家，品牌仿制药依然广泛存在。据 IQVIA 在 2019 年发布的报告，品牌仿制药占全球药品市场的 20%，而通用仿制药仅为 9%。

由于品牌仿制药是市场早期阶段的产物，随着市场的不断成熟，它注定要向通用仿制药过渡。在"提高药品可及性"的阶段，仿制药是稀缺或相对稀缺的资源，而进入"仿制药替代"以后，仿制药就可能很快成为过剩或相对过剩的资源，而过剩的资源必然会导致价格竞争，这样低价仿制药不但会替代原研药，也会替代相对高价的仿制药，这就是仿制药会不断降价的逻辑。

第二节　仿制药的行业逻辑和市场规律

一、政府推动下的仿制药替代

近年来推动行业发展的，主要是仿制药替代。虽然美国学者早在 20 世纪 40 年代就已提出仿制药替代，但却遭到了行业反对、被各州立法禁止替代，背后的主要原因就是没有政府的推动。各国政府之所以要推动仿制药替代，动因是节省医疗开支。

医学发展使得人类的寿命延长，而寿命延长的结果会大幅增加医疗需求，增加各国医疗开支。*Protecting American's health：FDA business and one hundred years of regulation* 一书中提到："19 世纪初的美国人均寿命只有 37 岁，与几千年前的古埃及人（36 岁）相当"，而现代医学产生后的一个多世纪里，大部分发达国家已超过了 80 岁，日本更是超过了 85 岁。随着人均寿命的增加，带病生存期不断延长，治疗需求也会不断增加。所以，现代医学让人类不断"延长寿命"和"提升生活质量"的同时，也大幅增加了医疗开支。除了需求提升，医疗质量和水准提升、创新药价格上涨、医疗腐败、不合理用药也是引发医疗开支快速上涨的主要原因。

创新药价格上涨是非常普遍的趋势，而导致创新药价格上涨的原因主要有三个：第一，随着审批和监管法规的不断完善，药品研发的合规性要求越来越高，使得创新药的开发成本、开发时间和开发风险都大幅增加。第二，现代医学经过了近百年的快速发展，很多疾病的治疗水准已被大幅提高，而随着治疗水准的提升，创新药的研发难度和研发风险都会大幅增加。第三，个性化医疗和精准医疗的普及，创新药的普适性越来越低，某些孤儿药的潜在患者人群不过几百到几千人。为了克服患者群体小而导致投资回报不理想，企业只能大幅抬高药品的定价，因此，大量的精准治疗药品或孤儿药品上市，也是创新药平均价格快速上涨的一大原因。除此以外，因为精准医疗和个性化医疗，疾病的诊断过程变得越来越精细、越来越复杂，大量诊断试剂和检查设备的使用，也会抬高疾病治疗成本，进而导致医疗费用的高速增长。

出生率随经济的发展而下降已是人类社会发展中显而易见的规律，但出生率下降必然会导致人口结构性老龄化，而且人均寿命越长，老龄化越严重。由于人类适合劳动的年龄段是有限的，老龄化不仅会增加医疗费用，还会限制宏观经济的发展。经济增速一旦降低，国家财政收入和居民可支配收入的增长速度也会随之下降。在一涨一降的趋势下，医疗支出在 GDP 中的占比会不断攀升，国家和人民的经济负担都会加剧。在过去的 50 年里，发达国家的医疗支出在 GDP 中的比重普遍翻了 2~3 倍（表 4-1），2020 年，美国和日本政府的医疗支出已接近各自财政总预算的四分之一。

表 4-1　各国医疗开支占 GDP 的比重变化（％）

国家\年份	澳大利亚	加拿大	法国	德国	日本	韩国	西班牙	瑞典	瑞士	英国	美国	中国
1970	—	6.4	5.2	5.7	4.4	2.6	3.1	5.4	4.8	4.0	6.2	—
1980	5.8	6.6	6.8	8.1	6.2	3.4	5.0	7.7	6.4	5.1	8.2	3.1
1990	6.5	8.4	8.0	8.0	5.8	3.6	6.1	7.2	7.6	5.1	11.2	4.0
2000	7.6	8.2	9.6	9.9	7.2	3.9	6.8	7.3	9.1	7.2	12.5	4.6
2010	8.4	10.7	11.2	11.1	9.2	5.9	9.1	8.3	9.9	9.8	16.3	4.8

国家 年份	澳大利亚	加拿大	法国	德国	日本	韩国	西班牙	瑞典	瑞士	英国	美国	中国
2015	9.3	10.7	11.4	11.2	10.9	6.7	9.1	10.8	11.0	9.9	16.5	5.9
2020	10.2	13.7	12.2	12.9	11.0	8.4	10.7	11.4	11.8	12.8	19.7	7.1

当今发达国家几乎都面临着不同程度的人口老龄化、经济增长乏力、药价不断上涨和疾病治疗成本不断攀升的问题，这些问题所导致的共同结果使政府医疗开支和财政赤字快速增加。为了应对老龄化带来的社会负担，富有预见性的国家从 20 世纪就已经开始控制医疗费用。由于药品支出是医疗支出的重要构成部分，控制药品费用也自然成为各国控制医疗费用的重要举措。

控制药品支出的方式有多种，包括打击医疗腐败，防止过度医疗，促进合理用药和药品价格控制等，而药品价格控制的方式主要有三种，分别为创新药价格谈判、扩大仿制药使用或促进仿制药替代以及企业利润管制（如英国）。由于美国法律约束政府不得直接参与药价谈判，所以其药价控制主要通过推动仿制药替代和 PBM 的商业性管理而实现。通过仿制药激烈的价格竞争和充分的替代，可以有效平衡总平均药价的上涨。据相关文献报道，美国 2016~2020 年间，品牌药平均价格指数上涨了 36%，而仿制药平均价格指数下降了 42%，在两者的平衡之下，美国的整体平均药价仅上升了 10%（图 4-1）。因为高效的仿制药替代，2022 年美国节省的药品开支达 4080 亿美元，而同期的总处方药开支仅为 4059 亿美元，也就是说如果没有仿制药替代，美国的药品开支可能在现有的水平上翻倍。

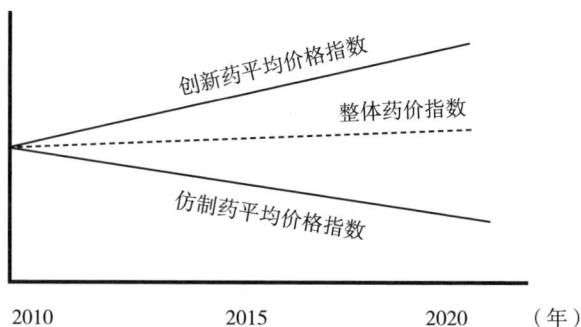

图 4-1 通过降低仿制药价格平衡药价（示意图）

二、仿制药市场的发展规律

如上文所述，仿制药分为两种，一种是品牌仿制药，一种是通用仿制药。发达国家的创新药可及性普遍较高，品牌仿制药的意义与价值有限，市场上流行的主要是通用仿制药。由于通用仿制药可以让各国政府实现医疗费用控制的目的，所以政府为其创造了优良的发展环境。

虽然仿制药早在 20 世纪 20 年代就已出现，但因为没有政府的推动，市场一直发展不起来。60 年代中期，美国政治家为了遏制医疗支出的快速上涨，开始提倡仿制药替代。经过十余年的酝酿，初步具备了全面替代的基础，然而直到 1984 年都没能形成"气候"。据相关文献数据，1983 年前失去专利保护的畅销药中，仅 35% 的品种存在仿制药竞争，销售份额仅有 8%。

1984 年通过的《Hatch-Waxman 修正案》让限制仿制药行业发展的障碍得以扫清，美国也由此进入通用仿制药的时代。为了高效地推进仿制药替代，美国在准入、销售、使用和报销环节都赋予了仿制药优先权。巨大的市场潜力让仿制药申报数量飞速增长，仅在 1985~1989 年间，美国 FDA 批准的 ANDA 文号数量就接近 1800 个，使得美国仿制药处方量占比从 1984 年的 19% 迅速上升至 1990 年的 33%，市场规模从 10 多亿美元发展至 40 亿美元。

20 世纪 90 年代以后，基本已不存在原研药专利失效后还无人仿制的现象，FTC 的调查数据显示，13 个在 1990~1993 年失去专利保护的品种中，有 11 个在专利期满后的 2 个月内即出现了仿制药。自此，以往积累的"可仿资源"几乎被用尽，后续仿制药市场的增长需以新"可仿资源"的大小为依托。由于新"可仿资源"并不可观，以及美国 FDA 受"腐败事件"影响使仿制药审批量大幅下降，90 年代的美国仿制药市场增长缓慢而竞争极其激烈。相关数据显示，美国 1995 年的仿制药市场规模约为 64 亿美元，相比 1990 年仅增长了 60%。

因为"创新药黄金时代"的来临，美国 FDA 在 1980~1990 年间，共批准了 1047 个新药，其中包括 240 个新分子实体，这些品种在跨世纪期间陆续失去了专利保护，为仿制药行业带来了巨大的可仿资源。2001~2010 年间，每年有销售额超过 200 亿美元的产品失去专利保护，这些品种每年可为仿制药行业带来数十亿美元的增量，使得美国仿制药市场从 2000 年的 130 亿美元迅速增长至 2009 年的 310 亿美元（出厂价），复合增长率高达 10.1%，远超过品牌药和行业平均水平。受仿制药市场高速增长的影响，美国仿制药替代速度大幅加快，2002~2007 年间，美国零售仿制药替代率从 77.3% 上升到 86.4%。

随着仿制药替代的快速推进，市场逐渐趋于饱和，2013 年，美国零售处方药的仿制药替代率达到了前所未有的 97%，这几乎已是极限，2015 年，美国仿制药处方量占比已达 89%，这几乎也是极限。在两个"极限"之下，仿制药的市场增量明显放缓。然而随着市场增速的放缓和印度低价仿制药的涌入，美国仿制药市场的价格竞争趋于白热化。由于新可仿资源带来的市场增量无法抵消价格下降引发的市场萎缩，2015 年之后，美国仿制药市场开始由盛转衰。2020 年以来，此前竞争不充分的高壁垒产品也随着获批企业数量的增加，价格呈现出快速下滑的趋势。因为持续的价格下跌，2023 年的美国仿制药市场相比 2015 年已萎缩了近四分之一。

继美国之后，多个国家相继出台了相关政策来促进仿制药的扩大使用、推动仿制药替代。英国是最早付诸行动的国家，早在 1983 年就有议员提出仿制药替代的构想，德国虽然进程上稍有落后，但却是欧洲最大的市场，对仿制药产业的推动可追溯到 1993 年的医改之中。90 年代以后，欧洲经济增速大幅下滑，多个国家为了缓解财政负担，相继加入到了仿制药替代的大流中。由于部分国家对品牌药的忠诚度极高（如法国），在仿制药替代实施以前，市场上几乎没有仿制药，所以前期受到的阻力较大，市场发展也较为滞后。尽管如此，在政府的大力推动下，仿制药市场在 2000 年以后呈现出爆炸式的增长。与法国最为相似的亚洲国家是日本，为了应对经济长期衰退和老龄化的双重压力，日本在 2003 年开始推动仿制药普及，2008 年开始推进仿制药替代。

随着仿制药替代的不断推进，仿制药的总销量及仿制药销量在总处方药销量中的比重都在迅速上升，市场快速扩大。在仿制药替代的初期阶段，仿制药生产厂家相对较少、政府的价格控制政策也相对宽松，所以平均价格相对较高，企业利润也比较可观。但随着市场的不断扩大，竞争会因生产厂家的快速增加而变得越来越激烈，加之各国的价格控制措施越来越多、控制力度越来越大，所以仿制药的平均价格会持续下降，企业的利润水平也会随之降低。对 22 家现存的上市跨国仿制药巨头的财务数据统计显示，2002~2006

年间这些公司的利润水平最高，平均净利润率高达 15.3%，随后开始逐渐下滑，2019~2023 年间的平均净利润水平只有 4.4%（各公司净利润水平的平均值，如按合计净利润 / 合计营收计算则为 0.35%）。22 家跨国公司在 2023 年的合计销售额达 921 亿美元，但合计净利润仅为 11.5 亿美元，合计净利润与合计营收的比值仅为 1.25%。西方仿制药巨头普遍亏损或处于微利状态，仅印度仿制药巨头因为巨大的人力成本优势仍保持着较高的利润（表 4-2），top 10 印度上市仿制药巨头在 2023~2024 财年的平均净利润水平达 12.36%

表 4-2　跨国仿制药巨头的净利润水平变化（%）

企业＼年份	2017	2018	2019	2020	2021	2022	2023
DR Reddy	6.92	12.22	11.18	9.10	11.00	18.32	19.94
Stada	3.67	13.17	12.04	6.05	8.13	10.76	−1.95
Hikma	−43.34	13.77	22.07	17.94	16.84	7.59	6.68
Sun	8.06	8.97	11.34	8.45	8.33	19.10	19.24
Sawai	8.39	10.69	10.85	5.82	−14.60	7.76	7.74
Amneal	16.34	−12.09	−37.15	3.31	0.96	−11.53	−2.05
Sandoz	—	—	—	4.82	9.46	9.16	0.80
Endo	−58.66	−34.98	−14.52	6.34	−20.48	−126.05	−121.77
Baush health	27.56	−49.45	−20.73	−6.96	−11.11	−2.61	−6.98
Viatris	5.88	3.06	0.17	−5.61	−7.10	12.79	0.32
Teva	−73.21	−13.66	−5.92	−24.55	3.14	−16.78	−3.80
Aspen	12.38	14.08	16.71	13.95	12.70	16.84	12.78
Aurobindo	14.60	11.99	12.15	21.20	11.13	7.67	10.72
Torrent	10.76	5.64	12.71	15.53	8.93	12.88	15.36
Bicon	10.45	17.72	13.48	11.44	9.19	4.01	6.55
Alkem	9.78	12.82	14.91	17.78	15.56	8.33	13.84
Towa	6.95	12.82	13.14	9.01	9.61	1.05	7.10
Lupin	1.62	4.10	−1.70	8.03	−9.12	2.68	9.61

企业＼年份	2017	2018	2019	2020	2021	2022	2023
Cipla	9.09	8.86	8.58	12.30	11.55	12.20	15.66
Mankind	—	12.13	17.67	20.25	18.21	14.75	18.29
Zydus	15.02	14.20	8.38	15.12	29.81	12.01	20.03
Glenmark	8.74	9.18	7.18	8.82	8.05	2.29	−12.71
平均值	0.05	3.58	5.36	8.10	5.92	1.06	1.61
合计净利润/合计营收	−11.45	−5.64	−0.37	−1.83	1.48	1.24	1.25

注：非美元结算的公司，数据为使用平均汇率折算成美元后的统计结果。

由于各国开始仿制药替代的时间不同、政策手段存在差异、民众对品牌药的忠诚度和政府对本土仿制药产业的保护态度有差异，各国仿制药市场成熟度、成熟的时间、替代率水平、价格水平存在千差万别。与崇尚自由竞争的美国市场相比，大部分欧洲国家和日本政府对仿制药的定价、采购和支付进行了深度干预，市场化程度较低。由于政府的强干预，仿制药市场的生命周期发生了明显的改变——导入期和成长期相比美国大幅缩短，成熟期明显延长。但不论如何，市场的发展规律是相似的。

仿制药的销量随着各国仿制药普及和仿制药替代进程的不断推进而飞速增长，但价格却在政府的控制（如集中招采、定价限制、支付价限制、利润限制或政府引导下的"自由竞争"等）下逐步下降。随着销量的不断上涨，需求会逐渐趋于饱和——多个欧洲发达国家的年人均仿制药消耗量已超过800剂，美国和日本也接近了800剂，仿制药替代率和处方量占比均上升至极限或瓶颈。然而每年专利失效的小分子普药数量却显著性减少，新可仿资源带来的销量增长空间也非常有限。随着销量增速的不断下滑，销量增长所带来的市场增量越来越小，价格下降却并未停止。当销量增长所带来的市场增量小于价格下降所引起的市场萎缩时，市场就会进入衰退（图4-2）。美国和日本的仿制药市场已呈现出明显的衰退特征，欧洲则因为重视产业的可持续发展，试图在行业利润、国家预算和医疗开支之间构建一个三角平衡，所以在招标过程中，改变了"唯价格论结果"的办法。

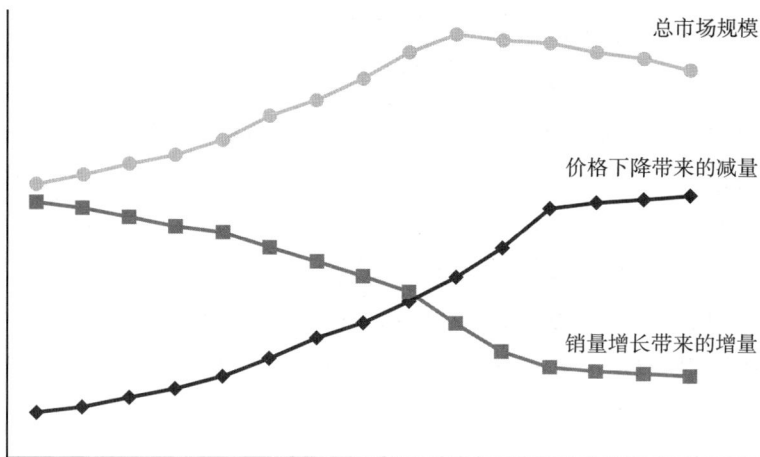

图 4-2 仿制药市场的发展规律（示意图）

综上，仿制药市场因各国的仿制药普及和替代而兴起，但也因各国替代率到达瓶颈、需求饱和以及价格持续下降而成熟或衰退。由于政府发展仿制药替代的根本逻辑是通过同质化竞争以持续降低药价，从而节省医疗开支，所以，仿制药自始至终都无法摆脱"降价"的命运。在充分竞争的情况下，低价的仿制药不仅会替代原研药，而且会替代价格相对较高的仿制药，所以仿制药的利润将与企业的成本挂钩，只有成本持续领先者才能保持优势。从 2015~2023 年的趋势中不难发现，因为价格的不断下降，美国本土仿制药企业已经丧失了竞争力，长期亏损、产业链向低收入国家转移是普遍的趋势。为了保持利润水平，西方仿制药巨头利用技术优势重点布局了高壁垒制剂，但这仅暂时性地缓解了颓势，随着各种载药技术相继被印度企业掌握而再次失去了优势——最近几年里，高壁垒仿制药成为美国仿制药市场中价格下降最快的细分领域。为了另辟蹊径，有的仿制药巨头将重心放在了 biosimilar 上（如 Sandoz），也有的转移到品牌化的仿制药、非专利品牌药或 OTC 上（如 Viatris）。

三、仿制药行业的生命周期

人类对健康和长寿的追求永无止境，这意味着创新药的需求一直存在。然而只要有创新药就一定会存在非专利药（广义仿制药），只是产品的类型不同而已。在过去百年里，人类开发的创新药主要是化学药，所以非专利药也主要是化学仿制药。随着获批生物药、核酸药的不断增加，未来可能大量出现生物仿制药和核酸仿制药。这也就是说，每种类型的非专利药都会存在周期性。

化学仿制药作为非专利药的特定阶段产物，在过去的一百年里，市场已明显地表现出导入期、发展期、成熟期及衰退期等生命周期特征。仿制药因专利药的专利失效而出现，仿制药市场却因各国的仿制药普及和替代才兴起，所以生命周期特征因各国的产业基础、发展仿制药的时间、政策措施、对品牌药的忠诚度、对本土产业的保护程度而异。

美国是最早出现仿制药的国家，也是最早推进仿制药替代的国家，从行业诞生到扫清行业发展的障碍，经历了近 60 年时间（即导入期）。由于美国特殊的医疗保障体制，使创新药拥有全球最适合其发展的支付和报销环境，所以创新药在专利保护期内，基本能够完成市场开发，仿制药上市后，主要是抢夺品牌药的份额。因此，仿制药市场的增量主要来自两个方面，一是对专利已失效而无人仿制的产品的仿制（现存可仿资源）或对新专利失效的产品（新可仿资源）的仿制，即开发新仿制药；二是对仿制替代不充分的产品提升其替代率，即提升老产品的渗透率。在《Hatch-Waxman 修正案》实施之初，两种可仿资源都大量存在，而且老产品的替代率也较低，所以市场发展非常快。20 世纪 90 年代以后，专利已失效而无人仿制的产品已很少，仿制药的市场增量主要来自对新专利失效的产品的仿制和老产品的市场渗透，市场增速就开始明显下滑。2010 年以后，仿制药替代率和仿制药处方量占比都逐渐达到极限，仿制药市场的增量仅仅来自对新专利失效的产品的仿制。然而，美国 FDA 批准的小分子普药数量明显地逐年减少，新可仿资源也随之不断萎缩。在市场增量持续缩减、价格持续下降的双重趋势下，市场由盛转衰是必然，而这一转折点发生在 2015 年。

欧洲和日本的仿制药出现时间、政府推进仿制药普及和替代的时间都滞后于美国，所以生命周期时间节点也存在较大差异。欧洲和日本仿制药的出现时间大约为 20 世纪 40 年代，而推进仿制药普及或替代的时间，大多集中在 20 世纪 90 年代或 21 世纪初，这五六十年的时间属于仿制药行业的导入期。在导入期内，仿制药市场很小甚至不值一提，尤其是对品牌药忠诚度较高的国家（如法国）。随着各国政府强力推进仿制药普及和替代，大量专利到期而无人仿制的产品、专利新失效的产品和仿制药渗透率较低的老产品，很快就出现大量的仿制药，市场销量飞速增长。如美国一样，导入期积累的资源会被快速耗尽，替代率和普及率（处方量占比）也会快速上升，销量增长很快就到达瓶颈。由于政府的强力干预（如强制使用、DRG 限制高价药使用、将替代率提升作为医疗机构或协会的任务等），替代率和普及率上升比美国更快，药价也因政府的强力干预（如定价限制、招采限制、支付价格修订等）而快速下跌，所以成长期普遍较短。2015 年前后，欧洲主要国家的仿制药替代率和普及率发展至瓶颈——平均处方量占比超过了 60%，英国、德国等国家超过了 80%——销量增速大幅下滑。由于欧洲强调产业可持续发展，大部分国家未出台过于激进的价格调控措施，市场长期处于稳定状态，表现为成熟期。日本则不同，因为巨大的老龄化压力、经济衰退和严重的政府债务，其对仿制药进行了多次价格修订，仿制药的平均价格相比 2015 年下降了近 50%，成为药价最低的发达国家之一。尽管日本的仿制药替代率在 2020 年才达到瓶颈（80%），但剧烈的价格下降让市场在 2021 年达到拐点，2021~2023 年间，日本仿制药市场萎缩了近 20%。

　　我国仿制药市场生命周期的演化规律较发达国家有巨大差异。从 1949 年后到改革开放的三十年里，是计划经济时代，形成了行业但没有形成"市场"，可视为导入期。1985 年，我国特色的药品市场经济体制初步形成，市场飞速发展，由此进入成长期。由于我国是原研药可及性较低的国家，所以仿制药市场发展的增量不仅来自对专利失效而无人仿制的产品或新专利到期的产品的仿制、对老产品渗透率的提升，还来自对未满足治疗需求的开发。随着"缺医少药"问题的逐渐解决，"对未满足治疗需求的开发"所带来的增量越来越小。2018 年，我国开始通过集中带量采购来推进仿制药替代，仿制药价格飞速下跌。市场在 2021 年到达了拐点，由此进入转型期。

　　综上所述，在导入期内，市场因政策、技术限制或客户的不信任而难以发展，企业规模也难以做大。进入成长期后，市场会因导入期问题的解决而快速成长。在成长期的早期阶段，因为市场需求不满足度高，可开发的增量多，企业发展以开发市场增量为主，利润水平相对较高。随着可开发增量的不断减少以及需求不断被满足，市场增速就会不断下降，企业要实现增长，除了开发市场的增量，还要想办法抢夺市场存量，这就引发了价格竞争。另外，随着市场规模的不断扩大，行业内的企业数量会不断增加，进一步加剧了价格竞争。由于价格竞争，有利于降低医疗开支，政府通过降低产品差异性（如一致性评价、质量再评价、严格控制导致药品差异化的因素）、统一需求（如集中采购、提升下游产业的集中度）来适度的加剧竞争。然而，过于激烈的价格竞争可能诱发市场萎缩，让行业提前衰退。一旦市场衰退，企业之间的两极分化就会加速，企业必须试图通过差异化或低成本来建立和保持竞争优势，甚至需要转型、提升多元化来保持盈利和可持续发展。

四、多样化的全球市场

对于创新药企业而言，在成本升高的情况下可以通过提高销售价格来保障盈利水平，但对于仿制药企业而言，成本升高意味着丧失竞争力。仿制药的价格会随着仿制药生产者的增加而下降，准入门槛越低、市场规模越大的品种，进入者越多，价格竞争也越激烈。为了保证盈利水平，仿制药巨头通常会瞄准率先上市的机会，开发差异化、高准入门槛、小众化的产品，有选择地进入优势市场来避开竞争的锋芒。与此同时，为了提高价格竞争力，它们也试图在全球范围内不断优化价值链。

根据 IQVIA 在 2019 年发布的报告，仿制药占全球药品市场的 29%，其中非品牌仿制药占 9%，品牌仿制药占 20%。按此数据估算，全球仿制药市场规模在 4500 亿美元上下，是一个非常庞大的市场。但这 4500 亿美元的市场广泛分布在全球 200 多个国家和地区，而且这些国家或地区又极具多样化，因此客观地了解市场并有选择地进入市场，根据市场的情况建立"接地气"的特色产品组合，是仿制药业务成功扩张的关键所在。

美国是全球最大的仿制药市场，曾一度占据全球 40% 的市场份额。然而因为高效的仿制药替代和激烈的价格竞争，普通仿制药的价格早已低至让大部分企业无利可图。虽然高壁垒制剂曾被视为西方仿制药企业的避风港，但随着掌握高壁垒制剂技术的企业不断增多，也出现了药价快速下滑的趋势，使得西方仿制药企业逐渐丧失了竞争力。随着以印度仿制药为代表的廉价产品大规模进入美国，美国仿制药市场的集中度逐渐降低。市场集中度的下降，进一步加剧了竞争。激烈的价格竞争导致大量的产品无利可图，最终因无企业生产而出现了市场短缺。为了解决这种困境而又不影响仿制药继续降价，美国 FDA 出台了多种措施，例如，制定竞争不充分的产品清单、开通"竞争性仿制药疗法"（Competitive Generic Therapy，CGT）认定、开放短缺药有条件进口、推进 ICH 成员国互认申报资料等。

除了药价下降、市场萎缩，深耕美国市场的西方仿制药巨头正在经历严重的危机。第一重危机是资产减值，第二重危机是美国的阿片保卫战。随着市场步入成熟期，竞争显著加剧，制药巨头们为了简化竞争格局、维持市场领先的地位，在 2010~2016 年间频繁发动大规模兼并，仿制药企业的估值也因此被大幅炒高。自 2016 年开始，美国仿制药市场逐年萎缩，仿制药企业的估值因此而大幅回调。因此，凡是在 2010~2016 年开展了大规模兼并的企业都出现了大幅资产减值，而负债兼并的企业，财务杠杆就会随着净资产的萎缩而快速升高，最终演变为债务危机。2016 年，美国爆发了阿片保卫战，凡是曾经销售过阿片药物的公司，都面临着巨额索赔，Teva 的诉讼索赔超过了40 亿美元，这足以清空该公司数年的净利润。在多重不利因素的影响下，多个西方仿制药巨头走向了破产的边缘，而 Teva、Mylan 等顶级巨头的市值也一度跌破了净资产。

随着美国市场的不断萎缩，欧洲超越了美国成为全球最大的仿制药市场。据 IQVIA 发布的报告，欧洲市场的仿制药销量占比约 70%，销售额占比为 19%，相比美国市场的 90% 和 18%，仍有一定发展空间。然而总市场虽大，但零碎分散在 40 多个国家或地区，这些国家 / 地区的语言文化、对品牌药的忠诚度、仿制药市场的成熟度和药品政策都存在巨大的差异，为跨国仿制药企业的产品准入和市场运营带来了巨大的挑战。尽管前五的德国、法国、意大利、英国和西班牙市场集中了欧洲 50%~60% 的份额，但竞争压力并不明显逊色于美国，而且这些国家的价格政策、招标方式、支付和报销制度都存在巨大的差异，没有一个巨头能在 5 个市场同时保持领先。除这五个国家外，欧洲市场高度分散，很多国家人口不足 1000 万，市场开发和运营成本极高，渠道建设的投资回报非常有限。所以，即便是顶级跨国仿制药巨头，也只能有选择地进入一部分国家的市场。另外，各国政府对市场的干预较大，可预期性相对较低，以产品出口为核心的跨国药企想在欧洲建立广泛的领先优势极其困难，这或许是印度仿制药巨头难以成功开发欧洲市场的主要原因。

亚洲方面，日本是首个推动仿制药替代的国家，由于政府的大力推进，让日本在短短十几年间从一个"品牌药忠诚度极高"的国家演变为仿制药被广泛使用、替代率超过80%的国家。2003~2015年为日本仿制药市场的高速增长期，企业发展也非常迅速。2016年起，日本开始严格控制仿制药的价格，使得仿制药市场增速大幅放缓，价格迅速下滑。通过定期的价格修订，日本已成为仿制药价最低的发达国家之一。由于药价低廉、无利可图，大量在日本仿制药市场高速成长期进入日本的跨国企业选择了逃离，本土仿制药企业也被迫出海。2020年以来，日本仿制药替代率一直维持在80%上下，但由于药价不断下跌，市场规模萎缩了约20%。

截至目前，大部分发达国家已基本实现了仿制药替代，市场也相继进入了成熟期，甚至衰退期，前景不容乐观。根据IQVIA发布的报告，发达国家在2023~2027年间，非品牌仿制药支出的复合增长率预期仅为0.4%，而发达国家中的前十复合增长率仅为-0.1%。除了发达国家，越来越多的发展中国家也实施了仿制药替代，如中国、巴西、土耳其、黎巴嫩等，随着仿制药替代的不断推进，其价格也会快速下降，甚至出现市场萎缩。与发达国家相比，这些国家的仿制药替代率、仿制药销量占比、人均仿制药销量、高壁垒仿制药在仿制药中的销量都较低，说明市场仍有发展空间。尽管中国市场因集中带量采购引发药价剧烈下降而出现了市场萎缩，但可能仅是价格下降过快而引起的暂时性衰退。

发达国家发展仿制药的主要意义是节省医疗开支，而经济欠发达国家发展仿制药的主要意义是提高药品的可及性。由于发达国家原研药可及性高，药品可及性的问题并不突出，但经济和产业的发展具有严重的不平衡性，大部分国家存在或在一定历史时期存在"缺医少药"的问题。在"缺医少药"的国家或"缺医少药"的特定历史时期，政府通常会制定有利于仿制药发展的政策，以迅速提高药品可及性。纵观当今世界，仍有30~40亿人口存在缺医少药的问题。由于这些市场发展较为滞后，成熟度较低，因此将会在相当长的一段时期内保持增长。据IQVIA发布的报告，新兴市场国家和低收入国家在2023~2027年间，非品牌仿制药支出的复合增长率预期将分别高达10.0%和9.7%，因为二者的拉动，全球非品牌仿制药支出的复合增长率将达3.0%。

尽管新兴市场和低收入国家市场的前景相对光明，但市场极其零碎而多样化、药价较为低廉，市场监管和流通机制不完善，渠道的开发和维护成本极高，在短期内难以代替发达国家市场成为巨头们新的销售额增长点，甚至无法弥补美国市场萎缩带来的销售额损失。因此，全球诸多仿制药巨头的业务增长相继遇到了瓶颈。

五、非专利药的新盛宴——biosimilar

生物仿制药（biosimilar）属于广义仿制药的范畴，随着生物制品在医药市场中的比重不断增加，biosimilar 将是未来非专利药市场的主要增长点。IQVIA 报告预计，全球在 2027 年的生物制品消费将超过 6700 亿美元，市场潜力巨大。根据 medicine for Europe 的数据，在未来的十年里（2023~2032），将有 110 个新生物制品面临专利悬崖，全球 biosimilar 市场有望超过 1300 亿美元。

2006 年，EMA 批准了两个生长激素的 biosimilar 使得 biosimilar 进入人们的视野，而且此后不久，多个欧洲国家将 biosimilar 纳入了替代计划。根据 medicine for Europe 的数据，自首个 biosimilar 批准以来，已经为欧洲省下了超过 500 亿欧元的医疗开支，仅 2023 年节省的费用就超过了 100 亿欧元。美国 FDA 在很长一段时间里未开放 biosimilar 的审批通道，导致美国 biosimilar 的发展明显滞后。直到 2015 年，首个 biosimilar 才经过简化审批程序获得批准，而且无法相互替代。2019 年，美国 FDA 出台了 biosimilar 互换使用的相关指南，biosimilar 经过指南规定的互换性研究并获得可互换性认定就可相互替代。由于美国是全球最大的生物制剂市场，biosimilar 的发展极其迅速，根据 AAM 发布的报告，2015~2023 年间，biosimilar 为美国节省的医疗开支高达 360 亿美元，其中仅 2023 年就高达 124 亿美元。

截至 2024 年 5 月，EMA 已经批准了 26 种生物药的 biosimilar，美国 FDA 也批准了 21 种 biosimilar，随着美欧两大市场都被允许替代，biosimilar 度过了市场导入期。除了市场潜力巨大，biosimilar 的毛利水平也明显高于仿制药，不但是众多仿制药巨头转型的必经之路，也是诸多生物技术公司和创新药巨头快速丰富产品管线的捷径。相比仿制药巨头，生物技术公司和创新药巨头具有明显的技术和资金优势，所以在竞争赛道上很快建立了龙头地位。

与化学仿制药不同的是，biosimilar有很高的进入壁垒，技术难度大、研发成本高，一般的仿制药企业很难占到优势。随着欧洲和美国相继允许biosimilar替代，其市场规律和行业逻辑越来越接近于化学仿制药——通过低价抢夺原研药的存量份额，随着竞争对手数量的增加而价格快速下降。所以，biosimilar也必须强调先发效应，最好的市场机遇只属于处在赛道龙头地位的企业。不过与化学仿制药不同的是，biosimilar具有一定的开发增量的机会——某些原研生物药因治疗成本过高或学术推广不充分而市场开发不彻底，价格大幅下降以后可能出现一定的增量空间。这种增量空间与高价药的医保覆盖程度有关，覆盖越好的国家（如美国）越小，反之亦然。虽然有"增量空间"存在，但"产品收益随竞争对手的增加而下降"的市场规律不会改变。

截至2023年，全球已有200多个生物制品获批上市，除去因不良反应退市的、市场机会较低的、专利保护期较长的产品，当前有价值开发biosimilar的品种不超过30个。虽然未来十年内将有110个生物制品面临专利悬崖，但有价值开发biosimilar的产品数量相比小分子化学药相差甚远。此外，生物制剂的特点是价格高、销量小，一旦竞争企业太多，价格竞争将异常激烈，市场也会快速萎缩。如表4-3所示，由于价格竞争加剧，2021~2023年间，biosimilar巨头的销售额都没有明显增长，甚至出现了萎缩，有的企业在年报中明确提到"竞争加剧""价格下降""盈利能力降低"。因此，biosimilar的布局，必须从公司的技术和财务实力出发，差异化地选品，以保证拟布局品种的先发效应，并有选择地进入某个市场。

表4-3　制药巨头的biosimilar销售额变化（亿美元）

企业＼年份	2015	2016	2017	2018	2019	2020	2021	2022	2023
Biogen	0	1.01	3.8	5.45	7.38	7.96	8.31	7.56	7.70
Pfizer	0.63	3.19	5.31	7.69	9.11	15.27	23.43	21.49	17.35
Amgen	0	0	0	0.55	5.68	16.96	21.77	16.77	15.85
Lilly	0	0.86	4.32	8.01	11.13	11.24	8.93	7.60	7.28
Samsung	1.27	2.71	2.78	3.35	6.57	6.59	7.40	7.26	9.17

年份 企业	2015	2016	2017	2018	2019	2020	2021	2022	2023
Biocon	—	—	1.18	2.23	3.29	3.77	4.69	6.88	6.76
Celltrion	4.17	5.79	8.36	8.93	9.69	4.17	15.42	10.08	11.13
Sandoz（诺华）	8.01	9.27	10.72	13.88	15.71	19.42	21.43	19.28	22.15

注：Lilly 只包括甘精胰岛素的数据。

综上，biosimilar 潜力虽大，但只适合少数有财力及技术基础的企业布局。由于大型 biotech 公司和创新药巨头的卷入，很多国际仿制药巨头都显得力不从心。为此，晖致打包出售了 biosimilar 业务，以全力打造品牌仿制药或非专利品牌药业务。

第三节　仿制药企业的战略制定与选择

一、仿制药企业的公司战略

虽然与创新药同为处方药，但创新药是典型的技术驱动性产业，因有专利保护，产品在一定时期内是稀缺资源，仿制药是在政府的推动下才兴起的产业，具有较高的政治属性，市场化程度更低而且产品为同质化的非稀缺资源，价格竞争贯穿着始终。受各国医疗费用控制政策的影响以及仿制药价格竞争的动态性、显著的行业周期性，使仿制药企业的外部环境更加动态，企业保持竞争优势的难度更大（表4-4）。这要求仿制药企业的运营策略、运营方式更加灵活多样，制定和调整战略的复杂性更高，战略调整频率也更大。

仿制药企业在制定或调整战略时，考虑问题的出发点、分析内外部因素的方式方法与创新药企业相似，但由于仿制药行业的进入壁垒更低、产品生命周期更短、市场化程度更低，是典型的成本效益经济，所以在内部环境因素分析时，要更注重动态能力和运营能力方面的优势识别。

表 4-4　仿制药企业和创新药企业外部环境异同分析

外部环境	创新药企业的关注重点	仿制药企业的关注重点
政策环境	创新药的准入政策、支付政策和专利政策——决定创新药投资回报的高低	仿制药的价格政策、招标和使用政策——决定仿制药的利润和市场兴衰
经济环境	人均可支配收入、政府财政收入、医疗支出在 GDP 中的占比，政府医疗支出在总医疗支出中的占比，政府医疗支出在总财政支出中的占比——决定创新药的支付能力	人均可支配收入、政府财政收入、医疗支出在 GDP 中的占比，政府医疗支出在总医疗支出中的占比，政府医疗支出在总财政支出中的占比——决定药价控制力度
社会环境	利益相关者的声音，尤其是患者和投资者的诉求——从中可以找到产品创新的方向	消费理念、消费方式和消费习惯变化——决定差异化战略和品牌仿制药战略的管线布局和渠道选择
技术环境	新技术、新靶点的发展和应用——有望开启一个新的大市场；政府的科技政策	新工艺、新设备的应用——有望大幅降低制造成本或有助于开发高壁垒产品
人口环境	人口规模、人口结构、种族、性别——影响疾病谱特征和流行病学，进而决定市场需求变化	人口规模、人口结构、种族、性别——影响产品布局和差异化思路
自然环境	环保政策、自然灾害——体现企业的社会责任	环保政策、能源价格——影响仿制药的制造成本
市场与行业环境	市场化程度，政府的产业政策	市场的生命周期，可仿资源的大小、市场化程度、市场集中度、产业结构的变化等
竞争与合作环境	各聚焦赛道的拥挤度，关键合作伙伴的数量、质量及其战略，收购或兼并竞争对手与合作伙伴、构建战略网络的可行性	各布局产品的竞争对手数量、质量，主要竞争对手的战略，关键合作伙伴的数量、质量及其战略，收购或兼并竞争对手与合作伙伴、构建战略网络的可行性

　　以上内容仅为个人经验总结，可能不全面或无法因地制宜，仅供理念参考。

　　企业战略制定或调整过程可以简要描述为：①通过外部因素分析，识别行业发展趋势和潜在机遇；②通过内部因素分析，筛选出企业在行业中处于领先地位或其他企业不具备的资源与能力；③内部优势与外部机会有机结合，筛选出企业能够利用好而其他企业难以利用甚至无法利用的市场机会，并以此为战略方向规划战略目标、培育和强化核心竞争力。为了形象地描述仿制药企业的战略制定过程，本文以山德士（Sandoz）的战略为例进行分析说明。

山德士是全球最大的仿制药巨头之一，曾是诺华的仿制药部门，于 2022 年被诺华剥离。山德士拥有通用仿制药和 biosimilar 两大业务，2022 年的总营收为 90.69 亿美元，净利润为 8.5 亿美元。由于利润低下而被诺华剥离，加之仿制药企业的市盈率普遍较低下，山德士独立后最重要的任务是制定一套清晰而科学的战略，通过合理有效的战略承诺来提振投资者的信心，稳定或提高股价，让原始股东利益在剥离过程中最大化的同时，增加公司的融资能力，以便于后期的业务发展。为此，山德士独立后的首个战略承诺是向股东做出的——用战略手段推动股东价值提升（strategic levers to drive shareholder value）。

首先，山德士进行了外部环境分析，以找出发展机遇。全球拥有 2330 亿美元的非专利药市场（指通用仿制药和 biosimilar），而且在此后的十年里将以 7% 的复合增长率增长，其中 biosimilar 的复合增长率更是高达 19%。为了抓住这些机遇，山德士将在具有吸引力、非专利药持续增长的市场中运营业务，而这些市场增长的驱动因素包括人口增加、老龄化、慢病发病率上升、医疗系统和付款人对低成本药物的追求、持续而稳定的可仿资源。通过现有的产品组合、不断推出新品并扩大用药患者人群，山德士有望实现长期的销量增长，且销量增长所带来的收入增量大于价格下滑所引发的收入萎缩，即实现销售额增长。

其次，山德士进行了内部因素分析，识别了自身的核心优势，进行清晰的战略定位。山德士是全球仿制药和 biosimilar 市场领导者，拥有 1500 多种仿制药和 biosimilar 的产品组合，每年可在全球 100 多个市场，为 8 亿多人口提供药物。仿制药和 biosimilar 的领先地位有助于公司平衡风险和机遇，以在中期内实现显著的销售额和利润增长。另外，山德士具有全球性的业务版图和影响力，是欧洲市场的领头羊，在欧洲 40 多个市场都有业务，而且在大多数顶级市场中都处于数一数二的位置，北美地区虽然稍弱，但也是美国第五大和加拿大第二大仿制药和 biosimilar 供应商。因此，山德士的重心是保持欧洲市场的持续领先优势，同时在北美和选定的国际市场快速扩张。Biosimilar 的优势尤其明显，目标是在全球关键性市场中建立和保持领先的地位。

再次，外部机遇与内部优势有机匹配而形成战略——剑指价值 3700 亿美元的可仿资源（按原研药专利失效前一年销售额或预测销售额统计，通常只有很小一部分会转化为初始的非专利药市场），多重动力驱动顶线增长。山德士拥有 400 多个仿制药的研发管线，覆盖了近 1700 亿美元的可仿资源，拥有 20 多个分子的 biosimilar 研发管线，覆盖了 2000 亿美元的可仿资源。为了保持公司在仿制药和 biosimilar 市场的持续领先地位，将采取以下战略措施：①利用好产品开发和市场渗透方面的专业知识和卓越表现；②利用好近期高价值的 biosimilar 管线；③通过增加 biosimilar 和复杂仿制药来强化产品组合；④利用战略伙伴关系强化产品组合、增加技术获取机会；⑤不断扩大产品组合的广度和强度。

最后，制定一定期限内（2023~2028 年）的战略目标。山德士公开的集团战略目标主要有三个：一是提高业务盈利能力，将 EBITDA（税息折旧及摊销前利润）水平提升 24%~26%；二是通过合理的资金配置生成强大的现金流，让 2028 年的自由现金流相比 2022 年翻 2.5 倍；三是可持续性和影响力建设。

提高业务盈利能力方面，山德士将在中期内专注提高业务的盈利水平。随着投资组合的不断简化、向高附加值产品的逐渐转移，利润有望随销量的增加和产品组合的扩大而增长。另外，公司计划通过供应商网络强化、重点垂直整合、采购优化和卓越运营等措施改善供应链，以提升运营效率，尝试使用学习型运营组织的模式来提升组织效率。

现金流方面，随着 EBITDA 的不断增加、EBITDA 到现金转换率的逐渐提升和营运资金的逐渐优化，公司在 2028 年的自由现金流有望比 2022 年增加一倍以上。良好的资产状况（2022 年负债率为 50%，净资产为 87.6 亿美元）和信用评级，为公司的资本配置提供了很大的选择空间。为了实现业务的长期增长，并让股东获得有吸引力的投资回报，公司将严格遵循以下顺序进行资金分配：①资金再投资，以实现业务可持续的有机增长；②通过渐进式且与业绩挂钩的股息政策向股东分红；③富余的资金将用于可创造价值的并购、业务发展与许可授权中。

可持续性和影响力建设方面，山德士作为一家全球性的公司和行业领头羊，在肩负重大责任的同时，也更有能力和机会通过公司宗旨和战略对社会产生积极的影响。山德士的环境、社会和公司治理（ESG）战略将围绕着四大重心展开：①在全球范围内供应非专利药，为各国医疗系统节省开支；②在公司的经营中，嵌入对环境的责任；③倡导整个组织的多样性、公平性和包容性；④建立强有力的管理架构，以推动最佳实践的报告与行为准则，确保透明度、问责制和道德行为。

如上所述，山德士在公司战略中涉及全球化、供应链垂直整合和收购，它们分别对应了国际化战略、纵向一体化战略和横向一体化战略，这些战略类型在仿制药企业中较为常见，均为增长型战略。另外，某些经营品牌仿制药的企业，通常也会同时经营 OTC、保健品和消费品（如洗发水、香皂等日化用品），故还涉及相关多元化战略。除了增长型战略，有的企业还可能会实施稳定型战略和收缩战略，这与公司的自身情况和市场机会有关，如果市场利好，企业大多会实施增长战略，如果市场利空，风险较大，企业就可能实施稳定型战略或收缩战略。

Teva 在 2017 年的战略

战略聚焦于充分利用优势——包括世界最大的仿制药业务，聚焦的专科药业务，全球性的 OTC 业务，强大的研发和 API（原料药）供应能力，全球性的规模和基础设施——以更好地满足客户需求。战略的基础是，通过强大的专科药和仿制药产品开发推动收入来源的增加和利润流的多样化，进而不断改善财务状况。战略的重心是生成现金和偿还债务，随着战略的严格执行，将创造可观的现金流，努力偿还债务，以维持信用评级。

战略抓手包括以下几个方面。

第一，推动仿制药业务的持续增长并提高盈利能力。Teva 是全球领先的仿制药公司，能够在全球范围内供应高质量且具有价格竞争力的产品，Teva 强大的传统业务与阿特维斯业务相结合后，不仅拥有全球领先的产品组合，全面的研发能力，强大的研发管线，还形成了全球性的高效运营网络。①广泛的业务覆盖。Teva 是美国市场的领导者，同时在 40 多个国家和地区，市场份额处于前三的位置；②拥有超过 1800 个分子的全球性产品组合，每天可以治疗数百万患者；③拥有世界领先的仿制药研发管线，截至 2016 年 12 月 31 日，330 个产品的 ANDA 申请正在等待美国 FDA 的批准，仅在 2016 年，在欧洲有 1655 项仿制药申请获得 EMA

或 30 多个成员国的批准，在欧洲 37 个国家等待批准的申请更是高达 2435 项；④拥有世界一流的产品组合，其中涵盖了大量小众产品，这将降低 Teva 对单一产品的依赖，分散销售额波动的风险。

第二，通过重组整合提升效率与效能，以获取收购阿特维斯的协同效应。Teva 试图通过业务管理，从收购阿特维斯中获得最大利益，与此同时，扩大成本削减活动，以持续提高业务的盈利能力。

第三，兑现专科药管线的承诺。Teva 试图在中枢神经系统（包括多发性硬化症、神经退行性疾病、运动障碍、疼痛护理和偏头痛）和呼吸系统（包括哮喘和慢性阻塞性肺病）等核心治疗领域建立领导地位。利用核心治疗领域的现有平台开发有前景的管线资产，以解决多发性硬化症、亨廷顿病、慢性疼痛、偏头痛和严重呼吸系统疾病等适应证。

第四，维持 Copaxone（格拉替雷）和其他关键性专科药产品的销售额。从 2014 年起，在美国和其他相关国家相继推出了每周注射三次的格拉替雷配方（40 mg/mL），从而丰富了格拉替雷的治疗方案。在 2016 年推出了 Bendeka（苯达莫司汀新配方），在强化了抗肿瘤产品管线的同时，丰富了苯达莫司汀的治疗方案。Teva 将继续通过专利防守、患者支持计划和产品升级等措施，努力维持格拉替雷和其他产品的销售额。

（一）国际化战略

仿制药市场较小，竞争较激烈，具有较大的市场需求和降本需求，制定国际化战略的理由有以下几个。第一，仿制药仅占全球医药市场的 30% 左右，大部分美欧发达国家不足 20%，本土市场规模越小，对海外市场的期望就越高。第二，随着价格竞争的加剧，产品生命周期不断缩短、利润水平不断下滑，企业只有开发足够多的市场，才能最大化产品的生命周期和投资回报。第三，利用各个市场供需关系的差异性，为产品寻找二次定位的机会，以提升产品的回报率。第四，仿制药产品附加值较低，通过全球性价值链优化，可以有效降低供货成本。第五，为了获取廉价的劳动力资源和环保成本，如西方企业将产业链转移至印度。

国际化战略的制定过程，应以内部资源能力为出发点，确定国际化的速度与程度。大部分中小企业国际化的第一步是在一个或数个海外市场申报批文，然后与当地的公司合作，从而实现产品出口，即初级国际化阶段。随着对目标市场的逐渐熟悉，有的企业就会在目标市场收购不良资产加以盘活，将海外市场逐渐发展为单独的一块业务，从而迈入高级国际化阶段。大型企业则一般有较强的资金基础和运营能力，为了快速国际化，通常会战略性收购一家或多家业务运营良好的企业，经整合后成为海外业务部门——直接进入高级国际化阶段。企业国际化的过程可以视作价值链的扩张与延伸，最高水平的国际化（超级国际化阶段）是指企业能够利用全球的资源和供需差异优化价值链，而目前能达到这一高度的，只有全球顶级仿制药巨头（如 Teva、Sandoz）。

目标市场的恰当选择是国际化取得成功的关键。初级国际化的企业应仔细分析目标市场的人口规模、收入水平、仿制药政策、监管法规、招采机制、宗教文化，拟出口产品的市场大小、竞争情况、价格水平及可建立合作的公司或代理商等。高级国际化的企业因需要在目标国市场稳定运营业务，还需要进一步研究目标市场的政局稳定性、与母国的政治友好度、市场的长期发展潜力、公司在目标市场的竞争优势和跨国运营能力，并新建销售渠道、收购公司、开办子公司或建立合资公司等。

选择合适的国际化模式，面向各个市场建立差异化的产品组合或投资组合。北美、欧洲、亚太地区的发达国家市场以通用仿制药为主，企业无需自建销售渠道，产品包选择应重视在目标市场供应不充分、具有成本优势、高壁垒、差异化的品种。亚洲、非洲、南美洲的大部分市场因药品的可及性未得到根本性解决，产品以品牌仿制药为主，企业可能需要自建或与当地企业合作建立渠道推广营销，产品包选择应重视抗感染药、慢病用药、OTC、急救用药、廉价的基本用药等。由于各市场供需状况的差异、供求状况的动态性，企业需在各个关键市场保持足够量的批文，以实现动态调整产品供应，不断二次定位产品。

仿制药巨头 Teva 的国际化之路

Teva 原本是以色列的一家药店，经半个世纪的发展成为以色列最大的制药企业。由于以色列市场狭小，国际化是该公司无法逃避的宿命。

Teva 的国际化进程可以追溯到 20 世纪 70 年代中期。1976 年，Assia-Zori 公司与原 Teva 公司合并为新 Teva，并任命 Eli Hurvitz 为 CEO。在 Eli Hurvitz 的带领下，Teva 开启了国际化之路。起初，Teva 只是对外出口原料，于 1977 年首次在欧洲布局业务，1982 年，卡法萨巴的原料工厂获得了美国 FDA 认证，开启了原料出口美国之路。

美国《Hatch-Waxman 修正案》实施以后，仿制药市场迎来了快速发展的春天。为了抓住机遇，Teva 开始在美国布局仿制药业务。1985 年，Teva 与化工企业 W.R. Grace 组建了合资公司 TAG Pharma，并在合资公司成立后不久又低价收购了不良资产 Lemmon，通过战略性的改造与盘活，将 Lemmon 打造为美国的销售部门。随着美国业务的开展，Teva 的国际化程度站上了全新的台阶。

由于高效的业务布局，Teva 在两年内就有 7 个品种上市销售，销售额达到了 4000 万美元。1987 年，Teva 在纳斯达克挂牌上市，募集资金后吞并了以色列第二大药企 Abic Ltd，从而巩固了"大后方"。通过精明的国际业务布局和高效的 ANDA 批文开发，Teva 在 1990 年的营收已达 3 亿美元，几乎已是美国市场屈指可数的仿制药"巨头"。

20 世纪 90 年代前期，美国仿制药市场出现了一个特征鲜明的"调整期"，市场增长缓慢而竞争异常激烈。然而此时，欧洲部分国家（如英国、荷兰、德国）开始重点发展仿制药或推进仿制药替代，Teva 为了不失良机，快速在欧洲布局业务，先后收购了德国的 GRY Pharm、意大利的 Prosintex 和 ICI、匈牙利的 Biogal、英国的 APS/Berk、荷兰的 Pharbil 和 Pharmachemie 等企业，到 2000 年时，Teva 在欧洲已有 11 家子公司，共销售 300 多个仿制药品种，1700 多个品规，总销售额达 4 亿美元。

20 世纪 90 年代后期，美国 FDA 的审批速度有了明显回升，而且面临专利悬崖的产品也开始增多，每年释放的可仿资源总量超过了 100 亿美元。为了最大限度地抓住市场增长所带来的红利，Teva 加大了对北美市场的业务布局，先后收购了美国 Biocraft、Copley pharma 和加拿大 Novopharm，以建立领先的地位。这几家公司在当时都属于大型仿制药公司，虽盈利不理想，但均能够被盘活。一方面，仿制药公司的固定资产占比普遍较高，只要注入新技术、批文和资金，通常能够重获新生；另一方面，行业处于上升期，资产增值的概率较大，只要通过有效的价值链协调与优化，就能扬长避短。经过高效的整合，Teva 的北美业务销售额在 2000 年达到了 10.3 亿美元，美国的仿制药市场份额仅次于 Mylan，成为美国市场的第二大仿制药巨头。

21 世纪的第一个十年，是美国仿制药市场发展的黄金时期，为了建立和巩固美国乃至北美市场的领先优势，Teva 在 2002~2007 年间，花了近 115 亿美元，收购了 2 家原料药生产厂和 5 家仿制药公司。通过对 Sicor 的兼并，Teva 不但大幅增强了美国的业务能力，同时也获得了墨西哥、意大利和立陶宛等国家的生物仿制药业务，又通过对 Ivax 的兼并，使得 Teva 成了全球领先的吸入剂生产商，不但为后续的品牌药管线搭建提供了技术支持，同时也为提高仿制药盈利水平做了铺垫。

通过 7 次兼并，Teva 不但巩固了美国市场的龙头地位，而且基本完成了新蓝海市场——欧洲的布局，总销售额也从 2001 年的 25.19 亿美元增长至 2007 年的 94.08 亿美元，坐稳了全球第一大仿制药巨头的宝座。2007 年，Shlomo Yanai 接替 Israel Makov 成了新一任 CEO。在 Shlomo Yanai 的带领下，Teva 制定了全新的战略目标——"2012 年的销售额突破 200 亿美元，净利润率超过 20%"，为了实现该目标，Teva 制定了五项战略措施：①扩大关键市场的市场份额，扩大在美国市场的领先优势，建立欧盟、拉美和其他重要国家的领先优势；②将研发能力和制造产能翻倍，抓住更多新品在关键市场率先上市的机会，在美国提交更多的 paragraph 4 类专利声明（专利挑战）；③通过扩大产品组合或其他方式来快速响应客户的需求，包括上市更多新品、拓展产品组合、优化全球供应链，帮助客户有效地解决库存，根据客户需求制定运输方式等；④持续投资技术、设施和产能，以满足生物制剂的研发和生产；⑤建立临床属性差异化的创新药产品管线，为患者、保险创造真正的价值。

为了强化美国市场的领先优势，Teva 以 75 亿美元收购了 Barr，美国仿制药市场的份额提升至 22%。为了建立欧盟市场的领先优势，Teva 花了近 60 亿美元，吞并了德国仿制药巨头 Ratiopharm 和西班牙仿制药企 Bentley，获得在德国市场与 Sandoz 平分秋色的地位。而为了建立拉美和其他主要市场的领先优势，Teva 在 2011 年收购了秘鲁仿制药企业

Infarmasa，并通过与 Kowa 的合资公司收购了日本大正（Taisho）与大洋（Taiyo），合计投入超过 15 亿美元。

经过 Shlomo Yanai 五年的高效操盘，Teva 实现了 2012 年销售额达 200 亿美元的目标，也因此走向了巅峰，股价和市值几乎也达到了历史的最高点。2014 年，Erez Vigodman 成了新 CEO，在他的带领下，Teva 开始了全球范围内价值链的协调与优化。在 2014 年的战略中，Teva 将全球范围内的价值链优化作为了重点。第一，强化基础设施，推动有机成长。巩固仿制药和专科药业务的基础设施，在业务运营中创造额外的价值。业务架构重组，建立全球性的仿制药业务部门，以提高聚焦度和运营效率。第二，聚焦关键性的增长型市场，将主要精力集中在少数、大型的增长性市场，建立和扩大领先地位，通过有机和无机两种方式推动业务增长。第三，开展降本行动，持续提高全球生产工厂、采购活动及其他方面的运营效率。

随着全球价值链优化的推进，Teva 进入了国际化的超级阶段。2015年，Teva 以 405 亿美元的价格兼并了仿制药巨头 Actavis、以 23 亿美元的价格收购了墨西哥仿制药巨头 Rimsa，并与武田建立合资公司强化了其日本仿制药业务的影响力……经过一系列的兼并，Teva 在全球 100 多个市场建立了影响力，并且在 40 多个市场中达到了份额前三的位置。

（二）多元化战略

时至今日，发达国家的仿制药市场几乎已步入成熟期或衰退期，竞争白热化而利润低下。在市场形势不利的情况下，企业的战略选择通常是通过竞争战略建立竞争优势、开发细分市场或有机会的区域性市场、战略转型（如布局 OTC、创新药、biosimilar 等）、多元化、收割或撤退。虽然多元化是在行业机会不足的情况下，企业获取增长点的主要路径，但越来越多的制药企业放弃多元化，说明多元化并不适合所有企业。

仿制药企业分两类，一类是主营通用仿制药的企业，另一类是主营品牌仿制药的企业。通用仿制药主要被政府、集中采购组织（如 PBM、GPO 或 DRG 的病种基金）集中采购，不需要企业自建销售渠道、推广和营销。所以，营销和销售是通用仿制药企业能力最薄弱的环节，而且不论是集中招标还是打包谈价，通用仿制药的销售环节都很难与其他产品形成资源共享。另外，制药企业的固定资产是高度专业化的，无法直接用于其他行业的产品生产或加工，这意味着资源与能力最为集中的生产环节也难以形成资源共享。因此，相关多元化为通用仿制药企业带来的规模经济和范围经济效益非常有限，而且很少有通用仿制药巨头成功多元化。品牌仿制药因为需要企业的品牌推广和宣传，通过特色服务将原本没有品牌的产品差异化或品牌化，所以营销和销售能力通常较强，渠道资源和终端资源也比较多，更容易与其他行业的产品形成资源与能力共享，国际上也有多个成功的案例，如 Aspen、Stada 等。

　　品牌仿制药相关多元化的出发点一般有三种，分别是品牌共享、客户共享和渠道共享。品牌共享是指企业在品牌树构建和延伸的过程中，引入关联度较高的消费者保健品，以共享品牌或进一步提升品牌影响力。品牌仿制药企业的产品管线一般是 OTC– 品牌仿制药 – 非专利品牌药 – 品牌化仿制药（通过企业品牌、特色服务、商标或管线内其他产品带动将通用仿制药品牌化）– 改良型品牌药 – 保健食品 – 个护产品混搭的，核心是共享企业品牌或管线中的知名品牌。例如，某公司在以阿伦磷酸（品牌化仿制药）、降钙素（品牌化仿制药）、维生素 K_2（品牌化仿制药）、碳酸钙（OTC）、维生素 D（OTC）为基础的管线中，加入保健品版的碳酸钙与维生素 D、保健牙膏，不仅能共享品牌，还有望进一步提升品牌影响力。但需要注意的是，过度多元化或不合理的品牌共享会危害品牌形象、降低品牌差异性、稀释品牌效应。客户共享是面向特定的用户群，推出一系列用户可能使用到的产品，例如，某公司在孕妈管理的产品管线中，融入了多元维生素制剂（OTC）、铁制剂（OTC 或保健食品）、钙制剂（OTC 或保健食品）、孕妈化妆品、阴道清洗剂（品牌化仿制药）、脐带护理品、消毒剂、爽身粉甚至卫生巾等。共享渠道是指企业对受控渠道或终端推出一系列产品，以提升渠道建设和维护的投资回报率。一般情况下，OTC、保健食品（如滋补品、药膳药饮、特医食品）、药妆、个护产品、保健牙膏、漱口水、消毒剂、自我护理器械等产品都能够与品牌仿制药共享渠道，也是多元化企业常见的布局方向。

　　品牌仿制药企业的多元化战略制定思路与 OTC 企业基本一致，更多信息请参见第五章。

（三）垂直一体化战略

仿制药是非稀缺性资源，存在激烈的同质化竞争，利润低下，为了增加利润规模或提高差异化程度，大部分企业会选择向前或向后一体化。根据 AAM 报告，批发商、配送商和药店分走的利润，占仿制药价值链总值的40%，而生产企业仅占 36%，因此，向前一体化，控制批发商、配送商和药店有望大幅增加利润规模。另外，向前一体化还可以通过服务提升产品的差异度，对于品牌仿制药公司而言，意义非凡。因此，向前一体化战略在品牌仿制药公司中较为常见，国内也有多个药企拥有或控股着连锁药店。通用仿制药公司向前一体化的现象虽然并不突出，但 Teva、Amneal、Actavis 等巨头在美国市场都曾拥有自己的配送商或经销商。值得一提的是，一体化的移动壁垒或进入壁垒不可忽略，药品配送行业的集中度非常高，规模效应非常显著，进入难度较高。药店行业的进入壁垒虽低，但资源过剩而高度分散，竞争异常激烈，盈利非常困难。另外，配送、批发、零售等商业企业的经营理念、经营方式与生产企业并不相同，很容易引发决策失败、决策效率低下等问题，所以，国内已有大量的药企放弃了自己的连锁药店。

相比向前一体化，向后一体化的重要性更为突出。仿制药是典型的成本效益经济，对原料药的质量和价格高度敏感，如果企业无法控制原料药质量、价格，业务发展或产品布局可能丧失主动性。相反，原料（尤其是高壁垒原料）的开发与制造能力，是仿制药企业的核心竞争力。仿制药企业自主生产原料药的利弊如表 4-5 所示。

表 4-5　仿制药企业自主生产 / 外购原料的优缺点

自有原料的优点	外购原料的优点
1. 可以保障高质量原料的持续、稳定供应； 2. 可以通过优化工艺降低成本； 3. 可以避免价值链损耗，提高利润规模； 4. 可以开发高壁垒品种或无市售原料的品种； 5. 可以提前布局，获得率先上市的机会； 6. 可以根据企业的需要合理安排产能，周转资金； 7. 可以对外出售原料，获得利润	1. 可以降低投入，实现轻资产运营； 2. 直接使用市售原料可以加快产品的研发速度； 3. 因为原料生产商的经验曲线和规模经济效应，市售价格可能更低； 4. 可以通过建立战略联盟或生态网络的方式与原料供应商共存，以获得持续供应； 5. 可以灵活更换供应商或根据产品的效益判断是否继续生产，具有更高灵活性

续表

自有原料的缺点	外购原料的缺点
1. 某些原料的成本可能高于市面价格，尤其是规模经济效益较明显的大宗原料； 2. 可能丧失灵活性，在遇到风险时，无法快速转型，如制剂被淘汰，原料也将淘汰； 3. 一体化实际是对抗社会分工，需一一强化各供应链环节来获取优势，财务投资较大； 4. 各个环节的管理可能出现不协调的现象； 5. 大规模投资新建的原料生产设施可能会因为技术的进步而快速淘汰	1. 原料可能被垄断或其他商业行为导致供应中断、涨价或质量不稳定； 2. 可能间接泄露产品技术机密； 3. 产品开发受制于人，机会品种因原料无法采购而无法开发； 4. 关联的原料供应商可能在产品获批后坐地起价或被经销商层层加价； 5. 某些产品只剩原料生产环节的利润，外购原料将无利可图

　　第一，通用仿制药的核心成本是原料药，原料成本的高低决定产品是否盈利。一方面，随着药价的不断下滑，很多通用仿制药企业的定价逻辑已经完全跳出药品经济学，直接按底价（原料销售价格 + 加工费 + 辅料及包材成本）对外供货，仅赚取原料环节的利润；另一方面，企业只有自己掌握了原料生产技术，才能通过优化工艺以降低成本。第二，原料决定药品的质量属性，除了杂质水平，粒度、晶型、晶癖、比表面积都是影响药品安全、有效、均一、稳定的关键因素，企业只有自己控制了原料生产，才能保障高质量原料的持续供应。第三，企业之间的合作关系会因为市场竞争的加剧而变得越来越不牢固，为了避免或减小商业竞争所带来的运营风险，仿制药企业必须控制核心产品的原料供应。第四，高壁垒、生产复杂、含高毒、高爆工艺的原料是相对稀缺的资源，是企业实现差异化战略的重要方式。第五，企业只有自主研发原料，才能布局无市售原料的产品。第六，为了保障产品的质量，制剂企业通常会向原料企业共享晶型、粒度、晶癖等内控标准，竞争对手可能会通过原料供应商间接地获得这些"技术机密"。

　　除了原料，某些聚焦于生产高壁垒仿制药的企业，为了保障产品的持续稳定供应，也会发展与产品相关的关键辅料或给药设备，如聚乳酸 – 羟基乙酸共聚物、聚乙二醇 2000– 聚丙交酯、注射笔、吸入器等。

　　与向前一体化类似，向后一体化的过程也需要克服移动壁垒或进入壁垒，这决定了不同的一体化成本投资和实现一体化的最佳方式。实现一体化的方式主要有两种，一种是亲力亲为、自主建设团队和产能，这种模式不仅时间成本较高，而且要克服上游的移动壁垒或进入壁垒，如上游的技术壁垒较高、规模效应太强，失败率较高，而且可能引发上游产能的过剩。另一种是投资、控股或直接兼并上游企业，这种模式虽较为快捷，但对资金要求较高，而且兼并过程也存在风险。因此，企业应根据自身的资源与能力、业务布局的紧迫性、外部资源的可靠性、经济性综合评估后选择最恰当的方式。

仿制药企业虽然需要控制原料供应，但并非所有品种都要求自主生产，应根据品种的重要性、经济性、供应商的议价能力、市售原料的质量水平、可靠供应商的数量等因素进行综合判断。一般情况下，差异化程度较高的品种、对原料质量高度敏感的品种、市场份额较高的关键性品种、拥有领先工艺技术的品种应考虑自产原料，而规模经济效应显著、供应商议价能力较低、可靠供应商数量较多的品种应考虑外购，如大宗原料。另外，对于某些关键性品种（尤其是市场需求小而市场份额较高的品种），企业即便不自主生产原料，也需要持有批文，以提升原料采购过程的议价能力。

（四）横向一体化战略

仿制药的进入壁垒较低，但回报也比较低，而且生命周期普遍较短。在竞争激烈的美国市场，大多普通仿制药的年销售额只有几十万到几百万美元，达到千万美元级别的都属于凤毛麟角，能超过1亿美元的更是可遇而不可求。不仅如此，由于每年专利失效的品牌药数量是有限的，顶级巨头每年能够申报的仿制药品种数量与中等仿制药企业并没有太大差距，也就是说企业几乎不可能仅凭借申报批文、增加产品供应就实现大规模的销售额增长或建立领先的优势。因此，相比创新药企业，仿制药企业更需要外源性驱动。

仿制药企业发动横向一体化的常见动因包括如下八个方面：①提升地域市场或细分市场的销售份额，同时提高议价权和知名度；②对抗行业分散，简化竞争格局、降低或减缓竞争压力；③在市场的上升时期，兼并同行可以快速扩大产品组合、提升市场开发能力、强化产品开发和供应能力，以最大限度地获取市场增长所带来的红利；④快速提升销售规模，同时增加财务抗风险能力和再投资能力；⑤获得相对稀缺的资源，提升盈利能力，例如，收购载药技术公司可以提升高壁垒制剂在产品组合中的比例，收购具有毒、麻、精、放等特殊资质的公司可以获得高法规壁垒的管制药品；⑥突破国界壁垒、移动壁垒或行业壁垒，快速实现国际化、一体化或多元化；⑦可以帮助企业实现价值链的协调与优化，从而降本增效；⑧提升企业的估值、提振股价、跨过 IPO 门槛或防止规模不足而被要求退市等等。

纵观当今国际仿制药巨头，从区域性企业到国际化企业，再到全球性巨头，兼并几乎贯穿了始终。Teva 在 2002 年的年报中曾这样写道："我们过去通过几次重大的收购而实现了业务的成长，我们将继续频繁地寻找和评估可收购的药企或原料业务，并将其整合到自己的业务中。"正因为有这种战略，Teva 自上市以来直接收购的企业近 60 家，如果算上间接收购的公司（Teva 收购对象所收购的公司），可能远超 100 家。

企业在制定兼并战略时，首先要明确兼并的动因，并根据动因找到合适的标的，评估标的内在价值和外在价值，其中稀缺性或相对稀缺的资源、企业迫切想要补全的资源或能力应重点关注，如高壁垒制剂的载药技术、难以复制的产品、有影响力的品牌、受控渠道或终端等；其次评估标的被有效整合的可能性，包括标的资产的可协同性，核心优势的可传递性（尤其是专有知识和技能）；再次，要对标的进行合理估值。估值过高，可能会引发资产减值，而估值过低，交易又无法达成。近年来，证监会和市场管理部门，对上市公司兼并的审核日趋严格，出价显著偏离行业平均水准或可能引发商业垄断的兼并案，可能会不批准收购。

由于仿制药行业鲜明的周期性特征，在行业成长期大规模兼并可以最大限度地获取市场增长所带来的红利，所以资产增值的概率较高，不良资产的可盘活性也较大。但到了行业衰退期，投资回报预期和估值都要应势下调，否则兼并将难以实现。另外，由于估值的不断下调，行业衰退期大规模兼并非常容易引发资产减值，所以企业在制定兼并战略时，必须重视目标资源的稀缺性与可发展性、标的资产的优良性与可整合性以及估值的合理性和廉价性等。

（五）稳定型战略和收缩型战略

除了增长型战略，稳定型战略和收缩型战略也是仿制药企业常用的公司战略。近年来，全球仿制药行业持续动荡，北美、欧洲、日本和中国等大型仿制药市场相继步入成熟期或衰退期，实现增长的难度较大，强行兼并的风险较高，通过竞争战略保持领先地位是更好的选择。纵观 Teva、Viatris、

Sandoz 等全球顶级仿制药巨头，在过去五年中，仿制药业务都没有继续大规模扩张，销售额也没有增长，除了提升差异化程度和优化价值链，主要举措就是强化 biosimilar。

2016~2020 年间，美国仿制药市场持续衰退，很多西方仿制药巨头面临资产大幅减值、阿片药物诉讼等多重危机，Teva、Viatris、Endo、Valeant、Sandoz 和 Aspen 都出现了不同程度的战略收缩。根据上述企业的年报，战略收缩的常见方式有四种：一是通过甩卖非核心资产（如批文、工厂）以偿还部分债务，降低债务压力；二是通过剥离部分业务、退出非核心市场，以实现业务的二次聚焦，并降低运营难度；三是裁减员工，降低运营开支；四是关停某些业务，甚至破产重组。

二、仿制药企业的业务战略

通用仿制药是同质化的非稀缺资源，市场充斥着激烈的价格竞争，而避开竞争锋芒最有效的方式是实现低成本或差异化，所以通用仿制药企业常用的业务战略是总成本领先战略和差异化战略。品牌仿制药因为拥有品牌或商标，产品是相对差异化的，而且在企业向前一体化或特色服务的加持下，差异化程度还能进一步提升。但由于品牌和服务影响范围的有限性，所以品牌仿制药企业常用的业务战略为聚焦战略。

（一）总成本领先战略

总成本领先战略是仿制药行业应用最广泛也是最直观的业务战略。各国推动仿制药替代的目的是通过仿制药的价格竞争，以不断降低采购成本，所以价格下降是必然的趋势。然而价格下降会引起毛利降低，企业如想维持利润水平就必须不断优化成本。如果企业实现了比行业平均水平更低的成本，就能获得更高的利润。总成本领先战略的核心是通过最大限度地发挥规模经济和经验曲线效应，并通过价值链优化和协调，实现综合成本的最低。具体实现方式如下。

第一，构建符合总成本领先战略的产品组合。①能仿则仿，批文数量应足够多。一则可仿资源是有限的，尤其是适合发挥规模经济效应的可仿资源；

二则每个仿制药品种的需求是有限的，只有产品达到一定数量才能形成规模效应，而且品种越多，可共享价值活动的概率越大；三则品种越多、产量越大，所需采购的原料数量和品种也越多，原料采购时的议价能力越强。②应尽量选择需求大、销量大的普药品种。销量越大、生产批量也越大，浪费的物料比例越少，批检验成本在总成本中占比越低；销量越大，生产的批次也越多，因品种频繁切换所带来的清洁验证成本越低。③尽量放弃非核心的价值元素，尤其是非主流规格、剂型、包装等。④重视各品种配方、工艺的协同性。配方相似，则可共享辅料采购、运输和存储等价值活动，工艺相似则可以共享生产设备、降低操作人员的出错率。⑤重视与原料业务的协同性。向后一体化可以提升产品的附加值，也能通过优化原料生产工艺、优化原料进出物流来降低成本。

第二，建立"大"规模、高效率、智能化的生产设施及检验设备。一般情况下，产能越大，规模经济效应越强，单位产品的加工成本越低，但当前的仿制药市场是买方市场，而且我国的产能已严重过剩，所以应强调产能规模与销量匹配，强调最小效率规模。否则产能过大，产能利用率不足，均摊的加工成本反而更高。另外，使用智能化生产设备、连续流制造，可以大幅降低人工投入，在人力成本不断上涨的趋势下，无人或少人化制造是降低加工成本的关键，AI 的加速迭代和广泛应用，将是西方仿制药巨头避免成本劣势的关键。

第三，建立高效的采购程序、物流设备、仓库管理系统，筛选合适的供应商、物流公司。根据排产计划，及时、足量、价格合理地购进高质量原料、辅料和包材，最大限度地避免因原材料短缺而停产、因原材料采购过量而仓储成本升高、因重复质检而管理成本增加等。从价值链的角度讲，企业在优化购买活动时，并不是追求采购单价的最低，而是综合成本 – 效益的最大化。

第四，根据各地域市场的需求情况、原材料供应能力与价格、人力与环保成本、公司的地域影响力，选择合适的生产地址，以实现综合成本 – 效益的最大化。对于一个国际型企业，综合供货成本包括原材料采购成本、进厂物流、生产加工和终产品出厂物流的全部货币及时间成本、关税、违约成本、自然灾害所造成的风险成本等等，而非简单的加工成本。所以，企业应强调整个价值链的成本－效益最大化，而非单纯的加工成本最低。

第五，优化营销成本和研究开发成本。通用仿制药一般无需推广和营销，美国一般通过打包谈判，欧洲和中国主要通过集中招标批量购买，所以企业只需一个维持招标、准入的商务团队即可，通过优化营销和管理费用，可以显著提升利润空间。研发方面，通过自研、授权、购买等多种方式并用，以最低成本、最高效率地获取产品包，通过优化研发效率、研发产品布局，最小化研发投入，进而提升利润空间。

第六，严格控制运营成本。一则通过简化审批流程、使用电子化的管理系统，提升决策效率；二则精减人员规模、剥离重复的工作岗位；三则通过员工培训以提升娴熟度、降低出错率、降低无效沟通；四则培养积极、向上的企业文化，充分发挥员工的责任感和主观能动性；五则优化重复的价值活动，例如重复的检验、重复而无结果的会议等等。

第七，生产工艺、制造技术或检验方法升级，以不断地降低成本。例如，原料药合成工艺路线改良、使用连续流制造、采用生物合成法制备原料可以大幅降低某些产品的原料成本、加工成本、检验成本或环保成本。

第八，提升基础设施的强度，包括建立高效而与战略相匹配的组织架构以降低跨部门合作的难度和保障战略的高效实施，提高管理团队、法务团队及商务拓展（BD）团队的专业度以持续改善管理效率、投资合作效率及专利挑战能力，合理化的人力资源配置、薪酬结构及绩效管理措施以提升工作效率，高效而专业的财务投资以实现投资回报的最大化等等。

第九，上下游价值链协调与优化。对于不适于向前或向后延伸产业链的品种，企业应考虑筛选可长期合作的供应商或渠道商，建立战略性合作或构建战略网络，以降低运营风险和提升竞争力。

在价值链优化和协调的过程中，应结合各产品价值活动的共享情况、共享环节以及影响企业效率的价值活动，进行综合梳理，设立多个关键控制节点，由专人团队负责，一一调整或不断优化（图4-3）。

	入厂物流	生产运营	出厂物流	营销和销售	售后服务	
基础设施	有效的成本管理、简化计划程序、合理的管理架构、管理人员数量尽量减少、控制行政开支、引进高效的管理和决策系统、通过培训提升人员专业性 尽量争取到利益相关者支持					利
人力资源管理	降低人员流失； 建立合理的绩效管理体系； 合理的岗位设置和薪酬安排					润
技术开发	工艺技术改良，提供成本更低、更简单、更稳定的技术路线； 以最廉价的方式开发更多协同性产品，提升规模经济效益； 提升产品的稳定性，降低特殊贮藏条件； 使用更便宜的原材料进行工艺研究					
采购管理	建立原材料采购成本最低的采购流程； 建立高效的采购程序； 建立评价和监督供应商效益的程序					
	仓储系统电子化； 供应商与企业生产； 程序关联； 缩短供应商距离	合理有效的规模； 质控和质保流程优化； 合理的资产购置时间； 合适的岗位配置； 组织培训与学习； 产线升级、智能制造； 高效的运营管理； 合理的排产流程； 模块化制造	订单处理电子化； 选择低成本的运输工具； 与下游建立管理	营销队伍专业化； 最小化； 销售方式、销售渠道优化； 合理的市场投入； 合理的营销战略； 回款时间跟进	合理的培训； 高效的服务； 快速解决问题； 团队最小化	利 润

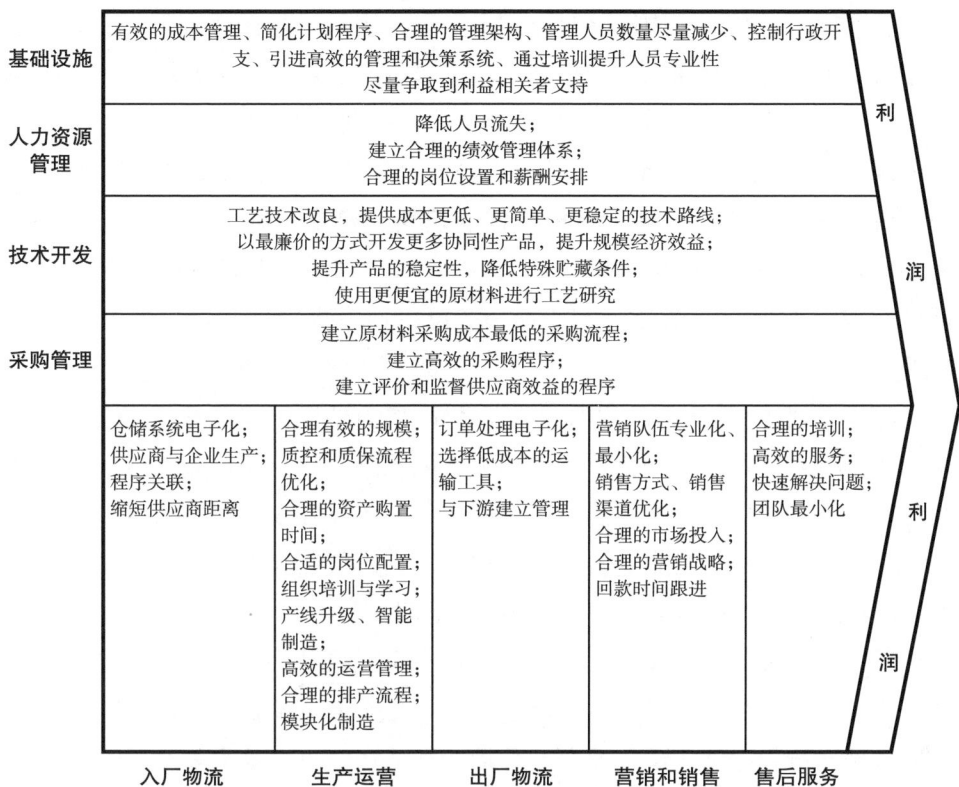

图 4-3　总成本领先战略的价值链优化（示意图）

（二）差异化战略

根据产业经济学原理，影响一个行业利润率高低的主要因素包括市场集中度、产品差异化程度、进入和退出壁垒。但市场集中度提高、产品差异化扩大、进入和退出壁垒升高会降低市场的竞争活力，进而降低社会福利。为此，发达国家推动仿制药替代的主要经济学原理就可以解释为，政府通过降低产品的差异化程度（统一标准）、控制行业的过度集中（反垄断调查）、降低进入壁垒（简化审批、MAH 制度、集中招标采购）来不断提升竞争活力，进而提升社会福利（实现医疗费用的控制）。而在此过程中，企业要对抗利润的下滑，最有效的办法就是差异化。

形成差异化的要素包括产品特性的差异化、买方的主观差别、购买服务的差别、地理位置的差别和促销活动的差别。产品特性的差异化可以通过用途、性能、外观、使用体验等方式来实现，例如，改善药品的口感、提升药品的质量、设计时尚大气的包装、开发非主流品规等。买方的主观差别可以通过品牌形象、广告宣传来实现，所以品牌仿制药本身就是一种差异化的体现。购买服务的差别可以通过不同的销售渠道、配送服务、用药咨询和患者管理等方式来实现。地理位置的差别主要是市场分割性、不同厂商在不同地区的受控终端数量不同、配送成本差异，导致客户消费的便捷性差异和成本差异。促销活动的差别一般可以通过提供赠品、打折等方式来实现。

对于品牌仿制药而言，以上手段都可以作为差异化的出发点，但没有一个企业具有在全行业内面面俱到的能力，因此差异化与聚焦战略结合，形成优势性领域聚焦才是最优解。通用仿制药因为由政府或集中采购组织统一采购，大部分产品都无需企业自主建设渠道营销，所以实现差异化方式主要从产品本身的特性入手，常见的方式包括以下四种。

第一，通过壁垒筛掉绝大部分竞争对手实现差异化。进入壁垒越高的品种，竞争厂家就越少，相对价格就越高，生命周期也越长。而这种进入壁垒主要体现在技术壁垒、法规壁垒、移动壁垒、初始投资壁垒等几个方面。高技术壁垒包括高壁垒制剂、高壁垒原料、生产复杂、监管挑战的产品；高法规壁垒主要是涉及毒、麻、精、放等需特殊资质才能生产的产品，以及需要挑战专利的产品；高移动壁垒则一般为高度专业化的专科药，它要求企业拥有丰富的疾病管理经验、强大的载药技术和可靠的专家资源作为支持。高初始投资壁垒是研发投资较高的品种，这会让大部分企业望而却步。

第二，开发有临床需求的冷门产品（尤其是对某些细分患者而言，是唯一治疗选择或明显优于其他治疗选择的产品）、无市售原料的产品、非主流的剂型、规格或专门针对少数人开发的产品。这些产品通常市场规模小、行业关注度低，但拥有确切的或无法替代的临床需求，是典型的小而美产品。

第三，开发国外上市而国内未上市的产品、通过特殊信息渠道获知或特殊技术实现率先仿制上市的产品，这种产品瞄准的是优先上市的机会，在一定的时间窗内最大化产品价值。

第四，通过客户调研，并根据客户的需求生产定制化的产品，升级或改良现有的产品。保持与医生沟通，发掘大众化产品无法满足的用药需求，开发不被市场重视而具有独特需求的产品，梳理医生用药过程中的痛点，改良或升级存在痛点的产品或治疗方案。

为了实现差异化，企业必须进行基础设施建设、开发能力或 BD 能力强化。一则，差异化瞄准的是高壁垒、高附加值的产品，需要建设领先的技术平台及必要的生产设施。二则差异化瞄准的是非主流市场，产品零碎而多样化，管理难度和管理成本较高，需要具有较强的运营能力。三则因为产品多、剂型多、涉及技术多、规格多、包装多，企业需要协调的资源也较多，甚至需要在全行业内协调生产资源和原材料供应商，所以 BD 能力也显得至关重要。四则，很多差异化的产品开发需要通过投资、合作或交易才能实现，这也需要企业拥有非常强的 BD 能力。此外，很多差异化的产品所面向的是增量市场，企业还需具有一定的市场开发能力，如推广和营销能力。

从定位战略的原理出发，差异化与低成本是出发点完全相反的战略模型，差异化战略的决策思维、实施方式、产品管线的构建思路、核心竞争力和价值链特点都与总成本领先战略存在巨大差异，故两种战略不能混在一起实施，否则利润或效率反而更为低下，例如，定制化的产品注定无法在标准化的生产线上制造，非主流的规格在大规模的生产线上制造成本反而大幅升高。总之，两种战略群体之间是存在移动壁垒的，如果混为一谈，就无法形成核心竞争力，成本与价值曲线变得与行业大流重合。大型企业如想同时实施这两种战略，应由两个相互独立的事业部或子公司来执行。需要说明的是，差异化战略也需要进行价值链优化来控制成本，但不能将此过程理解为既"低成本"又"差异化"，而且差异化战略的价值链优化方式与总成本领先战略并不相同。

由于产品多、协同性差，企业不能漫无边际地差异化，否则会频繁投资技术、频繁建设生产设施，投资回报并不理想，所以在追求差异化的同时还要有一定程度的聚焦，尤其是高技术壁垒的产品。另外，很多高度差异化的产品，市场中没有存量，企业需要一定的渠道建设和市场推广。为了提高渠道建设和市场推广的投入产出比，在产品设计时还需要有一定的治疗领域聚焦（有望集中化采购的品种可不考虑）。因此，差异化需与聚焦相结合，形成差异性聚焦。

对于小型企业或新入行的企业而言，差异化战略是理想的选择，这不但可以有效地规避规模效应的壁垒，而且可以充分发挥小企业的灵活性优势。但这种战略，也具有较大的实施难度和风险。第一，不论是构建技术优势还是建立差异化的产品组合，形成核心竞争力都需要很长的时间，可能导致企业长期亏损；第二，差异化战略主要瞄准非主流、定制化的市场，市场盘子很小，企业规模难以做大，业务发展很容易遇到瓶颈；第三，如果大量的企业都选择差异化，最终差异化也将变成同质化，加之差异化的产品市场较小，一旦引起价格竞争，将无利可图；第四，很容易因差异化而差异化，产品设计脱离市场需求，尤其是刚进入行业或对市场疏于调研的公司；第五，过度的差异化可能会受到政策的限制，因为它不利于实现仿制药替代，不利于节省药品支出；第六，随着行业的持续发展和竞争对手的不断模仿，差异化特征会变得越来越模糊；第七，如果差异化的产品被政府或采购组织像大众化产品一样参考制造成本来限制价格，差异化就会无利可图，甚至引发投资亏损。

（三）聚焦战略

品牌仿制药拥有品牌或商标加持，它本身就是差异化的，而且企业还可以通过向前一体化、特色服务来提升差异化程度。由于可控终端、可控渠道、可提供产品和服务都是有限的，所以企业很难做到全行业领先或全市场领先。相反，通过聚焦战略，将资源与能力集中在优势细分市场或地域市场，更有助于建立、保持和发挥竞争优势，进而实现效益的最大化。

聚焦战略是细分市场或地域市场的聚焦，它与总成本领先战略和差异化战略并不相悖，所以企业可以同时加入总成本领先和差异化两种战略的元素（图4-4）。在战略制定过程中，企业应根据产品特征（尤其是稀缺性产品、差异化产品、市场分割效应较强的产品）、渠道和终端分布，深度研究每一个细分市场或区域性市场，并选择优势领域集中资源与能力，不断地对价值链进行协调与优化，进而形成竞争优势。

品牌仿制药企业常见的聚焦方式有三种，分别是产品管线聚焦、市场地域聚焦和特定顾客群体聚焦。其中产品管线聚焦主要是通过构建品牌树的形式实现的，而顾客群体聚焦是向特定顾客群体提供一系列的相关产品，如向中老年骨质疏松患者供应一系列骨骼管理的产品。

顾客眼中的独特性　　　总成本最低

| 全行业或完整市场 | 差异化战略 | 总成本领先战略 |
| 特定细分领域 | 聚焦战略 |

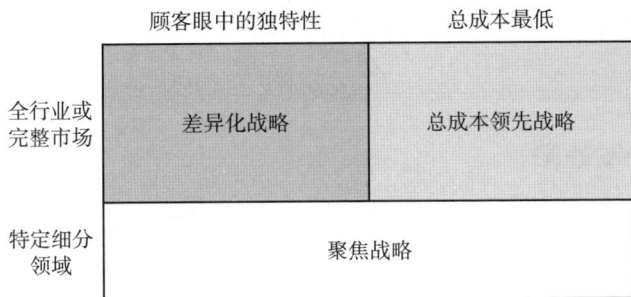

图 4-4　三种定位战略的区别与联系（示意图）

Valeant、Aspen、Stada、Hikma 和晖致都是主营品牌仿制药或将品牌仿制药作为重要业务的巨头。Valeant 主要模式是通过收购有固定用户群、竞争厂家较少的品牌仿制药、非专利品牌药，然后大幅涨价，进而谋取高额利润。Aspen、Stada、Hikma 的模式基本相似，主要有四个特点：一是研发投入较低，主要通过收购、授权来维护或更新产品组合；二是业务版图极其广泛，将每一个有价值的产品在全球数十个乃至上百个市场注册申报，然后根据各市场的需求变化和价格波动不断二次定位产品；三是不断收购地域性的产品、品牌或企业形成具有区域知名度的品牌树，包括地域性的品牌仿制药、非专利品牌药、OTC、保健食品等；四是基于各地域市场的消费者画像、产品毛利水平等因素，动态地调整产品组合。晖致与其他几个企业都不同，以非专利品牌药、OTC、505（b）（2）、品牌仿制药为核心，依赖成熟品牌的知名度、专利过期的原研药的忠诚用户和专科药进行管线建设和业务拓展。

三、仿制药企业的职能战略

不同商业模式和业务战略的仿制药企业，核心竞争力集中在不同的价值链环节，这导致了职能定位的巨大差异。选择总成本领先战略的通用仿制药企业，核心竞争力集中在生产制造环节，而选择差异化战略的通用仿制药企业，核心竞争力集中在研发环节。以研发驱动（研发→生产→销售）为主导的通用仿制药企业，核心竞争力集中在研发和制造环节，而以商务驱动（交易/授权→生产→销售，或贴牌/授权→销售）为主导的品牌仿制药企业，核心竞争力主要集中在生产和销售环节。

不同的职能定位，各职能部门所能获得的资源配给不同，职能战略也会有巨大的差异。

（一）研发战略

跨国仿制药巨头的商业模式主要有研发驱动型和商业驱动型两种，研发驱动型是以研发为获得新产品的主要途径，运营模式是研发→生产→销售，商业驱动型则以购买、授权、贴牌代卖为获得新产品的主要途径，其运营模式为购买（授权）→生产→销售，或直接贴牌销售。研发驱动型仿制药企业，研发投入强度通常在 5% 以上，如山德士、DR. Reddy 等。而商业驱动型企业，研发投入强度通常不足 3%，少数企业甚至不足 1%，如 Aspen、皮尔森掌舵时期的 Valeant。

研发驱动型企业需研发部门快速而高效地开发仿制药批文，建立领先的技术平台以提升高壁垒产品在产品组合中的比例，并试图通过技术改良实现产品的升级和迭代。与创新药相比，仿制药的"研发"难度较低，主要是开发性的试验，风险小而可预期性高，用计划学派的战略理论制定研发战略较为合适。在战略制定过程中，研发部门要结合外部环境因素的分析结果（主要是药品申报过程中所涉及的法律、法规、政策、标准和技术指南等），并根据公司的职能定位、研发任务（公司战略在研发方向上的分解）、资源配给制定合理的战略目标，选择合理的研发方式以高效率、高质量地完成产品和技术开发，并逐步建立高效而合规的研发体系。

（1）制定研发目标

研发负责人可根据公司的战略目标、企业已有的研发资源和新配给的研发资源初步确定战略目标。在此过程中，可参考行业对单个项目的平均人员配给、平均设备配置和平均工期进行综合估算。

（2）制定研发措施，选择合适的战略抓手

将战略目标一一分解为各下属部门的工作任务，确立各项目的优先级计划，选择合适的研发方式（如自研或外包）和考核方式。

（3）建立行业领先的技术平台

通过高技术壁垒筛掉绝大部分竞争对手，是实现差异化战略的主要方式。然而高壁垒药物所涉及的技术类型繁多，在企业有限的资源与能力下，选择一种或数种技术建立技术平台并形成领先优势是最合理而有效的做法。例如，Teva 选择缓（控）释制剂和吸入剂深耕并建立领先优势。

（4）研发基础设施建设

基础设施是高效研发、合规开发的保障，包括研发管理和决策数字化、信息情报收集能力、专利挑战能力、项目监管能力、研发合规性建设、积极向上的企业文化建设等等。

（二）营销战略

全球主流市场的通用仿制药几乎都不需要企业自主营销，只需少量的商务人员维持产品的招标和准入即可，尤其是选择总成本领先战略的企业，营销活动已被最大限度地压缩。例如，90 年代中后期的 Mylan，虽然在美国市场的年销售额超过 4 亿美元，但营销团队不足 80 人。选择差异化战略的企业，因为瞄准非主流市场或冷门市场，故需要一定规模的渠道资源和市场开发团队。相比通用仿制药，品牌仿制药需要渠道和品牌驱动，服务赋予差异化，所以营销是企业的核心竞争力所在。

选择差异化战略的通用仿制药企业，营销战略的制定思路可以参考创新药企业，而品牌仿制药企业的营销战略基本与 OTC 企业一致，详见第五章。

（三）运营战略

运营是与产品生产和服务创造相关的各项管理活动的总称，运营战略为支持和完成企业的总体战略目标服务，而且需要与业务战略保持协调和一致。仿制药企业的低成本或差异化主要是由运营管理和协同各价值链活动的资源与能力来实现，所以运营战略不仅要关注生产设施选址、产线规划、产能优化、纵向整合、流程优化、运营能力提升等长期性问题，也要关注员工的数量与技能水平、生产计划与控制措施、产品质量的控制与保证，以及企业的组织结构优化等短期性问题。在制定运营战略时，运营部门需仔细分析内外部环境因素，结合公司战略、业务战略，选择适当的战略目标和战略计划。

（1）设施选址与产线优化

合理的设施选址和最优的产能、产线配置是成本控制的关键。产能地域集中化意味着高进厂物流与出厂物流成本（时间成本与货币成本）和高仓储成本，尤其是运输成本非常敏感的液体制剂、需冷链运输型产品。故在产能选址时，应结合市场需求、原材料供给、环保要求、人力成本等多方面因素考虑。仿制药主要是买方市场，企业的产能应与产量相匹配，追求最小效率规模的同时赋予一定的柔性（如冗余设计、模块化设计）。另外，要重视经验曲线的价值，产线应结合产品管线的整合理念进行优化，不同的工厂应有不同的功能定位。

（2）运营能力提升

由于仿制药企业主要赚生产环节的利润，产品多而剂型复杂，毛利低而对成本高度敏感，这要求企业必须高效、精细化地运营。因此，相比创新药和OTC企业，仿制药企业对运营能力的要求更高。企业的运营能力包括人力资源运营能力和资产运营能力，人力资源的运营能力用劳动效率表示，而资产运营能力用资产的周转率和周转周期表示。随着仿制药竞争态势的不断恶化和人力成本的逐年飙升，劳动效率是企业盈利的关键。日本仿制药巨头拥有全球最高的劳动效率，人均营收可达60~80万美元，西方仿制药巨头在30~50万美元之间，我国top 24仿制药企业的平均值为17万美元，而印度top 30仿制药企业的平均值仅为9.5万美元。企业可通过提高自动化程度、员工培训、合理的绩效考核、组织架构优化、企业文化建设等多种方式提升劳动效率。由于仿制药企业的固定资产占比较高，资产周转率也是影响利润水平的关键参数，企业可通过合理控制库存、降低负债率、提高生产效率、优化供应链、提升销售能力、加强资产管理等多种方式实现。

（3）纵向集成

纵向集成可视为上下游一体化，将全产业链集中在一身。随着竞争态势的不断恶化，仿制药企业的竞争早已不再是终产品加工环节的竞争，而是全产业链的竞争，只有全产业链成本占据优势的企业，最后才能成为"卷王"。市场份额大、销量大、竞争白热化的仿制药品种，企业有必要控制原料生产，甚至原料的核心中间体生产。对于差异化、品牌化的品种，则有必要自建营销渠道以提升差异性，更多信息可参考本章的一体化战略。

（4）组织架构改革和流程优化

组织架构改革的目的是为了与公司战略和业务战略相适应，让运营畅通无阻，让员工沟通、交流变得顺畅。流程制度必须与组织架构相适应，通过优化流程、缩减审批程序、电子化审批，可以大幅提升运营效率。

（5）其他

企业应根据市场需求、产品线特征合理地制定生产计划、利用产能柔性动态优化产能，建立完整的质量体系以维持业务的运营、保障产品的质量。

总之，运营战略应与业务战略相结合，根据业务战略的要求不断优化和协调价值链。

第四节　仿制药企业的产品管理

一、仿制药的生命周期

不同类型的仿制药，生命周期长度有较大的差异。通用仿制药的生命周期始于首个仿制药上市之日，而止于企业从产品上无法继续获取利润之时。由于通用仿制药主要是替代原研药的存量市场，所以销售峰值来自上市之初，随着价格的不断下降，销售额也会快速下滑，故生命周期内的销售额曲线不符合"S"形曲线特征，而更像"L"形曲线。品牌仿制药因为需要开发市场增量（尤其是在原研药可及性较低的市场），而且拥有品牌和服务赋予差异化，故生命周期相对较长，生命周期内的销售额曲线可能符合"S"形曲线，也可能不符合，这与企业的渠道与品牌建设能力、成本控制能力和国家政策干预有关。

通用仿制药的生命周期始于首个仿制药上市之日（除挑战原研专利或冒险上市外，一般为原研药专利到期之日），随着时间的延长，仿制药批文会不断增加，价格也会随之快速下滑，当产品的价格降至企业无利可图时，生命周期就到达了终点（图4-5）。所以，生命周期与企业产品上市的时间、综合成本、竞争企业数量相关，企业的产品上市时间越早，综合成本越低，竞争厂家越少，生命周期就越长，反之则越短。不同的国家，产品的生命周期不同，这与仿制药的竞争强度、市场化程度、定价机制、招标规则、中标后的持续供货时间、上市后药价的管控措施、注册准入端的限制行为和产业调控政策（如限制或补贴）有关。因此，国际化也是延长仿制药生命周期的有效方式。

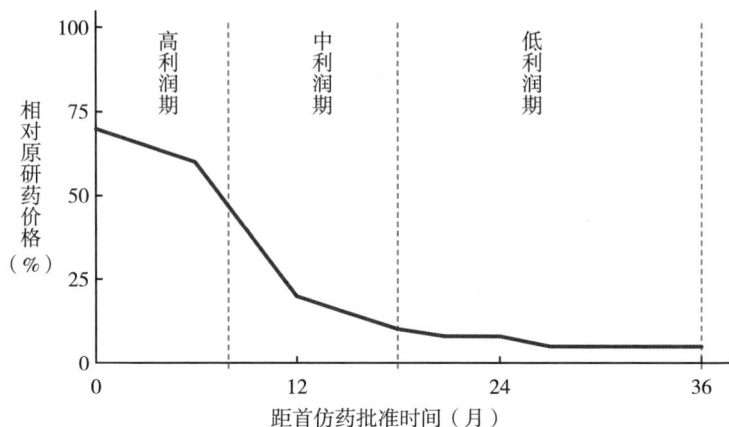

图 4-5 通用仿制药的生命周期（示意图）

　　品牌仿制药可分两种，一种是本身具有品牌的产品，这种产品主要集中在非成熟性市场。另一种是通过企业品牌、特色服务、商标或产品管线内其他产品带动而品牌化的通用仿制药。由于直接面向患者，品牌仿制药的销售额高低主要依赖于推广力度、铺货广度、品牌价值和特色的服务，而非价格。第一，通过合理的宣传、关联推广或促销，直接或间接地让患者了解到产品，以获得认可或信任，最终发展成为具有一定忠诚度的固定客户。第二，通过渠道和终端差异化。企业的铺货渠道越广、受控终端越多，患者接触到产品的概率也就越大、购买越便捷，购买产品的综合成本越低。第三，品牌和服务可以让患者产生"与众不同"的感觉，让产品从高度同质化的万千产品中脱颖而出。总之，品牌仿制药可以从商业模式上实现差异化，从而有效避免价格竞争，维持利润的时间更长，生命周期也更持久。

二、品牌仿制药的产品管线建设

　　企业构建产品管线的意义主要有五个方面：第一，将单个产品的生命周期发展为产品管线的生命周期，以延长技术平台、生产线或销售渠道的使用时间，进而均摊建设成本，提升投资回报率。第二，发挥不同产品间的协同效应，将单个产品的竞争力转化为产品管线的竞争力，以扩大销售规模、提升市场份额、建立竞争优势。第三，共享价值活动、共享品牌或特定用户群体、共享某些核心能力，以提升规模经济效应，均摊销售渠道或品牌的维护成本。第四，将单个治疗用药上升为全过程解决方案，为患者创造额外的价值。第五，提升企业在细分市场的品牌影响力、研究深度、议价能力、渠道和终端控制力等。

与创新药企业所不同的是，仿制药企业的产品管线整合逻辑五花八门，常见的整合方法包括按生产剂型整合、按治疗领域整合、按技术平台整合、按品牌树整合等。产品管线的整合逻辑与整合方式与企业的业务战略和商务模式有关。一般情况下，选择总成本领先战略的通用仿制药企业，更注重工艺协同性，按剂型整合较为常见；选择差异化战略的仿制药企业，需要一定程度的技术平台和治疗领域聚焦，所以产品管线常以技术领域或治疗领域为基础整合；品牌仿制药企业盈利的核心是品牌与服务，所以产品管线主要以品牌树、销售渠道与终端或细分市场的特点为基础整合。

相对通用仿制药，品牌仿制药具有更高的消费属性，患者具有更高的自主选择权，对特定产品的购买意愿有更多倾向性。企业不但可以借助品牌和服务提升产品的差异化程度和附加值，还可以利用渠道、终端和推广优势获得更大的市场份额。为了最大化利用销售资源和品牌资源，产品管线通常以品牌树、销售渠道与终端或细分市场的特点聚焦，形成品牌仿制药、非专利品牌药、OTC、具有品牌的改良药、消费者保健品、品牌化仿制药混搭的产品管线。

（一）产品管线设计的要素

品牌仿制药的业务特点介于创新药与 OTC 之间，所以产品管线布局、设计、优化或延续时，可以参考创新药与 OTC 管线的要素。

第一，与公司战略聚焦领域的一致性。如果新布局的管线脱离了公司战略聚焦的范围，就无法充分利用公司的核心竞争力，而且还会消耗公司有限的战略资源。虽然在某些情况下，公司可能会为了新管线而调整战略，但这很容易引发战略风险，造成"战略跑偏"。例如，Endo 为了降低对阿片药物的依赖，收购了 Indevus Pharma，将产品管线意外地扩展到泌尿科。泌尿科本不是 Endo 所熟悉的领域，而且 Indevus 的泌尿科产品 Sanctura XR（曲司氯铵缓释胶囊）也是可有可无的，但为了打造泌尿科管线，Endo 又相继花了 30 多亿美元收购了 Health Tronics 和 American Medical Systems Holdings，不仅误入了不擅长的医疗器械领域，而且消耗了大量资源，让主营业务丧失了发展机会。更可悲的是，这两起偏离战略的收购，是 Endo 由盛转衰的根源。

第二，与企业资源能力的协调性。资源与能力的冗余度是企业战略柔性的保障，也是产品开发过程不因遇到不确定因素而终止的保障。企业的人力、财力、物力、知识和技能决定了企业能够开发什么技术、布局什么产品、同时能开发多少个产品，所以在管线的设计过程中，不可好高骛远，以免半途而废。另外，冗余的资源还可以为产品管线提供额外赋能，达到锦上添花的效果。

第三，延续性。延续产品管线的目的是为了延长技术平台、销售渠道和生产设施的使用时间，进而均摊技术平台、销售渠道和生产设施的建设成本，提高投资回报率。为了实现管线的延续，在赛道选择或管线布局时，应深度研究市场需求的变化趋势，可仿制、改良或升级的产品是什么，有多少个产品可仿制、改良或升级，可发展的市场空间有多大等等。

第四，稀缺性。产品管线的稀缺性越高，利润越高，生命周期越长。仿制药本身不是市场的绝对性稀缺资源，但可通过差异化理念找到相对稀缺性资源。市场供不应求、短期内无法大量复制，差异化程度越高的产品稀缺性越高。产品管线中的稀缺产品越多，管线的稀缺程度越高。虽然市场上很多产品都是典型的买方市场，但品牌忠诚度上升至一定高度后，买方市场就会转化为特异性的卖方市场，因此，品牌仿制药的产品管线可以利用这一原理，通过高知名度、高忠诚度的品牌赋予差异性，进而提升稀缺程度。另外，进入壁垒越高的产品，稀缺性越高，企业也可以通过开发高壁垒产品或购买因历史原因无法复制的产品来增加产品管线的稀缺性。

第五，新颖性。通过创新、升级或改良，可赋予产品管线新颖性，让产品管线或产品体现出差异化。通过市场调研，了解用户的痛点和消费者想要实现的价值，并从解决用户的痛点、更好地实现用户价值出发，升级或改良产品，这是华为 IPD 理念的精髓，而这种理念也可以用在药品的产品管线设计和优化中。处方药企业可以基于用户的痛点和想要实现的价值，设计改良型新药或 505（b）（2），而 OTC 企业可以根据患者的需求设计新配方、新剂型、新口感、新包装。例如，某口服液为了方便糖尿病患者用药，迎合减肥患者的心理，开发了无糖配方。

第六，前瞻性。由于产品需要三到五年时间才能开发上市，在此期间，治疗需求、竞争态势、国家政策都可能发生显著改变，所以产业布局要有一定的前瞻性。①治疗方法和治疗理念都在快速迭代，产品管线的设计要结合全球创新药的研发动态、治疗技术发展的趋势和各产品的专利到期时间，尽量避免已被最新疗法淘汰的产品；②注重竞争态势的动态变化，仔细分析现有竞争对手和即将进入竞争对手的数量与质量，以确认是否有能力建立和保持领先优势；③关注人类疾病谱的变化，前瞻性地布局新赛道。流行病学变化与人口结构、环境变化、饮食结构和工作压力相关，而流行病学的变化意味着需求变化，企业需根据需求变化趋势前瞻性地布局新领域。对于直面患者销售的品牌仿制药、OTC，在业务布局和产品设计时还必须迎合消费趋势变化，例如，消费个性化、隐私化、爱国情怀、环境保护等。④国家政策和技术变革影响企业的产业布局，产品管线布局应结合政策的变化趋势和技术扩散速度，布局太早则等待期太长，而太晚可能丧失机会。

第七，关注产品之间的协同性，让产品管线发挥出"团队"的力量。通用仿制药主要强调技术的协同性，而品牌仿制药除了技术协同性，更强调销售、推广、服务和品牌的协同性。与OTC产品相似，可以通过六种方式来实现协同性。①强势品牌对弱势品牌的带动效应或老品牌对新品牌的带动效应，如果管线内有著名品牌，则可拉动高度关联的非知名品牌销售。②通过作用机制上的协同性形成捆绑销售，例如，碳酸钙可以与维生素D形成捆绑销售，两者之间互为协力产品。③品牌产品对非品牌产品的拉动效应，让非品牌产品一定程度品牌化。④母品牌对子品牌或迭代品牌的带动效应，让子品牌或迭代品牌快速成长，例如，康泰克与新康泰克、善存与银善存等。⑤各产品通过公司品牌或相同的商标产生关联效应，进而起到相互促进的作用。⑥这种协同性还可以在产品的市场定位过程中实现（图4-6）。除了协同性，管线设计和优化时还需关注产品的相互替代和相互竞争。例如，某企业为推广聚乙二醇，除了宣传聚乙二醇的优点，还会介绍竞争产品的缺点，如硫酸镁的刺激性、番泻叶导致黑肠等。经过长时间的教育，该企业的用户会对硫酸镁和番泻叶产生排斥，该企业在管线延伸时就应避免硫酸镁和番泻叶。虽然品牌仿制药的管线设计无需像创新药一样，严格限制产品的相互竞争，但在一个领域布局多个相似功能的产品时，应注重各产品的差异性。例如，虽然治疗高血压的药物很多，但不同患者对不同靶点的产品敏感性不同，企业应基于患者特点建立差异化的推广方式。

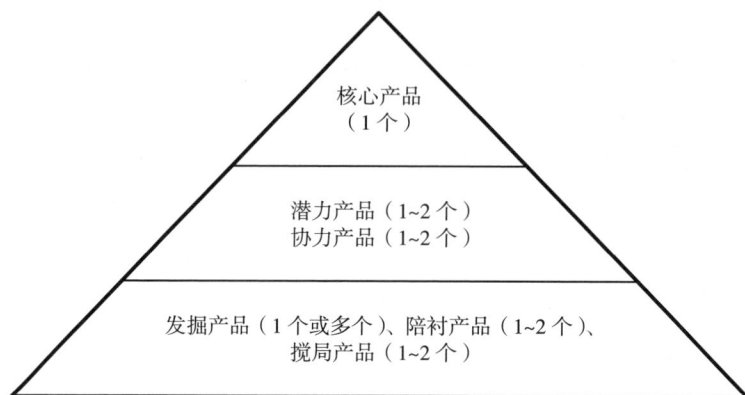

图 4-6　金字塔产品定位模型（示意图）

　　企业在打造产品管线时，通常会布局多个产品，但核心打造的顶层往往只有一个产品或一个品牌，这就是所谓的"爆品"或"领导"效应。在打造核心产品之时，通常也会储备 1~2 个中层产品或品牌，即潜力产品和协力产品，潜力产品是在核心产品打造不成功或被市场淘汰时可迅速顶替核心产品的后备产品，而协力产品是可以与核心产品配合使用或捆绑销售的辅助性产品，例如，同碳酸钙联合使用的维生素 D。在潜力产品之下，可能存在多个发掘产品、陪衬产品和搅局产品。发掘产品顾名思义是刚开发的新品或具有二次定位价值的老产品。陪衬产品是为了增加核心产品销量而放弃自身利益的产品，例如，超市的赔钱打折品、药店的赠品等。而布局搅局产品的意义是打乱竞争对手的市场战略，以维护核心产品的利益。例如，美国休布雷公司的拳头产品伏特加酒被竞争对手低价攻击，为了回应对手，该公司推出了两款相似的新产品（搅局产品），定价比竞争对手更低，而原来的拳头产品不但不降价反而进行了提价，成功打乱了竞争对手的市场策略，并保住了产品的市场份额。再如，百时美公司的止痛药领导者地位在受到强生的泰诺挑战时，推出了廉价的对乙酰氨基酚胶囊，引发强生的价格战，以降低泰诺在市场中的"高端地位"。

　　基于金字塔模型的原理，企业在打造管线时，不应强调单个产品的投资回报最大化，而应关注整个产品管线的投资回报最大化。

第八，要符合企业的市场竞争者角色定位。市场的竞争者定位分为四种，即领导者、挑战者、跟随者、利基者（也称捡漏者或补遗者），不同的竞争角色定位，所需产品管线的长度、广度、稀缺程度和新颖程度各不相同。利基者的目的是捡市场的漏洞，主要瞄准关注度低、小众化的产品或短期机会性产品，而领导者目的是在细分市场或地域市场持续领先，更注重产品管线的新颖性、稀缺性和可延续性，为此，应积极发掘消费者需求、不断提升技术水平，持续改进或升级产品。值得一提的是，在不同的地域市场或细分市场，企业的竞争者角色定位可能不同，产品管线的设计和优化理念也需要因此而异，也就是说，企业需要根据在不同细分市场和地域市场的不同角色定位，建立差异化的产品组合。

不论产品管线设计还是产品立项都是多个维度折中的结果，在实际操作过程中，应结合尽量多的维度考虑，但无需一一满足。

（二）产品组合的管理方法

与创新药相同，品牌仿制药企业的产品管线也可以使用麦肯锡矩阵进行取舍或判断投资策略。通过各产品管线所对应的细分市场或技术领域的市场吸引力和企业竞争力分析，便可判定各个产品管线在麦肯锡矩阵中所处的位置，然后基于麦肯锡矩阵各个板块的投资策略选择合理的投资方法即可。更多信息可参考第三章。

对于新规划管线，可以根据以下步骤进行：①系统地治疗领域或技术领域梳理，筛选出未满足需求大、市场增速快、专利已失效或即将失效的产品数量多的领域。②结合公司的战略聚焦方向，初步筛选出数个备选领域。③综合评估公司在各备选领域的竞争优势，绘制麦肯锡矩阵并判断投资策略。④从备选领域中进一步筛选出拟进入的领域，并结合麦肯锡矩阵所对应的投资策略、品牌仿制药产品管线构建的要素，初步建立一揽子规划。包括需要立几个项目，在多长时间内、分多少批次立项，预算是多少，预期回报是多少等。⑤参考金字塔模型，对拟定管线内的产品进行初步市场定位，确认核心产品是什么，潜力产品和（或）协力产品是什么，发掘产品、陪衬产品、搅局产品又分别是什么……对于已有目标核心产品的管线，围绕着核心产品布局管线即可，对于没有目标核心产品的管线，可选择市场吸引力最大、公司竞争力最高的产品作为核心产品。⑥根据产品的市场定位、公司投资规划、客观或主观限速因素初步确定各项目的优先顺序、启动项目立项的时间。⑦根据产品管线建设投入和销售预期计算投资回报率，并结合投资回报率判断产品管线的建设意义，选择最佳的构建方案。⑧深度评估每一个产品，确认是否可以立项，如果某些产品因客观的原因无法立项，应考虑替代方案或评估产品缺失对管线的影响。⑨评估产品最有效的获取策略，包括研发、授权、收购、贴牌等。

对于管线优化和升级，则可按如下步骤进行：①使用麦肯锡矩阵确认目标产品管线是否具有再投资的价值和潜力，并确认投资策略。②与营销人员沟通，确定各产品在波士顿矩阵和金字塔模型中的位置，分析产品管线中所缺少的产品类型。③系统梳理产品管线所对应的赛道或细分市场中的可布局产品，包括专利已失效或即将失效的产品、可从外部购得的品牌产品、从产品生命周期管理的角度可升级改良或多样化的产品（如开发多口味、多剂型、多外观、多包装）。如产品管线无潜力型新品可补充、无法获得具有市场影响力的金牛产品或明星产品，则可考虑放弃管线，以置换新的资源。④确认公司在该领域的竞争者角色定位，确立一揽子的规划。⑤管线估值，结合投资回报率判断产品管线是否有必要优化，并确定最理想的方案。⑥与产品管线的构建过程一样，建立各项目的立项顺序、深度评估每一个项目的立项可能性以及产品的最佳获取方式。

进入通用仿制药时代以后，一般仿制药不再授予品牌，企业必须借助OTC、非专利品牌药（专利失效的原研药）、传统的品牌仿制药（具有品牌的老药）、改良型新药或505（b）（2）产品的品牌力量进行品牌化，形成混搭的产品管线。例如，国际知名的品牌仿制药巨头 Hikma、Stada、Aspen 的模式就是通过收购地域性的品牌，然后围绕着品牌打造混搭的产品管线，进而形成以品牌聚焦、有地域性差异的产品管线。当然，企业也可将无法品牌化的通用仿制药定位为陪衬产品和搅局产品，用以维护产品管线的利益，或为核心产品或潜力产品引流。除了品牌带动，也可以利用企业在特定区域或细分市场的特殊影响力（如驰名商标冠名），使得产品与众不同。这要求企业拥有遥遥领先的市场影响力和铺货能力，通过足够多的产品铺满药店的货架，通过足够多的渠道、终端为患者提供最便捷、最贴心的服务，进而让患者产生与众不同的印象。

由于是直面消费者，在管线的构建与优化过程中应根据不同地域、不同性别、不同年龄段的消费特点和消费趋势动态地改良和优化产品。例如，在消费升级的趋势之下，产品的设计要高、中、低端搭配；在消费个性化的趋势下，外观、包装、口感、配方要尽可能的丰富，例如，面向糖尿病患者或重视体重管理的患者推出无糖配方，面向伊斯兰地区的消费者应避免使用明胶胶囊，面向婴儿患者应推出滴剂，而面向儿童患者应推出不同颜色、口感的口服液等。

三、通用仿制药的产品管线建设

通用仿制药主要面向医保市场，它存在的一个重要意义是节省药品支出，所以在准入、定价、招标、使用和支付的全过程，都会受到政府的干预，是市场化程度最低的细分市场。大部分发达国家的通用仿制药都无需企业自建销售渠道，也无需企业向医生和患者推广，通用仿制药企业建立竞争优势的关键是实现更高质量、更低价格，建立更庞大的产品组合和领先的供应能力。

由于可仿资源是有限的，跨国巨头一般不会随意放弃每一个可仿资源，所以能仿的产品会尽量仿，产品管理的重心在于根据各市场的价格行情、综合成本、客户需求、可仿资源等因素，动态地二次定位和调配产品组合，以实现各产品管线的持续更新和价值最大化。中小型仿制药企业因为资源与能力限制，产品管线的设计与优化是多维度折中的结果，而且不同业务战略的企业，构建和优化管线的方式也各不相同。

（一）总成本领先战略的产品管线建设

为了获取尽量多的可仿资源，大型企业可以下设两个事业部，分别执行总成本领先和差异化两种不同的业务战略。负责总成本领先战略的事业部主要面对大众化、标准化的普药市场，产品布局遵循"凡是能够提升规模经济效应""凡是技术和工艺具有协同性""凡是不超出资源与能力限制""凡是投资回报率不为负值"的产品能仿则仿的原则，以开发足够多的批文。批文数量越多，可二次定位和调配产品组合的空间越大，可发挥规模经济效应的机会越多、规模经济效应越强，客户、医生和患者的关注度也越高。Teva、Sandoz 等全球顶级制药巨头都拥有上千个美国 ANDA 批文，Sun pharma、Aurobindo 等顶级的印度仿制药巨头在美国持有的 ANDA 批文也达到了 600 个。

一般规模的仿制药企业，因为受到资源和能力限制，产品布局必须有更高的选择性。首先，开发同一个产品的投资回报率，一般的企业通常不及跨国巨头。一方面，跨国巨头的市场版图足够大，可以基于不同市场的价格水平、供给情况和利润水平动态调整产品包；另一方面，跨国巨头的产品数量多、规模经济效应更强，而且能够在全球范围内优化和协调价值链，成本也低于一般的地域性仿制药公司。其次，一般仿制药企业没有足够的人力、财力、物力、技术、生产线支持产品的全面布局；再次，目标市场的价格水平、竞争态势、供给状况决定了产品是否能够盈利。所以，对一般规模的企业而言，能仿尽仿的"能"上需要加诸多的限制。

在总成本领先战略的框架之下构建管线，应将规模经济效益和经验曲线效应放在首位。例如，将全部剂型相同、工艺技术协同性高且向同一国家供货的产品整合为一条管线。产品布局时，应尽量选择大销量的普药产品的主流剂型、主流规格和大包装，舍弃非主流的、定制化的、低毛利的、工艺协同性差的规格、剂型或包装。销量越大，生产批量越大，生产过程中浪费的物料占比越低、批检验和清洁验证的成本在总成本中的比重越低，物料采购时的议价能力越强。然而销量越大的产品，开发厂家也越多，价格竞争越激烈，企业如想获得更长的生命周期和更高的投资回报，应强调率先上市的效应。

不论是国际巨头还是地域性的仿制药公司，都应在资源与能力允许的情况下"能仿尽仿"。但出于企业资源和能力有限性的角度考虑，可以从以下七个方面作为产品选择的出发点：①以成本优势、供给状况作为出发点选择项目；②以销量大小和毛利水平为出发点选择项目；③以原研药专利失效的时间窗为出发点选择项目；④根据产业的协同性、可共享价值活动的情况为出发点选择项目；⑤以原料成本优势或持续降低原料成本的能力为出发点选择项目；⑥以竞争态势为出发点选择竞争不充分的项目；⑦以管线利益最大化为出发点选择项目——强调整个产品管线的回报最高，而非单个产品，允许定位为搅局产品和陪衬产品的存在。在添加产品的同时，某些产品因价格竞争、政策限制、需求改变或其他原因而生命周期到达终点，应及时从管线中移除并二次定位，包括转移到其他有需求、有利润的市场管线中，对外授权或打包出售等等。

值得一提的是，由于仿制药市场的逐渐衰退，产品的投资回报率大幅下降，企业要维持销售额和利润规模，必须增加投入量，布局更多的产品。否则，不论是销售额还是利润，都会随着市场的萎缩而逐步萎缩。

（二）差异化战略的产品管线建设

差异化战略的产品选择思路与总成本领先战略相反，常见的实现方式包括以下七种：①通过开发非主流、定制化的剂型、规格实现差异化，例如，美国某公司为满足儿童患者的用药需求，开发了各种药品的口服液；②通过高准入门槛的产品实现差异化，包括高壁垒制剂、高壁垒原料、生产条件要求高度复杂或需要定制化生产车间才能生产的品种、监管挑战或无法使用统一监管标准审批的品种、需挑战专利才能上市的品种、特殊管制药品；③通过开发市场关注度低、无原料供应的小众化品种实现差异化；④通过布局高移动壁垒的专科药实现差异化；⑤通过仿创结合实现差异化；⑥通过收购因历史原因而无法复制的产品实现差异化；⑦通过形成差异化的产品管线而实现差异化。

因为差异化战略面向的是非主流市场，特点是产品种类繁多，而且协同性差，只有少数产品能形成产品管线聚焦，所以企业要注重投资回报率，不能漫无边际地差异化。对于面向可直接替代性高、无需推广和营销的市场（如美国市场），企业无需强调治疗领域聚焦（有的企业也强调打造专科药产品管线）。然而，大部分市场的非主流产品、规格、剂型的可及性都不高（可直接替代性低），这意味着企业必须自主开发市场。为了最大化渠道建设和营销活动的投入产出比，产品设计时必须注重治疗领域聚焦（如形成专科药产品管线）。除此以外，对于毒、麻、精、放等管制药品可以单独整合为一条产品管线。对于无法通过治疗领域或技术平台聚焦的产品，如某些市场关注度低的利基品种，通过原料技术、监管挑战、信息不对等性获得的机会性品种，可以基于剂型、生产工艺的协同性二次整合，无法整合的产品可集中化管理。

不论是以治疗领域聚焦还是技术平台聚焦，成功的产品管线都需要有品牌药驱动。在专科药领域，企业需要有丰富的疾病管理经验和足够的医生接触机会，以了解需求和发现痛点。仿制药虽然可以让企业快速进入赛道，但无法让医生留下"与众不同"的印象。另外，企业的市场地位很容易因激烈竞争而被取代，这种"接触机会"是转瞬即逝的，疾病管理经验也无法沉淀下来。从技术平台构建产品管线的角度讲，大部分高壁垒制剂的可仿资源都非常有限，仿－创结合布局改良型新药或 505（b）（2）是扩大平台收益的最有效办法。美国有超过 1000 亿美元的 505（b）（2）市场，以技术平台仿－创双驱，是众多载药技术公司或仿制药企业转型的常见战略。

Teva 的吸入剂管线打造

吸入剂是 Teva 领先的载药技术领域，也是重点打造的管线。2006 年 Teva 以 74 亿美元收购了 Ivax 而获得了两大吸入剂产品，分别为沙丁胺醇干粉吸入剂 ProAir 和布地奈德气雾剂 Qvar，在收购 Ivax 的当年，呼吸系统用药就为 Teva 奉献了约 5 亿美元的销售额。此后的十年里，Teva 陆续开发了布地奈德、沙丁胺醇、阿福特罗、福莫特罗、左沙丁胺醇、沙美特罗、沙美特罗 / 氟替卡松等多个产品、多种剂型的仿制药，并通过仿－创结合等方式开发了 Duo Resp Spiromax、Air Duo Respi Click、Armon Air Respi Click、Cinqair 等多个 505（b）（2）产品。为了强化管线，Teva 还收购了 MicroDose、Gecko Health 等多家吸入制剂载药技术公司，2017 年的吸入剂总销售额超过 30 亿美元。最近几年来，销售额虽然有所下跌，但市场份额一直维持在 5% 左右。

Sun pharma 的专科药管线打造

Sun pharma 的特色专科药布局方式与欧美仿制药巨头相似——治疗领域聚焦于皮肤和眼科，通过发展载药技术自主开发、授权引进、购买等方式建立特色化的产品管线。在皮肤科方面，Sun pharma 在收购 Taro 和 Dusa 时获得了皮肤病用药产品包，2014 年通过授权得到了

tildrakizumab，并与原有的 Sotret（异维 A 酸）、Lulicon（卢立康唑）和 Duac（克林霉素 / 过氧化苯甲酰）整合成初步的仿制药 - 品牌药混搭管线，此后该公司又收购了日本 Pola Pharma，进一步扩大了业务范围。眼科方面，Sun pharma 在原有仿制药产品包的基础上，先后收购了 InSite Vision、Ocular Technologies 等公司，并自主开发了 BromSite/Megabrom（溴芬酸钠）、Cequa（环孢素）、Xelpros（拉坦前列素）等产品，眼科的品牌药 - 仿制药混搭管线也初步形成。截至 2024 年 3 月，Sun pharma 共有 50余个 NDA 获得批准，形成了 26 个品种的管线，2023 年的专科药销售额达到了 10.39 亿美元（其中 tildrakizumab 5.8 亿美元）。为了强化专科药管线，Sun pharma 在 2023 年投入了 1.48 亿美元专门用于专科药研发，并收购了 Concert pharma 获得了 JAK 抑制剂 deuruxolitinib，与 Philogen 达成合作，获得了 Nidlegy 在三个国家的销售权益。

Endo 的专科药管线构建

　　1997 年，Carol Ammon 等人筹集 2.77 亿美元，从 Dupont Merck 买下了 35 个品种和 Endo 的商标权益，并创办了 Endo Pharmaceuticals Holdings。35 个品种中，Percocet（羟考酮 / 对乙酰氨基酚）、Percodan（羟考酮 / 阿司匹林）、Hycotuss（氢可酮 / 愈创甘油醚）、Hycomine（氢可酮）和 Hycodan（氢可酮）是镇痛药，其中 Percocet 还是享誉全美的知名品牌。但 Percocet 早在 20 世纪 50 年代就已开始销售，医生已经习惯将所有的羟考酮 / 对乙酰氨基酚片都叫作 Percocet，实际上已失去了品牌价值。为了挽回 Percocet 的品牌价值，Endo 的高管认为市售的羟考酮 / 对乙酰氨基酚片都只含 5mg 的羟考酮，如果开发出其他规格的版本，就有希望实现与市售仿制药的区分。于是 1999 年底，Endo 推出了含羟考酮 2.5mg、7.5mg 和 10mg 的羟考酮 / 对乙酰氨基酚片并申请了专利保护。

　　新规格的推出，意味着只有含多规格的羟考酮 / 对乙酰氨基酚片才是 Percocet，其余的都是仿制药。此举取得了巨大的成功，新规格上市后第一年（2000 年）销售额就达到了 9237 万美元。为了扩大产品管线，Endo 于 1998 年通过授权引进了日本帝国制药生产的利多卡因巴布

膏（Lidoderm），该产品在 2000 年的销售额就达到了 2254 万美元，成为
公司的第二大拳头产品。为了进一步扩大销售规模，Endo 又面向中重度
疼痛患者开发了 Zydone（氢可酮/对乙酰氨基酚），仿制了吗啡和羟考酮
缓释片，还收购了另一家疼痛管理公司 Algos Pharma，获得了在研项目
MorphiDex（吗啡/右美沙芬）和 NMDA 阻滞剂（止痛药），但遗憾的是
这两个产品最终并没有获得美国 FDA 的批准。

为了迅速扩大管线，在 2003~2005 年间，Endo 开发了多个阿片药
物的仿制药，包括羟考酮/对乙酰氨基酚片、硫酸吗啡缓释片、羟氢吗
啡酮片、羟考酮缓释片等，还成功开发或授权引进了利多卡因/丁卡
因贴剂（Synera）、吗啡缓释脂质体（DepoDur）和偏头痛用药福伐曲坦
（Frova），建立起全面的疼痛管理产品管线，2005 年的销售额达到了 8.2
亿美元，营业利润达到 3.13 亿美元，创造了初创型仿制药公司内源式增
长的奇迹。

以治疗领域聚焦构建产品管线的方法和思路，与创新药的产品管线构建
过程相似，在此不再赘述。以技术平台聚焦构建产品管线的核心是差异化选
择赛道，强调龙头的地位。由于载药技术众多，不论是跨国巨头还是一般仿
制药企业都只能选择性地布局，而赛道的合理选择是成功的关键。对于市场
规模和发展空间较大、壁垒较高的赛道，应持续强化，建立和保持领先的地
位，如 Teva 的吸入剂和缓（控）释制剂。对于市场规模和发展空间较小、壁
垒特别高的赛道，应结合自身的技术优势、筛选竞争不充分的领域布局。而
市场小、壁垒不是特别高的赛道，不宜通过技术平台聚焦的方式构建产品管
线，如阴道片。

不论是以治疗领域聚焦还是技术平台聚焦，在管线构建的过程中，首先
应进行市场吸引力分析，包括各技术赛道或细分市场的市场规模、未满足需
求、可仿资源总量、将技术用于改良或开发 505（b）（2）的机会。其次进行
企业竞争力评估，确认公司人才、技术、财务资源、设备、生产线的可及性，
在众多竞争对手中建立和保持竞争优势的可能性。再次，基于麦肯锡矩阵确
定投资策略。最后，结合仿制药产品管线设计或优化的要素，设计一揽子的
初步立项规划，并初步测算投资回报率。

---- 美国 505（b）（2）的市场机会 ----

1984 年，美国通过了《Hatch-Waxman 修正案》，美国 FDA 新增了 505（b）（2）和 505（j）审批路径，其中 505（b）（2）旨在为主活性成分与市售品相同，但剂型、规格和配方工艺等方面与市售药品存在差异、不能归类为仿制药的产品提供一种相对简化的新药申请通道。按美国 FDA 目前的官方分类，化学药的新药申请（NDA）分为 10 种类型，除了 1 类为 505（b）（1）之外，2~10 类均被称为 505（b）（2）（表 4-6）。

表 4-6　美国 NDA 注册分类

类型	化学分类	适用情形
1	新分子实体	药品含有未在美国批准或者上市的新分子实体
2	新活性成分	药品含有新的活性成分，但不含新分子实体，在已获批或上市活性成分的基础上成酯、盐或非共价衍生物，将已上市外消旋体拆分为单一的旋光异构体
3	新剂型	在已批准或上市活性成分的基础上改剂型
4	新复方	两种及以上已上市活性成分的物理组合； 含有新分子实体的物理组合（1,4 类） 通过酯键链接的双分子或多分子组合（2,4 类）
5	新处方或新生产厂家	（1）改变辅料种类，以新的 NDA 申报并需要生物等效性研究或临床研究； （2）不同申请者的复制品：①需要生物等效性证据但不适合申报仿制药的产品；②因含全新辅料，需要开展安全或有效性研究的产品；③需要完整安全有效性证据，因为（a）在其他产品数据保护期内，（b）属于生物技术产品，生物等效性不足以证明安全有效性，（c）粗制的天然产物，（d）生物利用度不同而不符合 505（j）路径；④申请人有权参考其他申请； （3）产品的活性成分曾作为复方制剂或混合物中的一种成分获批上市； （4）在市售组合物的基础上减少活性成分或用新酯、新盐、新非共价衍生物替代（2,5 类）； （5）活性成分与已上市复方产品相同，但其中的一个或多个活性成分的规格与已上市产品不同； （6）因生物利用度不同而不满足 505（j）路径； （7）产品采用新塑性包装材料而需要进行安全性研究

类型	化学分类	适用情形
6	新适应证	2009 年 7 月 27 日后不再受理，已由 9 类和 10 类替代
7	药物已经上市但未提交 NDA	只适用于第一个批准的 NDA，其中含有以前上市但未经批准的活性成分，包括但并不限于如下情况： （1）1962 年后首次为 1938 年前上市的活性成分提交申请； （2）首次为 1938~1962 年间上市，且与药物疗效研究实施（DESI）通知涵盖药物相同、相关和相似（IRS）的活性成分提交申请； 1962 年后上市的相同、相关和相似（IRS）药物首次申请； 1962 年后上市但未申请 NDA 的活性成分
8	处方药部分转化为 OTC	如果处方药的所有给药方案、规格、剂型或适应证都转为 OTC，需要对原申请递交补充申请；如果处方药的部分给药方案、规格、剂型或适应证转为 OTC，需要申请新的 NDA，属于此类
9	以不同 NDA 申请新适应证，批准后与原始 NDA 合并	在另外一个 NDA（母 NDA）正在接受审评的情况下申请新适应证，且申请人计划在获批后不以 9 类 NDA 销售该药品。一般来讲当 9 类 NDA 递交时，全部赋予相同的 NDA 类型，一旦有一个 NDA 被批准，其他的全部归为 9 类
10	以不同 NDA 申请新适应证，与其他 NDA 不合并	作为待决或已批准 NDA 的复制品，且申请人在获批后将单独以 10 类 NDA 销售该药品

在 1984~2023 年间，美国 FDA 一共批准了 2523 个 505（b）（2）文号。其中 2 类 90 个，3 类 1252 个，4 类 293 个，5 类 705 个，6 类、9 类或 10 类共 112 个，7 类 39 个，8 类 32 个。从趋势上而言，美国 FDA 每年批准的 505（b）（2）数量相对稳定，有轻微的增长趋势，平均每年为 63 个，最多的一年为 89 个，最少的一年为 29 个（图 4-7）。

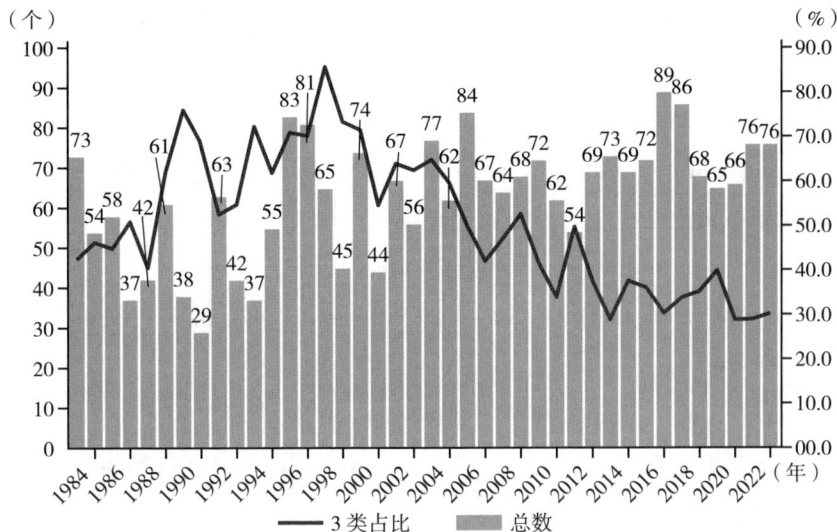

图 4-7　美国 505（b）（2）的批准趋势变化

这些产品中，约 40% 的产品处于 discontinued（中断）或 tentative（待定）的状态，销售额超过 100 万美元的产品约占总数的 30%，2023 年总市场规模约 1050 亿美元，约占美国医药市场的 17%，是仿制药市场的 1.7 倍。其中 2~5 类 505（b）（2）产品的总销售额约为 950 亿美元，市场处于缓慢增长状态。庞大的 505（b）（2）市场为仿制药企业的转型提供了机会，尤其是拥有领先技术平台的企业，通过技术平台仿－创双驱，并布局专科药，是仿制药企业转型的首选方式。

参考文献

［1］魏利军，王海盛．仿制药企兴衰启示录［M］．北京：中国医药科技出版社，2023．

［2］张伟，程斌武．我国跨国企业海外市场发展现状及国际化战略分析［M］．北京：经济管理出版社，2023．

［3］赵玉林，汪芳．产业经济学原理及案例（第五版）［M］．北京：中国人民大学出版社，2020．

［4］ Kumar R. Wealth Creation in the World's Largest Mergers and Acquisitions ［M］. Switzerland：Springer，2019.

［5］ Philip H. Protecting American's health：FDA business and one hundred years of regulation ［M］. USA：The University of North Carolina Press，2004.

［6］ Reputation and Power：Organizational Image and Pharmaceutical Regulation at the FDA ［M］. USA：Princeton University Press，2014.

［7］ Thayer A M. 30 Years Of Generics ［J］. Chemical & Engineering News，2015，92（39）：8-16.

［8］ Boehm G，Yao L，Han L，et al. Development of the generic drug industry in the US after the Hatch-Waxman Act of 1984 ［J］. Acta Pharmaceutica Sinica B，2013，3（5）：297-311.

［9］ Ascione FJ，Kirking DM，Gaither CA，et al. Historical overview of generic medication policy ［J］. J Am Pharm Assoc（Wash），2001，41（4）：567-577.

［10］ Meyer GF. History and regulatory issues of generic drugs ［J］. Transplantation Proceedings，1999，31（3ASuppl）：10S-12S.

［11］ FTC. Understanding competition in prescription drug markets：Entry and supply chain dynamics ［EB/OL］. https://www.ftc.gov/system/files/documents/public_events/1255653/understanding_competition_in_prescription_drug_markets_workshop_slides_11-8-17.pdf.

［12］ IQVIA. Global/US generics and biosimilars：trends，issues and outlook ［EB/OL］. https://accessiblemeds.org/sites/default/files/2019-02/Doug-Long-Access2019.pdf.

［13］ Wouters OJ，Kanavos PG，Mckee M . Comparing Generic Drug Markets in Europe and the United States：Prices，Volumes，and Spending ［J］. The Milbank Quarterly，2017，95（3）：554-601.

［14］ Perry G. The European generic pharmaceutical market in review：2006 and beyond ［J］. J. Generic Med，2006，4（1）：4-14.

［15］ Gelijns AC，Halm EA. T. Japan's Pharmaceutical Industry Postwar Evolution ［M］. Washington DC，US：National Academies Press，1991.

［16］ Teva. Financial report 2002-2023 ［DB/OL］. https://www.sec.gov/.

［17］AAM. 2023 U.S. Generic & Biosimilar Medicines Savings Report ［EB/OL］. https://accessiblemeds.org/sites/default/files/2023-09/AAM-2023-Generic-Biosimilar-Medicines-Savings-Report-web.pdf.

［18］魏利军，雷继锋. 美国505（b）（2）路径对我国改良型新药设计与开发的启示［J］. 中国食品药品监管杂志, 2024, 7（7）: 56-67.

第五章
OTC 企业的战略制定与产品管理

OTC 约占各国医药市场总销售额的 5%~20%。OTC 基本是安全有效性非常确切的成熟药品，无需医生开具处方，另外，因为患者自我消费属性较强，大部分国家都无医疗保险覆盖，因此几乎不受各国政府医疗费用控制政策的影响，是市场化程度最高的医药细分市场。为此，OTC 企业的战略选择、商务模式和处方药企业存在巨大的差异。

第一节　OTC 的行业特点

一、OTC 的发展简史

在制药行业诞生之初，并没有处方药和 OTC 之分，药品既可以向医生出售，也可以直接向患者出售。19 世纪的美国，制药行业非常混乱，各种欺诈性的专利药广告遍布每一条大街。1938 年通过的《联邦食品、药品和化妆品法案》要求对药品实施注册制管理，虽然极大提升了行业的门槛、规范了行业环境，但依然没有对 OTC 和处方药进行有区别的监管。

在 20 世纪初，"自我医疗"在美国被视为神圣的权利，广告也无需美国 FDA 的审查，所以药品销售模式以广告宣传、患者自我购买为主。据相关文献报道，美国 1929 年的药品市场中，仅有 29% 是处方药，其余的全是 OTC。

《联邦食品、药品和化妆品法案》虽然要求药品在标签上注明，是否需要在专业人员的指导下使用，但并没有统一的执行标准，也没有权威的机构进行统一认定。也就是说，生产企业可以自行决定产品是 OTC 还是处方药。尽管如此，新法案的实施，使得 OTC 的市场占有率开始逐渐下滑。一是新法案基本杜绝了新万能专利药（带有欺诈性）上市，二是化学药物飞速发展，很多原本销售万能专利药的大公司陆续放弃了自己的产品，逐渐向化学药转型。三是抗生素、皮质激素等影响人类历史的药物大量出现，制药企业与医生之间的联系变得越来越紧密，药品主要的销售对象，尤其是新药销售，由患者逐渐变成了医生。到 1949 年时，OTC 的市场份额从 1929 年的 71% 下降至43%。

为了避免药品既是处方药，又是 OTC 的乱象，美国在 1951 年通过了《处方药修正案》(Durham-Humphrey Amendment)，该法案对处方药和 OTC进行了法定区分并授权美国 FDA 进行统一分类。不过该法案仅针对新注册的产品，对于已批准上市的非成瘾性药品并没有影响。1962 年，《Kefauver-Harris 修正案》获得通过，美国 FDA 拥有了对上市药品监管的权利，这种由生产企业自行决定产品分类的历史才得以终结。到 1969 年，美国的处方药市场份额进一步提升至 83%。随着美国公立医疗保险保障范围的逐渐扩大和仿制药替代的逐步推进，患者选择相同分子的处方药可以获得医保报销并可以选择低价仿制药，使用成本明显低于 OTC，导致 OTC 在医药市场中的比重进一步下降，最新的数据显示，OTC 药物在美国医药市场中的份额仅有 5%左右。

美国的药品监管法规对世界其他国家产生了深远的影响，OTC 也不例外。日本和英国是除美国之外最早对 OTC 和处方药进行分类管理的国家，日本可追溯至 1967 年的《医药品承认相关基本方针》，而英国则可追溯至 1968 年的《医药法案》(Medicines Act 1968，1971 年开始实施)。我国于 1999 年 6 月由SFDA 出台了《处方药与非处方药分类管理办法（试行）》，并公布了第一批OTC 目录，该办法于 2000 年 1 月 1 日开始实施。2001 年修订的《中华人民共和国药品管理法》规定我国对处方药和非处方药实施分类管理。

二、OTC 的监管

美国的 OTC 准入路径包括注册制和备案制两种，其中备案制主要针对专论内的分子。《Kefauver- Harris 修正案》实施以后，美国 FDA 为了解决 1938~1962 年的"仅基于安全性批药"的历史问题，于 1966 年启动了"药效研究实施方案（*drug efficiency study implementation*）"，对 3000 多个处方药进行了药效学再评价。1969 年，处方药的再评价基本完成，于是开始处理 OTC。然而当时美国市场上的 OTC 产品数量超过 10 万种，甚至可能高达 50 万种，逐个再评价并不现实。为了节省工作量，美国 FDA 采用了分类评价法，这促使了 OTC 专论的诞生。1972 年，美国 FDA 开始建立 OTC 专论，经过多年的不断完善，最终形成了今天的样子。对于专论内的分子，只要不改变适应证、剂型、用法用量，都可以通过备案制准入。如改变了适应证、剂型、用法用量，则需要美国 FDA 审批，获批后可获得 18 个月的市场独占期。2020 年 3 月，美国通过了 OTC 专论管理的相关立法，并建立了 505G 通道。

专论以外的分子都需要美国 FDA 的审批，注册路径主要有三种。第一种是在未经批准为处方药的情况下，提交 NDA 直接申请 OTC（direct-to-OTC），这种情形非常罕见。第二种是提交 ANDA 仿制已上市的 OTC。第三种是处方药申请转化为 OTC。处方药转 OTC 又包括两种情形，如果申请人拟将已批准处方药所有剂型、规格、适应证和用法用量都转化为 OTC，需要在该产品已批准 NDA 的项下提交补充申请，如果仅是部分的剂型、规格、适应证和用法用量申请转化为 OTC，则按 NDA 8 类的要求提交注册申请。成功转化为 OTC 的产品可获得 3 年的市场独占期，在独占期内，美国 FDA 不批准同分子的其他 OTC 申请。

日本的 OTC 准入路径与美国类似，也有类似专论的清单。对于"专论"内的分子，虽然未实施备案制度，但对注册程序进行了高度简化。2017 年，日本厚生劳动省对已建立了国家生产销售许可标准的 16 类 OTC 产品和一些类别的医药部外品（护肤产品），将审批权下放至地方政府。一般情况下，独立行政法人医药品医疗器械综合机构（PMDA）的审评时限为 10 个月左右，而地方政府只需 2~3 个月。对于非"专论"产品，申请人则需要向 PMDA 提交申请，包括直接申请 OTC（类似 direct-to-OTC）或处方药转化为 OTC 或

OTC 仿制药。欧洲的 OTC 准入路径相较美国和日本复杂，准入程序包括集中程序和分散程序。分散程序因各国的不同要求而异，集中程序则需要 EMA 的审批，注册审批路径与美国和日本相似。

OTC 的监管制度决定了 OTC 产品的开发方式。一种是选择适合开发 OTC 的品种，从药物分子的原研公司取得授权并获得基本的临床数据，然后进行 OTC 准入必需的安全有效性证据开发，并提交 NDA 或补充申请。这种路径不仅能获得新 OTC 品种，而且具有市场独占期和原研药品牌加持，是市场稀缺性资源，但开发成本较高，耗时较长，且适合转化为 OTC 的产品也不多。2001~2023 年，美国 FDA 仅批准了 46 项处方药转 OTC 申请，所涉及的药物分子仅 25 个。另一种是基于已经上市的 OTC 开发仿制药或基于专论内的分子开发仿制药或开发新配方。这种方式虽然准入壁垒较低、上市速度快，但相似产品众多，想打造一个成功的品牌并不容易。基于 OTC 产品的研发特点，OTC 企业的研发投入通常较低，跨国巨头的研发投入强度一般为 2%~4%。

上市 OTC 监管方面，美国、日本和欧洲大部分国家的 OTC 不仅可以在药店销售，也能在超市、便利店、电商平台销售（因产品分类和国家监管尺度的不同而异），这导致了 OTC 可以不同程度地与日用品、化妆品、保健食品、洗护用品共享销售渠道、用户群或品牌，使得 OTC 企业依旧保持着多元化。由于 OTC 的市场化程度非常接近于消耗品，所以性质上不同于仿制药的成本效益经济，企业不但可以通过增加渠道覆盖、促销等方式来扩大销售，也能通过品牌和服务来获得价值延伸。但值得一提的是，虽然 OTC 在大部分国家不能享受医疗保险报销或仅有极少数品种可享受报销，但也有少数国家对价格实施了管制。据相关文献报道，在 30 个被纳入研究的欧洲国家中，24 国对价格无管制行为，但保加利亚、比利时、拉脱维亚、卢森堡、立陶宛和芬兰除外。如果政府对价格实施管制，品牌和服务的溢价就会大幅降低。

三、OTC 企业的生存状态

根据 IQVIA 公开的报告，全球 OTC 市场为 1870 亿美元，约占全球医药市场的 12%。如果在 OTC 的基础上，多元化布局个人护理（简称个护）产品、消费者保健食品、消费者保健器械，便可获得更大的市场机会。纵观全球主营

OTC 或将 OTC 作为重要业务的巨头，几乎都是将 OTC 与上述业务整合，形成规模更为庞大的消费者保健业务（consumer healthcare）或消费者保健公司。

由于消费者保健类产品市场化程度较高，企业可以通过维持价格和压缩成本来控制产品的毛利水平。2000~2023 年，跨国消费者保健巨头的业务毛利水平集中在 50%~60%。品牌影响力大、产品差异性强、能够在全球范围内优化供应链的企业，毛利水平相对较高，而品牌影响力小，主营仿制非处方药的企业毛利水平较低。全球十大消费者保健巨头在过去 5 年（2019~2023 年）里的平均营业利润（业务部门统计的主要是息税前营业利润）水平为 16.55%（各公司营业利润或业务营业利润的平均值，如果按合计营业利润 / 合计营收计算则为 17.24%），与 20 年前基本相当。

随着市场成熟度的不断提升，消费者保健业务的经营难度越来越大，竞争极其激烈，跨行业运营业务变得越来越难，不确定因素增多，企业净利润水平显著下降。2019~2023 年，全球五大消费者保健巨头（排除了拜耳、赛诺菲、大冢、利洁时、史达德等五家消费者保健业务营收在总营收中的比重不足 50%，且未单独公布该业务净利润的公司）的平均净利润水平仅为 8.56%（各公司净利润的平均值，如按合计净利润 / 合计总营收计算则为 10.36%）。另外，与创新药行业类似，消费者保健行业也具有非常高的集中度，top 10 企业（表 5-1）的全球市场占有率接近 30%。

表 5-1 跨国消费者保健巨头销售额变化（百万美元）

公司	2019年	2020年	2021年	2022年	2023年
Kenvue	14324	14467	15054	14950	15444
Haleon	10829	12694	13131	13438	14053
宝洁	8218	9028	9956	10824	11226
利洁时	5698	6275	6391	7416	7537
拜耳	6133	6282	6289	6389	6521
赛诺菲	5262	5015	5309	5466	5605
Perrigo	4837	5063	4139	4452	4656
大冢	3062	3129	3433	3349	3449

续表

公司	2019年	2020年	2021年	2022年	2023年
大正	2506	2510	2445	2310	1758※
史达德	975	1277	1526	1345	1611
合计	61844	65741	67672	69938	71860

注：※ 因退市，仅包含 9 个月数据

虽然消费者保健类产品不需要高强度的研发创新，但需要强大的品牌加持。在成熟的市场中，消费者通常对成熟品牌具有较高的信任度和忠诚度——能够大幅提升行业壁垒，尤其是市场份额被少数知名品牌瓜分的细分市场，进入壁垒非常高。在这种情况下，新企业如想快速突破行业壁垒，收购知名品牌或兼并拥有知名品牌的企业是最有效的方式，这也是各消费者保健巨头业务扩张、国际化和产品组合强化过程中的常用策略。然而，收购和兼并非常容易诱发财务危机和资产减值，是全球消费者保健巨头整体负债率较高的主要原因，史达德在 2023 年的负债率（总债务/总资产）达到了77.9%，利洁时、宝洁和 Kenvue 也分别达到了 68.8%、61.1% 和 59.8%。

第二节　OTC 企业的战略制定与选择

一、OTC 企业的公司战略

从模式上讲，OTC 企业可分为非品牌 OTC 企业和品牌 OTC 企业。非品牌 OTC 企业指主要生产 OTC 仿制药或专门为其他企业生产自有品牌的 OTC 企业，因没有知名品牌，主要赚取生产和配送环节的利润，如 Perrigo，操盘方式与通用仿制药企业类似，在此不做赘述。品牌 OTC 企业的利润来源主要是品牌与服务的议价，因为品牌塑造和推广的成本高、周期长，所以知名品牌是稀缺性资源，通常被作为资源配置的起点。

由于 OTC 具有较强的消费属性，市场化程度较高，企业的核心竞争力集中体现在品牌建设和市场营销，战略关注点相较创新药企业和通用仿制药企业有巨大的差异。首先，外部环境因素方面，OTC 行业受技术、政策等因素的影响相对较小，而受人口结构、社会文化、经济情况等因素的影响相对较大（表 5-2）；其次，OTC 既不属于创新驱动型产业，也不属于成本效益型产业，而是典型的品牌和服务驱动型行业，在内部优势识别时，必须有区别的对待。再次，由于消费者的不同，OTC 企业的战略承诺既不强调"解决未满足的治疗需求"，也不强调"低成本和可获取性"，例如，Haleon（赫力昂）的企业宗旨是"为人类提供更好的日常健康"，而 Kenvue（科赴）是"实现日常护理的非凡力量"。此外，由于 OTC 企业的核心专长集中在营销和销售环节，与其他行业的产品共享价值活动的机会较多，所以大部分企业是多元化的。

表 5-2　OTC 企业外部因素分析要点

宏观环境因素	政策与法律	政策可能会推动和限制行业的发展，也可能改变市场的竞争格局，如果政策与法律环境频繁多变，会降低市场的可预期性，让企业不敢随便大规模投资
	经济	经济环境影响消费能力和消费动力，尤其是非必需的产品
	社会与文化	社会风俗、宗教文化不仅会影响消费理念、消费诉求和消费文化，也会影响品牌建设，因为品牌本身富含文化底蕴
	技术	新技术的应用可能让产品过时，也可能带来新的消费方式，或成本控制路径。例如，电商的兴起改变了人们的消费方式
	人口	不同年龄段、不同性别、不同收入水平、不同地域、不同宗教信仰、不同教育程度的人群的消费特点、消费方式、消费喜好、消费逻辑、消费诉求和消费能力各不相同，产品开发、市场开发、品牌塑造和渠道管理需要有针对性，另外，老龄化会增加保健需求
	自然	季节，气候会影响消费需求，消费理念，例如夏天人们更喜欢凉感的贴剂，而冬天则是热感的。另外，自然环境恶化、自然灾害会增加某些领域的需求，例如，疫情让退热、感冒类 OTC 消费大涨
行业与市场环境	市场的生命周期	不同的生命周期，投资环境不同，投资方法有异。新生期和成长期市场适合市场开发，而成熟期市场重在市场渗透，衰退期市场则考虑快速撤退，最小化投资。另外，新生期和成长期市场适合建立品牌，而成熟度高的市场，消费者对品牌忠诚度较高，新培育品牌的难度较大
	市场的集中度	不同的市场结构，竞争逻辑不同，市场集中度高的领域，发动进攻容易被反击，而市场集中度低的领域，则容易爆发价格战，利润低下

行业与市场环境	行业结构	根据六种力量模型，分析市场竞争的动态变化及未来发展趋势。大量的替代品、新进入者势必加剧市场竞争，对于集中度较高的市场，有必要采取反击措施
竞争环境	识别竞争对手	以产品、品类或品牌为出发点，分析现有的、未来的竞争对手，识别它们整体和局部的优势与劣势；识别竞争对手的战略并划分战略群组，根据资源与能力和战略群组内企业的特点，选择合适的竞争战略或市场策略
	竞争者角色定位	以产品、品类或品牌为出发点，分析企业在各个细分市场、各个地域市场的市场占有率、品牌影响力（包括知名度、美誉度和忠诚度），以及公司战略所配给的资源与能力，做出合理的角色定位，并选择对应的竞争者战略。

注：内容基于经验总结，可能不全面，仅为抛砖引玉

　　不同的 OTC 企业，多元化程度和多元化的业务各不相同，在战略制定时，要综合考虑各业务的机会与威胁，优势和劣势，因地制宜的规划和调整战略。相比频繁受各国政策影响、科技更迭影响的处方药行业，OTC 的产业环境和产业结构稳定性更高，在战略制定和调整的过程中，赋予战略足够的柔性，可以有效地避免频繁调整战略。为了更好地说明 OTC 企业的战略制定过程和制定方法，本文以 Haleon 的战略为例进行简要说明。

　　Haleon 是一家多元化的消费者保健巨头，是原葛兰素史克（GSK）的消费者保健业务，于 2022 年被 GSK 剥离并单独上市。Haleon 主要经营 OTC、口腔健康品（主要是牙膏和口腔清洁剂）和维生素与矿物质类营养补充剂（简称维矿类，主要是产品善存），2023 年的三大业务营收分别为 65.26 亿英镑、31.36 亿英镑和 16.40 亿英镑。合计营收 113.02 亿英镑，净利润达 11.11 亿英镑（占销售额的 9.83%），但偿债能力不理想，2022 年和 2023 年的净负债与税息折旧及摊销前利润（EBITDA）的比值分别为 3.6 和 3.0。

1. 外部机会分析

　　2022 年，全球口腔健康、维矿类产品和 OTC 的总市场规模高达 1900 亿英镑（约合 2360 亿美元），其中美国是全球最大的市场，占 25% 的市场份额。另外，以中国，巴西和印度为代表的新兴市场具有非常大的渗透机会。全球口腔健康品市场规模约为 280 亿英镑，竞争格局相当稳定，前五大厂家占据了 65% 的市场份额，Haleon 以 11% 的份额排名第三。全球 OTC 的市场

规模约为 1000 亿英镑，市场集中度较高，前五大厂家占据了 23% 的市场份额，Haleon 以 6.4% 排名第一。维矿类的全球市场规模约为 530 亿英镑，但格局较分散，前二十厂家仅占有 23% 的市场份额，Haleon 虽是领头羊，但份额仅有 3.1%。

除了庞大的基础市场，还存在长期增长的趋势和潜力。第一，全球经济向新兴市场转移。人口增长和财富增加将驱动经济增长，到 2050 年，全球将增加 20 亿人口，而最主要的增长点将来自发展中国家。中国和印度的总人口近 30 亿，预计 20 年后的消费支出将占到全球的 40%，这将是消费者保健市场增长的主要驱动力。第二，人口老龄化。全球 60 岁以上的老龄人口将在 2050 年达到 21 亿。人口老龄化将带来预防性护理和自我保健的需求提升。第三，消费者对健康的关注度提升。越来越多的消费者采用更全面、更个性化的方法管理自己的健康。另外，随着"气候变化对健康威胁"的关注度不断提高，将为健康护理行业带来巨大的增长机会。第四，公共卫生系统面临的压力越来越大，而 OTC 可以节省医疗开支。在全球性财政紧缩而治疗需求持续增长的背景下，医疗系统面临着巨大压力，而 OTC 可以让部分患者免于就医，从而节省费用。据报道，美国 OTC 节省的医疗费用开支高达 1670 亿美元。第五，庞大的未满足需求。53% 的成年人患有牙龈问题，其中超过60% 未使用健康牙膏，巨大的需求未得满足。另外，新技术的应用，可以让行业快速地满足新兴的消费需求、应对高端化、个性化的消费趋势，这也将促进行业的发展。

2. 内部优势识别

（1）拥有世界顶级的产品组合。Haleon 拥有 9 个具有多国影响力的领导性品牌，口腔健康、维矿类、疼痛缓解、呼吸健康、消化健康等 5 个品类在全球市场都具有领先的份额，2022 年的市场占有率分别达 10.7%、3.1%、13.5%、5.9% 和 5.4%。

（2）具有吸引力的全球性业务版图。在 2022 年的营收中，67% 来自发达市场，33% 来自新兴市场，38% 来自北美、39% 来自欧洲和拉美地区，23%来自亚太地区。

（3）高素质的科学技术人才结合数据驱动的消费者洞察和专家参与的品牌建设体系，可以实现"消费者的深度理解"与"科学"相结合，"强大品牌的建设、创新、数字化能力"与"领先的市场渠道"相结合。

3. 战略制定

在内外部因素匹配的基础上，Haleon 制定的战略为：发展由领先品牌和市场品类组成的产品组合，瞄准持续高于市场增速的营收增长和具有吸引力的回报，利用公司的宗旨和文化让战略决策变得更加聚焦和清晰。与之相对应的财务指标包括"年度营收实现 4%~6% 的有机增长""有机营业利润的增速超过营收增速""中期内的净债务与 EBITDA 的比值达到 2.5 左右（偿债能力达到正常），且股息增长至少与调整后的收益一致"。

为了实现战略目标，Haleon 制定了"提升渗透率""充分利用新的和新兴的市场机会""保持强大的执行力与财务纪律"和"负责任地运营"四大战略举措（抓手）。

（1）提升渗透率。使用行之有效的方法将各品类的重大增长机会最大化，以渗透拉动增长。以"富有含义和差异性的品牌""创新""专家推荐"和"高效的商业运营"为抓手，提升市场渗透率。通过消费者洞察和数据分析，深度地理解消费者，并持续关注消费者的健康状况，了解品牌影响消费者的方式和过程；通过稳定的研发投入，不断开发新品或升级产品，以满足不同的消费需求；重视健康专家的推荐对品牌的影响力，通过增加与健康专家的互动，以提升消费者对公司产品的理解和使用条件；强调线上和线下都有高效的商业执行，确保公司的品牌有适当的可视度和合理的包装组合。

（2）充分利用新的和新兴的市场机会。通过扩大渠道、市场路径、业务版图来发展品牌，通过获取新的或新兴的消费趋势开发新品或通过处方药转化为 OTC 扩大产品组合。以"渠道拓展""地理扩张""扩大产品组合"和"处方药转化为 OTC"为抓手，利用好新的和新兴的市场机会。致力于扩大电商版图和影响力，实现 2025 年的电商渠道营收达到集团总营收的 15% 左右；评估各现有市场和新市场的竞争情况、OTC 限制情况和未满足的市场需求，发掘引进或发展品牌的机会；根据各市场新出现的消费趋势，推出各品牌的衍生新品（品牌延伸）；提升处方药转化 OTC 的开发能力，持续推进 2 个正在开展的项目和发掘新的转化机会。

（3）保持强大的执行力与财务纪律。关注驱动效率、效能和灵活性，让每一项投资都有价值，重点聚焦于"质量和供应链""市场营销执行""商业执行""现金和成本控制"。简化和符合未来趋势的供应链建设，兼顾规模化生产与各地区采购成本及响应能力的优势，提升制造能力的同时制定价值工程、优化供应链效率及采购计划，关注供应链的质量和安全性，提升关键性受限产品的产能，提升供应链的柔性和灵活性，以抵消通货膨胀的影响；根据战略和目标提升营销效率，优化媒体策略、上线新的工具以加强对市场的监控和支出评估能力；通过数字化客户关系管理系统（digital customer relationship management systems）等专业工具实现更好的执行，通过有针对性的成本计划以实现价格精细化管理和销量导向型增长；专注于提升驱动效率、效能和灵活性，通过提升出厂物流的能力和效率、提高促销活动的投资回报率、优化价格结构实现降本增效。

（4）负责任地运营业务。让日常健康变得更广泛、保护环境与解决影响日常健康的社会可持续性障碍，以及嵌入强有力的公司管理和商业道德行为。通过广泛的产品组合、教育计划和服务，让数百万人获得更好的日常健康机会；减少产品和业务运营对环境的影响，关注正面影响并从中识别机会；坚持自己的准则，通过高标准的商业运营，始终如一地做好"消费者最值得信赖的公司"。

从上文不难看出，Haleon 的战略重在营销、销售、品牌建设、供应链优化和运营效率优化，应用的公司战略模型包括国际化战略、多元化战略。

Perrigo 的战略与核心竞争优势

战略：Perrigo 的战略目标是负责任地发展业务，利用全球性的基础设施为客户和消费者提供高质量的自我护理解决方案——通过广泛的产品供应、产品创新、品牌和产品组合扩展服务于现有消费者，并通过有机或无机的方式布局相关产品、新品类或新销售渠道服务新消费者。

核心优势：①拥有一个多样化的产品组合，领先的抢先上市品开发和产品生命周期管理能力；②经验丰富的研发能力，能够开发高质量的产品和配方、赋予产品差异化的特性和优势、产品二次开发、新建品牌和品牌树延伸；③能够深度理解消费者需求和客户偏好；④广阔的泛欧洲商业基础设施、品牌建设和延伸能力、拓展产品组合的能力；⑤完整的管理方案和推广能力；⑥足够的供应链广度，并利用了规模经济原理对复杂的供应链进行管理；⑦全产品范围内的供应链和运营体系的质量和成本效益优化，实现了覆盖 17 个工厂及其配送网络的可持续、低成本运营；⑧拥有行业领先的电子商务支持。

（一）国际化战略

OTC 或消费者保健企业的国际化动因主要是寻求市场，其次是寻求廉价资源和价值链优化。与创新药和仿制药相比，OTC 或消费者保健品不是稀缺性资源，国际化的难度更大，成功国际化所需的时间更长，企业应从资源、能力、发展需求、品牌的可国际化性出发，深度思考国际化的意义。一方面，拓展国际业务需要投入大量的资金和资源，而且跨国运营业务要面临各种商业的、运营的和法律的挑战；另一方面，OTC 和消费者保健用品既不是稀缺性资源，也不能帮助目标市场的政府实现医疗费用控制计划，且大多面向成熟度较高的市场，市场开发难度较大。

如果将国际化作为一项战略目标，那么必须规划一套与之相适应的国际化战略。通过内外部因素分析，确定实现公司战略目标所需要达到的国际化程度，选择恰当的目标市场、合理有效的国际化方式。在外部因素分析过程中，应重点分析国际政治环境和经济环境，目标市场的政治环境、经济环境、市场环境和竞争与合作环境。在目标市场选择时，首先根据各国的人口规模、收入状况、通货膨胀水平、政局稳定性、与母国的政治友好性等宏观信息，筛选出多个备选市场。分析者可根据企业的资源、能力和战略，制定合适的筛选标准，例如，人口规模 5000 万以上，人均 GDP 超过 5000 美元……其次分析各备选市场的准入环境、监管要求、税收制度、市场规模、市场增速、竞争格局，进一步筛选出适合进入的市场。最后，对拟定市场进行一一实地考察，确认信息筛选结果是否准确、合理，同时对目标市场的消费特点、市场成熟度和行业状况进行更深度的研究，以确认是否要进入该市场，并选择合适的出海模式，例如，品牌输出、品牌授权，与当地企业成立合资公司或收购当地的企业整合等。

从跨国巨头的成功经验来看，OTC 企业国际化的方式主要有两种，一种是收购各地知名品牌打造具有地域特征的品牌树，代表者为 Statda、Aspen；

另一种是品牌全球化，代表者为 Haleon、Kenvue。前一种方式的优点是能够突破壁垒，快速进入市场，但业务运营难度极大。一方面，企业需要根据各地域的消费特点、消费趋势构建地域性的知名品牌树，这导致了企业在各地域性市场的经营理念、商业模式高度差异化，难以形成统一的战略决策；另一方面，企业需要根据消费需求的变化、毛利水平，不断地收购企业、品牌来强化产品组合，同时还要及时地剥离低毛利的、难以有效定位的品牌，以稳定财务平衡，高频率的交易非常容易导致资产减值或诱发财务危机。另外，采用这种模式的企业，难以利用国际化的优势，在全球范围内优化和协调价值链。后一种方式的优点是可在全球范围内优化和协调价值链、获得规模经济效应、降低营销或销售的综合性成本、提升企业影响力和品牌价值，但投资大、成本回收时间长。一方面，品牌 OTC 摘掉品牌后与普通 OTC 仿制药无太大差别，所以在目标市场建立起品牌影响力和品牌忠诚度之前，产品并没有稀缺性。因此，在品牌国际化的过程中，企业需要在各市场建设销售渠道，大规模的品牌推广和宣传；另一方面，并非所有的品牌都适合国际化。品牌国际化的难易程度与品牌的国际影响力基础、品牌文化、品牌内涵，以及国家或地区消费文化、消费习惯、消费特点有关，地域文化较强的产品（如中药 OTC 品牌）很难实现国际化。知名处方药品牌转化成的 OTC（如耐信，洛赛克，开瑞坦等）因为具有国际影响力基础，国际化难度较低，但属于稀缺性资源，须从原研厂家高价购买品牌授权，还要花费数年时间将处方药转化为 OTC。因此，企业应根据产品和品牌的特点、财力物力，以及市场进入壁垒，选择恰当的产品，合适的国际化范围。

OTC 和消费者保健品均面向比较成熟的市场，市场的成熟度和成熟品牌的市场控制力决定了进入难度。如果一个市场的人均消费量大而增速较低，主要的市场份额被少数品牌稳定控制——各成熟品牌已建立了较高的忠诚度，新进入的壁垒较高，品牌输出难度较大，收购一个地域性企业或知名品牌，是快速进入市场的有效方式。另外，电商的兴起为品牌国际化提供了巨大的便利，应综合品牌的特点、各市场的情况选择适当的国际化策略。值得一提的是，世界经济向新兴市场转移是大趋势，而且人口增长也主要集中在中低收入国家，虽然这些市场目前的消费能力较低，但市场成熟度较低，有望保持长期增长，是品牌输出的远景所在。

（二）多元化战略

除了 OTC，拜耳还经营处方药和种子业务，Haleon 还经营牙膏和膳食补充剂业务，Kenvue、利洁时、宝洁的业务则广泛涵盖保健食品、个护产品、美妆、日用品、计生用品等多个领域——几乎所有 OTC 巨头或将 OTC 作为重点业务的巨头都是多元化的，这说明了多元化对 OTC 产业的重要性。

一方面，在欧洲、北美、日本等发达国家和地区，OTC 不仅可以在药店销售，部分类型的产品也可以在电商、便利店或超市销售，这导致了 OTC 可以与个护产品、日用品、美妆产品共享渠道、终端或用户群体。另外，OTC 与品牌仿制药、膳食补充剂、消毒剂、保健牙膏、漱口水、药妆、洗发水、护发素、隐形眼镜润滑液等产品具有较高的关联性，与这些产品联合布局，还能共享技术、原材料供应，形成范围经济，提升企业绩效。另一方面，OTC 的市场规模较小，且长期增长缓慢、盈利能力低下，企业必须发展更多的业务才能扩大营收和利润。据 IQVIA 的报告，2023 年的全球 OTC 市场规模为 1870 亿美元，仅相当于仿制药市场的 40% 左右。虽然近两年增速较快（主要原因是感冒退热类产品需求上涨和价格上涨），但长期增长缓慢，2017~2021 年的复合增长率仅有 2.5%。此外，OTC 行业的平均净利润水平仅有 10% 左右，全球市场的总利润规模也不过 190 亿美元，发展空间非常有限。

随着市场不断成熟化，跨行业运营业务的难度越来越高，企业在多元化之前必须根据内外部因素的情况，制定清晰的战略。相比二十世纪五六十年代的产业基础型战略决策模式，新世纪的多元化更应该强调内部资源与能力优势。

不论何种行业的企业，多元化战略制定时的内部因素分析可按如下步骤进行：首先，明确为何要多元化。仔细分析主营业务的市场大小、利润水平和行业生命周期，如果生命周期未达到成熟期、市场规模和利润水平能够支持企业的稳定发展、企业在主营业务具有建立竞争优势的潜力，则优先发展主业，反之可考虑多元化。其次，确认是否具备多元化的资源与能力。尤其是财力、物力和人力，财力包括可动用的财务能力和融资能力；物力包括可共享的厂房、设备以及受控终端、企业管理体系等；而人力包括管理者的多元化经营能力、合适的业务开展人才等。再次，多元化的风险评估，并拟定风险控制预案，例如，多元化对品牌效应和核心竞争力的稀释风险，资金链紧张、财务危机的风险、决策效率下降，甚至决策失败的风险等。最后，综合企业的资源与能力，初步确定多元化的程度与速度，应避免"因抵挡不住外部诱惑而投机性地大量进入新行业""因肥水不流外人田思维而盲目地上下游多元化"或"因管理者为巩固自身地位或最大化自身利益而广泛多元化"。

在内部因素评估结束之后，则需要进行外部因素分析，筛选适合进入的多元化领域。首先，初步筛选多个拟进入行业，深度分析各行业的市场吸引力，包括市场规模、盈利水平、增长速度、市场格局、与主营业务可共享价值活动及能力的机会与程度等。市场吸引力决定企业是否可进入目标新行业，而与主营业务可共享价值活动及能力的机会与程度决定进入新行业的难度。其次，从初选的行业中确定备选行业，分析其行业结构和市场生命周期判断进入壁垒（表5-3）。随着市场的成熟化，产业链分工会高度精细化，上下游合作关系会变得非常牢固，甚至出现大范围的上下游一体化，新进入者打通供应链环节、建立销售渠道的难度较大；一旦知名品牌形成，就说明消费者对已有品牌产生了信任度和忠诚度，这也就意味着新产品的吸引力较低，如果一个市场被少数品牌稳定控制，那么新进入者培育新品牌的难度极高；行业成熟度越高，规模经济和经验曲线效应越显著，新进入者需要克服成本的劣势，大幅增加进入难度。再次，对拟进入行业进行PESTPN分析，以判断长期发展的可能性，竞争与合作环境分析，以判断是否具备打破行业壁垒的捷径和是否存在被现有竞争者阻击的风险，尤其是市场增长缓慢、集中度较高的行业。最后，综合内外部因素的分析结果，确定拟进入的行业，并制定合适的进入方式。

表5-3　拟进入新行业或细分市场需要思考的问题

宏观环境		政治、经济、法律、政策、社会文化、技术、人口和自然环境变化，对行业或细分市场的长远发展产生何种影响？影响消费者画像
行业结构	供应商议价力	原材料供应商是谁？能否买到与均价持平或低于平均价格的原材料？高质量原材料供应的可持续性？哪些原材料供应商与下游厂家存在战略性绑定
	买方议价力	产品买方是谁？他们购买产品的理由是什么？能否快速、高效地建立或占领渠道？能否达到或超过平均价格销售产品？哪些渠道商与上游存在战略性绑定

续表

行业结构	现有竞争者的竞争	主要的竞争者是谁？市场集中度如何，产能是否存在过剩？平均和最低生产成本是多少？有多少比例的厂家与上下游建立了战略联盟或实现了上下游一体化？主要的竞争逻辑是什么？有多大概率会被现有竞争者阻击？竞争格局是否稳定？进入行业以后，生产成本是否存在明显的劣势
	替代品威胁	是否存在替代产品？对市场竞争的影响有多大
	潜在进入者威胁	是否存在其他潜在进入者，哪些厂家进入的概率较大？新进入厂家会带来何种威胁
	互补产品威胁	是否存在不同厂家的产品捆绑销售？这种现象是否普遍
市场的生命周期		市场处于生命周期的哪个阶段？市场是否还具备增长空间？市场萎缩的概率有多大？是否存在产能过剩？平均产能利用率是多少？是否存在知名品牌
市场的竞争结构		判断市场的竞争结构，是完全垄断的市场，还是垄断竞争市场或寡头垄断性市场？市场份额是否被知名品牌大比例控制

注：内容基于经验的总结，可能不全面，仅为抛砖引玉

　　一般情况下，企业进入新行业的方式有两种，一是从头开始业务布局，包括新建生产设施、打通产业链、构建渠道、培育品牌。二是兼并具有成熟技术、品牌、产能、供应链和渠道的企业。两种方式各有利弊。对于新生行业，进入壁垒不高，第一种方式可能更经济实惠；对于快速发展期的行业，第一种方式可能要消耗大量时间成本，甚至错失行业快速发展的红利期；对于成熟度较高、市场集中度高的行业，第一种方式可能会导致新行业的产能过剩，诱发价格战，所以可能会受到现有行业竞争者的阻击，收购现成的知名品牌、成熟的企业可能是更好的选择，但一次性投入的资本较大；对于进入壁垒不高，格局高度分散的行业（如我国仿制药行业，餐饮业），第一种方式进入可能风险更小。

　　需说明的是，不同国家或地区对 OTC 的监管政策各不相同，这导致了OTC 与其他行业的产品，可共享渠道和终端的机会不同，在多元化时应具体问题具体分析。另外，电商的出现，让行业界限变得模糊，有助于企业实现多元化，在多元化战略制定的过程中应给予足够的重视。

（三）一体化战略

相比仿制药，OTC可以通过品牌和服务获得较高溢价，这是企业利润的主要来源。所以，在OTC或消费者保健品领域，向前一体化的现象较常见，很多知名消费者保健企业拥有直营门店，体验店或旗舰店（例如，美国GNC，安利）。这种战略的动机主要来自四个方面的原因：第一，直营门店是优质的受控终端，终端数越多，与消费者的接触机会就越多，产品销售规模越大；第二，直营门店可以大幅增加企业和品牌的影响力，提升品牌形象和忠诚度；第三，通过特色的服务，可以提升产品的附加值与差异化程度；第四，可以面对面与消费者接触，更深刻地理解消费者，快速获得消费者画像和消费趋势变化，以改良或开发新产品。虽然向前一体化的优点众多，但投资较大，应计算投入产出比，循序渐进地进行。

横向一体化方面，企业出于国际化、多元化业务布局、管线强化、品牌塑造等目的，通常会大量地兼并同行。在行业快速发展期，兼并同行可以快速强化产品管线、扩大市场影响力和产品供应能力、获得规模经济效应，最大化获取市场快速增长所带来的红利。在市场成熟期，收购知名品牌可以快速突破行业的进入壁垒或细分市场的移动壁垒，另外，在新产品和新顾客获取困难（市场成熟期的主要特点）的情况下，兼并企业或收购品牌是扩大规模、实现增长战略的主要方式，而在行业衰退期，发动兼并应注意资产减值的风险。OTC企业的兼并动机、兼并策略、兼并战略的制定方法，与仿制药企业类似，更多信息请参考第四章。

二、OTC企业的业务战略

OTC或消费者保健品虽然并非稀缺性资源，但拥有品牌和服务加持，产品是高度差异化的。然而品牌塑造的难度较大、时间较长，任何企业的知名品牌数量都是有限的，不可能建立泛行业的优势，所以OTC和消费者保健企业的业务战略常为聚焦战略。由于OTC和消费者保健品都是面向成熟度较高的市场，企业建立和保持竞争优势的重点在于成本、服务和品牌，通过成本控制，可以提升利润空间，而通过服务与品牌，可以提升差异化程度、增加附加值。所以，OTC 和消费者保健企业也可能会使用总成本领先战略的思想优化价值链。

OTC 和消费者保健企业的聚焦方式主要是品牌（树）、特定人群聚焦，例如，Haleon 聚焦于九大品牌，五大品类。另外，品牌和服务的影响力具有较强的区域性，所以 OTC 企业的聚焦战略还要强调区域市场的聚焦。更多关于聚焦战略的信息，可参考第二章和第四章。

三、OTC 企业的职能战略

如《竞争战略》所述，随着市场走向成熟，"回头客会增加""新产品或新技术将很难获得""市场增速放缓而竞争加剧""企业的竞争逐渐转向成本和服务"。OTC 或消费者保健行业作为一个成熟的市场，基本具备以上所有特征，所以企业的战略重心重在优化成本，塑造品牌，强化服务，而与之相对应的职能主要是营销和运营。

（一）研发战略

OTC 的准入形式主要为"新药直接申请 OTC""成熟处方药转化为 OTC""仿制已上市 OTC""专论内产品开发"四种。第一种路径是在没有临床应用基础的情况下，创新药直接申请为 OTC，这要求申报企业一次性收集全部的安全有效性证据，一般企业不会选择该路径。而常见的做法是创新药先申请为处方药，经过多年的临床安全有效性验证后再转化为 OTC，也就是第二种路径。第二种路径虽然需要开展一些临床试验，但可开发的潜在产品可遇而不可求，也无法作为强化产品管线的主要路径。所以，OTC 企业强化和扩大产品组合的路径主要为第三种和第四种。然而第三种和第四种路径的开发难度较小、成本较低，企业几乎无法通过研发能力来建立和保持竞争优势，即 OTC 企业的核心竞争力并不在研发环节。为此，OTC 和消费者保健巨头的研发投入强度较低，而且大部分用于各个市场的准入和注册。

在新产品的开发模式上，OTC 企业的产品开发是基于消费需求的动态变化，即市场指导研发。在此过程中，企业需要与消费者接触，深度理解消费者，掌握不同年龄段、不同性别、不同地域、不同宗教文化、不同季节及不同经济环境下的消费逻辑、消费方式、消费心态、消费额度、消费频率、消费诉求、消费偏好等信息，绘制消费者画像，然后根据消费者画像精细定位，并有针对性地进行产品升级或新产品开发。例如，维矿类膳食补充剂善存，在不同市场、针对不同年龄段人群有不同的配方、不同的剂型、不同的包装、不同的口感。

由于消费者画像是动态变化的，所以产品的开发速度至关重要。市场部门要第一时间获得消费者画像，了解消费者画像的动态变化、掌握新兴的消费趋势，并迅速将信息传达至研发部门，研发部门再根据消费特点快速设计和开发新产品。对于消费趋势变化较缓慢的领域，研发部门也可以有前瞻性地设计一系列产品，提前开发形成产品储备，然后根据市场部门的需要再推向市场。尤其是开发难度较小、开发成本较低、开发速度较快的备案类产品，即便市场无法定位，也不会造成太大的损失。

消费者保健品的产品开发模式与备案类 OTC 产品相似，但更加动态化，在了解市场需求变化后，必须在几个月内推出新产品。为了让信息收集、产品设计和开发变得畅通，企业有必要组建产品管理部门，使用 IPD 的思想进行产品开发。

与仿制药研发一样，OTC 产品开发难度小而可预期性强，可以使用计划学派的战略理论来制定研发战略。在战略制定过程中，研发部门根据产品管理部门的要求、公司的资源配给和战略定位，以及内部储备的资源与能力，设定合适的资源配置方式，建立合理的战略目标即可。例如，在 × 年内完成 ×× 个产品的开发，平均开发时间保持在 ×× 月内，平均开发成功率不低于 ××%，完成 ×% 的成本控制等。除此以外，研发体系建设、专属能力培养和研发文化建设也不可忽略。

（二）营销战略

OTC 和消费者保健品是典型的买方市场，企业的重点不是生产更多的产品，而是将更多产品卖给顾客，卖出更好的价格。所以，企业建立和保持竞争优势的关键是营销和销售，在 Haleon 的战略中，营销占据了最大的篇幅，这说明营销战略对 OTC 企业的重要性。

在制定营销战略时，由于 OTC 市场化程度较高，主要在医院外销售，没有医保支付，而且受技术进步影响较小，故宏观环境分析时主要关注国家对 OTC 的市场监管政策、价格管控政策、消费者画像变化趋势、支付能力等。市场环境分析时，应重点关注市场结构、市场容量、消费需求的变化趋势、市场成熟度、供求关系、市场增长率、价格变化等，而微观环境分析时，应结合产品组合分析竞争对手的数量与质量、竞争品牌的影响力、各区域和细分市场的关键竞争对手和竞争品牌等。内部因素方面，应重点关注产品组合的长度与宽度，品牌的知名度、美誉度与忠诚度，受控渠道与终端的数量与质量，营销队伍规模，营销投入，产品的毛利水平以及公司内部影响营销业绩的各种有利和不利因素。在内外部环境分析和匹配的基础上，在各个细分市场或区域市场确定合理的竞争者角色定位，合理地二次分配公司配给的资源，选择合适的营销战略模型、恰当的营销模式，制定合理的营销目标和管控措施等，对于多元化和国际化的企业，营销战略必须兼顾每个行业、每个市场，或针对每个行业、每个市场各制定一套营销战略。

1. 竞争者战略

以竞争者角色定位为出发点的定位战略，包括领导者战略、挑战者战略、跟随者战略和利基者战略四种类型。

领导者战略：领导者是特定细分市场中，市场份额最高的企业，其在价格变动、新品开发、渠道广度和促销能力方面都有明显的优势，所以领导者战略的核心是扩大或维持领先地位，实现方式包括六个方面：第一，通过发掘新用户、开发产品的新用途、增加用户的使用量或购买频率等方式扩大市场的需求总量；第二，通过开发新产品、新渠道、新终端、新细分市场或促销等方式扩大市场份额；第三，通过广告、宣传活动强化品牌的知名度、美誉度和忠诚度，确立企业和品牌的与众不同形象；第四，通过合并、收购、合作等方式强化产品组合，优化供应链，强化领先地位；第五，通过技术或商业模式创新，降低供应成本，扩大优势；第六，制定防御措施，阻止挑战者的进攻，采取阵地防御、侧翼防御、以攻为守、反击防御和收缩防御等战略措施维护市场份额，开发难以模仿的产品和商业模式，阻止紧跟者的模仿。领导者战略重在创新，应实时地研究市场需求、消费方式和消费习惯，动态地绘制消费者画像，并快速地根据消费者画像设计并推出新产品。

挑战者战略：挑战者是市场份额仅次于领导者，有能力击败领导者的企业。作为挑战者，目标是整体或局部击败领导者。实现挑战者战略的方式也主要有六种：第一，逐级切分市场，通过产品差异、区域性的品牌优势或渠道优势，在部分细分市场率先获得领先地位；第二，通过技术创新和新产品开发，形成更有竞争力的产品组合；第三，通过价格战、舆论战、加大推销、促销等诸多方式向领导者、实力相当者或弱小者发起进攻；第四，通过品牌建设，提升品牌的影响力和区分力；第五，通过渠道、终端建设、与众不同的服务体系建设改善用户的消费体验；第六，通过合作、收购、合并等方式成为市场的领头羊。

跟随者战略：跟随者战略有三种，分别是紧密跟随、保持距离跟随和选择性跟随。紧密跟随是在产品、技术、价格、渠道、促销，甚至商务模式上模仿领导者。这种战略的出发点是让领导者承担产品开发和市场开发的风险，通过细微的产品差异和较低的价格分一部分市场份额。保持距离跟随是与领导者保持一定差异。而选择跟随是某些方面跟随领导者，而某些方面不跟随，在模仿的基础上还可能加以一定的创新。总之，跟随者战略以仿制或模仿领导者成功产品和商业模式为主，但也有的跟随者会在领导者基础上二次创新，对产品或商业模式进行升级或改良，但最终目的都是以低成本、低风险获取市场份额。

利基者战略：利基者是捡漏的企业，市场份额通常较低，主要瞄准市场规模小，但利润高的利基产品。虽然小而美，但存在诸多风险，一是因为竞争加剧而利基市场被领导者、挑战者和跟随者补漏的风险，二是因政策影响、消费趋势变化或需求变化而市场机会枯竭的风险；三是企业发展容易遇到瓶颈，到一定阶段后必须转型。因此，利基者战略应注重四个方面：第一，避免与领导者、跟随者或挑战者直面竞争，选择它们未关注到、不愿意布局或不会全力以赴布局的产品或细分市场；第二，密切关注市场变化，通过优先的信息获得利基的市场机会，并建立先发优势；第三，逐级细分市场，聚焦在小范围、细分领域（如某品规），建立局部和地域性优势；第四，由于这种战略的风险较大，应考虑"多撒网"，在多个市场发掘利基的机会，在一个或两个市场遇到危机时，不会引起业绩的大幅波动。

企业的竞争角色定位并非一成不变，由于资源与能力是有限的，这种角色定位会因聚焦战略所聚焦的范围而异。也就是说，在不同的细分市场、不同的地域，企业的角色定位并不相同。例如，某钙剂生产商，在北方市场的定位是领导者，而在南方市场的定位是挑战者，在儿童补钙市场的定位是领导者，在成人补钙市场的定位是跟随者。

2. 密集型战略

密集型战略的原理是安索夫矩阵，包括市场渗透，市场开发和产品开发三种类型。密集型战略与市场竞争者战略并不矛盾，二者可以相互配合使用。

市场渗透战略：市场渗透战略是基于现有的市场，现有的产品，通过开发细分市场、增加销售投入等方式，增加顾客人群和消费频率，实现市场份额的提升，常见的方式包括三种：第一、通过广告，线下宣传活动、健康专家推荐等方式扩大品牌的影响力，增加购买人群数量、单次购买数量和购买频率；第二，基于外部因素分析的结果，精准定位细分市场，提升产品在细分领域的市场份额；第三，通过店员推销、打折促销、带赠品促销等刺激消费者购买欲望的方式提升单次购买数量。值得一提的是，由于媒体的多样化和流量的分散化，广告投入高而收益低，应结合产品的特点、受众人群精准地投放广告。

市场开发战略：市场开发战略是基于现有的产品，开发新市场、新渠道、新用药人群，从而增加销量，常见的方式也包括三种：第一，在原有的区域市场开发新的用户，通过增加产品的功能，使用特殊包装、特殊剂型、特殊规格或特殊的配方，获得新的使用人群，比如，开发无糖配方，在 OTC 的基础上推出保健品；第二，在原来的市场区域内开发新的销售渠道、增加铺货终端，从而增加销量，比如，在电商平台开设旗舰店，开设直营门店，开发单体药店、诊所终端，与连锁药店、渠道商形成战略联盟等；第三，开发区域外的市场，包括国内和国外市场。

产品开发战略：产品开发战略是在现有的市场中推出新的产品，提升市场份额。OTC、保健品与处方药不同，产品组合必须随消费需求的改变而改变，企业需要与消费者接触，深度理解消费者，绘制消费者画像、分析新兴的消费趋势，然后根据消费者画像精细定位，开发有针对性的新产品或新销售渠道。因此，市场部门须与研发部门紧密合作，以保证新产品能快速地响应市场需求。

值得一提的是，随着市场成熟度的逐步提升和竞争的不断加剧，企业都非常重视营销效率和效能，强调精准营销。不论是广告投放、终端开拓、渠道建设，还是人员配给，都强调投入产出比，而不仅仅是为了市场份额和销售规模，所以，战略制定者应根据市场的具体情况，公司的战略和可用的资源因地制宜，合理应用或优化各种战略模型，制定合理的战略目标和战略措施。

（三）运营战略

随着竞争的不断加剧，成本是影响企业竞争力的关键因素。在不降价的情况下，成本越低毛利就越高，企业就有更高的利润空间，或腾出更多的市场费用、研发费用去击败竞争对手。为此，OTC 企业的运营战略重心是保障更低成本，更高效的运营。在制定运营战略时，应根据产业情况系统地梳理价值链上每个价值活动，找到影响成本的各关键环节，并制定相应的成本优化措施，最后再从整个价值链的角度协调和优化价值链。该过程与仿制药企业的总成本领先战略相似，更多信息请参考第四章。

值得一提的是，OTC 企业一般是多元化和国际化的，运营战略还应关注企业的组织结构优化，以满足多元化和国际化的要求。

第三节　OTC 企业的品牌和产品管理

产品组合和品牌是 OTC 企业的核心资产，也是企业建立、发挥和保持竞争优势的关键。产品组合是企业的全部产品的集合，它由多个品类、多个品牌（树）和多个产品构成。OTC 的品类与处方药的治疗领域类似，所以 OTC 企业的一个品类就等同于一条产品管线。品牌是指能够影响消费者行为的，有价值和法律效力的、能够为产品带来溢价的无形资产，它通过抽象化的、专有的、能识别心智的概念来表现差异性，从而在人们的心智中占据一定的位置。通过有效的品牌建设，不仅能够提升产品销量，还能获得溢价。另外，品牌可以拓展和延伸，形成品牌树（如同树枝一般四处延伸），而一个品牌树也可视为一条产品管线。

一、OTC 的品牌管理

（一）品牌价值

品牌是一种名称、术语、标记、符号或是它们的组合应用，目的是用以辨认销售者、某个销售者的产品或服务，并使其与同类竞争对手的产品或服务区分开来。品牌具有价值，是公司的核心资产，品牌价值包括用户价值和自我价值两部分，用户价值包括功能、情感和自我表现，而自我价值主要是品牌的知名度、忠诚度和美誉度。

功能是品牌强调的重点，例如，广药集团为了推销凉茶而设计的品牌广告"怕上火喝王老吉"，葛兰素曾经为推销奶粉而喊出的品牌口号"Builds Bonnie Babies"，但有时候也会强调情感和自我表现，目的是博取用户的认同感，例如，iPhone 4s 的广告词"出色的 iPhone，如今更出色"，iPhone 5 的广告词"易惹人爱，所以得众人所爱"，百事可乐的广告词"for the love of it（热爱全开）"……品牌共鸣理论认为，品牌所有者与消费者之间，以品牌为媒介可产生共鸣，广告宣传时通过述说消费者珍贵的、难忘的生活经历或人生体验，以勾起深处的回忆，并将这种回忆与品牌的特定内涵和象征意义产生联想，从而产生震撼效果。常见的选择主题包括爱国主义情怀、童年的回忆、亲情、社交、民族自信、自我实现、环保等，例如，茅台酒的成功就源自高端社交者的共鸣，被戏称为"高端酒局的硬通货"。

品牌的知名度是被公众所知晓和了解的程度，通过广告和宣传可以获得知名度的提升；美誉度俗称口碑，是公众对品牌的信任、支持和赞许程度，这要求企业提供的产品或服务能切实地帮助用户实现想要的价值，通过品质提升、配方与包装改良、服务升级等方式提升用户体验，通过专家推荐等方式赢得消费者的认同感，另外积极履行社会责任、处理好公共关系，塑造良好的企业或品牌形象，是提升美誉度的关键；忠诚度是消费者反复购买一个品牌的程度，如果忠诚度上升到一定程度，买方市场也能变成专属性的卖方市场，例如，背包并不是稀缺的资源，但昂贵的爱马仕包却供不应求。忠诚度与知名度和美誉度相辅相成，急功近利地广告轰炸可以快速提升知名度，但无法提升美誉度和忠诚度。为此，在行业步入成熟期后，新产品、新市场越来越难以获得，回头客显得越来越重要，企业必须重视品牌美誉度和忠诚度的建设。

品牌的价值可以通过品牌培育获得提升，但也可能因为他人的诋毁、模仿或突发事件而减值，所以企业还需要注重品牌价值的维护。

（二）品牌定位

品牌定位是对特定品牌在文化取向和个性化差异上的商业决策。品牌定位是品牌培育和品牌建设的基础，也是市场定位的核心体现。在此过程中，企业应根据产品的特点进行逐级细分市场，然后确定品牌定位的目标市场，再根据目标市场的特点，制定品牌定位策略。

在品牌定位时，企业必须站在满足消费需求、实现消费者想要的价值、改变买方价值链的立场上，借助媒体的传播，让品牌在消费者心中获得一个有利的位置。为此，企业必须深度理解消费者，针对不同类型的消费者，品牌应有不同的内涵，产品应有不同的设计。如 Haleon 的战略中所述，该公司的优势是拥有九大全球领导性的、富有内涵而差异化的品牌，富有内涵意味着品牌能够占领人心智、易于传播，而差异化则意味着拥有准确的定位，与其他品牌成功地区分开来。因此，品牌除了要定位准确，还应该便于传播，同时能够整合营销传播过程中的广告诉求。随着媒体的逐渐多元化，流量变得越来越分散，广告成本越来越高，品牌的易于传播性显得至关重要。我国有很多中药 OTC 品种，产品名称上带有主治功能或适应证，在传播上具有得天独厚的优势。

（三）品牌树

品牌树建设利用了品牌次级联想的原理。一旦消费者对某品牌产生了深刻的印象，就会将品牌所对应的产品特性联想到其子品牌或相关品牌，例如，人们可能因为对茅台酒的品质产生了深刻的印象，就会联想到茅台王子酒、茅台醇的品质也不太差。因为这种联想，企业的其他产品可以搭上知名品牌的顺风车，例如，善存是维矿类膳食补充剂的领导性品牌，银善存、善存海外人参 B 族精华粉等产品都可以快速获得消费者的认可。

构建品牌树的方法通常有两种，一种是直接使用公司名称作为品牌构建品牌树，所有的产品都只使用一个品牌，如奔驰汽车（收购的品牌除外）。

然后在大品牌之下，再根据消费者或细分市场的特点再延伸出多个子品牌（例如，奔驰 S 级，奔驰 G 级，奔驰 E 级，奔驰 C 级等等）。另一种是在公司的大品牌下，创建多个独立的二级品牌，在二级品牌的基础上再根据消费者或细分市场的特点再延伸出多个子品牌，例如，苹果公司的"苹果"是大品牌，iPhone，iPad，iWatch，iPod 都是二级品牌，iPhone SE，iPhone pro，iPhone max 是针对低、中、高端人群设计的子品牌，大品牌如同树干，二级品牌如同树枝，而子品牌就是树叶。

　　为了快速而高效地打造品牌，在新品牌创建时，首先要有准确的品牌定位，包括细分市场定位和特殊人群的定位，而且必须与其他品牌有足够的差异性。其次要重视每一个品牌的传播元素，让品牌富有创意，具有深刻的含义。一是品牌的名称应有感染力，有文化底蕴，能够让人们快速产生记忆；二是品牌 logo 要别具一格，能够给消费者留下深刻的印象；三是选择合适的代言人，例如专家推荐，院士站台等；四是可以赋予一些听觉的元素，如广告语，广告乐曲等；五是品牌要富有内涵，比如富有文化内涵，独特的品牌形象，生动的品牌故事或能代表企业价值观与利益的承诺。再次是要巧妙利用品牌次级联想的作用。产生品牌次级联想的方式常有六种，除了通过公司品牌建立联想（形成品牌树），常见的关联方式还包括：①通过原产地建立联想——通过产地的口碑联想到品牌的质量，如五常大米，茅台镇的白酒，道地药材；②通过终端或渠道建立联想——入驻高端商店的品牌可以快速被高端消费者接受；③通过名人建立联想——通过名人联想到品牌，即名人代言；④通过品牌结合建立联想——通过强势品牌带动弱势品牌，如吉利收购沃尔沃；⑤特许经营——允许其他符合条件的商家加盟，如连锁药店。最后是精准合理的宣传，根据客户群体有针对性地使用媒体，有创意的宣传策划，在基础营销的基础上，策划事件营销和口碑营销，可以事半功倍。

　　在品牌培育成熟后，企业就可以通过品牌延伸的方式创建子品牌，形成更大的品牌树。品牌延伸的常见方式有两种，一种是将品牌用于衍生或新细分市场，例如，美林针对不同的人群推出了 children's Motrin（布洛芬口服混悬液或咀嚼片）、Infant's Motrin（布洛芬混悬滴剂）、Motrin IB migraine pain relief（布洛芬软胶囊）、Motrin IB（布洛芬片或软胶囊）、Motrin dual action（布洛芬对乙酰氨基酚片）、Motrin PM（布洛芬苯海拉明片或软胶囊）等多个版本，并形成了多个子品牌。另一种是将品牌用于其他产品或其他品类，例如，Motrin arthritis pain relief（双氯芬酸外用凝胶）、善存海外人参 B 族精华粉等。

构建品牌树可以帮助企业占领更多的细分市场，均摊品牌建设成本，降低品牌风险，维护老客户的同时快速发展新用户。但过度的品牌延伸，可能引发延伸失败、品牌形象降低或品牌效应被稀释的风险。第一，有些品牌特异性非常明显，不适合延伸，例如，阿司匹林已经成为乙酰水杨酸的代名词，无法用于其他产品的冠名；第二，成功的品牌往往是富有含义的、高度差异性的、具有独特的品牌形象的，如果过度延伸，可能让品牌丧失这些特性，另外，作为成功的品牌，它可能已占领了消费者的心智，大幅度地变化势必物极必反。例如，可口可乐曾因推出新配方而遭到消费者的抗议。第三，品牌如果被过于延伸，尤其是用于其他产品或其他品类，非常容易造成品牌效应的稀释，而且一旦其中的一个产品出了问题，都有可能引发整个品牌树的倒塌。

强生对泰诺的品牌管理

二十世纪五六十年代，百时美公司是美国疼痛缓解类 OTC 的领头羊，Excedrin（阿司匹林 / 咖啡因 / 对乙酰氨基酚）和 Bufferin（阿司匹林 / 碳酸钙 / 氢氧化铝 / 氧化镁）都是美国家喻户晓的品牌，两大品牌占据了美国非阿片类止痛药四分之一的市场。1960 年，强生推出了 OTC 版泰诺（Tylenol，对乙酰氨基酚），这是首个不含阿司匹林的配方。

除了产品本身的优势加持，强生在消费者保健市场拥有强大的销售推广能力，迅速抢占了百时美公司很大一部分市场份额，而且泰诺一直被视为"高端产品"。为了回应强生，百时美公司在 1975 年也推出了不含阿司匹林的镇痛药 Datril（对乙酰氨基酚），而且价格比泰诺低。于是双方开始价格战。由于强生将产品引入大众营销领域，最终不仅击败了百时美的 Datril，还成功扳倒了镇痛领域的另一主要竞争对手——American Home Products（惠氏）公司的 Anacin（阿司匹林 / 咖啡因）。1981 年，泰诺的销售额达到了 7000 万美元，成为强生大众消耗品业务的"领头羊"。

然而人红是非多，1982 年 9 月，芝加哥发生了臭名昭著的"泰诺事件"，不法分子将泰诺的包装篡改后加入了氰化物，至少造成了 7 名服药者死亡。事件发生之后，强生立即从市面上召回了 3100 万瓶泰诺，通知医院和经销商全面停止销售该产品，停止了所有的促销广告，在各媒体上发布通告，通知患者用片剂替代胶囊，或者给予退款，与报社紧密合作，直接回答记者的问题，让公众及时了解事件的进展。

泰诺事件对强生造成的直接损失超过 1 亿美元，虽然强生积极应对危机，但股票仍在一周内下跌了 18%。后来经调查发现，这种篡改包装发生在流通环节，与生产者没有关系。尽管如此，分析师依然认为该事件为强生带来的品牌减值高达 12.4 亿美元，有的人更是认为泰诺将永远退出美国市场。在短短的 3 个月内，泰诺的市场份额从 37% 下降到 7%。为了挽救品牌和弥补损失，强生以"向消费者报销他们在篡改事件中可能丢弃的泰诺胶囊带来的损失"为名义，在各地报纸上印发价值 2.5 美元的泰诺抵用券，鼓励消费者购买新的泰诺。与此同时，为了增强公众对其产品的信心，强生不但积极响应美国 FDA 的号召，快速推出了防篡改包装的泰诺，而且使用了三层防护，这比美国 FDA 推荐的多出两层。通过一系列的营销策略，泰诺在短短几个月内，销量就恢复了正常，而且超过 90% 的患者愿意继续使用泰诺。

受到泰诺事件的牵连，美国整个 OTC 行业都遭到致命打击，百时美和 American Home Products 的产品销量也出现了大幅下滑。强生快速而有效的处置，不但保住了泰诺的品牌价值，而且捍卫了强生的价值信条。最终，泰诺在涅槃后重生，销售额从 1981 年的 7000 万美元增加至 1989 年的 5 亿美元。而且自此以后，强生不再销售泰诺胶囊，而百时美公司却没有充分汲取教训，1986 年，西雅图发生了第二次篡改包装案，使得该公司的 OTC 业务再次遭到致命的打击。

20 世纪 90 年代以后，强生利用泰诺的品牌知名度大量地开发延伸产品，时至今日，泰诺已经发展了多种剂型、多种包装、多种规格和多种配方，甚至包括数字耳镜，形成一个拥有多达 36 个产品的品牌树，并通过品牌全球化，成为享誉全球的品牌。另外，强生为了强化管线，于 1997 年与当时的法玛西亚＆普强公司进行了产品交换，获得了知名品牌 Motrin（美林，布洛芬），经过多年的品牌运营，美林也形成了拥有 8 个不同产品的品牌树。

二、OTC 的产品管线建设

OTC 企业的产品管线建设通常围绕着品牌和品类进行，一个品类就是一条产品管线，常是一个或多个知名品牌外加多个非知名品牌或非品牌产品的结合体（如仿制药，仿制的 OTC）。

（一）产品管线设计的要素

OTC 产品管线设计、优化的要素与创新药和仿制药类似，但侧重点不同，主要包括延续性、协同性、前瞻性、稀缺性、新颖性和制造工艺的协同性六个方面，在产品管线设计时，六个方面并非缺一不可，而是应尽量满足。

1. 延续性

OTC 产品管线的延续主要通过两种方式，一种是向管线中布局新品牌，通过知名品牌带动新品牌的方式，实现新品牌的快速成长；另一种是通过品牌延伸、产品迭代的方式延长成熟品牌的生命周期。由于药品是针对性极强的商品，大部分品牌只对应一个药物分子及其衍生配方或复方制剂，如泰诺、美林、康泰克，想要实现管线的长期持续，应培植新品牌，形成品牌集群。由于品牌的生命周期较长，通过对品牌树内的产品推陈出新，也能实现管线的延续。一则响应消费趋势，消费习惯，消费喜好的改变，开发新配方、新剂型、新规格、新包装等，以实现产品的更新、升级或迭代。例如，当今泰诺的品牌树上有 36 种产品，配方、包装、剂型均与 20 世纪 80 年代的泰诺不同。二则也可以使用子品牌推出相关的新产品，如从康泰克到新康泰克的品牌延伸，新康泰克红色装为氨麻美敏片（Ⅱ）、新康泰克蓝色装为复方盐酸伪麻黄碱缓释胶囊、新康泰克咳嗽药为盐酸氨溴索缓释胶囊。

2. 协同性

OTC 产品管线的协同性可通过以下六种方式实现：第一，强势品牌对弱势品牌的带动效应或老品牌对新品牌的带动效应，如果管线内有著名品牌，则可拉动高度关联的非知名品牌销售。第二，通过作用机制上的协同性形成捆绑销售，例如，碳酸钙与维生素 D 形成捆绑销售，两者之间互为协力产品；第三，品牌产品对非品牌产品的拉动效应，不必要求管线内的每个产品都具有品牌，例如，OTC– 仿制药 – 保健食品形成混搭的管线。第四，母品牌对子品牌或迭代品牌的带动效应，让子品牌或迭代品牌快速成长，例如，康泰克与新康泰克，善存与银善存等。第五，各产品通过公司品牌或相同的商标产生关联效应，进而起到相互帮衬，相互促进的作用。第六，这种协同性还可以在产品市场定位的过程中实现（参考金字塔模型，详见第四章）。除了协同性，管线中的产品也可能出现相互竞争、相互替代的现象，在同一高度细分的领域，重点打造一个或两个知名品牌足矣，以避免品牌塑造和维护的投入产出比降低。

3. 前瞻性

OTC 产品管线布局的前瞻性是基于企业研究消费需求的变化规律，从规律中洞察新兴的或未来的市场需求，并前瞻性地开发产品、塑造品牌。例如，老龄化是大趋势，就可以重点布局与老年健康管理相关的产品。气候变化导致呼吸系统疾病高发，就可以加大对呼吸疾病治疗产品的布局。新生代的消费偏好个性化，产品设计就应该迎合年轻人的心态，包装时尚化等等。对于消费趋势变化较为缓慢的领域，还可以有前瞻性地设计一系列产品，形成产品储备。

4. 稀缺性

提升 OTC 产品管线的稀缺性可以通过四种方式来实现。第一种方式是如 Perrigo 公司战略中所提及的抢先上市的产品，这种产品依照美国的申报路径，主要是处方药转化为 OTC 和对 OTC 专论内的分子改变配方、规格或适应证的产品，因为具有市场独占期，在独占期内是稀缺性资源。但这种方式赋予的稀缺性是相对的，因为消费者可在 OTC 品牌不可及的情况下消费处方药版本。第二种方式是品牌忠诚度赋予的稀缺性。OTC 原本并非市场稀缺资源，但高知名度和高忠诚度的品牌是稀缺的，一旦品牌忠诚度发展到一定高度，买方市场就会在一定程度上向特异性的卖方市场过渡，例如，美林，泰诺。第三种方式是通过开发或购买难以复制的产品赋予稀缺性，如高技术壁垒的产品，因法规或政策改变而无法再获得的老产品。第四种方式是通过不断切分市场，开发具有高度针对性的产品，提升在细分市场的稀缺性（在细分市场或特定消费群体中的独一无二）。

5. 新颖性

新颖性是通过产品创新、改良、产品迭代和开发高度差异化的产品实现的。OTC 企业要深度理解消费者，了解药品影响消费者的方式和消费者真实的消费诉求，绘制消费者画像，然后根据消费者画像精细定位，不断推出有针对性的新产品或升级产品。例如，维矿类膳食补充剂善存，在不同市场、针对不同年龄段人群有不同的配方、不同的剂型、不同的包装、不同的口感。另外，新生代的消费偏好、消费理念高度个性化，在产品设计时应注意迎合消费者的心理，包装时尚而富有创意。

对于处于领导者地位的企业，企业必须通过持续创新来维持领导者地位，所以产品管线的新颖性显得尤为重要。

6. 制造工艺的协同性

随着市场成熟度的不断提高，成本控制的重要性越来越凸显。制造成本越低，企业的利润空间或为终端提供的利润空间就越大，产品竞争力就越强。为此，Perrigo 和 Haleon 的战略都非常重视供应链的优化和运营效率的提升。如果产品的剂型、配方具有较高的协同性，可共享的价值活动就更多，价值链优化过程中可控制的成本也就越高。但工艺协同性必须折中地考量，因为需求是差异化、个性化的，不能刻意地强调低成本，而忽略了客户需求。

（二）产品管线设计的方法

与创新药和仿制药一样，OTC 的产品管理也可以使用麦肯锡矩阵，波士顿矩阵和金字塔模型。麦肯锡矩阵可以帮助企业判断哪些领域或品类值得投资，哪些领域或品类应该撤退，哪些领域或品类需要维持。波士顿矩阵则可用于某一产品管线内不同产品的投资策略判断，而金字塔模型主要用于管线内的产品定位。

在布局新品类或规划新产品管线时，规划者可以按如下步骤进行：①系统地梳理各个品类，筛选出市场需求大、增速快、成熟度低的领域——需求未饱和，没有形成高忠诚度的知名品牌。②结合公司的战略聚焦范围，初步筛选出数个备选领域；③综合评估公司在各备选领域的竞争优势，并绘制麦肯锡矩阵，判断各备选区域在麦肯锡矩阵中的位置及相应的投资策略。④从备选领域中进一步筛选出拟进入的领域，并结合麦肯锡矩阵所对应的投资策略、产品管线构建的要素，初步建立一揽子规划。⑤对拟定管线内的产品进行初步市场定位，对于已有目标核心产品的管线，围绕核心产品布局即可，否则可选定市场吸引力最大、公司竞争力最高的拟布局产品作为核心产品。值得一提的是，OTC 不仅要有产品，还需有品牌的加持，故在管线构建的过程中，还需考虑核心产品、潜力产品和发掘产品的品牌塑造，除了自主培育品牌，还可以通过收购知名品牌、贴牌、企业兼并等方式快速完成产品管线建设或品牌塑造。

在产品管线延续、优化或升级时，产品管理者可以按如下步骤进行：①与营销人员沟通，确定各产品在波士顿矩阵和金字塔模型中的位置，分析管线中所缺少的产品类型。②梳理管线所对应的赛道或细分市场中可布局的产品，包括可开发的新产品、可从外部购得的品牌产品、从产品生命周期管理的角度可升级改良或多样化的产品（如开发多口味、多剂型、多外观、多包装）。③动态地研究消费趋势，根据消费趋势的变化，有针对性地开发新品或延伸品牌树（详见品牌延伸）。

不论产品管线的设计、延伸还是优化升级，产品管理者都不能用市场数据直接下结论，必须走出办公室，进行大量的终端调研，深度理解消费者，了解消费者需求的变化趋势后才能做出决定。在产品管理过程中，企业需要灵活运用各种内外部资源，综合运用研发、收购、兼并或贴牌等手段，快速地进行产品管线构建或推陈出新。

参考文献

［1］魏利军，王立峰，王海盛. 跨国药企成功启示录［M］. 北京：中国医药科技出版社，2022.

［2］迈克尔·波特. 竞争战略［M］. 陈丽芳，译，北京：中信出版社，2013.

［3］陈玉文. 医药市场营销学［M］. 北京：人民卫生出版社，2021.

［4］菲利普·科特勒，凯文·莱恩·凯勒. 营销管理［M］. 上海：上海人民出版社，2012.

［5］Haleon. Annual report 2022–2023［EB/OL］.［2025–1–20］. https://www.haleon.com.

［6］强生. Financi report 2000–2022［DB/OL］.［2025–1–20］. https://www.sec.gov/

edgar/searchedgar/companysearch.

［7］Congressional Research Service. FDA Regulation of Over-the-Counter（OTC）Drugs：Overview and Issues for Congress［EB/OL］.［2024-1-20］. https://crsreports.congress.gov/product/pdf/R/R46985.

［8］FDA. Promoting Safe & Effective Drugs for 100 Years［EB/OL］.［2024-1-20］. https://www.fda.gov/about-fda/histories-product-regulation/promoting-safe-effective-drugs-100-years.

［9］Lόpez V，Buts C，Jegers M. A quantitative classification of OTC medicines regulations in 30 European countries：dispensing restrictions，distribution，pharmacy ownership，and pricing systems［J］. J of Pharm Policy and Practice，2023，16（1）：1-11.

［10］IQVIA. Holding Steady-Global OTC Market Update Q2 MAT［EB/OL］.［2024-1-20］. https://www.iqvia.com/blogs/2023/09/holding-steady-global-otc-market-update-q2-mat.

［11］Kenvue. Financial report 2022-2023［DB/OL］.［2024-1-20］. https://www.sec.gov/edgar/searchedgar/companysearch.

［12］吴芹，曲志超. 品牌战略与品牌管理［M］. 北京：首都经济贸易大学出版社，2019.

［13］Global Self-Care Federation. The social and economic value of self-care report 2022［EB/OL］.［2024-1-20］. https://www.selfcarefederation.org/sites/default/files/media/documents/2022-08/GSCF%20Socio-Economic%20Research%20Report%2028072022.pdf.

［14］GSK. Annual report 2002-2022［EB/OL］.［2024-1-20］. https://www.gsk.com/en-gb/.

［15］Ferner RE，Aronson JK. Medicines legislation and regulation in the United Kingdom 1500-2020［J］. Br J Clin Pharmacol，2023，89（1）：80-92.

第六章
中国药企的战略重塑和产品管线建设

第一节　中国制药行业的发展简史

回顾我国制药行业的发展史，可大致分为三个阶段。第一个阶段为1949~1978年，是由政府主导的公益性和普适性阶段，该阶段旨在保障最基本的用药需求。由于药品按严格的计划生产和供应，发展较为缓慢，药价也非常低廉。第二个阶段为1979~2008年，是卖方市场阶段。随着改革开放，民营和外资企业逐渐出现，药品市场经济形成并高速发展。与此同时，也形成了"以药养医"的机制，药品被层层加价，进而衍生出看病贵的问题。第三个阶段为2009年至今，是买方市场阶段。缺医少药的问题基本得以解决，国家推行了新医改，在解决看病贵的问题的同时促进产业升级，淘汰落后、过剩的产能。由于我国制药工业起步较晚，基础薄弱，仿制药长期占市场主导，药价居高不下，虽然医疗开支在GDP中的占比逐年升高，但"看病贵"的问题迟迟未能解决。2018年起，在全国范围内的"集中带量采购"政策实施，仿制药价格因激烈的竞争而迅速下降，市场在2021年到达"拐点"，行业步入转型期。

一、高度计划性的药品经济

全球制药工业在20世纪上半叶已有了空前发展。1949年以后，为了解决人民的基本用药需求，在国家的主导之下，建立了华北制药、东北制药、新华制药、太原制药等国有制企业，"一五"期间，国家重点推进抗生素和解热镇痛药的产能建设，到 1957 年底，全国拥有药厂 181 个，能生产 194 种原料，总产量超过 2000 吨，工业总产值达 2.12 亿元。

　　由于高度计划性的经济和落后的生产力，药品是高度稀缺的资源，生产和供给都在国家卫生行政部门的严格计划下进行，不存在市场交易行为。直到 1978 年，我国制药行业仍是一个高度计划性的产业。在这一阶段的 30 年中，产业发展缓慢，工业总产值仅由 1952 年的 0.39 亿元增长至 1980 年的 48.95 亿元，药品总销售额也仅从 1953 年的 3.3 亿元缓慢增长至 1978 年的 39.0 亿元（图 6-1）。1978 年以后，我国实施了改革开放，允许私人置办企业和海外投资，市场化的药品经济体制开始形成。

（亿元）

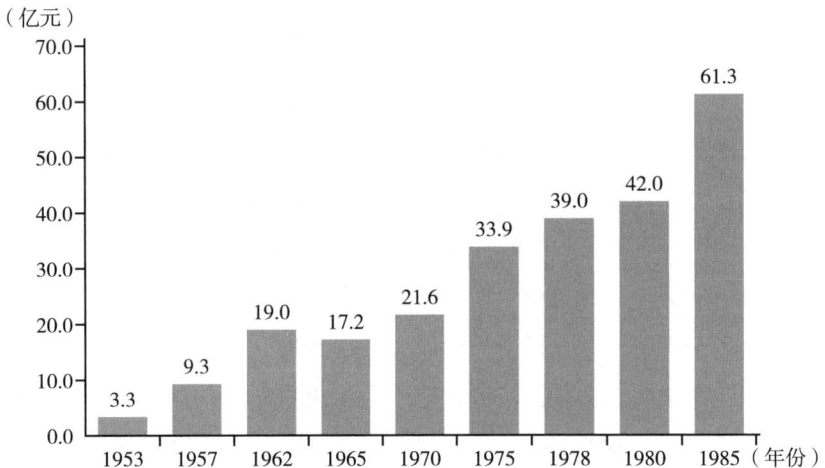

图 6-1　1953~1985 年我国药品总销售额变化

二、我国药品法规和市场体系的形成

1. 主要法规的建立与形成

　　经过三十年的发展，我国制药工业实现了从无到有，并初具规模，但未建立成熟的药品监管体系。改革开放以后，市场经济的形成、有效的监督管理是药品安全有效的基本保障。1979 年，国家出台了《新药管理办法（试行）》。首次明确了新药的定义、分类、临床和审批等方面的要求，要求具有重大创新和特殊管理的药品由国家卫生行政部门审批，而一般药品则由各省市卫生行政部门审批。该办法的出现是我国药品监管事业的伟大进步，但由于当时技术专家和审批经验欠缺，很难做到科学地审评和审批，另外，由于一般药品的审批权被下放到各省市，出现了各省市的审评标准和尺度不一，批准的药品质量差异。

1984 年 9 月，全国人大常委会通过了《中华人民共和国药品管理法》，随着该法的实施，国家卫生行政部门在 1985 年出台了《新药审批办法》，该办法要求制药企业在申报新药（中国未上市的药品和已上市药品改剂型、规格和适应证等）前须进行临床试验申请，临床试验结束后向各省卫生厅提交申请资料，在各省获得同意后转报国家卫生行政部门审评和审批。

1998 年，国家食品药品监督管理局（SFDA）成立，2001 年，全国人大常委会通过了《中华人民共和国药品管理法》的第一次修订案，随后第一版《药品注册管理办法》正式出台，与此同时，随着地标升国标的不断推进，我国药品标准逐渐得以统一。2005 年，《麻醉药品和精神药品管理条例》正式出台，影响我国制药行业发展的主要法规基本都已成型。

虽然监管法规体系初步形成，但仍不够完善，2000~2005 年，我国的药品监管依然非常“宽松”，这导致出现了不少违规、违法行为。2006 年的“齐二药亮菌甲素事件”和“安徽华源生物克林霉素事件”引起了国家的高度关注，制药行业的“汰劣存优”由此被提上日程。

为了逐渐解决行业的乱象，SFDA 在 2007 年出台了新版《药品注册管理办法》，提高了药品审批的门槛和标准，降低了伪劣新药的市场准入。2011 年，《药品生产质量管理规范（2010 年修订）》（GMP）开始实施，大量合规性不符合要求的落后产能在 GMP 认证过程中被淘汰。为了解决注册申请积压和整顿申报数据的合规性问题，2015 年又出台了临床试验数据自查和药品注册制度改革等相关政策。2016 年，仿制药质量和疗效一致性评价正式启动，为仿制药的替代使用做了铺垫。近年来，我国相继又出台了 MAH 制度、药物警戒制度，加入 ICH 并修订了《中华人民共和国药品管理法》和《药品注册管理办法》，逐渐实现了药品标准与国际接轨。

随着监管法规的不断补充和完善，我国药品市场逐渐从无序到有序，再到合规转变。2015 年以来，我国的药品准入和监管环境发生了巨大变化，总体可归纳为"提高用药安全性""改善药品可及性""统一仿制药标准""鼓励创新""与国际接轨"等五大方向。经过一系列的改革,我国药品准入门槛和质量标准大幅提高,合规性不符合新要求、竞争力不足的产能将进一步被淘汰。

除了监管法规,与药品准入密切相关的还有专利制度。1985 年,我国出台了第一版《中华人民共和国专利法》(简称《专利法》),但该法只对药物的制备方法和生产工艺实施保护,对药物本身和用途并不授予权利。这种专利制度的优点是有利于国内仿制药行业的发展,在日本和印度等国家也都存在过类似政策,但缺点也很突出。一是不利于创新药发展,二是国外药品缺乏进入中国的动力,三是国际上的各种压力。在经过漫长的药品专利真空期后,我国在 1992 年修订了《专利法》,除了改变原子核获得的物质(同位素)、疾病的诊断和治疗方法(用途)、动物和植物品种不授予专利外,其余的药物基本都可以获得专利保护。为了鼓励药品进口,卫生部为进口药实施了"行政保护"政策,以补偿专利真空为其带来的损失。为了加入世界贸易组织,《专利法》在 2000 年再次进行了修订,从此基本与国际接轨,专利制度赋予的仿制药红利渐行消失。

2. 我国医疗保障体系的建立

中华人民共和国成立初期,国民经济基础薄弱,财政无法完全弥补医疗机构亏损,为了维持医疗体系的正常运转,于是在 1954 年出台了药品加成的相关政策,允许医院有药品加成的收入。药品加成制度实施后,医疗卫生事业得以良好地发展,医疗服务费也多次下调。1976 年以后,国家还逐步缩减了对公立医院的财政补助,后来医院一度被要求自负盈亏,"以药养医"的机制逐渐形成。

20 世纪 80 年代以来,我国进行了多次医疗制度改革与尝试,包括招标、采购、药价控制和医院资源配给等。1998 年,国务院发布了《关于建立城镇职工基本医疗保险制度的决定》,开始在全国范围内构建城镇职工基本医疗保险。2002 年,《中共中央 国务院关于进一步加强农村卫生工作的决定》发布,开始构建新型农村合作医疗,2007 年,城镇居民基本医疗保险制度也开始构建,到 2008 年底,全国已有 11.3 亿人加入了以上三种不同的保险,占到当时全国总人口的 85.3%。2009 年,《医药卫生体制改革近期重点实施方案(2009–2011 年)》正式发布,提出三大保险要在三年内覆盖全体城乡居民。到 2011

年底，全国参保人口已超过 13 亿，意味着全民医保制度基本构建完成。

由于医药市场的快速增长，"以药养医""带金销售"流通渠道层层加价，衍生出药价高涨，进而引发了看病贵的问题。而看病难的原因是医疗资源无法满足人民快速增长的医疗需求，而且存在严重的地域分配不均。国家统计局数据显示，1978~2007 年，我国卫生总费用增长了 105 倍，GDP 却仅增长了 73 倍，看病难、看病贵的问题日益突出。为了解决看病难、看病贵的问题，2009 年，《中共中央　国务院关于深化医药卫生体制改革的意见》正式公布，开始进行新一轮的医疗体制改革（即新医改）。

三、我国医药市场的发展历程

我国制药行业是以仿制药、中药为基础发展起来的，虽然 2010 年以来，陆续有企业布局了创新药，但时至今日，仿制药依旧是市场的主导。与全球市场一致，我国的仿制药市场也具有鲜明的生命周期性特点，从 1949 年至今，经历了导入期、成长期和成熟期三个阶段。

1. 导入期：1949~1985 年

与行业发展史不同，我国医药市场是在改革开放后才形成的。但因为改革开放之前三十年的积累，市场才有快速发展的基础。据《中国卫生年鉴》显示，1982 年，全国拥有中药厂 480 个，可生产 3000 多个品种，化药厂（原料和制剂）800 多个，能生产 1100 多种原料，3000 多个制剂品种，年产原料 4 万余吨，300 多个品种向 100 多个国家出口。

1979 年，我国开始允许外资建厂，各级医药公司和医药管理部门开始向工厂"放权"，工厂由生产型向经营型转变。1980 年出台的《国务院关于开展和保护社会主义竞争的暂行规定》中指出，在社会主义公有制经济占优势的情况下，允许和提倡各种经济成分之间、各个企业之间，发挥所长，开展竞争。1984 年，国家医药管理局等四部委联合发布了《关于城乡集体和个体开业经营医药商品的意见》，指出城乡集体和个体只要经过相关部门的批准，就能经营药品和卫生材料。

随着改革的不断深入，《中华人民共和国药品管理法》和《新药审批办法》的实施，阻碍市场发展的障碍几乎已被扫清。1985 年之后，我国市场化的药品经济逐渐形成，医药制造和医药流通都实现了商业化，医药市场正式进入成长阶段。

2. 成长期：1985~2015 年

随着市场经济体制的逐步建立，医药产业的生产力得以释放。根据《中国卫生年鉴》显示，1985 年，全国医药商业总销售额仅为 77 亿元（含药品、医疗器械和玻璃仪器，下同），但 1990 年已增加至 178.7 亿元，期间的年复合增长率高达 18.3%，其中药品销售额首次超过了 100 亿元。1990 年时，我国已有药品生产企业 3650 多家，药品经营企业 8 万多家，随着外资的大量进入和私营企业的快速增加，市场发展进一步加速，1990~2000 年的复合增长率高达 23.8%，医药商业总销售额在 2000 年达到了 1509 亿元，其中药品销售额首次超过了 1000 亿大关。2000 年，我国城镇职工医疗保险初具规模，覆盖人口达到了 4300 万，随着城镇职工医疗保险覆盖人口的逐渐增加，以及新型农村合作医疗与城镇居民基本医疗保险的逐步构建，医药市场保持高速增长，IMS 数据显示我国处方药市场在 2001~2010 年间的复合增长率高达 21.9%。

在这一时期，高速增长的用药需求、国家政策的大力扶持、相对宽松的监管环境和以药养医的市场机制，为很多"有志之士"带来了前所未有的发展机会。根据《中国医药体制改革与发展》一书中的数据，2007 年前后，我国拥有 6000 多家制药企业，12000 多家药品批发企业，代理机构上万家，医药代表几十万名。生产环节的毛利仅为 15%~30%，批发环节为 10%~15%，医院和零售商的毛利却高达 20%~30%，剩余近 20% 的利润被隐形交易者取走。在当时，通常是"胆大者胜"而"心细者败"。

然而，在美国医药行业发展史中已经有足够的案例说明，在经济高速增长的时期，必然会有人为了利润而挺身犯险。在 2000~2005 年，我国药品安全事件频发，例如，"鱼腥草不良反应事件""齐二药亮菌甲素事件""安徽华源生物克林霉素事件"和"刺五加注射液事件"。IMS 公开的报告显示，因为 2006 年的医疗反腐，让医药市场增速下降了近一半，从 2005 年的 20% 以上直接下降至 12.6%。

2009 年起，我国推行了新医改，新医改制定了一系列的措施打击腐败、控制药价、防止不合理用药和过度用药等行为，医院市场的增速逐年放缓，2010~2015 年的平均增长率下降至 15.0%，相比 2005~2010 年足足下降了 8 个百分点。在此期间，药品销量增长放缓，药价也出现了下降，市场增速快速下降，2015 年的医院市场增速下降至 4.9%，相比 2012 年整整下降了 16 个百分点。

3. 成熟期：2015 年至今

2015 年，医院市场的销售额和销量增速显著放缓，市场进入成熟期（图 6-2）。在该阶段，国家开始强调产业升级，大力促进创新药发展、推动仿制药替代、推进药品标准与国际接轨。随着仿制药替代的迅速推进，仿制药价格逐年下降。自"集中带量采购"制度实施以来（2019~2023 年），仿制药平均价格下降了 24%（不区分剂型和规格）。虽然以量换价带来了 19% 的销量增长，但销量增长所带来的市场增量已不足以弥补价格下降引发的市场萎缩，仿制药市场在 2021 年达到了拐点。

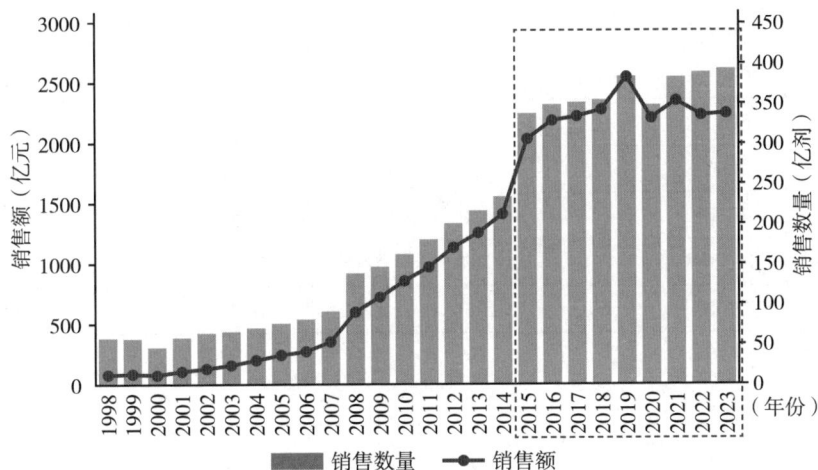

图 6-2　药学会样本医院用药金额和用药数量变化

2021~2023 年，中国仿制药市场已经萎缩了近 13%，然而 2024 年伊始，NHSA 开始在全国范围内推行"四同药品价格专项治理"，势必导致平均药价的进一步、快速下降。另外，刑法修正案也获得了通过，医药行贿行为将面临刑罚处罚，带金销售的行为可能将无处遁形。在两大政策的影响下，2024~2025 年的仿制药市场大概率将进一步萎缩。

随着市场增速的不断下滑和规模萎缩，我国仿制药市场明显进入了转型期。由于国家政策的强力干预，药价快速地下降，需求增长所带来的市场增量不足以抵消价格下降所引发的市场萎缩，所以市场出现了暂时性衰退。然而我国的价格控制几乎"一步到底"，而销量是持续增长的，所以我国仿制药市场将呈现出"√"式曲线发展。一则，我国的人均使用量远低于发达国家（表6-1），可开发的增量空间巨大；二则，可仿资源尚未耗尽，仍有许多3类药（国外上市而国内未上市）、高壁垒产品、国产创新药可仿；三则，我国正面临着严重的老龄化，治疗需求将持续增加；四则，市场数据表明，我国仿制药销量仍以5%左右的速度持续增长。

表6-1　2023年全球各国人均仿制药使用量（剂）

国家	总销量/百万剂	人口/百万人	人均销量/剂	国家	总销量/百万剂	人口/百万人	人均销量/剂
美国	265265	333	797	韩国	38666	52	744
中国	153016	1410	109	加拿大	32505	39	833
巴西	130954	215	609	意大利	25442	59	431
印度	244014	1417	172	西班牙	30062	48	626
德国	69571	84	828	阿根廷	15678	46	341
日本	96018	125	768	墨西哥	17370	128	136
法国	46208	68	680	波兰	29557	37	799
俄罗斯	113368	144	787	泰国	37335	72	519
英国	59583	67	889	土耳其	40778	85	480

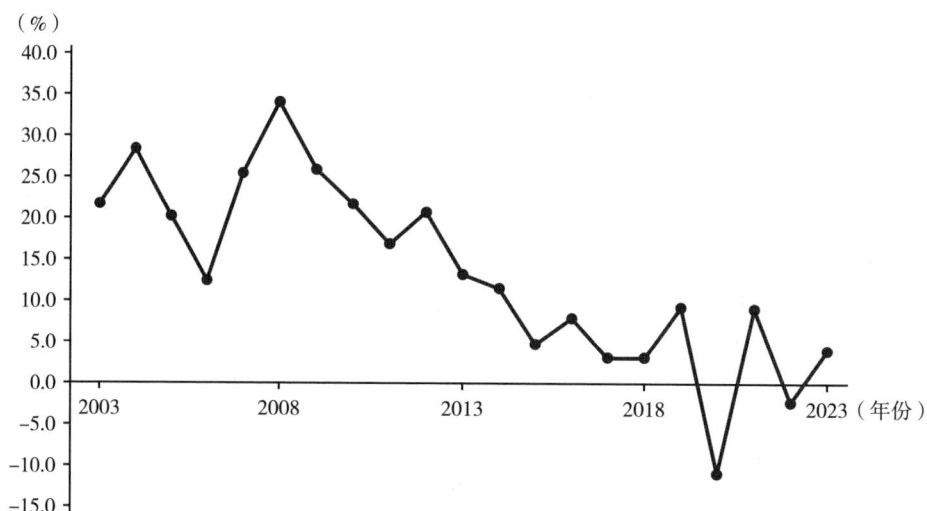

图6-3　我国医院市场的增速变化

来源：整理自IQVIA公开的报告

虽然我国仿制药市场持续衰退的概率不大，但企业"进退两难""左右摇摆"的现象已非常突出。一则，持续高速发展了近三十年的市场，掩盖了企业的战略错误，让很多企业实现了"野蛮"式增长，而进入转型期以后，市场如同踩了急刹车，但在路径依赖、短视主义者在企业管理层占据着较大话语权的情况下，企业很难形成清晰的战略；二则，很多企业的资源与能力既不符合"低成本"，也不符合"差异化"，在战略方向选择时，既想"差异化"又要"低成本"或经过一段时间的"差异化"（或"低成本"）后又想回头搞"低成本"（或"差异化"）；三则，行业转型期的衰退可能是暂时的，也可能是永久的，由于无法对趋势做出有效的判断，有的企业一看到市场萎缩就开始收割或摆烂（衰退期战略），而经过一段时间的收割或摆烂以后又想回头挽救企业；四则，有的人认为当前的行业衰退仅仅是周期性波动，很快就会冬去春来，心存侥幸，阻止变革；五则，2018 年以后，医改政策的频繁出台，医药市场剧烈震荡（图 6-3），格局不断被重塑，企业无法看清方向，被迫左右摇摆。长时间的"进退两难""左右摇摆"，会让企业错失大量的转型机会，资源不断被消耗，一旦陷入亏损，将难以自拔。因此，在这种情况下，企业非常需要一个有远见、有魄力、有威望的掌门人一锤定音；而在内部斗争激烈、方向迷失的情况下，外部专家的"调和"，引导战略制定是企业走出"困境"的关键。

第二节　中国的医疗体制改革

一、中国医疗体制改革的三阶段

中国的医疗体制改革（简称医改）过程可分为三个阶段。第一个阶段为计划经济时期，旨在构建与计划经济相适应的、全民普适性的医疗体系，在该阶段，药品生产、流通和价格都采取严格的计划管理。随着生产和流通体系逐步建立和完善，基本药物严重不足的状况得到明显改善，城乡医药供应有了基本保障。然而该阶段的医疗体制也存在诸多问题，例如，"医药工业的生产力水平不高""医药流通运营效率较低""医药消费方面存在一定的浪费""频繁管理体制变革带来一些管理上的混乱"等。

第二阶段为 1978~2008 年，旨在构建与市场经济体制相适应的医疗体系。该阶段确立了"以医疗现代化为核心"的发展战略，药品的生产与流通实现了全面市场化，医疗机构走向了市场化和商业化，药价经历了从严格管制到全面放开再到部分管制，医药监管也经历了从集中到分散再到相对集中的过程，这体现了我国医疗体制为适应"社会主义特色的市场经济"而逐渐摸索的过程。该阶段的成效是基本形成了完整的医药工业体系，基本解决了缺医少药的问题，建立了基本覆盖全民的医疗保障体系，但也存在诸多问题：一是医药生产较粗放，可持续发展力不足；二是医药流通秩序混乱，流通结构不太合理；三是医疗卫生机构不合理用药的问题；四是医药消费地区不平衡性；五是医药商业腐败问题。

第三阶段为 2009 年至今，该阶段旨在解决第二阶段医改遗留的问题，从根源上解决我国医疗体制存在的弊病，也被称为"新医改"。新医改又可分为三个阶段，第一阶段是 2009~2011 年，为初步改革阶段，旨在缓解"看病难""看病贵"的问题。国家通过提高财政投入、新增大量医疗资源、构建全民医保制度和基本药物制度等措施，让两大民生问题初步缓解。第二阶段为 2012~2015 年，为深入改革阶段，旨在进一步加大医疗、医保资源的覆盖和提升医疗、医保服务的效率与质量，包括建立"比较完善的公共卫生和医疗服务体系""比较健全的医疗保障体系""比较规范的药品供应保障体系"和"比较科学的医疗卫生机构管理及运行机制"。第三阶段为 2016 年至今，为深水区阶段，旨在巩固和强化前两个阶段的医改成果，同时从根源上破除"以药养（补）医"，重塑药品、耗材的流通机制、价格机制，引导行业可持续发展。

二、新医改的历史背景与原因

（一）"看病贵"和"看病难"

由于中华人民共和国成立初期，我国出台了"允许药品加成"的相关政策，该制度让计划经济时期的医疗卫生事业得到了良好的发展。改革开放以后，因为强调医疗机构的市场化和商业化，医院被要求自负盈亏，政府支出在总医疗支出中的比例也由此逐步下降，20 世纪 90 年代后期，政府投入比例下降至历史最低值（图 6-4），最终导致了"以药养医"的畸形机制。

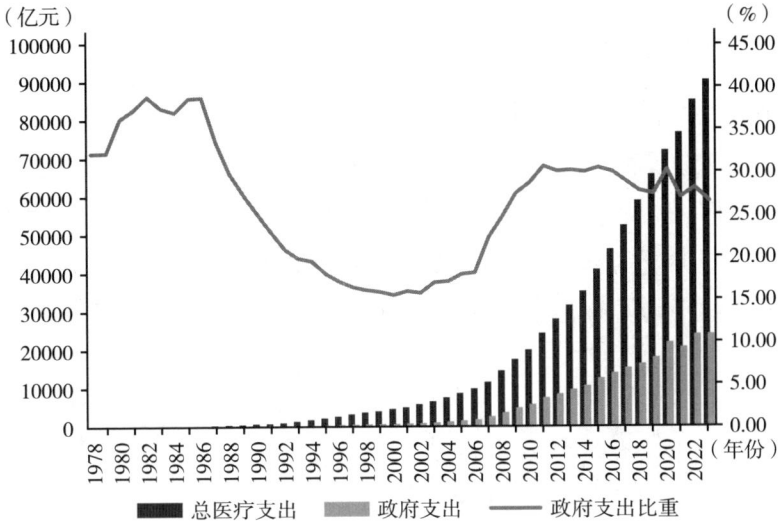

图 6-4　我国医疗支出变化（国家统计局）

21 世纪以来，随着经济的高速发展和人民生活水平的快速提升，治疗需求迅速增长，医疗资源显得供不应求，加之资源的地域分配不均、城乡比例失调，"看病难"的问题逐步凸显。因为"以药养医"的弊病，药价虚高，不合理用药的现象严重，医疗开支快速上涨，加之政府投入水平偏低，未形成完善的医疗保障机制，"看病贵"的问题也日益突出。

（二）产业可持续发展力不足

跨世纪的十年间，在"以药养医"的机制下，"带金销售"之风盛行，制药企业"重销售"而"轻研发"。不仅滋生了医疗腐败，成为药价上涨、过度用药等诱发"看病贵"问题的直接原因，也是"行业可持续发展力差"的关键原因。

据 IMS（现改名为 IQVIA）数据，2003~2005 年的医药市场增长率分别高达 21.9%、28.6% 和 20.4%，但因为 2006 年的医疗反腐，增速暴跌至 12.6%，而反腐风波过后的 2007 年，又恢复到了 25.6%，这些数据足以反映出当时市场的畸态。另外，据《中国医药体制改革与发展》数据，生产环节的毛利仅占 15%~30%，批发环节为 10%~15%，医院和零售商的毛利却高达 20%~30%，剩余近 20% 被隐形交易者取走。不合理的利润分配，是"申报资料造假""生产环境不符合规范""大量伪劣新药获批上市""流通企业违法经营""违法、不实或虚假广告盛行"等行业乱象的主要原因。

（三）医疗支出增长失控

1998~2007 年，我国相继构建了三大公立医疗保险。随着保障范围的逐渐扩大，国家逐渐提高了财政补贴的比例，但因为"药价虚高"和"过度用药""看病贵"的问题不但没有显著地缓解，反而引发了医疗开支的快速攀升。国家统计局数据显示，2000~2008 年，我国 GDP 的平均增速为 10.44%，而医疗开支的平均增速高达 15.36%（图 6-5）。

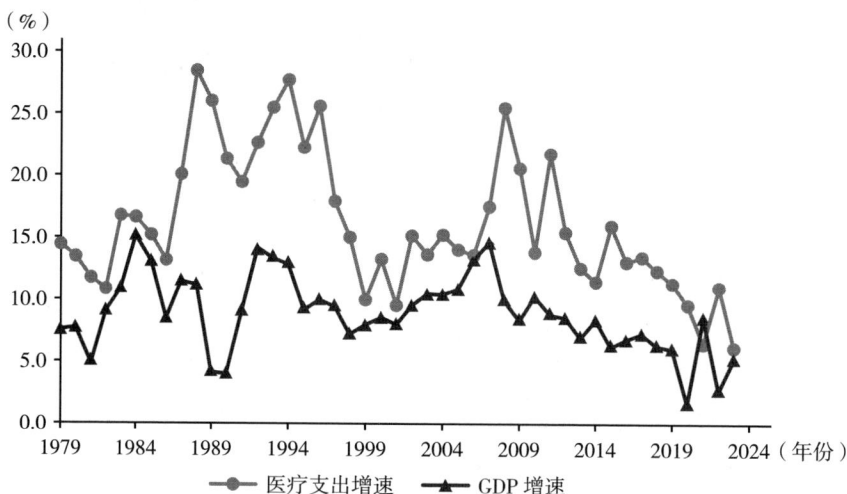

图 6-5　我国医疗支出增速和 GDP 增速变化

注：图表中 GDP 增速是国家统计局直接公布的数值，医疗支出增速是基于数值二次计算的结果

医疗开支的飙升不仅加大了国家财政负担，也威胁着医疗保障制度的可持续发展，尤其是在经济增长失速的地区，例如福建三明（出现了职工医保亏空的现象）。在经济增长减速和老龄化加剧的形势（图 2-1）之下，有效控制医疗支出、从根源上解决弊病，实现医保、医药和医疗的可持续性发展是迫在眉睫的问题。

三、新医改的推动与实施

2009 年 3 月，国务院公布了《中共中央　国务院关于深化医药卫生体制改革的意见》，标志着新医改的开始。新医改由国务院深化医药卫生体制改革领导小组统筹安排，由国务院副总理兼任组长。层级之高，改革面之广、程度之深，持续时间之长都是空前的。根据新医改的过程特点，可分为以下三个阶段。

（一）第一阶段：初步改革阶段

如《关于深化医药卫生体制改革的意见》所述，新医改的起因是"城乡和区域医疗卫生事业发展不平衡，资源配置不合理，公共卫生和农村、社区医疗卫生工作比较薄弱，医疗保障制度不健全，药品生产流通秩序不规范，医院管理体制和运行机制不完善，政府卫生投入不足，医药费用上涨过快，个人负担过重"，而总体目标是"建立健全覆盖城乡居民的基本医疗卫生制度，为群众提供安全、有效、方便、价廉的医疗卫生服务"。到 2011 年，基本医疗保障制度全面覆盖城乡居民，基本药物制度初步建立，城乡基层医疗卫生服务体系进一步健全，基本公共卫生服务得到普及，公立医院改革试点取得突破，明显提高基本医疗卫生服务可及性，有效减轻居民就医费用负担，切实缓解"看病难、看病贵"问题。

从文件可知，新医改的第一阶段是围绕着"新增医疗资源总量和优化医疗资源配给""公立医院制度改革，提升医疗服务质量""构建全面医疗制度和基本药物制度，降低国民医疗成本"进行的，以最直接的手段缓解"看病难"和"看病贵"的问题。随着基本药物制度和全民医保制度的推行，国家逐渐提升了财政投入的比例，个人支出比例从医改前 2008 年的 40.4% 下降至34.8%，看病贵的问题得到了一定缓解。

由于国家大力推动"基层医疗卫生机构建设"，我国医疗机构总数从 2008年的 89.1 万家增长至 95.4 万家，医疗资源总量的增加让"看病难"的状况也出现了一定改观。随着两大问题的缓解，治疗需求被快速释放，全国医疗机构年总诊疗人次数从 2008 年的 49.01 亿次增长至 2011 年的 62.71 亿次。治疗需求的快速增长是医药市场快速增长的保障，此间的平均市场增速高达23.20%。然而，因为卫生部门的用药监控、组织药品集中采购和反对商业贿赂等措施，市场增速相比 2007~2008 年间（平均增速 26.2%）有了明显放缓。

（二）第二阶段：深入改革阶段

《中共中央　国务院关于深化医药卫生体制改革的意见》提出到 2020 年

实现"普遍建立比较完善的公共卫生服务体系和医疗服务体系""比较健全的医疗保障体系""比较规范的药品供应保障体系"和"比较科学的医疗卫生机构管理体制和运行机制"。另外,该文件还指出"完善医药产业发展政策和行业发展规划,严格市场准入和药品注册审批,大力规范和整顿生产流通秩序,推动医药企业提高自主创新能力和医药产业结构优化升级,发展药品现代物流和连锁经营,促进药品生产、流通企业的整合。建立便民惠农的农村药品供应网。完善药品储备制度。支持用量小的特殊用药、急救用药生产。规范药品采购,坚决治理医药购销中的商业贿赂。加强药品不良反应监测,建立药品安全预警和应急处置机制。"

2012 年 3 月,国务院发布了《"十二五"期间深化医药卫生体制改革规划暨实施方案》,明确了 2012~2015 年的医改工作是围绕提高保障能力和管理水平、巩固和完善基本药物制度、继续推动公立医院改革、优化卫生资源配置、基层医疗人才队伍建设、提升药品安全水平、理顺药价体系和规范药品流通进行,到 2015 年实现医疗卫生服务更加公平可及、卫生总费用增长得到合理控制。

在医疗层面上,推行"分级诊疗制度""异地就医结算和管理制度""重特大疾病保障制度",在医保层面上,"整合城乡居民医保"提上日程,医疗费用控制也成了焦点。2012 年 8 月,原卫生部出台了《抗菌药物临床应用管理办法》,以控制过度使用抗生素的行为。11 月,人力资源和社会保障部发布了《关于开展基本医疗保险付费总额控制的意见》,医保支出费用控制也被提上了日程。因为一系列的费用控制措施,医药市场增速逐年下滑,市场结构也发生了明显的变化,抗生素从此不再是最大的市场门类。据 NHC 在 2019 年发布的《中国抗菌药物管理和细菌耐药现状报告》,综合医院的抗生素平均使用强度从 2010 年的 85.9DDDs/100(人·天),下降至 2018 年的 48.4DDDs/100(人·天)。2015 年 10 月,原国家卫生和计划生育委员会、人力资源和社会保障部等相关部委联合发布了《关于印发控制公立医院医疗费用不合理增长的若干意见的通知》,对医疗费用结构、重点用药、抗生素和辅助性用药实施监控,严格控制药品、耗材采购中的商业贿赂行为。在一系列措施的作用下,2015 年的医院市场增速下降至 4.9%,相比 2012 年下降了 16 个百分点。

随着新医改的逐步推进,"看病难"和"看病贵"的问题逐渐得到缓解,但药品"多、小、散、乱、差"的局面并未完全改变,为了响应新医改"严格市场准入和药品注册审批""推动医药企业提高自主创新能力""医药产业结构优化升级"等要求，原国家食品药品监督管理总局在 2015 年推动了药品生产和供应端的改革。为了提升药品注册标准、打击研发数据造假的问题，启动了临床自查和注册制度改革，为了防止药品生产中偷换工艺、偷工减料的行为，实施了动态 GMP 认证和飞行检查等相关措施。2016 年，仿制药质量和疗效一致性评价的相关工作正式启动，开始逐渐统一仿制药质量，为集中带量采购的实施奠定了基础。

相比第一阶段，第二阶段费用控制明显加码，并将改革面扩大到药品供应端，通过"医疗""医药""医保"三医联动的方式，推动整个医疗卫生事业的改头换面。

（三）第三阶段：根治病因阶段

经过第一和第二阶段的改革，"看病贵"和"看病难"的问题有了一定缓解，但第二阶段平均医疗支出的增长速度从 2000~2008 年的 15.34%，进一步提高至 16.01%，GDP 的平均增速却从 10.44% 下降至 8.53%，两者间的增速差距进一步拉大（图 6-5）。在此期间，由于国家提高了财政支付比例，政府医疗支出从 2009 年的 4816 亿元增加至 2015 年的 12475 亿元，6 年里翻了 2.59 倍，财政负担明显加大。为此，"医改"不能"只治标不治本"，必须从根源上破除"以药养医"，解决医疗体制存在的缺陷。除此以外，为了响应国家经济转型的战略，"促进医药产业升级"也成为新医改的一项重点工作。

2016 年 11 月，国务院深化医药卫生体制改革领导小组印发了《关于进一步推广深化医药卫生体制改革经验的若干意见》，提出要改变药品采购规则，实行两票制，对独家品种、专利药进行竞价谈判。因为"两票制"的实施和"重点用药及辅助性用药监控"，"药品层层加价""不合理用药""过度用药"等现象得到了显著性遏制，2017 年的医院市场增速进一步下滑至 3.3%，销售额排名长期位列前茅的辅助性用药，逐渐淡出了人们的视野。除了严格的医疗费用控制，该文件还指出，要借鉴三明医改模式，将医保基金监督管理、医疗服务价格谈判、药品耗材联合采购与结算、医疗服务行为监管、医保信息系统建设等职责合为一体，以实现医保基金的统筹管理和发挥医保对采购药品的集中支付功能，通过量价挂钩降低药品价格，加强对医院和医生的监督制约、规范服务行为。

三明医改模式

老工业城市福建三明是一个典型的"未富先老""退休人员占比较高""经济增长逐渐放缓"的城市，2010 年和 2011 年的职工医保统筹基金分别收不抵支 14397 万元和 20835 万元，分别占到当地财政收入的 11.66% 和 14.42%。由于财政无法兜底，出现了"医保基金欠公立医院医药费"的现象。经过分析，当地政府认为导致看病难的原因是医疗资源不足且城乡分配不均，而看病贵的原因是个人负担比例过高、医疗费用增长过快、药品和耗材价格虚高、辅助性用药大量使用和过度医疗等。这一系列的乱象不仅是医患纠纷的根源，也是导致医生收入不均、医院内部矛盾重重的根源。为了遏制这一系列乱象，三明市从根源上进行了研究，认为其根本原因是政府自身、医疗和医保定位不清，以及药品流通秩序混乱。

为了解决这一系列的乱象，三明市政府在 2012 年开始推动深度医改，并形成了医疗、医保和医药三医联动的特色模式。建立医改领导小组，由一位市领导主管，成立市医疗保障基金管理中心，并将三种保险合并管理，要求全市所有医保定点医疗机构的药品均由该中心负责采购与费用结算，取消医疗机构的采购和结算权，同时通过该中心实施重点药品监控，以防止过度用药。这一系列的措施，有效解决了医保亏空问题，个人支付费用出现了明显下降，而且医护人员的收入也有了明显的提升。

随着医改进程的逐渐深入，利益调整更加复杂，体制矛盾日益凸显，要彻底破除"以药养医"的现状，必须在根源上改变医药市场的运营机制。2016 年 12 月，国务院印发了《"十三五"深化医药卫生体制改革规划》，指出"十三五"期间，要在"分级诊疗""现代医院管理""全民医疗保障""药品供应保障""综合监管"等 5 项制度建设上取得新突破，同时统筹推进相关领域改革。其中"建立规范有序的药品供应保障制度"一项，对制药产业的影响最为深远。具体要求包括：①深化药品供应领域改革，"鼓励企业自主创新""提高产业集中度""推动中药现代化和标准化""建立科学、高效的药品审评审批体系""加快仿制药一致性评价""加快防治艾滋病、恶性肿瘤、重大传染病、罕见病等临床急需新药及儿童用药等的审评审批""建立药品上市许可持有人制度";②深化药品流通体制改革,加快构建药品流通全国统一开放、竞争有序的市场格局;③完善药品和高值医用耗材集中采购制度,完善药品价格谈判机制,实行药品采购两票制;④巩固完善基本药物制度,完善基本药物的供应;⑤完善国家药物政策体系,推动医药分开,切断医院和医务人员与药品、耗材间的利益链。推动企业充分竞争和兼并重组,提高市场集中度。为了实现这一系列目标,国务院办公厅在 2017 年 1 月又印发了《关于进一步改革完善药品生产流通使用政策的若干意见》,将重点工作进一步细化。

为完善统一的城乡居民基本医疗保险制度和大病保险制度,不断提高医疗保障水平,确保医保资金合理使用、安全可控,统筹推进医疗、医保、医药"三医联动"改革,国家医疗保障局(NHSA)在 2018 年 3 月成立。在 NHSA 的主导下,药品与耗材集中带量采购被提上日程,通过"4+7"试点,中选仿制药的平均价格下降了 50% 以上。2019 年 11 月,国务院深化医药卫生体制改革领导小组印发了《关于以药品集中采购和使用为突破口进一步深化医药卫生体制改革若干政策措施的通知》,指出集中采购制度有利于降低虚高药价、减轻群众负担,将对"推进医改不断深化""巩固公立医院破除以药补医成果""促进医药行业健康发展"发挥积极作用。此外,该文件还提出了十五项进一步深化医药卫生体制改革的政策措施:全面深化国家组织药品集中采购和使用改革、构建全国药品公共采购市场和多方联动的采购格局、提升药品质量水平、确保药品稳定供应、提升药品货款支付效率、推动构建全国统一开放的药品生产流通市场格局、推进医疗服务价格动态调整等联动改革、大力推进薪酬制度改革、加强医疗机构用药规范管理、推动实施药品医保支付标准、深化医保支付方式改革、完善医保基金监管机制、推进医疗服务精细化监管、健全全国药品价格监测体系、加快推进信息化建设。

综上,相比第一和第二阶段,第三阶段涉及面更广,而且是从"治病根"出发。经过多重措施并举,医疗服务的质量进一步提升,医保覆盖度进一步健全,医疗支出的增长速度明显下降,药品质量实现了与国际接轨,创新药研发活力得到释放,全新的药价机制和流通机制逐渐形成。三个阶段医改的重点工作如表 6-2 所示。

表 6-2　三个阶段医改的重点工作

阶段	医疗	医药	医保
第一阶段	①强化专科医疗网络建设，增加医疗资源总量；②优化医疗资源配给，提升基层医疗的服务能力；③构建基本药物制度；④公立医院改革，提高医疗服务质量和运行效率	/	构建全民医保制度，提高国家的预算支出，降低个人支出占比
第二阶段	①继续巩固和扩大第一阶段医改的成果；②加强医疗费用控制，控制不合理的医疗费增长；③建立现代化的医院管理制度和医生考核制度，规范用药行为，打击商业贿赂；④推行分级诊疗制度和转诊制度；⑤医护人员薪酬体系改革等	①打击伪劣药品，保障用药安全；②审批制度改革，提高准入标准，推动创新；③解决注册申请积压；④推动仿制药一致性评价	①医保费用控制；②推动城乡医保合并；③推动重大疾病保障；④继续扩大医保覆盖
第三阶段	①继续巩固和扩大第一、第二阶段医改的成果；②优化药品流通机制，推动两票制；③创新药挂网采购，加快创新药入院；④基药目录调整；⑤医疗反腐，医护人员薪酬体系二次改革；⑥全面取消药品加成；⑦处方重点监控，防止不合理用药、过度用药；⑧推动公立医院回归公益性质；⑨促进中医药传承创新发展；⑩规范医药代表的拜访行为；⑪深入实施健康中国行动；⑫推动DRG制度全面实施；⑬县域共同体建设	①加速仿制药一致性评价；②加速新药审评审批；③推行药品标准与国际接轨；④强化药品上市后监管和不良反应监测；⑤加速孤儿药、儿童药和重大疾病用药审批；⑥推动上市许可持有人制度；⑦推动医药产业升级；⑧优化行业资源，防止"创新"扎堆的现象；⑨促进中医药传承创新发展，提升中药质量标准，审批制度改革；⑩打击药品垄断，防止药品不合理涨价	①推动三保合并，加强医保资金统筹管理；②医保目录动态调整，限制辅助性用药和疗效不确切的药品；③专利品种、独家品种竞价谈判；④推动仿制药和高值耗材集中采购，遏制价格虚高；⑤推行DRG制度；⑥强化医保资金监管；⑦建立跨省报销体系；⑧推进多层次医疗保障体系建设；⑨建立、健全重大疾病、低收入人群医疗保障机制和救助制度；⑩促进中医药传承创新发展；⑪全国统一的大市场建设，推动四同药品价格专项治理；⑫推动三明医改模式在全国范围内实施

虽然经历了长达 10 余年的改革，但远未结束。2022 年，国务院办公厅印发了《深化医药卫生体制改革 2022 年重点工作任务的通知》指出，要加快构建有序的就医和诊疗新格局、深入推广三明医改经验、增强公共卫生服务能力、推进医药卫生高质量发展，并强调了 21 项重点工作。2024 年 7 月，党的二十届三中全会在北京召开，通过了《中共中央关于进一步全面深化改革、推进中国式现代化的决定》，其中就"深化医药卫生体制改革"提出了 7 项具体措施："实施健康优先发展战略""促进医疗、医保、医药协同发展和治理""促进优质医疗资源扩容下沉和区域均衡布局""深化以公益性为导向的公立医院改革，建立以医疗服务为主导的收费机制""引导规范民营医院发展""创新医疗卫生监管手段""健全支持创新药和医疗器械发展机制，完善中医药传承创新发展机制"。

四、新医改对我国医药行业的影响

新医改的实施，对我国的医药行业或医药市场产生了巨大的影响。尤其是 2016 年以来，在三医联动的影响下，医药行业和医药市场都发生了巨大的变化。

第一，治疗需求被快速释放，药品销量随之快速提升。我国医疗机构总数已从新医改前（2008 年）的 89.1 万家增加至 2023 年的 107.1 万家，门诊总就诊量也从 49.0 亿人次上升至 95.5 亿人次，治疗需求的快速上涨，使得药品总销售数量翻了约 4 倍。

第二，仿制药行业提前进入了转型期。2018 年起，国家开始对仿制药实施集中带量采购，中选品种平均降价 50% 以上（表 6-3），2019~2023 年，我国仿制药平均价格下降了 23.65%（不区分剂型和规格）。在剧烈的降价趋势下，我国仿制药市场逐渐停止了增长，并在 2021 年达峰后下降。相比发达国家，我国人均用药量、仿制药替代率均未达到瓶颈，但剧烈的价格下滑，让行业提前进入了转型期。

表6-3 国家仿制药集中带量采购的价格下降情况

中标情况	品种数	平均降幅	开标时间	执行时间
试点（4+7）	25	52%	2018.12	2019.03
第一轮	25	59%	2019.09	2019.12
第二轮	32	53%	2020.01	2020.04
第三轮	56	53%	2020.08	2020.11
第四轮	45	52%	2021.02	2021.05
第五轮	61	56%	2021.06	2021.10
第六轮	6	48%	2021.11	2022.05
第七轮	60	48%	2022.07	2022.11
第八轮	39	56%	2023.03	2023.09
第九轮	41	58%	2023.11	2024.03
第十轮	62	未披露（约70%）	2024.12	2025.04

第三，市场增速放缓，行业逐渐步入"寒冬"。由于我国医药市场是仿制药占主导，仿制药价格的大幅下降，引起了平均药价的逐渐走低。除了仿制药集中带量采购，中成药集中带量采购，独家品种竞价谈判也在不同程度上引起了药价的下降。随着药价的逐步下降，我国医药市场的增速逐步放缓，甚至部分年份出现负增长（图6-3）。此外，2023年12月，《国家医疗保障局办公室关于促进同通用名同厂牌药品省际间价格公平诚信、透明均衡的通知》发布，在全国范围内进行了药品价格四同（同通用名、同厂牌、同剂型、同规格）治理。除了医院，价格治理范围还扩大到了零售市场，此举不仅能遏制不公平高价，还将进一步大幅降低平均药价，降低市场增速。

第四，腾笼换鸟，市场结构发生了改变。腾笼换鸟有两重含义，从三明医改中不难发现，"腾笼换鸟"是降低药价，提高医疗工作者的收入水平。而在医药市场中，主要是通过仿制药的价格控制，腾出医保费用空间用于支付创新药，以促进创新药的发展。2016年以来，累计有500多个品种通过竞价谈判被纳入医保目录。获得医保覆盖后，这些产品的销量迅速增长，市场份额也出现了明显的提升。2018~2023年，小分子专利药和生物药在医院西药市场（刨除中药后统计分析）中的销售份额提升了10余个百分点。仿制药（仅原注册分类为 3 类、6 类和新注册分类为 4 类和 3 类的产品）则受集中带量采购的影响，销售份额从 55% 下降至 45%。

第五，市场集中度改变。我国制药产业的特点是企业数量多，市场集中度低，资源较分散。据 NMPA 公布的 2023 年数据，我国制剂和原料生产企业的总数为 5652 家，药品生产许可证数量高达 8460 件。2013~2020 年，随着准入门槛提升、监管趋严，落后、过剩的产能被逐步淘汰，市场集中度也逐年提升，但在 MAH 制度和集中带量采购制度实施以后，新进入者无需自建生产设施和销售渠道，行业进入壁垒大幅降低，由此诞生了大量"持证公司"（MAH holder），导致市场集中度在 2020 年由升转降（表 2-2）。

第六，企业逐渐由销售驱动向研发驱动转型。据国家统计局数据，规模以上制药企业研发投入从 2011 年的 211.2 亿元提升至 2023 年的 1096.3 亿元，研发投入强度也从 1.46% 提升到了 4.38%，2016 年以来，研发投入强度（研发投入／销售额）的提升明显加速（表 6-4）。随着研发投入强度的上升，我国的药品质量和创新活力均有了较大的改观。据 NMPA 药品审评中心（CDE）历年发布的《药品审评报告》，2017~2023 年，一共有 3762 个一致性评价申请获得批准，227 项创新药和 224 项改良型新药的 NDA 审评结束并建议批准（表 6-5）。

表 6-4　规模以上医药制造业研发投入变化

年份	2011	2012	2013	2014	2015	2016	2017	2018	2019	2020	2021	2022	2023
研发投入（亿元）	211	283	348	390	441	488	534	581	610	785	942	1049	1096
投入强度（％）	1.46	1.63	1.69	1.67	1.72	1.73	1.97	—	2.55	3.13	3.19	3.57	4.38*

注：* 表示此数据由国家统计局公布的数据二次计算得出；2018 年无官方公布数据。

表 6-5　CDE 审结并建议批准的创新药 NDA 数量变化

年份	2017	2018	2019	2020	2021	2022	2023
创新药							
创新化学药	0	11	13	19	35	17	38
创新中药	1	2	2	4	11	6	7

续表

年份	2017	2018	2019	2020	2021	2022	2023
创新生物药	2	4	3	7	17	9	19
合计	3	17	18	30	63	32	64
改良型新药							
改良型中药	0	0	0	0	0	0	1
改良型化药	0	2	11	16	48	49	39
改良型生物药	0	0	0	0	16	23	19
合计	0	2	11	16	64	72	59

第七，对企业盈利能力的影响。随着药价的快速下降和市场增速的放缓，仿制药企业的盈利能力也显著性下降。经统计，34 家 2023 年销售额超 25 亿元，主营化学仿制药的 A 股上市公司，平均净利润水平从 2016 年的 11.96% 逐渐下降至 2023 年的 6.16%，平均营业利润水平则从 2016 年的 12.94% 逐渐下降至 2023 年的 7.95%（表 6-6）。相比之下，OTC 企业的利润水平却未产生显著影响，17 家年销售额超过 25 亿元的龙头 OTC 企业，平均净利润水平维持在 13% 左右（表 6-7）。

表 6-6　34 家 A 股上市的仿制药企业财务数据统计

年份	2016	2017	2018	2019	2020	2021	2022	2023
合计营收（亿元）	1653.6	1966.9	2450.7	2726.4	2671.3	2961.6	3140.6	3151.6
合计净利润（亿元）	151.3	214.9	169.3	199.5	247.0	278.3	275.7	213.3
合计净资产（亿元）	1574.3	1826.2	1992.9	2135.9	2396.9	2675.4	2779.3	3001.9
总员工数（万人）	19.9	21.6	23.0	24.7	24.5	24.4	25.2	25.9
平均营业利润率（%）	12.9	14.5	11.0	10.5	12.9	13.3	11.1	7.9
平均净利润率（%）	12.0	11.5	8.2	7.7	9.9	9.8	9.0	6.2
人均销售额（万元）	91.5	102.6	117.8	119.2	118.4	125.0	128.2	124.2
合计净利润/合计营收（%）	9.15	10.93	6.91	7.32	9.25	9.40	8.78	6.77
合计营收/总员工数（万元）	83.2	90.9	106.6	110.5	109.1	121.5	124.4	121.7

表 6-7　17 家 A 股上市的 OTC 企业财务数据统计

年份	2016	2017	2018	2019	2020	2021	2022	2023
合计营收（亿元）	1230.0	1352.5	1716.0	1968.2	1896.6	2081.1	2222.5	2421.6
合计净利润（亿元）	144.0	159.2	187.9	153.3	173.8	202.8	202.0	240.1
合计净资产（亿元）	969.0	1099.8	1439.3	1472.4	1568.0	1680.9	1797.0	1924.4
总员工数（万人）	13.5	14.0	14.2	15.1	15.7	15.6	15.1	15.6
平均营业利润率（%）	15.5	17.3	15.8	11.6	15.1	18.0	16.2	17.6
平均净利润率（%）	13.2	13.4	12.5	8.3	9.8	13.5	11.7	12.8
人均销售额（万元）	90.8	96.4	111.0	112.0	109.1	119.2	132.1	141.4
合计净利润 / 合计营收（%）	8.5	8.5	9.1	12.8	10.9	10.3	11.0	10.1
合计营收 / 总员工数（万元）	90.8	96.5	120.8	130.2	120.7	133.6	147.6	154.9

五、新医改下的市场趋势分析

（一）经济增速放缓：医疗费用收入增加困难

2010 年以来，我国经济增速逐渐放缓，与经济增速放缓随之而来的是政府财政收入增长放缓。国家统计局数据显示，2004~2008 年，财政收入的年平均增加值为 23.2%，而 2019~2023 年的年平均增加值下降至 3.5%，政府财政增收的压力较大。随着财政收入的增长下滑，政府债务也开始攀升。2019~2023 年，中央财政债务余额从 16.80 万亿元增长至 30.03 万亿元，而地方政府的债务更是从 24.08 万亿元飙升至 40.74 万亿元。2023 年末，我国政府法定负债率为 56.1%，相比 2019 年上升了约 15 个百分点。

虽然 56.1% 的负债率相比发达国家和部分发展中国家并不算高，但如此快的上升速度将很快赶上，甚至赶超其他国家的水平。况且我国还面临着巨大的老龄化压力和房价下行的压力。2023 年以来，我国的房价开始下跌，地方政府的财政收入压力将进一步加大。2024 年 3 月，财政部公开要求政府部门"过紧日子"，控制财政费用的不合理支出。

在政府"过紧日子"的形势下，政府医疗开支在短期内很难大幅提升，而政府的财政补贴不足，是我国"看病贵"问题迟迟不能解决的一个重要原因。一方面，政府对医院补贴不足，医院存在很大的创收需求以维持运营或偿还债务，而这种"创收"是"看病贵"的主要原因，也是医保资金被快速消耗的一大原因。NHC 发布的历年《卫生健康统计年鉴》数据显示，政府补贴收入仅占医疗机构总收入的 15%~20%（表 6-8）。另一方面，随着经济增长的减速，医保资金收入增长也放缓，由于政府对医保基金补贴不足，导致医保费用快速上涨。据最新数据，城乡居民基本医疗保险的个人收费标准上升至最低 400 元。400 元 / 人的收费标准相对全国平均收入水平并不算高，但在偏远农村地区却会造成非常沉重的负担。在十三届全国人大五次会议期间，有多位代表提出了相关问题的提议，例如"个人缴费部分不再大幅增长""6 岁以下和 75 岁以上的公民实行免费医疗""进一步完善农村居民医保制度"等。

表 6-8　我国医疗机构财务状况

年份	2018	2019	2020	2021
医疗机构总收入（亿元）	41111.8	46441.4	48690.0	54824.0
政府补贴收入（亿元）	6064.9	6735.4	9714.0	9134.4
财政补贴占医疗机构收入比例	14.75%	14.50%	19.95%	16.66%
医疗机构总资产（亿元）	39015.0	51847.9	59520.1	71187.0
医疗机构总债务（亿元）	16258.0	23471.4	26450.0	30302.6
医疗机构平均负债率	41.67%	45.27%	44.44%	42.57%

由于收费的持续上涨，已经出现了明显的退保现象，根据 NHSA 各年《医疗保障事业发展统计快报》数据，全国基本医疗保险总参保人数从 2021 年起逐年下降，两年里减少了 3000 多万人，而城乡居民基本医疗保险的参保人数从 2018 年就开始逐年下滑，2018~2023 年，参保人口减少了近 6500 万人，其中一部分人转化为城镇职工医保，一部分中断了缴费（表 6-9）。

表 6-9　我国医保参保人数变化

年份	2018	2019	2020	2021	2022	2023
总参保人数（万人）	134452	135436	136100	136424	134570	133387
城镇职工（万人）	31673	32926	34423	35422	36242	37094
城乡居民（万人）	102779※	102510	101677	101002	98328	96293

注：※2018 年的城镇居民基本医疗险和新型农村合作医疗险未合并，所以该数字是两种保险参保人数的总和

（二）老龄化加剧：需求持续增加

根据国家统计局 2023 年数据，我国 65 岁以上的老龄人口已达 2.17 亿人，相比 2000 年的 0.88 亿人增加了 1.29 亿人，65 岁以上老人在总人口中的占比达到了 15.39%。随着出生率的快速下降，我国 2030 年的老龄人口（65 岁以上）在总人口中的占比将进一步上升至 25% 左右。老龄人口比例越高，疾病治疗需求越多，据国家统计局数据，2023 年，我国人均到医疗机构就诊 6.8 次，相比老龄化较严峻的德国和日本，仍有较大差距。随着老龄化的加剧，我国的人均治疗次数可能会接近或达到日本或德国的水平，总治疗需求峰值将相比 2023 年继续增长 30% 以上。

随着经济增速的放缓，医保收入增速也在放缓，同时随着退休人口的不断增加，缴费的人越来越少，使用的人却越来越多，医保基金的亏空趋势难以避免。不难想象的是，在未来的几年里，三明医改前的窘境可能在经济增长失速、老龄化严峻的地区大面积出现。

（三）长期医疗费用控制是显然的趋势

一方面是收入增长压力大，另一方面是需求仍在持续增长，进口缩小而出口加大，必然会导致医疗支出在 GDP 中的占比越来越大。政府如想压住这种势头，必然会进一步节流——更加严格、更长期地进行费用控制，各种措施将越来越多，市场上的"漏洞"将逐一被补齐。因为持续的费用控制，我国医院市场增速从 2008 年的 34.2% 下降至 2023 年的 4.2%，因为政策频繁干预，市场在 2018~2023 年的波动大幅增加（图 6-3）。长期医疗费用控制对医药产业的影响，可从邻国日本的案例中洞悉一二。因为严格的费用控制，日本

医药工业产值在整个 90 年代仅上升了 15%。故不难想象的是，随着 DRG 的全面实施和三明医改模式的全国范围推广，我国制药行业也将面临长时间的"寒冬"。

仿制药因受集中带量采购的影响，中标产品的平均价格降幅在 50% 以上，随着被纳入品种数量的不断增加，总市场规模将在一定时期内持续萎缩。NHC"处方重点监控"的作用也不可忽略，第一批被监控的 20 个品种，2023 年的总销售额相比 2015 年下降了近 90%。2023 年，NHC 又公布了第二批重点监控的 30 个品种，其未来也必将是量价齐跌。此外，在"集采续约"和"四同药品价格专项治理"的过程中，药价也存在不同程度的下降。总之，仿制药价格的进一步下降是一个无法避免的趋势。

在价格下降的同时，我国仿制药市场仍具有较大的销量增长空间，不会陷入永久性衰退。第一，老龄化正在加剧，用药需求将持续增长；第二，仿制药替代率尚未达到瓶颈，仍有一定的上升空间；第三，我国的人均仿制药用量远低于发达国家，市场饱和度较低；第四，我国尚存在大量的可仿资源，包括 3 类药、国产创新药、高壁垒产品；第五，市场数据表明，我国仿制药销量仍处于持续增长中，2019~2023 年的总销量上涨了 19%。

品牌药因受"竞价谈判入医保"的影响，也面临着巨大的降价压力，尤其是同一靶点有多个产品的领域。2015 年以来，虽然我国新药创制的活跃度有了明显提升，但大多数产品为同质化的"me too"，在医保竞价谈判的过程中竞争非常激烈。截至目前，我国已批准了 10 余个 PD-1/L1 抗体，有的产品已降至了 biosimilar 的价格水平。为了优化行业资源，CDE 在 2021 年 11 月发布了《以临床价值为导向的抗肿瘤药物临床研发指导原则》，要求抗肿瘤药必须与现有的标准治疗方案进行对比研究，大幅提升了"me too"药物的审批门槛。2023 年 7 月，CDE 又发布了《以患者为中心的药物临床试验设计技术指导原则（试行）》《以患者为中心的药物临床试验实施技术指导原则（试行）》《以患者为中心的药物获益 - 风险评估技术指导原则（试行）》，试图将范围进一步扩大到所有创新药。另外，证监会最新的 IPO 要求和大股东减持要求，使得资本市场的泡沫被刺破，同质化"me too"类产品的融资难度大幅增加。

在研发、融资和支付等相关政策的综合调控下，"me too"药物似乎已经没有未来，创新药企业必须进行"创新质量"升级。事实上，经过一段时间的调控，我国创新药的"质量"已有明显提升，一篇 2024 年发表在 *Nature Review Drug Discovery* 的文章显示，我国在研 FIC 药物的管线数量和比重都相比 2021 年有了大幅提升。

非处方药、保健食品和中药由于受医疗费用控制措施的影响较小，而且"健康中国 2030"规划纲要推行"治未病"的理念，这对预防疾病和调理身体的非处方药、保健食品和中药而言是巨大的商机。除此以外，"促进中医药传承创新发展"是国家的一大战略，有助于中药在一定时期内获得增长点。

第三节　中国创新药企业的战略思考

一、我国创新药发展环境的形成

如《中国医药体制改革与发展》所言，2006 年以前，我国医药行业的可持续发展力较差，药品质量低下，企业缺乏创新。为改变这一现状，国家将"重大新药创制"加入到《国家中长期科学和技术发展规划纲要（2006—2020 年）》中。2008 年，"重大新药创制"国家科技重大专项正式启动，为我国创新药的发展起到巨大的推进作用。

随着海外创新人才的陆续回归，我国新药创制的环境初步形成。2011~2015 年，艾瑞昔布、埃克替尼、康柏西普、阿帕替尼和西达本胺等产品的获批，大幅加快了创新药的发展。2015 年之后，新医改政策强调"鼓励创新"和"产业升级"，NMPA 进行了一系列有利于创新药发展的审批制度改革，NHSA 则出台了医保目录动态调整和竞价谈判入医保的制度，让接受价格谈判的创新药能够快速享受到医保的报销。除此以外，地方政府研发经费补贴、创新药挂网等诸多利好政策，也推动了创新药产业的飞速发展。

然而随着获批数量的快速增加，我国创新药的行业问题开始逐渐浮现——靶点布局高度集中，而且大部分产品都是"me too"，诸如 PD-1，GLP-1 这样的靶点，同时有上百个项目在开发。高度重复的赛道布局大幅降低了产品的稀缺性，很多 PD-1 抗体在医保竞价谈判过程中的报价甚至低于 biosimilar。这种重复不仅影响企业的投资回报率，还会浪费行业资源。为了优化行业资源，NMPA 提升了创新药的审批门槛，在 2021 年 11 月发布了《以临床价值为导向的抗肿瘤药物临床研发指导原则》，要求抗肿瘤药必须与现有的标准治疗方案进行对比研究。2023 年又发布了《以患者为中心的药物临床试验设计技术指导原则（试行）》等三个指导原则，试图将范围进一步扩大到所有创新药。

随着创新药的快速发展，资本市场的泡沫也开始浮现，有的人趁浑水摸鱼，不断收割市场。虽然火爆的资本市场是推动产业快速发展的必要条件，但过多的乱象会损害立足长远发展者和散户投资人的利益。为了遏制乱象，证监会大幅提高了 IPO 的门槛，并限制了大股东减持。2023 年 9 月公布的《关于进一步规范股份减持行为有关事项的通知》明确指出，"上市公司存在破发、破净情形，或者最近三年未进行现金分红、累计现金分红金额低于最近三年年均净利润 30% 的，控股股东、实际控制人不得通过二级市场减持本公司股份。"这意味着亏损型创新药公司，即便成功上市，大股东在短期内也无法套现。此举大大挤压了资本市场的泡沫、扼制了利用 IPO 圈钱套现和收割小股东的行为，但同时也大幅增加了行业融资难度，降低了项目的投资回报预期，行业迅速转冷。

2024 年 7 月，国务院审议通过了《全链条支持创新药发展实施方案》。该文件强调："要全链条强化政策保障，统筹用好价格管理、医保支付、商业保险、药品配备使用、投融资等政策，优化审评审批和医疗机构考核机制，合力助推创新药突破发展。要调动各方面科技创新资源，强化新药创制基础研究，夯实我国创新药发展根基。"该文件的出台，预示着我国创新药的发展环境将站上新台阶。

二、影响行业发展的主要因素

我国的创新药起步较晚，基础研究、前沿性研究相比美国、欧洲和日本等发达国家存在巨大差距，这是我国创新药研发以跟随为主的主要原因，也是"me too"内卷的主要原因。除了基础研究薄弱，我国创新药行业面临的另一大问题是支付能力不足。我国 2023 年的人均医疗支出仅为 6425 元（约合 900 美元），而美国却高达 1.45 万美元，巨大的支付能力差距，决定了我国无法形成像美国一样的大市场。

一方面是国情限制，美国的人均 GDP 是中国的 7 倍，另一方面是我国政府在医疗方面的投入相比发达国家偏低。《2022 年中国卫生健康统计年鉴》数据显示，2019 年我国的医疗支出在 GDP 中的占比、政府支出在总医疗支出中的占比、政府支出在政府财政总支出中的占比都低于发达国家或收入水平类似的发展中国家（表 6–10）。OECD 数据也显示，我国"总医疗支出在 GDP 中的占比"和"政府支出在总医疗支出中的占比"均低于 OECD 的平均水平——2019 年 OECD 成员国平均总医疗开支在 GDP 中的占比为 8.840%，平均政府医疗支出在总医疗支出中的占比为 35%，而我国分别仅为 5.148% 和 18%（此数据与国家统计局数据有出入，仅供参考）。投入不足只能通过严格的支出控制来维持收支平衡，这是我国实施医疗费用控制的一大原因，同时也是影响创新药发展的一大原因。据美国 CMS 数据，美国 2022 年的总医疗开支占到 GDP 的 17.3%，其中联邦、州和地方政府支付比例为 48%，政府医疗支出占到国家总财政支出的 22.8%。相比之下，国家统计局数据显示，我国同期的医疗总开支仅占 GDP 的 7.1%，其中政府支出的比例仅为 28.4%，政府医疗支出仅占国家总财政支出中的 9.2%。因此，就我国目前政府的医疗费用投入和居民的收入水平而言，发展普适性医疗、解决"看病贵"的问题是首要任务，而代表"优质医疗"的创新药，必须要提高支付能力才会有实质性的改观。

表 6–10　2019 年全球主要国家医疗支出构成

国家	卫生总费用占 GDP%	政府卫生支出占总医疗支出%	个人卫生支出占总医疗支出%	政府卫生支出占政府总支出%
日本	10.7	83.9	16.1	24.2
美国	16.8	50.8	49.2	22.5
英国	10.2	79.5	20.5	19.2
瑞典	10.9	84.9	15.1	18.6
西班牙	9.1	70.6	29.4	15.2
葡萄牙	9.5	60.9	39.0	13.7
挪威	7.3	59.0	41.0	13.6

国家	卫生总费用占GDP%	政府卫生支出占总医疗支出%	个人卫生支出占总医疗支出%	政府卫生支出占政府总支出%
意大利	8.7	73.9	26.1	13.2
爱尔兰	6.7	74.6	25.4	20.3
德国	11.7	77.7	22.3	20.1
法国	11.1	75.3	24.7	15.1
芬兰	9.2	80.2	19.8	13.8
丹麦	10.0	83.3	16.7	16.8
澳大利亚	9.9	71.7	28.3	16.3
比利时	10.7	76.8	23.2	15.7
韩国	8.2	59.5	40.5	14.3
波兰	6.5	71.4	28.6	11.0
巴西	9.6	40.7	59.1	10.5
土耳其	4.3	77.9	22.1	9.3
阿根廷	9.5	62.4	37.4	15.5
南非	9.1	58.8	40.1	13.3
俄罗斯	5.7	61.2	38.9	10.2
伊朗	6.7	49.5	50.5	21.4
中国	5.4	56	44	8.8

注：表中数据全部来自《2022中国卫生健康统计年鉴》

除了技术因素和支付因素，影响我国创新药发展的因素还包括决策观念和资本市场的因素。如果企业在决策观念上存在偏差，很容易出现战略错误，据笔者的行业走访，这种偏差广泛存在。第一，很多创新药企业是由仿制药企业转型而来，其基因里始终无法摆脱"仿"的桎梏；第二，创新的意识较差，很多企业没有形成鼓励试错的文化，员工出错的成本较高；第三，既往有些仿制药企业布局创新药（一般是买的），主要是为了提升市值或达成IPO的目的。

资本市场方面，最新的"国九条"和大股东减持规则，大大限制了创新药企业的融资能力。虽然我国创新药资本市场存在严重的泡沫，但新政策的出台，让高度依赖风险投资的中小型 biotech 公司面临生死存亡的考验。大型仿制药企虽然财务能力拥有显著性优势，但中国的创新药发展又不能全靠传统药企。因为仿制药和创新药之间的巨大移动壁垒，在过去的 40 年里，没有一家大型跨国仿制药公司成功转型为创新药巨头，虽然成功的案例未来可能在中国诞生，但能成功者终究将是凤毛麟角。

三、我国创新药企业的战略考量

我国创新药行业将迎来巨大的机遇，同时也面临着严峻的挑战（表 6-11）。机会方面，我国的市场成熟度很低，增长空间大，而且不乏消费能力的高收入者，加之政府的全产业链支持，进入壁垒大幅下降。挑战方面，随着经济增长的减速，国家财政收入增长放缓，加之房价的下跌，政府（尤其是地方政府）的债务负担越来越大，这意味着支付能力不足的问题在短期内很难得到显著改善，而且研发过程中的资金补助也会大幅减少。另外，受中美政治对抗、贸易战的影响，创新药的出海之路也充满了不确定性。

表 6-11　我国创新药企业的宏观环境分析

	机会	威胁
政治、政策与法律	国家政策长期鼓励创新，创新药的审批、入院和进医保的速度加快；抗癌药、罕见病药以及重大疾病用药的医保覆盖率提高；NMPA 加入了 ICH，有利于创新药出海；国家重视基础研究和成果转化，有利于创新药发展；MAH 制度的实施，有利于初创企业更好地利用行业产能资源；严厉的反腐，有利于形成公平的竞争环境，利于可持续发展；全产业链条支持创新，将迎来全新的机遇	"Me too" 的审批标准提升，项目开发失败率增加；医疗反腐、DRG 制度、药品销售行贿入刑，产品的推广和销售难度增加；中美贸易战，创新药出海的难度和不确定性增加；医保谈判中的灵魂砍价，导致"创新不足"的产品投资回报率降低；仿制药竞争白热化，挑战专利将越来越频繁，平均专利保护期缩短
经济	GDP 持续增长，支付困境有望逐渐改善，人均收入和国家投入水平有望提升，而且跨国企业也看好；相对宽松的货币政策，让财务融资的成本大幅下降	支付能力不足，创新药的收益率不理想；证监会的减持规则，让股权融资难度大幅增加；研发投入规模较小，且资源极其分散；地方政府的债务压力增加，对创新药的支持力度降低

	机会	威胁
科学与技术	新治疗技术、新靶点的大量出现，将推动行业快速发展；AI 的快速迭代，会大幅提升创新药的开发效率；技术的传播速度加快，有利于降低前沿技术的中美差距；国家和地方政府的科技资金支持，有利于降低进入壁垒；有利于创新药发展的技术、人才和资本环境基本已形成；我国工程师较多，且人力成本低，在可平台化的工程技术领域有望建立优势；临床试验费用大幅下降，开发成本降低；适合我国创新药国际化的路径已走通，仅 2023 年就有近 70 单交易达成	美国的高端技术封锁，不利于新技术的获得与发展，如 AI；我国创新药起步较晚，基础研究薄弱，新药探索发现能力与西方先进国家存在明显的差距；很多先进设备、工具仍然高度依赖国外进口
社会与文化	患者的健康意识逐年提高，各种疾病的就诊率、治疗率都有增长的趋势	"看病贵"的问题仍然存在，我国药品消费远低于全球平均水平；经济增长减速，可能存在消费降级的风险；企业决策观念的偏差，不利于创新；我国信仰传统医药，是全球唯一传统医药市场份额超 10% 的国家，这在很大程度上挤压了创新药的发展空间
人口	人口老龄化，治疗需求增加；人口基数大，未满足的需求高；人种基因差异，有助于与西方差异化赛道；收入两极分化，高收入人口的消费能力不亚于发达国家	少子化，让儿童药的需求逐年减少；大部分人口消费能力较弱，尤其是价格昂贵的创新药
自然	自然环境恶化，环境污染，使得癌症、免疫学疾病、呼吸道疾病的发病率增加；各种疫情此起彼伏，疫苗、抗病毒药需求持续增长	自然环境恶化，不确定的自然灾害增加，运营风险升高

注：以上内容仅基于作者本人的分析，可能不全面，仅为抛砖引玉

　　相比仿制药公司，创新药企业的战略制定过程更看重内部资源与能力，尤其是技术、知识和财务资源，以及动态能力和融资整合能力。虽然当下的外部环境遇冷，但技术能力雄厚、运作能力强的企业仍然能够维持正常运营，甚至大规模地"捡便宜"——通过收购运营不良的公司、产品或技术平台，快速扩大研发管线。由于不同企业的情况千差万别，无法一概而论，笔者在

此仅对行业常见的战略性问题表达个人的思考。

1. 重视项目的质量

在过去的几年里，我国创新药的资本热度很高、泡沫也很大，很多风险投资的目的是炒估值，一旦标的的估值被阶段性地炒高就择机撤退。企业为了讨好投资者，迎合他们的意愿，想尽办法扩大和优化研发管线。尽管很多被纳入管线的项目是"me worse"，甚至几乎不可能被批准上市，但只要一进入临床试验，就能成为炒作估值的工具。在 IND 申请默许制的情况下门槛非常低，某些平台化 CRO 公司，甚至大量复制自己的技术以较低的价格卖给企业。因为这一系列原因，我国创新药的赛道布局高度同质化，而真正的"me better""first in class"（FIC）少之又少。

为了改变上述现状，国家药监局提高了批准门槛，要求创新药的临床开发必须使用金标准作为对照，强调真正的临床获益；医保局则根据创新的程度确定支付标准，仅"具有不同的治疗机理和化学结构，有明确的新的临床获益"的产品被认定为真正的创新药，"me better"仅被视为改良型创新药（有临床获益）或一般创新药（无临床获益但降低副作用），而"me too"可能被视为无创新药。另外，证监会公布的大股东减持新规，使得以"炒估值"而做管线的行为彻底失去了意义。

综上，企业在战略布局时，应从自身的资源与能力出发，重视项目的质量，重视原创性产品（FIC）和"me better"产品的布局，以"精益求精"为原则，最小化成本投入，最大化成功概率。

2. 重视赛道差异化

创新药除了要面对国内企业的竞争，还需面对国际巨头的竞争，虽然我国创新药取得了巨大的成就，但必须正视与美国、欧洲的差距，"十年或二十年内超越美国"并不现实。在战略上，我国太多的企业选择了紧密跟随战略（fast follow），随着审批标准和医保支付标准的改变，有必要对这种路径进行深刻的反思——以靶点的成熟度、成药性、国外早期临床试验的开发成功率为导向来立项是否还可行。

从历史的纵向对比中不难发现，我国很多创新药企业正在重蹈日本企业二十世纪八九十年代的覆辙，但日本企业最新的创新药布局策略更值得参考。据 EFPIA 数据，日本在 2018~2022 年，成功开发上市了 46 个新药，而美国是 159 个，但日本的研发人员数量仅为美国的 1/16，研发投入规模仅为美国的 1/6，人均开发成功的新药数量是美国的 4.8 倍，每个新药的平均研发投入仅为美国的 55%。日本之所以如此"高效"，其中一个重要的原因是差异化赛道。在"me too"出海受阻后，日本的创新药研发成功率大幅下降，2003~2007 年仅有 15 个新分子实体获得批准。在投入规模没有大幅增加、研发人员逐渐减少的背景下，2018~2022 年的获批产品数量之所以增加到 46 个，差异化布局的功不可没。

根据笔者对日本每年上市新药的梳理，日本药企差异化布局赛道的方式主要有四种：一是使用"模仿式创新"取代了"跟随式创新"，在模仿的基础上二次创新，开发出"me better"药物，例如，六代头孢菌素头孢地尔，降脂药瑞舒伐他汀、口服碳青霉烯类抗生素替比培南，整合酶抑制剂埃替格韦、多替拉韦等；二是聚焦西方关注度较低的治疗靶点、治疗技术或治疗理念，例如，新型抗酸药伏诺拉生、抗便秘药 elobixibat、抗流感药 baloxavir、硼中子疗法，胞苷脱氨酶抑制剂 cedazuridine（与胞苷类化疗药联用，可实现口服给药）、新型降压药 esaxerenone，血友病治疗用药艾美赛珠单抗等；三是发展平台化技术，开发"me better"或"best in class"药物，例如，第一三共和安斯泰来的 ADC 平台，罗氏中外的抗体技术平台；四是开发罕见病用药，因为罕见病种类较多，治疗起点较低，比较容易差异化赛道，如 viltolarsen。

在当前的形势下，我国创新药企业如想实现差异化，不但要深刻反思"紧密跟随战略"的未来可行性，还要拒绝券商的"煽风点火"和 CRO 公司的"诱惑"。券商的市场分析、信息梳理报告并非不专业，而是没有针对性，好的机会同时向全行业推荐，这是创新药靶点同质化的一大缘由。另外，虽然从平台化 CRO 公司购买候选分子的成本很低，但他们平台化技术可以批量生成候选分子，让创新药项目"你有我也有"，大幅降低了产品的稀缺性。

3. 重视工程类技术的开发

相比欧美发达国家，我国的工程师有明显的优势，尤其在数量和雇佣成本上的优势是压倒性的。所以，我国当前的优势并非前沿性探索，而是工程技术的开发、发展与应用。例如，一个团队开发 ADC，总的试错次数可能是 1000 次，而如果有 1000 个团队开发 ADC，总试错次数可能是 100 万次，从 100 万次试错中筛选出来的产品大概率会优于 1000 次试错中筛选出来的。因此，我国拥有大量的 biotech 公司，大量的技术团队，在不断的试错中，很有可能优化出比西方更好的偶联位点和连接子。除了 ADC，核酸载药技术、AI 辅助药物设计都是可以平台化的，中国的企业在这些领域都有望建立起特定的优势。

4. 重视国际化

一方面，我国市场的支付能力存在不足，创新药的投资回报不理想；另一方面，对于高投入、长周期的创新药而言，企业只有开发足够多的市场，才能最大化投资收益。所以，我国创新药企业必须注重国际化，尤其是美国和欧洲市场的开发。

创新药国际化的方式一般包括五种：一是通过与目标市场的公司合作开发；二是在目标市场成立合资公司，通过合资公司将产品推向市场；三是在目标市场注册批文，然后找合适的公司代卖；四是直接出让产品在部分市场的开发权益；五是在目标市场自行开发和自行销售。不同的模式不同的收益，所承担的风险也各不相同，企业应基于资源与能力综合地选择。

为了更好地实现国际化，不仅产品设计和项目开发要达到欧美标准，还应重视知识产权保护和 BD 网络的建设。

5. 改变"in-house"的开发策略

21 世纪以来，跨国巨头相继放弃了"in-house"的开发策略，取而代之的是开放性的研发。多渠道的合作、收购或投资引进项目，不但可以大幅降低时间成本，还可以最大限度地利用行业技术资源。中小型公司可以适当地引进青苗项目孵化，而大型公司更应注重引进处于开发晚期阶段的项目。青苗项目的引进成本低，有望廉价捡到重磅药物，缺点是失败的风险较高，而且容易被交易方夸大优势或隐瞒不足。Teva 早期利用这种模式成功获得了格拉替雷和雷沙吉兰，但后续却多次经历失败。除了创新药，有潜力的改良型新药或 505（b）（2）也可以作为引进的目标，与创新药混搭形成系统化的产品管线。

6. 重视横向一体化

由于国家大力地促进产业发展，我国 biotech 公司如同雨后春笋般出现，大大小小的 biotech 数量高达数千家，同质化竞争异常激烈。随着资本市场的转冷，很多企业已出现了严重的运营危机，加之受宏观经济减速和地方政府债务的影响，各地的科技支持经费也出现了大幅压缩，甚至无法兑现，进一步加剧了 biotech 公司的优胜劣汰。在这种情况下，有能力的企业必须考虑终止内卷，并借此机会收购优良资产。从另一个角度讲，抱团取暖是当下我国很多 biotech 存活下去的有效办法。

总之，创新药企业的战略制定与调整、产品管线设计与研发立项，都应以公司的资源与能力作为基础，尤其是科学家的知识、技能与经验。应强调"我能做好什么，我做什么领域比其他人更有优势"，而非"什么靶点成熟度高，什么靶点更热门"。此外，在竞争日趋激烈的形势下，我国创新药企业的生存发展还需重视各种能力的提升，包括产品开发能力、情报收集与分析能力、项目高效推进的能力、BD 能力、融资能力、前沿工具性技术的应用能力和投资者关系的管理能力等。

第四节　中国仿制药企业的战略思考

一、我国仿制药企业的外环境分析

我国仿制药行业是典型的分散型行业，不论研发服务、原料与制剂制造，还是药品零售都存在严重的产能过剩，同质化竞争异常激烈。每一次大型的行业展会，供方明显比需方多。某些仿制药产品有十几家乃至几十家企业通过了一致性评价，大型连锁药店的展台前被围堵得水泄不通，几十家 CRO 挂着相似的服务产品清单，但大部分展台都是门可罗雀。十年以前，人们逛展的主要目的是寻找新产品、新技术、新项目投资机会，然而如今的主要目的却成了会朋友、交流心得、听报告。从这种目的转变中，可以管中窥豹地看出行业形态的改变。一方面，行业高度成熟的今天，已很难再看到让人眼前一亮的新事物，另一方面，行业增长乏力，合作需求自然也就没有那么旺盛。

2018 年以来，我国医药行业增长极其缓慢，国家统计局数据显示，2024 年 1~7 月医药制造业的增加值仅为 1.9%，而仿制药市场从 2021 年起就进入了负增长。种种数据表明，我国仿制药行业已进入转型期，企业要获得销售增量，就必须从其他企业手中抢夺份额，这也就意味着，行业成长期的那些套路不再奏效。想要在激烈的肉搏战中胜出，必须基于内外部环境因素，制定一套能够趋利避害和扬长避短的战略。

　　因受新医改政策的频繁影响，我国仿制药企业的宏观环境高度不稳定，加之行业高度分散，企业之间的竞争实力不存在明显的悬殊，竞争形势、竞争格局高度动态化，企业很难保持长期的优势。为此，有必要增加对外部环境分析和回顾的频率，建立风险预警机制，以便及时地调整战略或策略。另外，由于行业生命周期和与之而来的业务增长逻辑改变，企业需要不断地自我否定、自我怀疑、认知刷新，才能更好地认清自己的能力，避免夜郎自大或路径依赖。由于大家势均力敌，应重视整合外部资源以获取优势，包括产能资源、政府补贴或奖励、外部技术资源、战略策略咨询等（表6-12）。

表6-12　我国仿制药企业的宏观环境分析

	机会	威胁
政治、政策与法律	健康中国战略有望改善治疗现状、提升患者健康意识，进而提升仿制药的需求量；市场独占期制度的实施让专利挑战变得有利可图；《国家药监局关于无参比制剂品种仿制研究的公告》出台，让多个老品种有了通过一致性评价的机会；多样化的采购机制和新的续约机制，为国家集中带量采购未中标的产品带来了新的希望	集中带量采购，价格治理等政策导致药价快速下降，市场萎缩，企业利润下滑；新医改政策频繁出台，市场可预期性较低，企业运营难度加大；2类药物审批收紧，向改良型创新的转型越来越难；MAH制度和集中带量采购制度，降低了行业进入壁垒，新入行业者大幅增加，竞争加剧；国家推进全国统一的大市场建设，以地域优势为核心的聚焦战略将无法实施
经济	相对宽松的货币政策，财务融资成本下降；随着居民收入的增长，高质量、个性化、体验好的药物和身体调理性药物的需求必将增加	经济增长减速，医疗费用控制日趋严厉；股市新规则之下，融资难度和退市风险增加，部分企业可能为避免退市而割喉式竞争
科学与技术	生物合成、连续流制造、AI等技术的应用，有望大幅降低制造成本；高壁垒制剂市场不饱和度较低，载药技术仍有很大的发展机会；全球批准上市的生物制剂快速增加，biosimilar即将成为化学仿制药后的新盛宴；现有的可仿资源尚未用尽，包括3类药、高壁垒制剂、专利失效的国产创新药；人均产值较国际水平偏低，仿制药成本具有较大的优化空间	技术具有扩散性，企业开发的新技术存在被快速模仿的风险；创新药的发现路径多样化，化学药物在获批新药中的比例逐渐下降，未来每年新释放的可仿资源总量呈下降趋势；新批准的化学药物中，大部分是销量较小的孤儿药，市场潜力较大的可仿品种越来越少；CRO公司范式"生成"仿制药申报资料包，导致竞争不断加剧

	机会	威胁
社会与文化	患者的健康意识逐年提高，各疾病的就诊率、治疗率都呈上升趋势；患者越来越重视治疗体验和消费体验，改善这些体验的差异化产品将迎来新机会	由于多年的"看病贵""看病难"等问题，我国的人均处方药、人均仿制药用量仅为发达国家的五分之一至七分之一
人口	人口老龄化加剧，慢病用药需求将逐渐增长；我国人口总基数大，需求也大，未满足度较高；偏远地区的常用药物与发达地区存在代差，用药升级将会是未来市场的一大增长点；新生代个性化的消费需求，将为差异化产品带来新机会	出生率下降，儿童药、产科用药需求将逐年减少；总人口正在加速减少，总治疗需求将会在未来的几年或十几年里达峰后下降；老年人收入低，社会保障不足，对药品的消费价格高度敏感
自然	气候变化、极端天气、空气污染导致相关病种的发病率升高，进而带动需求的增长	自然环境恶化，不确定的自然灾害增加，导致企业的运营风险增加；环保压力越来越大，环保成本在仿制药成本中的比例越来越高

注：以上仅是基于作者的分析，可能不全面，仅为抛砖引玉

随着新医改的不断深入，我国仿制药价格快速下降，行业结构发生了巨大的变化，市场竞争显著加剧（表6-13）。①因为一致性评价、MAH制度和集中带量采购制度的实施，行业进入壁垒大幅下降，上下游的CRO、CSO和跨国仿制药企业大量进入，药品生产企业从4400多家迅速增长至5600多家，行业越来越分散；②因为集中带量采购制度的实施，买方议价能力变成了压倒性的，仿制药企业几乎完全丧失了议价权，于是上演了激烈的价格战，甚至出现割喉式竞争；③市场从增长放缓到负增长，现存企业之间的市场份额争夺越来越激烈。

表6-13　我国仿制药产业结构分析

现有竞争者间的竞争——竞争大幅加剧	竞争者众多或彼此势均力敌	符合（我国有数千家企业，行业高度分散）
	行业增长速度缓慢	符合（我国医院市场在2019~2023年的平均增速为2.0%，仿制药市场则在2021年开始衰退）
	高昂的固定成本或存储成本	符合（仿制药主要赚加工环节的利润，是典型的成本效益经济）

现有竞争者间的竞争——竞争大幅加剧	差异化程度低或不存在转换成本	符合（一致性评价后，产品可以相互替换使用）
	产能大幅增加	基本符合（一是某些效益好的企业扩产；二是某些企业产能升级，增加了总产能；三是地方政府为了发展经济，鼓励企业到各地新建产能；四是新进入者、专业 CMO 公司新建产能；五是为实现差异化产品生产而新建产能；六是产能建设和标准认证的时间较长，很多三五年前投资的产能尚未建成使用；七是某些企业为提升知名度、信誉度或少数产品的规模经济效应而建产能或扩产）
	竞争逻辑五花八门	基本符合（一是股市新规出台后，部分企业为了上市或避免强行退市，出现了只求营收而不顾利润的竞争；二是有的企业为了实现"事件营销"，增加企业的影响力，在集中带量采购的过程中割喉式降价；三是在集中带量采购的过程中已出现"舍车保帅"、"抱团取暖"等现象）
	较高的退出壁垒	符合（制药行业资产高度专业化，有的企业虽然已经边缘化，但无法有效退出，被迫囚徒困境）
	战略利害关系非同小可	不符合（一般指多元化的企业，孤注一掷地发展某一行业的业务，仿制药行业多元化并不多见，也鲜有人会在市场衰退下重点发展仿制药行业）
新进入者威胁——竞争大幅加剧	进入壁垒低	符合（一是产品差异化程度低，一致性评价后，产品几乎完全同质化；二是行业高度分散，产能过剩且利用率低，规模经济壁垒不显著；三是进入资本要求低，MAH 制度和集中带量采购制度的实施，新进入者无需自建产能和销售渠道，几百万收购一个批文就能实现轻资产进入行业；四是客户转换供应商的成本低，几乎可以随意转换，原有竞争者的产业链合作优势不再奏效；五是分销渠道获取难度低，因为集中带量采购，仿制药无需自主营销，无需考虑渠道问题；六是技术和法规方面的进入壁垒，相比一般的行业，制药行业的技术、经验和法规壁垒其实不低，但因为 CRO、CDMO 公司的大量生成申报资料，进入壁垒大幅下降）
买方议价力——竞争大幅加剧	与卖方整体销量相比，买方购买数量大且集中	符合（国家集中带量采购占据了各品种 50%~80% 的销量，而且市场最大的 500 个品种被集中带量采购，所以 NHSA 的议价能力是压倒性的）

买方议价力——竞争大幅加剧	买方从行业采购产品占买方或采购总量的很重要一部分	符合（仿制药占我国市场的 45%，在医保费用中占了很大比例，而且医保资金增收压力巨大，所以对采购价格较为敏感）
	买方从行业采购的产品是标准化或非差异化的	符合（都是通过仿制药一致性评价的品种，而且被指定了规格）
	买方面临的转化成本不高	符合（几乎不存在转化成本，哪家报价更低，购买哪家）
	买方向后一体化的程度高	不符合（NHSA 并不自主生产药品）
	与买方生产的产品或提供的服务相比，行业内企业生产的产品质量无关紧要	符合（药品的质量是强制性的要求，药品的质量几乎不会影响 NHSA 的服务质量）
	买方拥有全套信息	符合（买方拥有成本、潜在供应商的全部信息，不存在信息不对等的问题）
卖方议价能力——竞争小幅增加	供应商的行业集中度高或由少数公司控制	基本不符合（除了少数高壁垒原料、规模经济效应较强的大宗原料外，实现垄断的难度较高，而且少数品种上出现的原料垄断行为已经遭到相关部门的严厉打击）
	供应商供应的产品没有替代品	基本不符合（除了少数高壁垒、市场关注度低的品种外，基本可以找到替代厂家或替代产品）
	企业所在的行业不是供应商重要的客户	基本不符合（原料药的下游就是制剂，虽然某些辅料符合这一特点，如纤维素衍生物，但在制剂中的成本占比远低于原料药）
	供应商的产品是买方业务的重要构成要素	基本符合（原辅料的杂质谱、杂质水平、晶型、粒度、晶癖、水合物都会影响药品的质量）
	供应商生产的产品具备差异化特征或产生了转换成本	符合（原料制剂是关联审评的，不能随意更换，否则需要提交变更申请）
	供应商可能向前一体化	符合（大部分企业都是原料制剂一体化的，集中带量采购制度实施后，这种现象更为显著）

续表

替代品威胁	来自替代品的压力	不符合（能够全面替代仿制药的产品不存在，虽然部分品种存在 biosimilar 的威胁，但不会改变整个行业的竞争态势）
互补品威胁	来自协力者的竞争压力	不符合（仿制药很少有捆绑销售的案例，而且在当前的法规下，实现难度较大）

注：以上仅是基于作者的分析，可能不全面，仅为抛砖引玉

集中带量采购的过程是我国仿制药市场竞争加剧的最直接体现。在第一批和第二批集中带量采购中，大部分企业的心态是想尽一切办法"逃避集中带量采购"，很多产品的竞标企业数量不足三家。而在第八批和第九批集中带量采购中，竞标企业低于五家的情况几乎不复存在，而且分别有 13% 和 17% 的品种竞标企业数量超过了 10 家，这些品种的降价幅度，通常在 80% 以上。

除了集中带量采购，集中带量采购中标期满后的续约、价格治理都会引起药价的进一步下降，而 DRG、处方监控等相关措施则会在一定程度上限制销量的增长，因此，在未来的 3 年里，市场萎缩、利润下滑可能在所难免。在这种趋势之下，企业在战略上应尽量选择稳定型战略或收缩型战略，如无充分的理由，不宜冒险扩张。

二、我国仿制药企业的战略考量

如第六章第一节的我国医药市场的发展历程所述，受新医改第三阶段政策的影响，我国仿制药市场由成长期逐渐过渡为成熟期，而当前处于正在过渡的阶段，即转型期。从产业经济学角度讲，在转型期内，市场可能在很长一段时间维持平衡（长时间停留在成熟期）、可能会发生短期衰退（经过一定调整后再继续维持平衡，甚至小幅度上涨）、也可能发生永久性衰退（直接进入衰退期）。2021 年，我国仿制药市场达到了历史峰值，随后开始持续衰退。然而从我国市场的供需现状、医改政策趋势分析，市场永久衰退的可能性不大，但在短期内（未来三年内）大概率将继续衰退（与国家政策有关）。

由于行业成熟期和衰退期的战略制定思路有很大区别，投资预期也差异较大，在无法确定市场是暂时性衰退还是永久性衰退的情况下，企业的战略

抉择会非常迷茫，犹豫不决。就好比手中的股票过了峰值，可能一跌到底，也可能很快止跌反弹，或止跌后维持平稳。在猜不透形势的情况下，对手中股票的抉择是非常困难的。另外，仿制药行业是市场化程度较低的行业，国家一个重要政策可能会改变行业的生命周期、快速重塑市场格局、大幅改变投资回报率，所以医改政策的频繁干预，进一步增加了市场的预期难度，企业的战略抉择变得更加困难。

由于市场需求放缓，价格大幅下跌，企业必须从竞争对手的手中抢夺更多市场份额才能保持体量或实现增长。而在"肉搏战"的过程中，资源与能力雄厚、战略清晰的企业更容易获得主动权，而资源与能力匮乏，战略不清晰的企业则处处被动，也就是说，行业内的企业会快速两极分化。而且市场增速越慢，竞争越激烈，分化也越快。企业如想在分化的过程中站在有利一方，要么实现总成本领先，要么实现差异化，而且还要加大投资，抢占行业稀缺性资源，布局更多品种。仿制药行业之所以竞争白热化，是因为仿制药是同质化的非稀缺资源，批文能够被快速、大量复制。企业如果想要脱离"内卷"，应积极抢占或收购稀缺性资源，例如，专有的技术，因历史原因无法复制的独家产品，管制药品的定点生产资质等。品种布局方面，随着投资回报率的下滑，企业必须加大投资规模，才能维持营收和利润平稳。例如，某中小型企业在行业成长期投资 2~3 个产品就可能实现营收和利润的增长，而在当前的市场形势下，则可能要投资 5~10 个产品才能达成同样的目的。与此同时，为了最大化品种投资回报率，企业还应对现有的产品组合进行优化管理，尽快剥离收益率低、协同性差、非核心业务的品种以置换新的资源，以实现业务的二次聚焦，降低运营难度和提升运营效率。

固定资产投资方面，但凡是固定成本占比较高的行业，进入行业转型期后都会出现产能过剩（表6-14），而我国仿制药的产能过剩是非常明显的。随着资产收益率的不断下滑，固定资产必将加速贬值，所以企业务必谨慎对待新产能投资。值得一提的是，产业升级，例如，使用智能化设备、连续流生产，能够大幅降低成本，改变竞争格局，在资源允许的情况下，企业有必要投资。

表 6-14　导致产能过剩的原因

类型	分析
技术原因	对市场错误认识而导致大幅增产；为提升规模经济或重要的经验曲线而增加产能；新建产能的交付时间较长；最小效率规模（平均成本处于或接近其最小值的最小的规模）的提升，企业必须相应地扩大产能；生产技术变化，需要投资新技术进行产能升级
产业结构原因	退出壁垒较高，撤退企业的产能无法二次利用；供应商的压力，如供应商的补贴或施压；为建立信誉，或应对来自买方的施压而建立产能；有的企业实施上下游一体化而增加产能；产能份额影响需求，如药店之类的服务性产业；产能的新旧或类型影响需求或成本，例如，某些大输液由玻璃装改为塑料袋装
竞争原因	企业数量较多，有实力的企业会不断扩产；缺乏服众的市场领导者向扩产者施加压力；新企业进入增加产能；为了某些领域的先发优势而新建产能
信息流问题	未来预期过高；行业结构变化可能会引发企业投资新型产能；企业缺乏有效的市场信息而盲目扩充或新建产能，如新进入行业、某些原因导致信息不对称；因券商煽风点火或来自金融利益团体、投资者的压力而扩产；可能单纯地因为跟风行为扩产
管理问题	管理者以生产为导向；风险规避不对称，例如竞争对手都在大量新建产能，企业也会担心产能不足
政府原因	地方政府的招商引资、税收减免、返还政策和直接奖励政策等等
市场原因	需求周期性波动；产品缺乏差异化，生产成本决定竞争的优胜劣汰，企业为发挥规模效应而增产

　　为了解决产能过剩，释放过剩的产能资源，我国仿制药企业必须出海寻找新市场。尽管当下我国仿制药成本并不具备国际竞争优势，主要原因是规模而不经济——我国是全球最大的原料药中间体出口国，但制剂因成本原因无法形成出口，主要是制剂加工环节的规模经济效应不足——一旦成功开发出新市场，产能利用率就会提升，规模经济效应也会发挥，生产成本必将大幅下降，届时就能逐渐进入良性循环。

　　行业转型期通常风险与机遇并存，但在市场衰退的过程中，风险大于机遇。企业在看不清形势的情况下，可优先选择稳定型战略。虽然战略转型或多元化有望找到新的出路，但需要企业拥有特殊的技能、能力和足够的资源，否则很容易失败。在战术上，应重点关注细分市场开发，强调在细分市场的领先地位，产品组合二次梳理和聚焦——根据供需变化二次定位产品，重新梳理价值链，不断改良生产工艺和建立与时俱进的定价逻辑（表 6-15）。

表 6-15　转型期的战略陷阱

类型	分析
1.企业对自己或行业的认识存在偏差	市场的高速发展往往会掩盖企业在战略上的错误，同时也会引发路径依赖。我国医药市场刚刚结束近 30 年的高速增长，很多企业对自己、对行业、对竞争对手的认识和判断仍停留在行业增长期的时代，也就是说没有意识到行业形态的转变。这种状况非常危险，很容易发生战略偏离。例如，在成长期，很多企业认为只要产能大、质量好，产品就不愁卖，所以大规模建设产能，而到了转型期，这种认识将带来致命的战略风险。另外，在十年前，企业将自身定位为"质量的领先者"并没有错，但一致性评价之后，这种"质量领先"几乎再无战略意义，因此，企业必须与时俱进，迅速刷新自己的认识
2.战略选择上进退两难	总成本领先战略和差异化战略是两种背道而驰的战略类型，然而企业不论选择总成本领先战略还是差异化战略，都需要一定的资源与能力基础。由于很多企业并不具备总成本领先或差异化的资源与能力条件，或同时拥有一部分总成本领先或差异化的基础条件，在方向抉择时，往往不知道该差异化还是总成本领先，长期左右摇摆。这种状态的企业绩效往往最低，且无法形成核心竞争力。在走访中发现，这种企业并不少见，甚至有人质疑《竞争战略》这种"二选一"的合理性。另外，有的企业在研、产、销上都没有核心竞争力，完全是依赖一两个独家品种成长起来的，受新医改的影响，独家品种难以再继续大规模盈利，很快就陷入无核心竞争力的境地。不仅如此，这类企业还有一个特点，因为既往的独家品种收益较高，普通品种一律看不上，导致长期无法转型，企业也因此逐步拖入亏损，如今再想战略转型，却财力基础不再
3.资金陷阱——在成熟市场上确立市场份额所需要的投资	企业投资的目的是换取净现值，最终创造收益。在行业成长期，这一目的很容易实现，而在转型期，可能就无法实现。如果市场在相当长的时期内持续萎缩，资产的收益率会不断下滑，估值也将逐步下降，投资很有可能就无法收回。不仅如此，因为投资收益率的下降，成长期投资一个品种换回的收益，转型期或衰退期可能要 3~5 个，甚至更多，所以在投资上要谨慎对待，切勿财务冒进。另外，企业不可过分注重营业收入而忽略了利润，因为转型期或衰退期的利润率是递减的，如果企业为求规模而大规模投资，尤其是借债兼并，很容易发生严重亏损，甚至债务危机，仿制药巨头 Valeant、Endo 都是非常经典的案例
4.为了短期的利润而轻易放弃市场份额	进入转型期以后，投资回报预期会因市场的衰退而下调，利润水平也会因为价格战而降低，所以很多企业为了最大限度地收割利润，大幅降低运营费用（研发投入、销售费用投入），使得市场份额逐渐下降。这是典型的衰退期的撤退战略，如果转型期的衰退是暂时性的，这种"摆烂"的行为将会让企业彻底走向衰亡

续表

类型	分析
5.厌恶价格战或对价格战反应鲁莽	在过去的几十年里，我国仿制药市场的竞争其实是渠道、终端和带金能力的竞争，所以中标价越高的产品销售越好，几乎不存在价格战。集中带量采购实施以后，大部分企业都厌恶价格战，在战略上"逃避集中带量采购"。然而渐渐地大家又意识到"无法逃避"，于是逐渐地又开始"拥抱集中带量采购"。在这种意识的转变过程中，白白浪费了大量的机遇，因为前几批国家带量采购中标所产生的收益远大于最近几批
6.厌恶行业实践的变化或反应鲁莽	集中带量采购以后，一般仿制药无需再进行渠道营销，企业手中的大量渠道资源、专家资源不再奏效，雇佣营销人员的回报水平也大幅降低。在这种形势下，正常做法是尽快剥离营销资源，由营销驱动快速转型为技术驱动。然而因为路径依赖，很多企业迟迟无法完成销售转型
7.过分强调产品创新，而不是大力销售现有产品	这种现象极其常见，有些企业老产品一堆，却因为无法进入公立医院就扔着摆烂，殊不知有的企业凭借老产品照样能够盈利。一方面，电商、药店、第三终端和民营医院受医改政策的影响较小，仍存在一定的机会。另一方面，老产品可以作为陪衬产品或搅局产品二次定位，例如公司的主力产品在面临竞争对手的价格战时，可以牺牲老产品的利润，为终端提供利润补偿。此外，进入市场成熟期以后，客户会对日常使用的老品牌产生一定的信任度和忠诚度，甚至会认为新产品是变相的涨价手段。因此，新产品开发固然重要，老产品的二次定位也不可忽略，仿制药巨头 Valeant 就曾通过收购具有固定用户基础的老品牌仿制药，二次包装后涨价，实现了规模的快速扩大
8.恪守高品质作为不回应价格战的借口	随着行业的成熟，产品质量差异会弱化，一致性评价以后，几乎所有仿制药质量都是相对可靠的，质量差异不能再作为高品质的理由，如果企业不回应价格战，市场份额很快就被其他企业取代，不参加集中带量采购的非专利原研药就是典型的案例
9.产能过剩的快速发生	产能过剩在行业转型期较为常见，一方面，市场调节具有滞后性，市场增速突然下滑，既往新建的、建设中的产能就会显得过剩；另一方面，仿制药是成本效益经济，固定成本较高，非常容易引发产能过剩。产能过剩会让企业战略被动，可能会为了解决产能而布局一些投资收益不高或没有战略价值的品种（尤其是技术壁垒高、发展空间小的赛道），也可能会运营一些与主营不相关的业务如代工服务（CMO），还可能为了套现，将产能低价转让给竞争对手。因此，企业应谨慎投资产能，尽量轻资产运营

除了宏观环境、行业与市场环境的分析，企业在战略制定与调整时，还需要进行微观环境分析，由于各个企业所面临的微观环境不同，企业应系统地识别自己的竞争对手与合作伙伴，并结合着价值链、战略群体、战略网络

等分析方法系统地研究，详情请参考第二章。

（一）稳定型战略

我国仿制药行业处于行业转型期的市场萎缩阶段，市场的剧烈震荡，政策的频繁干预，未来可预期性较低，加之与市场萎缩相伴而来的问题——投资回报率下降，在看不清行业形势的情况下，暂时性地偃旗息鼓、蓄积力量或修复财务报表可能是最好的选择。第一，在市场衰退的情况下，企业很难仅通过内源性增长就实现增长战略，而且资产估值也是逐步下调的，大兴并购非常容易引发资产减值，Teva 等西方巨头就是血淋淋的教训。第二，我国的产能是严重过剩的，批文则可被迅速、大量复制，技术也会因为快速地传播与扩散而失去稀缺性，大规模扩张带来的收益不理想，回本时间长且亏损风险高。第三，现存的可仿资源即将耗尽，而每年释放的新可仿资源越来越少，竞争白热化，企业很难发掘到增长点。事实上，Teva 等西方仿制药巨头的仿制药营收已多年没有增长。第四，在无法判定行业趋势的情况下，大部分企业不敢随意大规模投资，而有的企业经过了一段时间的资源消耗，剩下的资源已经不容许再随意试错，因为每一次战略变革，都会损耗大量的资源与能力，也就是业内常说的"不转型是等死，而转型不成功是找死"。

然而无论采用无增还是微增的稳定型战略，都必须保持一定规模的品种投资，否则销售额和利润规模都会下降，稳定型战略就无法维持"稳定"或实现"微增"。不仅如此，由于投资回报率的下滑，投资产品数量应翻倍。随着理想的投资机会不断减少，企业在投资品种的选择时，不能再像成长期那样挑三拣四，应主动降低投资回报预期，否则将无品种可投。对于拥有生物技术能力的企业，应重点发展 biosimilar。企业一旦因品种投资不足而陷入亏损，管理者、股东和员工的心态、士气都会发生变化，进而产生一系列不良影响。另外，市场逻辑因集中带量采购而发生了改变，企业品种投资的决策逻辑也要发生相应的改变。

稳定型战略强调战略目标的稳定——保持相同或相似的成长速度、相似的业务范围，相比基础战略不发生重大偏离（如多元化、国际化、重大业务重组等）。企业实施稳定型战略的前提是拥有合理而清晰、足够柔性的基础战略，如果基础战略都不清晰、不科学或不合理，实施稳定型战略会加快企业的衰落，而柔性不足则无法适应环境的"细微改变"。稳定型战略并非"以不变应万变"，随着行业环境的变化，企业也需要细微的或局部的战略调整，例如，改变某些战略举措，改变某些业务的竞争战略类型或职能战略的执行方式。

1. 竞争战略

竞争战略是通用的业务战略，从本质上讲，它属于市场渗透性战略，而市场渗透战略是密集型战略中偏离基础战略最低的一种。企业一旦实现了"总成本领先"或"差异化"，成本 – 效益曲线就能与行业大流产生差异，进而可获得更高的利润水平。

（1）总成本领先战略　总成本领先战略的核心思想是通过规模经济效应和经验曲线效应降低生产成本，成为所谓的"卷王"。企业如想实现总成本领先，除了不断地进行价值链协调和优化，还需形成能够充分发挥规模经济效应的产品组合。

第一，产品组合或产品管线的设计要符合总成本领先战略，应尽量布局批量大、销量大、可在标准化生产线上制造的品种，舍弃产品非核心的价值元素，非主流的品规、小众化包装或小包装。另外，各品种在工艺路线上必须有足够高的相似性，以最大化地共享价值活动。

第二，优化产能。从规模经济效应的理论来讲，规模越大，规模经济效应越强，但产能是严重过剩的，在产品无法快速卖出的情况下，过度的产能反而会提高成本，出现"规模而不经济"的现象，所以企业的产能必须与销量匹配，维持一个动态的、保持一定柔性的最小效率规模。一旦产能不能与销量匹配，企业应快速布局新品种、开展代工业务或开发新市场来消化产能，如果产能不能及时消化，应考虑剥离或关闭部分生产线。另外，对于在同一地区拥有多个生产工厂的企业，根据剂型特征和产品特点进行产能整合，有利于最大化经验曲线效应——让专业的人做专业的事，可以大幅提升沟通的效率和降低出错率。

第三，供应链优化。根据价值链原理，企业价值链的利润等于售出产品的总价值减去开展价值活动的总成本。企业可通过优化或协调价值链实现降本增效。在此过程中，供应链优化是非常重要的部分，要综合考虑原材料供应商和产品销售市场的地理位置、原材料和终产品的运输与仓储成本、人力资源的价格和环保成本的高低选择合适的生产地址。例如，东北A公司的拳头产品是某大输液，但是生产大输液的包装瓶、胶塞的主产地是江浙地区，而其主要销量又来自华南和西南地区，这样A公司需要到江浙地区采购低价的包材，回到东北加工生产后再配送到西南和华南地区，双倍的运输成本让该公司很难取得成本优势。如果产品的市场足够大，那么该公司就有必要在华南或西南地区收购一家大输液生产工厂或建立MAH合作。另外，价值链优化强调的是综合成本最低，企业在优化进厂物流和出厂物流的过程中，不仅要关注直观的采购价格、运输和仓储成本，还要关注时间成本、质量和不可预期自然灾害的风险成本。例如，B公司更换了一家供应商，虽然原材料采购价格更低了，但是需要提前一年订货，导致仓储成本、检验成本、效期损耗和间接的货币成本（提前付款所带来的利息成本）大幅增加。

第四，设施升级。通过人工智能、连续流制造、智能化设备等手段降低生产人员规模，提高人均产出比，是降低成本的最有效手段。例如A公司是一家人力密集型生产企业，其冻干车间每班次需要50人才能正常运转，而B公司则花了数亿元，引进了先进的人工智能生产线，从称量到包装、仓储几乎都依赖人工智能完成，每个班次可以压缩到3~5人。两公司的生产成本在以往的人力成本之下或许没有显著区别，但随着人力成本的不断攀升，差异就会越来越显著。近年来，美国强调产业链回迁，但行业专家普遍认为美国高昂的人力成本生产廉价的仿制药没有任何优势，然而人工智能的快速迭代和连续流生产线的应用，这一切都是可能的。除此以外，模块化的生产线设计，有利于提升资源的柔性，提高设备的利用率，也是降本增效的一种手段。

第五，员工赋能，提高效率，跨国巨头非常重视员工的素质提升，通过不断的员工培训，可以提高员工的技能和娴熟度，不但可以提高效率、降低出错率和沟通成本，还有助于战略的理解和实施。除此以外，建立崇高的企业愿景，形成积极向上的企业文化，让员工拥有荣誉感、归属感和使命感，是降低管理运营成本、留住高素质人才的有效措施。横向对比不难发现，跨国仿制药企业的管理成本普遍较低，而我国企业的管理成本普遍偏高，这意味着我国药企具有很大的优化空间。

第六，优化制造工艺、制造流程、检验方法或检验流程。通过优化制造工艺，有望大幅降低原料药的生产成本，紫杉醇、皮质激素、青霉素曾经都是天价药物，但随着工艺的不断优化，最终变成了廉价药。很多产品通过生物学合成、酶促反应、连续流制造，可大幅降低成本，诺华在组建 Sandoz 的时候曾组建了近千名科学家团队，专门从事工艺路线的优化。除了优化工艺，制造流程、检验方法或检验流程也可以显著降低成本，例如，合理的产品排产有利于降低清洁验证成本，合理的检验流程可以减少检验时间，核批检验可以降低检验成本等。

第七，精兵简政，裁减多余的人员。人力成本是仿制药成本的主要构成部分，随着智能化设备的应用，企业可以将某些职能或岗位合并，减少部分重复的岗位或人员，以实现总人力成本的下降。

（2）差异化战略　产品同质化，是价格竞争的根源。由于仿制药的低门槛性和国家对仿制药的一致性要求，价格竞争在所难免，而且开发壁垒越低，竞争就越激烈。根据这种原理，布局高门槛、关注度低、小众化的品种是获得高利润的有效保障。随着竞争的不断加剧，几乎所有国际仿制药巨头都强调高门槛品种在产品组合中所占的比例。

高门槛品种一般包括原料难以获得、高制剂技术壁垒、难于生产制造、监管挑战（难以使用通用的标准审评或审批）的产品。原料难以获得包括没有市售原料，原料合成工艺极其复杂、质量高度敏感，含高压、高毒、高爆工艺的原料。在高壁垒原料上，我国已有多个企业形成了特色，如江苏博瑞，深圳瀚宇等。高壁垒制剂方面，相比西方和印度仿制药巨头，我国存在较大差距，高壁垒制剂的销售份额远低于美国。我国仿制药企业应重视技术升级，通过自主建设或合作开发等方式，建立高技术壁垒的载药平台。

除了高壁垒原料和高壁垒制剂，市场关注度低、小众化的产品、因历史原因无法复制的产品也是差异化战略的理想选择。随着竞争的不断加剧，市场大、难度小而又竞争不充分的产品不可能存在，但市场小、竞争小、难度小的产品却可以梳理出不少，这种产品只要有确切的临床需求，都有可能是利基的品种。不过此类产品如被使用制造成本来限制价格，将不再利基，甚至引发亏损。

差异化战略最大的缺点是，产品复杂性高，管理难度大，组织生产的成本高，所以产品布局不能随心所欲、漫无章法地差异化，而是差异化中有聚焦，否则频繁地为少数产品建设生产线、渠道，并不经济。通过治疗领域或技术平台聚焦，仿 – 创结合，建立专科药管线是西方仿制药巨头最常见的做法。相比普药，专科药不依赖新分子创新，市面上的产品大多为改剂型品种，仿制药企业可利用技术平台实现产品线布局与延伸。另外，专科药通常要求企业拥有丰富的疾病管理经验和强大的专家资源支持，这也是一种壁垒。国际巨头深耕的专科药领域包括呼吸科（吸入剂、鼻喷剂）、妇女保健科（性激素）、儿科（特殊载药手段，如掩味、液体缓释）、眼科（滴眼剂、眼部植入剂、眼部注射剂）、皮肤科（透皮制剂、局部制剂）、疼痛管理（管制药物）、艾滋病管理（仿制药、新复方搭配）、急救和围手术期管理（麻醉剂、预充式注射剂）等。

差异化的产品无需克服规模经济壁垒，对于具有技术能力的初创型公司、中小型公司而言，是最理想的选择。考虑到差异化战略对企业的资源与能力要求较高，企业培育核心竞争力所需的时间较长，为了避免产能利用率不足、现金流过于紧张，也可以适当地加入利基者战略，选取少量市场吸引力高的产品"养产能"和"稳定现金流"，以实现短期的过渡。

（3）竞争战略的进退两难　不论选择何种定位战略，都需要基本的资源与能力要求（详见第二章）。也就是说，定位战略是以企业的资源与能力为基础做出的。一旦选择了"总成本领先战略"，就要舍弃"差异化战略"相关的资源与能力，以全力以赴地培植"总成本领先战略"所需的核心竞争力，反之亦然。在这种取舍时，通常会让企业进退两难，尤其是在行业转型期，这种境地尤为凸显。

我国很多中小型仿制药企业，在研发、生产、销售环节都不具备领先的优势，资源与能力上既不能满足总成本领先战略，也不能实现差异化战略。在这种情况下，只能将自己定位为捡漏者，从夹缝中寻求机会，而大中型企业，必须选择一个优势方向去构建自己的核心竞争力——总成本领先战略和差异化战略是鱼与熊掌的关系，若眉毛胡子一把抓，绩效反而最低。如要两种战略同时实施，必须通过两个独立的事业部或子公司来执行。

2. 特殊定位战略

特殊定位战略又称为蓝海战略，是既不符合差异化，又不符合总成本领先的定位战略。药品的实际消费者是患者，而不是医生和医院。医生和医院虽然作为药品消费的代理人，但只能代表患者的部分消费需求，也就是说，患者的需求原本很大，但反映到医院时被大打折扣或大幅压缩。一是我国患者的疾病意识较差，疾病的诊断率、治疗率和控制率都远低于发达国家；二是"看病贵"和"看病难"的问题并未完全解决，患者有病不敢轻易就医或难以得到高效的医治；三是受到国家医疗费用控制政策的影响（如 DRG，处方监控等），医生少开药，甚至不开药；四是某些具有患者自主消费意愿的药品，医院因品规数量限制无法进货或因各种因素无法开具足够的处方。因此，企业一旦直面患者，开发出那一部分被"折扣"或"压缩"的需求，就能获得新的增长点，摆脱医院市场的红海竞争（图 6-6）。

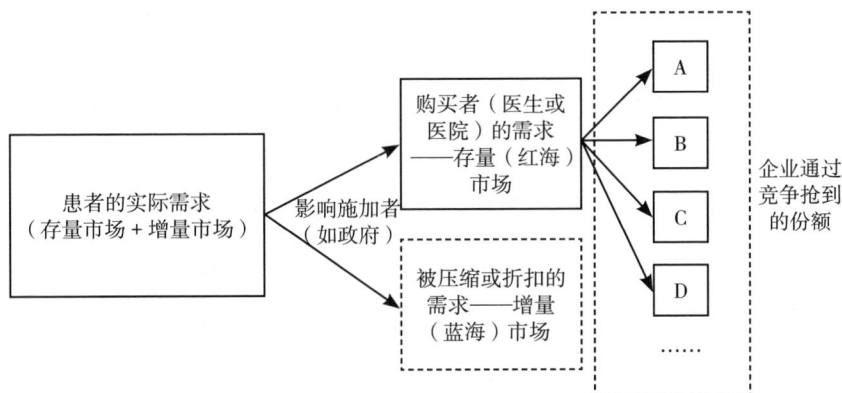

图 6-6　蓝海战略示意图

由于蓝海战略是直面患者，企业所需考虑的问题既不是为了迎合医疗费用控制需求而低成本，也不是为了解决标准化、大众化药物无法解决的临床需求而差异化，而是想办法解决患者用药前、用药时和用药后存在的"痛点"，尽量迎合他们的消费诉求和消费偏好。因为这些考虑点的不同，产品的核心价值曲线与低成本和差异化战略会有明显的差异。

因为产品直面患者，品牌、服务和成本控制都是不可或缺的元素。品牌和服务是产品价值的延伸，是企业获得溢价的主要办法，而成本控制则可以增加利润空间，实现蓝海战略中的高价值和低成本。考虑到进入通用仿制药的时代后，新开发的仿制药一般不再授予品牌，企业必须通过打造企业品牌，或者与 OTC、非专利品牌药、改良型新药等品牌产品形成混搭的产品管线，并通过服务和模式创新来构建战略护城河。

美国药界电商 PillPack 是模式创新的经典案例，这是一家 2013 年才成立的在线药房。PillPack 意为药袋子，旨在提供私人定制的服务——宗旨是"简化你的生活"。其模式是将患者每次服用的药品分拣到各个做好标记的独立包装袋中，并通过 APP 提醒用户按时服药，告知服用方法和禁忌事项等。虽然该公司的模式并没有巨大的创新，但是它解决了患者的六大痛点：①阅读说明书耗时长的问题（美国处方药说明书篇幅很长）；②非专业人员看不懂说明书的问题；③老年人看不清字的问题（处方药说明书字都很小）；④慢病患者服药时间容易错乱的问题；⑤同时吃多种药的患者容易吃错药的问题；⑥为跑医院而烦恼的问题（有送货上门服务）。除了卖药，PillPack 还承担了部分 PBM 的职能，包括审方，健康管理，保险服务等。因为新颖的模式，该公司迅速发展了大量客户，而且好评率远超一般药店。

参考 PillPack 的商业模式和特殊定位战略的产品管线设计理念，企业可以建立一套全新的、能够创造价值的，而且是难以复制的商业模式（表 6-16）。

表 6-16　品牌仿制药——OTC 蓝海战略

模式设计	线上 APP 疾病管理 + 用药咨询 + 配送服务，让一般慢病患者免跑医院
价值发现	"健康中国 2030"战略下的 OTC、消费者保健品机遇 处方外流下的院外处方药机遇
价值创造	瞄准品牌与服务的价值
市场开拓	1. 创建健康管理 APP，通过线下药店推广、广告推广、健康机构合作导入等方式创建足够规模的用户群 2. 大范围向前一体化，或与连锁药店、单体药店和电商平台建立广泛合作 3. 创建品牌，包括企业品牌，构建 OTC– 品牌仿制药 – 非专利品牌药 – 消费者保健品混搭的产品管线（无品牌的产品通过有品牌的产品带动或企业品牌带动） 4. 适当的品牌宣传，形成有内涵、有影响力、有区分力的品牌树，让患者产生一定的信任度和忠诚度 5. 通过特色而悉心的服务改善消费体验，形成独特的服务印象，如 PillPack 的药品分包、线上问诊、线上用药指导、药品配送上门、免费体检等等
战略护城河	1. 具有患者信任度和忠诚度的一系列品牌树（品牌赋予差异化） 2. 个性化而贴心的服务（服务赋予差异化） 3. 随处可及的终端覆盖（终端覆盖赋予差异化） 4. 庞大的 APP 注册用户群

续表

战略缺点	1. 投入高，布局难度大 2. 终端较为分散，不确定因素较高
案例推演	高血压患者每月一次去医院开药的直接成本约为240元（含30元药费、10元检查费、50元挂号费、100元打车费和50元午餐费），而间接成本是半天的精力。如通过线上医师开方和药师用药指导，患者不但能省掉间接成本，还能省下打车费和餐费，直接成本减少至90元。原本由医院赚取的60元服务费，除去线上医师、药师和快递公司的分成，剩下的部分就会转化为药品的附加值

注：该模式是笔者本人设计，仅供抛砖引玉，并未经过实战检验

除了商业模式创新，蓝海战略也可以通过产品创新或技术创新实现。其中诺和诺德的胰岛素注射笔就是最经典的案例。20世纪80年代的诺和诺德还是一家年销售额不足10亿美元的中型公司，欧洲有德国巨头赫切特（当时的全球前十大制药巨头之一）围剿，美国有礼来独大。诺和诺德在两大巨头的夹缝中生存，产品和销售实力都不占优，但诺和诺德最终打败了这两大巨头。其成功的原因是思维跳出了医院——为解决患者痛点，首次推出了注射笔。随着注射笔的诞生，患者无需再到医院注射胰岛素（此前的胰岛素需要配液后注射，极其麻烦），只需要扭动旋钮就可以实现剂量调节，在家就能轻松完成注射。在注射笔的带动下，诺和诺德在患者管理上持续跟进，让胰岛素的需求得以大量释放。在胰岛素之后，最成功的案例是Epipen（肾上腺素自动注射针）。肾上腺素主要用于心搏骤停和过敏性休克的抢救，不论是呼叫救护车还是紧急送医院，都会让患者错过最佳抢救的窗口期。而制成自动注射针以后，可以成为高危家庭和公共场所的储备用药——开辟全新的市场。

（二）收缩型战略

我国仿制药市场在2021年达峰后，已持续两年萎缩，而且就当下的政策趋势预判，未来三年将大概率持续萎缩，也就是说，我国仿制药市场可能存在连续五年，甚至更长时间的衰退。在市场衰退的情况下，过剩的资源会被淘汰，而这种淘汰过程更多是依赖企业的撤退、收缩、转型或转行实现的。我国有近6000家企业，市场集中度低而同质竞争白热化，不论是国家还是行业，都希望部分企业退出。对于企业而言，剥离利润低下或亏损的品种、利用率低下的非核心资产可以修复财务报表，置换新的资源，战略性收缩、战

略性撤退、战略性转型或转行同样是明智之举。

1. 向创新药转型

在过去的几年里，我国有大量的仿制药企业向创新药转型，布局较早的企业，赶上了"me too"时代的红利，利用强大的销售资源积累了大量的财富，但更多是以失败告终。虽然同为处方药，但创新药和仿制药之间存在着极高的移动壁垒，这导致过去的四十年里，几乎没有跨国仿制药企业成功转型的案例。在转型路上走得最远的是 Watson 和 Teva，但都未取得最终的成功。Teva 因为管线延续屡次受挫，在遭遇债务危机后再无暇顾及，销售额大幅萎缩。Watson 虽然完成了转型过程，但因无法更新和延续产品管线而股价大跌，最终廉价卖给了艾伯维。除了西方巨头，Ranbax、Dr. Reddy、Sun pharma 等印度巨头也曾试图转型，但至今尚无印度企业原创的新药（不包括合作开发或收购的项目）获得美国 FDA、EMA 等国际著名监管机构批准。

一方面，创新药源自科学前沿的发现，随着各国对"me too"审批的收紧，成功往往只属于各研发赛道的龙头企业，而仿制药公司的知识、技术几乎不可能到达科学前沿；另一方面，仿制药公司的决策思维、企业文化都带有"模仿"的烙印，很难有开创性的设计。因此，创新药具有非常高的技术壁垒和经验壁垒，这些壁垒不是仿制药企业随意挖几个人、开几个实验室、买几个早期项目就能突破的。所以，相比内部研发的转型模式，通过收购转型可能是更好的选择，而且唯一走完转型之路的 Watson，使用的就是这种模式。除了收购企业，收购临床开发晚期阶段的项目，投资有潜力的 biotech 公司都是非常好的选择。

2020 年以前，我国对"me too"类创新药的审批标准较低，导致了大量"me too"产品获批上市。虽然有的企业赶上了时代，成功开发了"me too"，但不能就此认为"转型"很容易，因为这已成为"因历史原因而无法复制"的案例。2021 年起，CDE 收紧了创新药的审批标准，创新药也由此迎来了"质量升级"。在这种趋势下，创新药的进入壁垒将越来越高，仿制药企业成功转型的难度也将越来越大，内部研发、从 CRO 购买早期分子开发的转型模式也将变得更加艰难。

2. 撤退战略

随着市场的持续萎缩，未来必然有企业要退出行业。没有显著性竞争优势的企业应该避免心存侥幸或与竞争对手持续的消耗战，尽快以合适的价格出售，尤其是盈利品种单一、经营风险较高、产能落后、产业链不完整的企业。一旦盈利产品因医改政策的影响而无法盈利，企业的估值会跳水式下滑，甚至可能无人问津。

（三）增长型战略

行业进入成熟期后，新客户和新产品的获取都会变得非常困难，企业很难实现单纯的内部驱动性成长。而在市场萎缩，产品投资回报率大幅下降的情况下，企业如不采用外源式增长，想要保住基本盘都很难。尽管市场出现了衰退，国际化战略，多元化战略，一体化战略等常见的增长型战略依然可以使用，但实现难度更大，风险更高，尤其是横向一体化战略。Teva、Endo、Valeant 等巨头就是因为在市场萎缩、行业衰退的情况下大兴兼并，最终引发了大规模资产减值。

1. 多元化战略

目前管理学普遍认为不相关多元化会降低企业的绩效。而且事实也证明，不相关多元化经营难度巨大，风险较高。20 世纪 80 年代以后逐渐被西方巨头放弃。由于我国的市场经济是在改革开放以后才逐渐形成的，多元化潮流也存在明显的滞后，高峰时期出现在 20 世纪 90 年代，2000 年以后，曾多次出现因多元化失败而破产重组的现象。《哈佛商学院管理与 MBA 案例全书》中举了一个非常经典的案例，曾经名噪一时的沈阳飞龙公司就因为贸然多元化而折戟沉沙。在其总裁反思中提到，过于强调多元化，涉足了多个不熟悉的领域，某些事情管理者不熟悉，也没有熟悉人来实施，很多决策都是基于"大概""大致""好像""估计"等非理性判断。

除了沈阳飞龙公司的总裁反思中提到的"决策困难""决策效率低下""缺乏专业人才实施"，不相关多元化或混合多元化的风险还包括资金分散，现金流紧张，跨行业运营困难，容易因公司高管为强调个人业绩或巩固个人地位而持续大规模扩张、财务冒进、资产减值。虽然不相关多元化的风险巨大，但也有少数经营良好的公司，如宝洁、华润、三星，这与公司企业文化，管理方式息息相关。

与不相关多元化不同的是，管理学界认为相关多元化可以提升企业的绩效。在市场衰退、利润大盘不足以养活如此多企业的情况下，相关多元化被很多企业列为战略转型的首要目标。但并非所有的企业都适合相关多元化或可以直接实现相关多元化，因为相关多元化也是有基本的资源能力限制的。

（1）多元化战略的考量　随着市场的不断成熟化，各个行业的进入壁垒都在不断增加，跨行业的经营难度也越来越大，所以决定企业多元化战略的基础不再是行业的吸引力，而是企业的竞争力。也就是说，决定企业多元化的根本逻辑不再是行业有什么机会可以让我做，而是以我的能力能做好什么，我做什么能够比其他企业更有优势。因此，企业应首先分析自身的资源、能力、内在基因，识别核心竞争力，然后再结合拟进入行业的机会，制定多元化战略。由于制药行业的特殊性，以研发和生产见长而销售能力弱（尤其是院外销售弱）的仿制药企业，多元化时可共享的价值活动和能力较少，并不适合多元化或成功多元化的难度较大。另外，资金链紧张、无多元化资源与能力基础的企业也不适合多元化。

相关多元化的出发点是共享价值活动或共享资源与能力，与制药产业相关的领域主要包括保健食品、医疗器械、诊断试剂、含药化妆品、隐形眼镜润滑液、漱口水、含药个护产品、消毒剂、保健食品、功能饮料、计生用品、保健牙膏、动物保健、农药等，企业在布局这些领域时，应仔细分析每个行业的进入壁垒、发展空间、所处生命周期的阶段、利润水平、竞争态势、与主营业务可共享价值活动的程度等等。然后结合内外部因素的分析结果，制定合理的进入策略（更多信息可参考第五章多元化战略部分）。

由于上述市场已基本成熟或接近成熟，新进入者不能考虑价格战，而是使用差异化的产品，新的商业模式建立竞争优势。新产品方面，消费需求是高度差异化的，企业要摒弃仿制药的产品开发思维，从市场索要产品。积极与消费者接触，深度理解消费者，绘制消费者画像，分析新兴的消费趋势，然后开发针对性的新产品。例如，维矿类膳食补充剂善存，在不同市场、针对不同年龄段人群有不同的配方、不同的剂型、不同的包装、不同的口感。另外，由于消费者画像是动态变化的，所以产品的开发速度至关重要。除了产品本身，品牌塑造也是成功的关键，企业需创建有内涵、有文化底蕴、有针对性、能够占领消费者心智的品牌，并通过口碑营销、事件营销等方式快速增加品牌的知名度、美誉度和忠诚度。当然，也可以直接收购成熟品牌，以实现快速进入。

随着市场的逐渐成熟，新产品获取较困难，企业的竞争逐渐转向成本和服务，所以新入者的模式创新可围绕成本和服务进行。通过向前一体化，开设直营门店、概念店、旗舰店或体验店，不仅可以为消费者提供悉心而特色的服务，从而快速建立品牌影响力，还能提升产品的差异度和附加值。此外，直营门店可以让企业直面患者，以第一时间获得消费者画像，从而为消费者量身打造产品，最大限度地满足消费者需求。在我国，开设直营门店的OTC、消费者保健企业并不多见，以此为基础创建商业模式，有望快速突破行业壁垒。

（2）多元化进入消费者保健行业　在新医改政策的风暴之下，仿制药企业的盈利能力飞速下滑，很多企业都试图将OTC和消费者保健作为避风港。的确，这种转型存在成功的可能性。第一，电商的兴起，行业的界限变得更加模糊，以电商为突破口，行业壁垒或移动壁垒有望大幅降低。第二，我国大部分的OTC和消费者保健市场还没有形成被知名品牌寡头垄断的局面，这说明市场成熟度并不高，通过巧妙的宣传，仍具存在快速培育品牌的机会。第三，既往的企业过于重视短期利益，忽略了社会责任和企业形象建设，消费者对品牌忠诚度和美誉度普遍不高，新进入者撬动市场份额的可能仍较大。第四，我国的OTC市场属于典型的分散型行业，受现有竞争者阻击的概率不大，即便受阻击，其效用也不明显。第五，向前一体化，开设直营门店、概念店、旗舰店或体验店的企业仍比较少，新进入者可以基于这些领域进行模式创新。

然而有机会并不代表大家一窝蜂地涌向OTC和消费者保健行业。虽然行业转型期会加速企业的优胜劣汰，但并非所有企业都一定要业务转型或多元化，也不是大家都看向OTC。第一，但凡战略转型都要消耗巨大的资源，因为转型的过程不仅要克服新行业或新业务的进入壁垒或移动壁垒，还可能要克服原行业、原业务的退出壁垒，这意味着资源消耗是双倍的。第二，当前仿制药行业处于转型期而非衰退期，还存在一定的机会，而OTC、保健品等行业同样也处于成熟期，新产品获取困难，品牌塑造难度较大。OTC虽然受疫情的拉动而近期增长快、利润高，但市场长期增长缓慢，规模有限，容不下太多企业进入。另外，在我国当前的OTC准入政策和价格控制政策下，企业无法根据患者需求，丰富产品组合，品牌溢价也受到很大程度的限制，市场缺乏活力。第三，OTC 和消费者保健行业的运营方法和运营逻辑与仿制药存在巨大的差异，如果企业没有资源与能力基础，转型很容易失败。第四，OTC 和消费者保健品需要品牌加持，而品牌的塑造过程非常漫长，无法赚到快钱。

仿制药企业向 OTC 或消费者保健业务转型，需克服一定的移动壁垒或进入壁垒，而以从头开始构建业务的方式突破这种壁垒，似乎并非最佳的选择。第一，处方药企业的核心竞争力是研发和制造，而 OTC 所需的核心竞争力是品牌与服务。OTC 产品的研发和生产难度并不高，处方药企业可以很快拿到批文并生产出合格的产品，但容易忽略关键的问题——产品卖给谁？第二，我国的 OTC 市场以中药占主导，绝大部分中药品种存在历史原因的不可复制性，新进入者几乎不可能获得此类资源。化学 OTC 的市场份额仅有 40%——市场约 1000 亿元，而且产品高度同质化，价格竞争同样十分激烈，因此，OTC 市场中利润较高的主要是中药企业。第三，在当下的监管制度下，新产品难以获得，产品差异化难以实现，市场格局几乎无法重塑，新进入者快速占领市场的概率极低。第四，新媒体的广泛出现，流量极其分散，既往"电视广告轰炸"的模式无法再快速、有效地建立品牌知名度。第五，某些品类市场已经成熟（如维矿类、解热镇痛类），消费者对成熟的知名品牌产生了较高的信任度和忠诚度，对新品牌不再感兴趣，如无标新立异的商业模式，做大市场的概率极低。

如果企业选择了"从头构建业务"的进入模式，必须围绕着电商或新零售进行商务模式创新、利用好新媒体进行有效的品牌宣传。相比"从头构建业务"，收购成熟的企业或知名品牌可能是更好的选择：第一，可以大幅压缩布局的时间成本，如果企业采用"从头构建业务"模式，或许很长时间都无法建立起品牌，而十年之后，市场环境早已时过境迁，原本的机会可能不再是机会，挑战也或许不再是挑战，此举可能变得毫无意义；第二，可以获得"因历史原因而无法复制的产品"，通过有效的品牌包装、整合、二次延伸，便可获得锦上添花的效果。第三，可以快速产生销售额和利润；第四，如果进入到成熟度较高的细分市场，这种模式进入行业不会遭到现有竞争者的反击，而"从头构建业务"模式，遭到反击的可能性较大。然而，收购模式也存在诸多问题，一是收购需要的资金巨大，不是一般企业都有能力收购知名品牌、成熟的企业；二是收购过程中可能存在各种潜在的风险，例如，标的有隐形债务、专利纠纷、财务数据造假等。

（3）多元化进入动物保健行业　由于我国宠物数量快速增长，宠物保健行业市场快速扩大，布局宠物药也成了仿制药企业转型的热门话题。虽然此举也是相关多元化，但相比消费者保健行业，宠物药可共享的价值活动更少——兽药的注册标准、生产条件和销售渠道都与人用药不同，除了产品开发环节的部分知识与技能外，其他价值链环节的活动几乎无法共享。

兽药分为家畜用药和宠物用药两种类型。由于家畜的经济价值有限，对价格高度敏感，并不是"转型"的热门。而宠物药则不同，由于很多人将宠物视为自己的"孩子"，宠物看病花钱比人看病花钱多的现象非常普遍。《2022年中国宠物医疗行业白皮书》显示，一线和新一线城市有4%的宠主，每月宠物医疗保健消费在2000元以上，而在二线以下城市，这一比例竟高达7%。该报告还显示，我国2022年的宠物医疗市场达675亿元，其中宠物用兽药131亿元，同比增长7.38%，2015~2022年的复合增长率高达14.54%。

在庞大的宠物保健市场中，宠物药只占很小的一部分，而且宠物种类繁多，宠物药品高度多样化。不仅如此，我国已经拥有兽药生产企业1579家，行业同样十分内卷。梳理过去几年成功上市的宠物企业不难发现，几乎都是通过渠道和用户群体共享，综合经营宠物护理品、宠物食品、宠物营养品、宠物药品、宠物医疗器械、宠物装饰品的多元化企业。

对于生产人用药的仿制药企业而言，研发和生产出宠物药可能并非难事，但要卖好宠物药，在宠物保健市场中生根发芽似乎并不容易。故企业在多元化实施之前，必须基于资源与能力，清晰地规划战略，切勿随意跟风，因多元化而多元化——从宠物药到宠物食品、宠物医疗器械、宠物装饰品等等。

除了OTC、消费者保健和宠物保健，在过去几年里，也有不少仿制药企业布局了医美、白酒、计生用品、化妆品、面膜，最后产品都只是自产自销，卖给自己家的员工而已。在高度成熟化的市场中，每个行业都充满了挑战，每个领域都站满了人，行业内的人想要出去，行业外的人也想要进来，企业决策者需三思而后行。

2. 国际化战略

当下国内市场呈现出萎缩的态势、产能过剩，竞争极其激烈，行业总利润规模已无法养活近 6000 家企业，开拓海外市场虽难度重重，但却是众多企业活下去、解决产能过剩的不二选择。尽管国际仿制药市场并不景气，但我国企业为了生存，必须开启"大航海模式"，这与日本仿制药企业的境地极其类似。

从出海模式上讲，跨国仿制药企业成功的模式有多种：第一种为原料药出海，然后带动制剂出海，这种模式的代表为 Teva，印度仿制药企业。在欧盟、美国、日本等发达国家和地区，原料药的标准相比制剂低，原料药出海相对制剂容易，通过原料药出海形成初步规模，然后在目标市场注册制剂批文，实现制剂输出。制剂输出的模式也存在多种，一是打包给当地的仿制药企业或代理商代卖；二是收购小规模的不良资产盘活后成为中转站，如 Teva、Sun pharma；三是开发高壁垒产品、稀缺性产品（如挑战专利的产品、竞争不充分的产品）然后一次性转让权益。第二种为直接收购目标市场运营良好的公司实现快速出海。这种模式一般适用于大型、国际化高级阶段的企业。它要求母公司拥有足够的跨国运营能力，也要求被收购公司具有独立运营业务和盈利的能力，否则极容易引发亏损或资产减值。第三种是在非目标市场收购一家国际化的公司，实现价值链优化和曲线出海，例如，收购一家印度具有出海能力的药厂，通过向印度药厂输送低价原料，经加工后再将产品向欧美市场输送。这样不仅可以利用中国的原料优势，还能利用印度的制剂优势。

国际仿制药市场可根据成熟度的不同分为发达市场、规范市场、非规范市场和非法规市场四类。发达市场（如美国、德国、英国、加拿大、日本、法国、意大利、西班牙、澳大利亚等）监管体系完善、市场机制成熟，基本实现了仿制药替代；规范市场（如中国、韩国、印度、土耳其、阿根廷、巴西等）监管体系完善、市场机制相对成熟，已具备开展仿制药替代的条件或正在推行仿制药替代；非规范市场（如拉美和亚洲大部分国家）监管体系相对完善、但市场机制不成熟，还存在着一定的缺医少药问题，不具备仿制药替代的条件；非法规市场（非洲和亚洲部分国家）无独立的监管体系，存在严重的缺医少药问题，通常需要借助发达国家或世卫组织的认证体系来控制药品质量，部分国家甚至还处于小作坊生产药品的时代。对于不同类型的市场，出海策略选择需因地制宜。对于竞争激烈、市场成熟甚至衰退的发达市场，业务布局时应考虑轻固定资产，产品组合设计应以高壁垒、差异化、具有先发优势、供应不足或成本领先的产品为主；对于人口基数大，政局稳定且与中国长期保持友好的非规范和非法规市场，可以考虑技术输出和就地建厂，通过当地的廉价劳动力资源生产出符合当地消费水平的产品。

截至目前，仍有 40 亿人口生活在非规范和非法规市场，这些市场将从"解决药品可及性"到实现"仿制药替代"，是未来仿制药市场的远景所在。据 IQVIA 的报告预测，发达国家在 2023~2027 年的非品牌仿制药消费的复合增长率仅有 0.4%，而新兴市场国家和低收入国家则分别将高达 10.0% 和 9.7%。为此，企业布局出海业务时，应重视市场的长期增长潜力，而人口基数大、政局稳定、有招标体系和中国长期保持政治友好的市场将是最理想的选择。

3. 一体化战略

（1）垂直一体化　向前一体化是布局配送业务或零售业务，而向后一体化是布局原料药。随着医药分家的不断推进，零售市场将是未来的主要增长点，而受控终端的多少将是企业决胜的关键。如《竞争战略》所述，行业成熟期的竞争主要是成本和服务的竞争，而受控终端将是企业提供服务的关键。

在当前市场形势下，同一个品种对应着十几家乃至数十家通过了一致性评价的生产企业，药店不但可以选择任意一家进货，也可以随意切换供应商。企业如想在激烈的竞争中获胜，要么有足够的受控终端，要么不断降价。然而价格竞争之路没有终点，向前一体化、控制一定数量的药店终端或许是更好的选择。一方面，开设药店可以对企业品牌更好地宣传，并通过特色服务提高产品的附加值和差异化程度；另一方面，足够数量的受控终端是产生稳定的、相当规模的销量的保障。总之，仿制药终端为王的时代即将到来，不论是战略绑定还是股权合作，向前一体化是开拓院外市场的最佳选择，也是构建蓝海战略的基础。

向后一体化是控制原料药生产，其优势非常明显：一是成本受控，二是应集中带量采购要求，三是产品质量受控，四是不会因为商业竞争而陷入被动，五是可以通过优化工艺路线降低成本，六是保障持续稳定的产品供应，七是可以赚取原料环节的利润，八是可以布局无市售原料的高附加值、差异化品种。但控制原料生产也存在诸多风险，因为向上延伸过程中，也需要克服行业壁垒或移动壁垒：一是自主生产的原料缺乏规模经济效应，成本可能高于市售原料，尤其是大宗原料；二是产业链越长，遇到市场衰退时，越难转型或退出；三是管理难度增加；四是原料投资也存在一定的失败风险。更多垂直一体化战略的利弊，请参看第二章。

总体上，仿制药企业控制原料生产的利大于弊，应综合判断每个品种控制原料生产的必要性，有选择地控制原料生产。综合国际巨头的发家案例，它们通常会收购或控股多个具有原料研发生产能力的企业，在保障核心品种或重点发掘品种的原料供应的同时，布局高技术壁垒、常规途径无法采购的原料。全球第一大仿制药巨头 Teva，强化原料供应是其多年坚守的战略，鼎盛时期拥有 20 家原料工厂，能够生产数百种各类型、不同难度的原料，而强大、持续、稳定的原料供应是该公司高盈利水平的保障。

除了原料，影响核心产品主供应链的原料中间体、特殊包材或辅料，企业也有必要加以控制，尤其是质量特别敏感的高壁垒制剂的辅料、质量不稳定或容易受到国际贸易限制的辅料、给药设备等。

（2）横向一体化 我国仿制药行业是典型的分散型行业，而导致行业分散的主要原因是进入壁垒低，缺乏规模经济及经验曲线效应。从我国行业发展史中不难发现，早在药品监管法规成熟以前，就已有数千家企业，进入壁垒低是历史原因造成的。近年来，一致性评价、MAH 制度和集中带量采购制度的实施，降低了药品的差异化程度、抵消了原有竞争者的产能和渠道优势，再一次降低了行业进入壁垒，而且在集中带量采购引发的市场格局重塑中，短期形势利好中小企业。这一系列政策变革，导致大量的上下游企业和跨国企业涌入，进一步降低了行业集中度。

资源过于分散，规模而不经济的现象突出，是我国仿制药企业盈利能力低下、在国际市场上没有成本优势的主要原因，我国已有上百家企业有能力开发欧美仿制药批文，但大部分企业都无法形成规模性出口。克服行业分散的最直接有效的办法是横向一体化，通过强强合并或效益较好的企业收购效益不良的企业，不仅可以快速简化竞争格局，而且规模经济和经验曲线效应也可经过资源的整合而快速发挥。另外，行业进入转型期后，行业内的企业会加速两极分化，效益好的企业有望廉价捡到优良资产，例如，专有性的高壁垒载药技术平台，因历史原因无法复制的独家产品，知名品牌、具有疫苗、血液制品和管制药品生产资质的企业等。

经过几年的"行业洗牌"，医药行业已成为兼并、重组最活跃的领域之一，相信在未来几年里，这种现象更为普遍。考虑到在市场萎缩、行业暂时性衰退的情况下兼并重组的危险性，企业在兼并的过程中，务必要重视资产的稀缺性、难以被快速复制性、可协同性、可整合性与可成长性，而且务必进行科学的估值避免漫无目的、财务冒进地兼并。

除了兼并，更应注重平等合并。合并可视为双方交叉持股的过程，相比兼并，合并更容易实施。通过合并，企业不但可以快速增加规模，提升财务抗风险能力、再投资能力、产品和技术开发能力，还能够通过剥离重复资源，获得协同效应，降低运营成本。值得一提的是，企业之间平等合并，是我国仿制药行业迅速简化竞争格局，降低内卷的最有效方式。

三、我国仿制药企业的产品管线建设

（一）刷新投资品种的选择逻辑

在过去的十几年中，我国仿制药企业的新品种选择逻辑没有系统的理论体系，不是"机会主义"就是"鸟枪法"。在市场高速增长、品种投资机会多、投资回报水平高的时代，"机会主义"选品的问题并不凸显——企业可以为了一两个品种而建设一条生产线和一个销售渠道。然而随着市场竞争的不断加剧，这种方式的弊端逐渐暴露——没有核心竞争优势，长期处于"捡漏者"的角色。"鸟枪法"逻辑产生的原因是既往的项目收益高而研发成本低，试错成本较低，胡乱投资一堆项目（甚至全面覆盖），指不定哪个产品撞上大运。进入行业转型期后，企业加速两极分化是普遍的规律，如想站在主动一方，在研、产、销中，至少一个环节要具有核心优势，并基于优势建立扬长避短的战略，以高效、合理地配置和利用资源。

只有拥有清晰的战略，企业才能在战略的方向上构建核心竞争力，而产品组合作为核心竞争力的重要组成部分，品种选择和管线设计必须要有助于公司实现战略，否则不仅会失去战略价值，还会占用公司的战略资源，影响战略实施。这就如同某农民工为了到建筑工地扎钢筋而需要购买钳子，他不能因为商店促销镰刀就放弃钳子而购买镰刀。随着可仿资源的逐渐减少，可发掘的"机会性品种"越来越少，而且随着竞争的加剧，押中"机会"后带来的回报越来越小，如不改变思路增加品种投资数量，销售萎缩在所难免。而要增大投资数量，必须下调投资回报预期，降低产品投资标准。"机会品种"强调的是"赚快钱"，是典型的"短视主义"行为，随着规模的不断扩大，企业对自身的角色定位必须从捡漏者向跟随者、挑战者和领导者逐步转变——不同的角色定位，管线设计和产品选择逻辑全然不同。另外，随着品种投资回报率的不断下降，新品种选择必须注重精准，避免浪费资源。

在新的市场形势下，企业如想快速而高效地选择产品和构建管线，必须形成一套全新的、自上而下的产品选择逻辑——用公司战略指导产品管线设计，由产品管线的设计需要选择产品。

首先，企业应结合内外部环境因素制定合理的公司战略，明确战略目标和新产品需求。一般情况下，公司战略类型（增长型、稳定型、收缩型）、现有销售规模与财务能力共同决定了企业每年所需投资的品种数量和投资金额。例如，A公司是一家年销售额50亿元的仿制药企业，每年上市产品因价格下降引发的销售萎缩达3亿元~5亿元。为了维持销售规模，该公司必须每年开发10~20个批文，与之对应的品种投资将是0.5亿元~1.0亿元。如果该公司想要实现增长，投资品种数量还应更多。

其次，基于公司战略，结合业务特点和资源能力优势，选择合适的竞争战略，并设计与竞争战略相适应的产品管线。总成本领先战略要求产品管线有助于规模经济和经验曲线效应的发挥，强调产品的大批量性（市场销量大的品种）、工艺协同性、剂型一致性，而差异化战略则强调小众性、非主流性，产品管线设计时，应形成差异化的聚焦。在此过程中，要根据公司的投资规划、管线设计需求、可仿制或改良的资源情况、仿制药产品管线设计的要素，确定所需的产品管线数量，并为每条管线初步确定一揽子的布局规划，包括需要布局的品种数量、管线布局总预算、各产品的大概立项时间，投资回报率等。

再次，使用金字塔模型对管线中的品种一一角色定位。任何管线都需要围绕"核心品种"来设计或延伸。对于没有核心品种的情况，可选择"市场吸引力最大""公司竞争力最强"的项目作为核心品种。除了自研，也可通过

外购明星产品作为核心品种。另外，企业还要重视搅局产品和陪衬产品的重
要性，不能过于强调单个产品的投资回报率，而是要整条管线的效益最大化。
例如，某公司为了实现钙制剂的终端下沉，将钙剂 A 作为引流产品免费捐献
给贫困学生，而在 A 的品牌带动下，将钙剂 B 销售给普通学生。

最后，一一评估各个项目的价值和技术可及性，并逐个完成立项。对于
某些项目经深度评估后不适合立项的情况，应考虑替代方案，如没有理想的
替代方案，应分析该品种缺失对产品管线的潜在影响；对于同一领域有多个
品种可选择，而又不能实现全面覆盖的情况，应优先选择知名度最高、临床
获益最大的品种（面向集中带量采购市场）或有独特而不可替代的临床需求、
临床地位可找出明显差异化的品种（面向小众市场）。

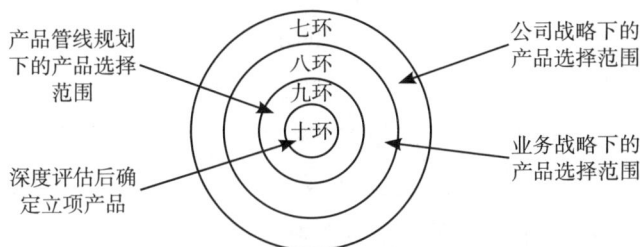

图 6-7　由战略到产品，层层递进的立项逻辑（示意图）

在既定的产品管线设计之上布局产品，就如同拿着图纸盖房，既精准又
快捷（图 6-7），不会出现"机会性"品种选择逻辑下的"迷茫""无法决策"
等现象，也不会出现"鸟枪法"品种选择逻辑下的资源浪费现象。

（二）新品种选择策略

在新品种的选择过程中，必须清楚什么品种是好品种。在竞争不充分的
时代，人们普遍认为"技术难度低""市场潜力大""竞争压力小"的品种是
好品种，但随着市场竞争的白热化，同时符合三个条件的品种并不存在。技
术难度低、市场潜力大的品种，大部分企业都想拥有，竞争必定十分激烈；
市场潜力大、竞争压力小的品种必定技术难度高，技术门槛限制着绝大部分
企业进入；而竞争压力小、技术难度低的品种注定是市场潜力不理想的品种
或大家都关注不到的冷门品种，而这类产品真正利基的，其实也是少数。

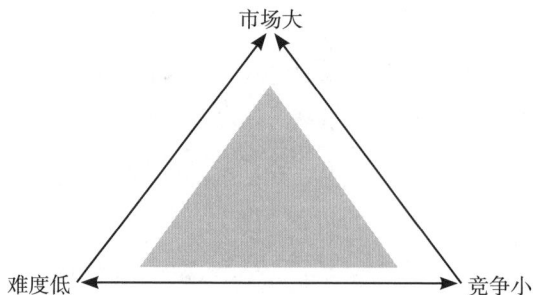

图 6-8　市场大、难度低和竞争小的三角关系

因为"技术难度低""市场潜力大""竞争压力小"是一个三角关系（图6-8），企业只能尽量地折中平衡，并不能客观地评价品种好坏。为了便于实操，笔者使用了三个新标准进行代替。第一，拟选品种须具有确切的临床需求、能实现客户想要的价值或创造额外的价值——是否存在确切的或未满足的需求，可替代和可开发的市场有多大。虽然有些品种的总需求很小，但只要具有不可替代性，依然具有很高的市场吸引力，例如，对某些特定患者而言是独一无二的治疗选择或具有明显优势的解决方案。第二，企业要有足够的竞争力以做好产品，形成其他企业不具备的优势，如率先开发上市、生产成本更低、有产品管线带动或特色服务提升差异性等。第三，拟选品种要能帮助公司实现战略意图，有助于培育或提升核心竞争力。例如，差异化的品种对实施总成本领先战略的企业而言肯定不是好品种，反之亦然。但凡使用上述"自上而下"的逻辑选择的品种都具有战略价值，哪怕是"陪衬品种"和"搅局品种"，而机会品种具有经济价值，但不一定有战略价值，所以强调"抓机会"的企业，永远是捡漏者，会长期处于"上下挣扎""疲于奔命"的状态。

1. 总成本领先战略的品种选择

总成本领先战略主要面向大众化市场（集中带量采购市场），产品管线设计或产品布局必须充分发挥规模经济效应和经验曲线效应。在品种选择时，应从以下多个维度综合权衡。

（1）以销量为出发点选择品种。销量越大的品种，规模经济效应越强——获批适应证多、适应证发病率较高的普药。尽量舍弃规模而不经济的元素，如差异化、小众化的剂型、包装、规格，尽量使用大包装。虽然这些品种、剂型或规格可以提升产能利用率，但频繁切换产品、频繁清洁验证会大幅增加生产线的维护成本，甚至增加质量风险。如果企业想要布局这些产品、剂型或规格，应整合到差异化战略事业部或差异化战略的产品管线中。

（2）以成本优势为出发点选择品种。系统梳理各品种价格，并结合原材料供货价格、加工成本，计算毛利空间，毛利超过40%的品种几乎都可以立项。

（3）以专利失效时间为出发点选择品种。仿制药强调先发效应，务必要赶上第一次集中带量采购，为此，企业应建立原研药的专利失效时间库，提前4~5年开始布局，如存在挑战专利的上市机会，布局时间还需进一步提前。

（4）以竞争态势或供求状况为出发点，选择竞争不充分，供给不足的品种。系统梳理各品种的供求状况、生产厂家数量，并根据销售额规模和厂家数量制定一定的截取标准，达到标准的产品就可以考虑布局，例如，1亿元市场规模且销售厂家不超过3家的品种。

（5）以技术特长为出发点选择品种或升级老品种。某些品种能够通过连续流制造、生物合成等新技术或新工艺路线显著降低成本，企业应基于技术优势立项或升级老品种。随着可仿资源的越来越少和竞争的不断加剧，老品种的降本性立项必须加以重视。一旦成本大幅下降，竞争格局就会发生改变，产品就能获得全新的生命周期。

（6）从管线的协同性、原料制剂协同性、产能利用率的角度考虑，折中地选择品种，但投资回报率测算不宜为负值。对于瞄准集中带量采购市场的企业，只要能够显著提升规模经济效应，每年能够创造200万以上净利润的品种都不应轻易放弃（按照2024年的行情）。

在品种选择时，企业还应结合药品的实际应用前景，选择具有增长潜力的品种。例如，他汀类降脂药有多个品种被集中带量采购，虽然品类的总销量因集中带量采购的"以价换量"而飞速上涨，但仅有阿托伐他汀和瑞舒伐他汀的销量上涨，辛伐他汀反而下降。原因在于集中带量采购后的销售价格基本相当，患者自然会选疗效好、不良反应小、知名度高的产品。因此，当一个品类（靶点）有多个产品面临集中带量采购时，除非使用全覆盖策略，否则应选择临床获益和知名度最高的品种。另外，总成本领先战略强调全价值链的成本最低，产品开发成本也是成本优化的主要内容，故品种布局时，还应强调研发协同性，例如，A公司成功研制了二甲双胍缓释片，就应该考虑将西格列汀二甲双胍缓释片、利格列汀二甲双胍缓释片、卡格列净二甲双胍缓释片等类似产品协同研制，因为这些产品具有极高的相似度，可以共享部分技术探索成本。

由于普通仿制药已成为典型的成本效益经济，且可仿资源非常有限，品种选择时不应再挑三拣四，符合条件的品种要尽量覆盖，对于有条件的企业，还应考虑建立足够数量的品种储备。

2. 差异化战略的品种选择

差异化战略的品种选择逻辑与总成本领先战略截然相反，主要面向非主流、小众化的治疗需求。由于在我国医院市场，差异化产品的可及性不高，需要进行一定程度的宣传和推广，所以产品布局需要有一定的治疗领域聚焦。此外，从技术角度讲，可实现差异化的方式很多，不能因个别产品而频繁地开发新技术和建设新生产线，故需要在技术上也有一定的聚焦。基于我国当下医药市场的特点，企业可以通过以下几种方式实现差异化。

（1）从产品管线的层面上与众不同——选择特色的细分市场或特殊渠道建立产品管线（也可理解为一种聚焦战略）。如聚焦于新零售终端，则可考虑系统化布局减肥药、皮肤病（如灰指甲、青春痘、痤疮）用药、隐私疾病（如脱发、痔疮、狐臭、便秘、性功能障碍）护理用药、避孕药、凝胶贴膏等患者自主消费意识较强而又因为隐私原因不希望当面就医买药，或消费体验好却又无法在公立医院满足消费意愿的产品；如聚焦于民营医院终端，则可考虑系统化布局辅助生殖用药、美容药、生长激素等无法在公立医院满足消费意愿或公立医院没有治疗成本优势的产品；如聚焦于诊所（第三终端），则应考虑系统地二次定位抗生素、解热镇痛药、廉价的OTC品种。我国约有28万家诊所，药品采购和使用过程受医改政策的限制相对较小，如果把市场充分开发出来，有望成为医改风暴的暂时性避风港。

（2）通过高技术壁垒实现差异化，即围绕着技术平台打造管线，包括原料技术平台（如性激素、前列腺素、多肽、手性中心繁多或工艺路线极长的系列产品、可生物合成或连续流制造的系列产品）、制剂技术平台（如吸入剂、脂质体、微球等高壁垒制剂）或生产制造平台（生产工艺或生产条件极其苛刻或复杂的品种，高毒、高爆的品种，需要单独生产线制造的品种）。高壁垒的技术平台通常需要较长的技术开发时间和较大的前期投入，所以在赛道选择时必须注重差异化。发展空间较高的赛道，应强调龙头效应，而发展空间较小的赛道，必须强调独家效应。否则，一旦发生同质化竞争，巨额投资将无法收回。

（3）通过高法规壁垒实现差异化，包括专利挑战，监管技术挑战，毒、麻、精、放等管制产品。由于管制产品存在很高的法规壁垒，市场机会注定只属于少数企业，它本身就是差异化的。另外，有些特殊的品种在注册、审批和监管过程中需要一事一议——无法形成统一的审批标准，或需要无效他人的专利，布局这些品种也是实现差异化的主要方式。

（4）通过布局利基品种实现差异化。常见的利基（niche）品种有三类，第一类是因信息差而未被大众关注到的品种、品规或用法用量，这种品种谁先获得信息谁就有先发性优势；第二类是小众化而拥有确切临床需求的品种，这种品种必须强调临床地位的独特性——是某些特定患者的唯一选择或最佳选择，竞争对手和潜在竞争对手数量不能太多（一般三家以内），且没有恶意的搅局者；第三类是可通过改良提升治疗获益或降低不良反应的、临床需求无法替代的老品种，如左旋双多巴、纳洛酮等。

（5）通过布局高初始资金投入的品种实现差异化。常见的类型包括高临床费用投入的 3 类药品种（国外上市而国内未上市）或仅生物等效性证据不足以支持获得批准的品种（局部用药），高固定资产投资的品种（单品单线或定制化生产线）。此类品种应能解决未满足的临床需求或显著的治疗获益，具有足够好的市场前景以回收投资，否则不能轻易布局。

（6）通过收购因历史原因无法复制的品种实现差异化。某些老品种在当前的法规政策下不可能再获得批准，属于稀缺性资源。然而这些老产品往往具有一定的固定用户群和品牌效应，具有再定位的价值，尤其是独家品种。让加拿大仿制药巨头 Valeant 迅速崛起的一大商业模式就是通过收购老品种，二次定位后涨价。

在差异化产品布局时，企业应进行医生和患者调研，了解差异化的产品能否实现其想要的价值、相比主流产品能否带来额外价值。由于差异化的产品市场小，企业必须重视竞争者和潜在竞争者的数量，以免发生同质化竞争。在医院渠道品种布局时，可通过仿 – 创结合，建立以高壁垒仿制药、特色仿制药、改良型新药为特色的产品管线。改良型新药是新兴的市场，也是提升差异化程度的关键方式，机遇大于挑战（表6-17），企业应重视。而在零售渠道品种布局时，可结合品牌仿制药、非专利品牌药、OTC、消费者保健品，形成混搭的管线。

表6-17　改良型新药的机会与挑战

机遇	挑战
1. 与美国505（b）（2）一样，改良型新药将成为一块特色市场，可为仿制药企业提供一条有效的转型路径 2. 政策刚形成，市场成熟度低，产品可选择空间大 3. 我国药品剂型、规格单一，老年人、儿童、特殊患者用药可及性不足，在消费升级的趋势下，可改良的机会较多 4. 改良型新药可以获得品牌和专利保护，是企业形成差异化的有效措施 5. 利用技术平台仿（高壁垒仿制药）-创［505（b）（2）或改良型新药］双驱是仿制药向品牌药企业转型的有效路径 6. 改良型新药是建立专科药管线的最有效方法，也是中国特色创新药升级、产品生命周期管理的有效方法 7. 我国专注新复方、新给药途径、新适应证和药械结合产品开发的企业较少，发展空间较大 8. 在消费升级的趋势下，通过改良型新药开发"高端产品"，可获得较高的溢价	1. 大部分505（b）（2）产品的投资回报率不理想，明星级产品可遇不可求，我国改良型新药的境地也将类似 2. 适合改良的分子并不多，且CDE强调临床优势、审批标准较高，产品设计难度较大，退审、不批准的概率较高 3. 大量的改良型产品上市，会增加市场差异化程度，不利于药价控制，可能会受到严格的数量控制 4. 医保"保基本"的理念，没有显著临床优势或定价过高的产品可能无法获得报销，或被并入仿制药一起集中带量采购 5. 入院难度大，带金销售逐渐被堵死，产品的销售难度增加，另外，由于仿制药大量被集中带量采购，改良型新药如无法形成集群，销售渠道建设或维护成本较高 6. 很多技术赛道的发展空间较低，非常容易发生同质化竞争 7. 定制化的高端制剂设备与辅料、技术人才缺乏，额外增加了诸多不确定性 8. 很难形成有效的专利保护，而且我国没有数据保护政策，产品很容易被复制

注：以上仅是基于作者的分析，可能不全面，仅为抛砖引玉

3. 505（b）（2）和改良型新药的设计

505（b）（2）和改良型新药有"仿"也有"创"，是仿 - 创结合型"新药"。一方面，它与仿制药的跨度不像创新药那么大，仿制药企业转型时所需克服的移动壁垒更低；另一方面，它是一块独立的特色市场——美国505（b）（2）市场超过1000亿美元，是仿制药的1.7倍——高壁垒仿制药与505（b）（2）相结合，是西方仿制药巨头转型的重要路径。但由于改良型新药或505

（b）（2）的特殊性，产品设计和赛道选择不应与仿制药混为一谈。

虽然美国批准的505（b）（2）产品数量较多，总市场规模也较大，但年销售额超1亿美元、生命周期内总销售额超10亿美元的重磅产品非常少。基于对成功505（b）（2）产品的梳理与分析（不包含原研厂家生命周期管理型产品），这些产品具有四点共性——富有创意的设计，技术含量较高或能形成强有力的专利保护，巨大的临床优势或能够解决临床痛点，有足够的市场卖点——可为改良型新药设计带来参考或启示，但由于中美法规环境不同，在开发改良型新药时，还需结合法规具体分析。

（1）富有创意的设计　创意不仅可以赋予产品差异性，还能创造新的价值。例如，环孢素滴眼液（Restasis）是一款畅销的505（b）（2）产品，其创意来自动物实验以及发现肾移植患者用药后泪液明显增加，后来进一步研究发现炎症能够抑制泪液释放，而环孢素作为免疫抑制剂，可以调节免疫系统而干预炎症。再如，右美沙芬可调节 N-甲基-D-天冬氨酸（NMDA）受体，但容易被肝药酶代谢，Avanir公司将其与肝药酶抑制剂奎尼丁联用并开发了Nuedexta，获得美国FDA批准用于治疗假性延髓情绪。多年后，该创意被二次利用，Axsome公司将右美沙芬与肝药酶抑制剂安非他酮联用并开发了Auvelity，成为治疗成人重度抑郁症的突破性疗法。此外，纳洛酮是一种阿片受体拮抗剂，因没有选择性而无法用于阿片类药物引发的便秘治疗——需选择性阻断外周阿片受体，但经过聚乙二醇（PEG）修饰后便无法进入中枢神经系统，不但有效解决了阿片类药物引起的便秘，而且不影响阿片类药物的治疗效果。

如果设计者无法跳出"仿制"的思维局限，就难以开发出富有创意的产品。由技术简单类推的创意（如片剂改缓释片），除非技术壁垒极高，否则很容易与他人"撞车"或被他人复制，因为这种"创意"也能被其他技术人员想到和做到。创意通常来自生活，设计者需走出实验室，与医生、患者和销售人员交流他们的痛点，从中发掘设计灵感。

（2）技术含量较高或能形成强有力的专利保护　一般情况下，产品的复杂程度越高，生命周期就越长，因为这些产品很难被仿制，如亮丙瑞林微球、奥曲肽微球等。然而这样的产品非常罕见，大部分505（b）（2）产品都躲不过被仿制的命运，因此强有力的专利保护是产品成功的关键。有研究者统计分析了 2010~2020 年美国批准上市的 3~5 类 505（b）（2）产品获专利保护的占比：3 类产品为 85.7%，4 类为 77.4%，5 类为 50.3%。这表明随着技术含量的下降，获专利保护的概率也在减小。在不同类型 505（b）（2）产品中，5 类的开发门槛最低，获得专利保护的概率也最小。

事实上，对于简单改剂型、改配方或工艺的产品，即便获得了专利授权，保护效力也并不理想。因为仿制药厂家即便不使用专利保护的配方和工艺，也可能实现生物等效，所以技术门槛不够高的口服 505（b）（2）制剂，即便获得了市场认可，大多也只是昙花一现。除了专利保护，数据保护也是阻止仿制药进入市场的有效手段。根据美国的相关法规，只有开展了临床试验（不含生物等效性试验）的新药申请才能获得数据保护期，但很多"改动不大"的产品因被豁免临床试验而无法获得数据保护。有研究分析数据显示，3 类 505（b）（2）产品获得数据保护期的比例为 57.1%，4 类为 66.0%，5 类仅为 32.3%。

如果既没有强有力的专利保护、数据保护，也没有足够高的技术壁垒，产品即便获得了市场认可，也会很快迎来仿制药的激烈竞争。因此，5 类 505（b）（2）产品虽然研发难度较小，开发和注册成本也相对较低，但其生命周期通常比一般产品更短，市场影响力也更小，平均销售额仅为 0.24 亿美元，低于 2~5 类产品的平均水平（0.37 亿美元）。

（3）巨大的临床优势或能够解决临床痛点　要想让产品拥有足够的临床优势，在产品设计之时，就必须从获得临床优势为出发点。例如，降低药品的不良反应（如阿霉素脂质体可降低心脏毒性）；提高患者依从性（如奥氮平口崩片可提升精神病患者的依从性）；增加用药便捷性，扩大用药场景（如肾上腺素自动注射针可作为家庭储备用药）；提高疗效（白蛋白结合型紫杉醇可提升乳腺癌治疗应答率）；二次定位产品，填补用药空缺（如芬太尼透皮贴可用于癌痛管理）；防止阿片类药物滥用（如防滥用制剂羟考酮）；大幅降低治疗成本（如口服万古霉素可用于序贯治疗，减少住院时间）。

为了体现产品的临床优势，需要通过临床试验来证明，企业不能吝啬必要的临床投入。若想节约研发成本，在产品设计之时，不仅要在药物机制上解释清楚潜在的临床优势，有可以量化的指标，还要了解各国的法规差异。例如，虽然非诺贝特通过增溶技术实现了给药剂量下调，提高了生物利用度，但并没有直接、可量化的指标证明其临床优势——美国批准 505（b）（2）不要求临床优势，而在我国可能要求开展大规模的临床试验，统计疗效和不良反应差异，投资巨大。值得一提的是，降低工艺成本、提升产品质量方面的改良可能属于 505（b）（2），但在我国不属于改良型新药——未赋予临床优势。

（4）富有卖点 影响产品卖点的因素很多，如是否会为患者带来新的痛点，是否可稳定、大批量生产，用药成本是否过高，是否会引起严重不良反应，是否符合患者的生理特征和使用习惯，是否相较于竞品有独特的优势，产品创意是否为消费者所需要等。例如，基因泰克和 Alkermes 公司联合开发的长效生长激素微球，虽然可以大幅减少患者打针的痛苦，但因为生产成本过高、质量难以控制，上市后就很快退市。再如，可监视药物体内处置过程的创新制剂——带传感器的阿立哌唑（Abilify MyCite）几乎没有产生销量，因为这种创意对于大部分消费者而言是华而不实的。值得一提的是，临床试验的数据也是 505（b）（2）或改良型新药的重要卖点——企业需要使用临床数据向医生宣传或获得医保认可，为了节省研发成本而不开展临床试验，或许并不是最佳的策略。

（5）重磅产品从来不是批量生成的 改良型新药立项要遵循"精益求精"的原则，不宜为做管线而刻意地设计产品，也不能将"在规定期限内完成多少项目的设计"作为业绩考核指标。项目设计要反复论证，并进行估值。对于壁垒特别高的产品，应重视产品的创意、专利保护强度、临床优势和卖点，对于壁垒较低的产品，应注重产品管线和品牌树建设，形成体系化的品种集群。另外，产品设计、赛道布局应具有前瞻性，注意差异化和先发优势，以免出现未上市就被淘汰或刚上市就被淘汰的悲剧。

4. 项目的估值

项目估值是项目在公司现有的资源与能力下，投资某项目可获得投资收益的综合预期，简而言之就是公司各部门对产品的综合信心，如果 NPV（净现值）为负值，说明公司对该产品没有足够信心，就没有必要再投资。对于高度差异化的品种、无法形成管线的品种、机会性品种、看不准潜力或无法市场定位的品种，NPV 为负值时，应避免投资。搅局品种或陪衬品种虽然NPV 为负值，但可最大化产品管线的效益，应适当投资。另外，由于估值是动态变化的，企业需动态回顾，定期二次测算。某些项目因政策原因、竞争原因或市场原因变得不再具备价值时，必须及时止损。

第五节　中国 OTC 企业战略思考

我国是全球第二大 OTC 市场，但相比发达国家，我国 OTC 的特点是审批和监管门槛较高，产品、剂型、规格和包装等方面的多样性不足，高达 25% 的品种拥有医保支付，价格受国家严格管制，中药品种占市场主导等。因为这些特点，OTC 企业在战略定位和产品设计时，相比发达国家市场应有所侧重。

一、我国 OTC 的发展历程与市场特点

1999 年 6 月，SFDA 出台了《处方药与非处方药分类管理办法（试行）》，并公布了第一批 OTC 目录，该目录包括 165 种化学药和 160 种中成药。到 2004 年，我国已相继公开了六批 OTC 目录，含 4326 种中成药和 920 种化学药。2004 年以后，SFDA 开始实施非处方药注册和转换工作，根据 NMPA《对十三届全国人大五次会议第 2079 号建议的答复》，截至 2022 年 10 月，我国 OTC 的总品规数达 5056 个，其中化学药 1086 个，中成药 3970 个。

2000 年 1 月 1 日，《处方药与非处方药分类管理办法（试行）》正式实施，我国 OTC 的发展迎来了全新的纪元。根据《中国非处方药行业发展蓝皮书》（2010），2000 年时，我国 OTC 市场规模为 253 亿元，2009 年增长至 1209.5 亿元，复合增长率达 19.9%。2010 年之后市场增速逐渐下降，2023 年的市场规模约为 2600 亿元（不同来源的数据差异较大），约占我国药品总销售额的 15%，2009~2023 年的复合增长率为 6.06%。

在 2600 亿元的 OTC 市场中，中成药约占 60% 的份额，而化学药约占 40%，在过去的 10 年里，中成药的市场份额呈现出明显的下降趋势。在所有品种中，约 25% 在医保支付范围，而约 75% 属于非医保。因为存在医保支付，OTC 受到了严格的价格控制，使得品牌溢价不明显。2020 年 4 月，国家医保局公布了《基本医疗保险用药管理暂行办法（征求意见稿）》，向社会和

行业征求意见，欲将乙类 OTC 药品踢出医保范围，但在正式稿中的描述却变成了"将不再新增 OTC 品种"。

由于 OTC 受新医改政策的影响相对较小，加之近期解热镇痛药需求的快速增长，OTC 企业的经营状况普遍优于处方药企业，尤其是化学仿制药企业。经统计，17 家 A 股上市的头部 OTC 企业，平均营业利润水平为 17.6%，平均净利润水平为 12.8%（各企业净利润水平的平均值，如按合计净利润 / 合计营收计算则为 10.1%），显著优于行业平均水平和仿制药企业的水平（表 6-18）。

表 6-18　我国 OTC 企业的外部环境分析

	机会	威胁
政治、政策与法律	"健康中国"战略强调"治未病"的理念，将为 OTC 和消费者保健带来巨大的发展机遇；新医改政策强调弘扬中医药文化传承，对中药 OTC、中药保健品、个护产品利好；OTC 的审批和监管制度可能会重大调整，并与国际接轨，产品布局的壁垒有望大幅降低；医疗系统压力日益加大，国家可能大力发展自我医疗来降低医疗系统的压力和节省医疗支出	国家严格的药价管制，部分品种甚至可能面临集中带量采购，使得 OTC 的市场化程度大幅降低，品牌溢价减小；我国当前的注册法规，对 OTC 的技术要求与处方药类似，新产品获取难度较大、时间长，企业无法根据消费者的需求、偏好快速设计和开发产品，化药类产品的差异化程度较低
经济	相对宽松的货币政策，有利于降低企业的财务融资成本；从长远来看，GDP 的持续增长将引发消费升级，为高端产品带来机会	因宏观经济增速下滑，近期市场疲软，降级消费的现象较为明显
科学与技术	AI 的应用，有望大幅降低生产成本和渠道管理成本；电商的普及有助于带动新生代消费的增长；无人终端、自动售药机的兴起，将会改变 OTC 市场的竞争格局；AI 的应用，有利于企业更加快速、高效地绘制消费者画像，有利于提升产品的设计效率	新媒体的兴起使得流量多元化，宣传成本升高，品牌建设和公共关系维护难度加大；适合开发 OTC 的分子较少，而且在我国当前的监管制度下，可开发的品规非常有限，新产品获取困难，市场长期增长缓慢而缺乏活力
社会与文化	患者的健康意识逐年提高，消费者保健需求将持续增长；工作压力增加、生活节奏加快、饮食结构改变以及肥胖等因素让国民体质变弱，健康调理、保健需求增加	某些企业为了赚快钱而不重视企业形象，导致消费者对国产品牌的信任度和忠诚度较低；我国 OTC 以中药为主，但中药品牌很难国际化，市场发展空间有限

	机会	威胁
人口	人口老龄化加剧，老年人消费者保健产品需求将逐渐增长；我国人口基数大，需求也大，市场未满足度较高	出生率快速下降，儿童消费者保健需求减少；总人口加速减少，总需求会在未来的几年或十几年里达峰后下降；退休者保障不足，老人健康消费对价格高度敏感
自然	自然环境恶化、气候变化、空气污染导致呼吸道疾病、消化道和感染疾病发病率升高，预防和保健需求增加；免疫力低下，健康调理需求增加	自然环境恶化，不确定的自然灾害增加，运营风险成本升高；环保压力越来越大，环保成本在总成本中所占的比重逐渐升高
行业与市场	多数细分市场尚未出现知名品牌寡头垄断的现象，说明市场成熟度并不高；我国是全球第二大 OTC 市场，市场规模较大，而且未满足需求高，未来有望保持长期增长；企业的利润水平较高	我国 OTC 市场是典型的分散型市场，集中度低而竞争较为激烈；产能过剩，规模而不经济的现象突出；药价较便宜，品牌和服务的溢价较低；新产品获取困难，化学 OTC 同质化竞争较为激烈；我国 OTC 在医药市场中的份额明显高于发达国家，市场结构存在一定的不合理性

　　相比仿制药，我国 OTC 行业有如下几个特点：第一，市场增速比仿制药高，企业对市场份额的争夺不像仿制药那么激烈。第二，产品差异化程度相比仿制药高，同质化竞争的压力相较仿制药缓和。虽然我国化学药品类 OTC 品种数量较少，但在品牌、服务和铺货终端的加持下，差异化远高于仿制药。另外，我国 OTC 以中药品种居多，中药因配方复杂、质量难以统一，本身就是差异化的。第三，OTC 需要塑造品牌，建设渠道和覆盖足够数量的终端，初始资金投入远大于仿制药，进入壁垒比仿制药高。第四，买方是多样化的，买方议价能力相比仿制药弱。因为这些特点，OTC 企业的利润水平也比仿制药高。

　　因利润更高，越来越多的仿制药企业进入了 OTC 行业，导致竞争者数量明显增加。另外，因严格的价格控制，部分品种甚至面临被集中带量采购的风险，品牌和服务的溢价大幅降低，OTC 行业也面临着前所未有的挑战。

二、我国 OTC 企业的战略考量

1. 横向一体化

与仿制药行业一样，我国 OTC 行业也是典型的分散型行业，市场集中度较低，规模而不经济，如果强强联合，可以快速延伸品牌树，优化供应链，绩效有望大幅提高。与仿制药行业所不同的是，OTC 市场差异化程度较高，市场并未出现衰退的迹象，而且品牌无法被快速复制，尤其是知名品牌、因历史原因无法复制的中药都是稀缺性资源，兼并 OTC 企业发生资产减值的风险低于仿制药企业。更多兼并的机遇与风险，请参看第二和第四章。

2. 相关多元化

国际上的 OTC 巨头几乎是多元化的，一方面，OTC 的市场相对较小，企业需要通过相关多元化获取更大的市场机会，另一方面，OTC 企业的核心竞争力是品牌与服务，主要集中在营销环节，可共享的资源能力较多，相关多元化可以提升企业的绩效。为此，OTC 可以与品牌仿制药、非专利品牌药、双跨产品（类 OTC 产品）、个护产品、含药化妆品、自我医疗器械、消毒剂、保健食品、漱口水等多种商品协同布局，形成庞大的品牌树，更多内容请参看第五章。

3. 优化价值链

行业进入成熟期后，新产品获取越来越难，而且顾客对新产品不再痴迷，企业的竞争转为成本和服务的竞争。虽然 OTC 可以通过品牌与服务实现溢价，但成本越低，毛利越高，利润越高或市场费用空间越大。因此，企业要重视价值链的协调与优化，尽可能地降低成本。降本增效的方法与仿制药企业相同，更多内容可参考第四章。

4. 向前一体化

对于 OTC 和消费者保健企业而言，向前一体化可以获得五种优势。第一，可以为消费者提供更便捷的服务，通过服务提升产品的附加值；第二，有利于品牌宣传，提升品牌的知名度和品牌形象，深度占领消费者的心智；第三，有助于快速获得消费者信息，绘制消费者画像，进而设计出真正能够满足消费者动态需求的产品；第四，零售产品是终端为王，受控终端数量越多，竞争优势越大；第五，有利于提升行业的进入壁垒或移动壁垒，防止过多企业涌入，同时也是对抗行业分散的有效办法。

然而任何事物都是双刃剑，向前一体化可为企业带来获益的同时，也可能带来巨大的风险。第一，我国的药店已过剩，盈利能力低下，不顾下游行业的竞争而大规模投资，无异于火中取栗；第二，存在知识或经验方面的移动壁垒，管理较为困难，很多原本拥有连锁药房的制药企业，已相继退出；第三，供应商的芥蒂。普通连锁药店的供应商是高度多元化的，谁家的产品最赚钱就卖谁家的，而药企直营药店则需要保障自家产品的优先权。由于一般厂家的产品都不足以铺满药店的货架，也不可能在各个领域都有能够占领消费者心智的品牌去稳定客流（很多消费者专为某个品牌而去），因而药店必须广泛引入第三方产品和品牌才能正常运营，然而作为"第三方"，谁也不愿意成为陪衬或备胎。第四，就目前而言，尚无企业建立起能够良好地衔接上下游且能够最大化效益、最小化风险的商业模式。

5. 重视新终端开发

除了医院和药店外，OTC 的销售终端还包括诊所、电商平台，未来还可能大量出现自动售药机，这些都是 OTC 和消费者保健品扩大销量的关键。不同的销售终端，产品的消费特点有巨大差异，企业应绘制消费者画像，根据消费者画像的情况、合理地设计产品与整合产品管线，有效地塑造品牌、精准地宣传、推广和促销。

6. 营销观念升级

市场营销观念主要有"以企业为中心""以消费者为中心""社会利益为中心"三种，这三种观念是逐步演化的。"以企业为中心"的营销观念是以企业利益为出发点，主要有"重生产、轻市场""重产品、轻市场""重推销、轻需求"三种。"重生产、轻市场"认为消费者总是接受任何能买到且买得起的产品，强调我们生产什么，就卖什么，这是典型的卖方市场的营销观念。"重产品、轻市场"认为消费者喜欢高质量、高性能的产品，强调产品质量好，就会有人买，也是典型的卖方市场的营销观念。而"重推销、轻需求"认为产品的销量取决于推销的效果，强调我们有什么，就让别人买什么，"带金销售"就是从这种观念发展起来的。由于长期的供不应求和以药养医，这三种"以企业为中心"的营销观念在我国制药企业中仍较为常见，尤其是动态能力不足的中小型企业。"以消费者为中心"的营销观念奉行"顾客至上"，强调顾客需要什么，我们就提供什么，强调比竞争对手更好地满足顾客需求。随着市场从卖方市场逐渐向买方市场转变，我国很多大型 OTC 企业已经产生了这种意识。然而从 Haleon、Perrigo 等跨国 OTC 巨头的营销战略中不难发现，他们越来越强调社会责任，如环保、公益、消费者获益、员工工作环境等等。

因为经济的高速增长，过去有些企业以赚快钱为目的，忽略了社会责任，并没有建立起令人尊敬、让人信赖的企业形象，个别企业甚至为了利益铤而走险。为了快速推广品牌，电视广告"轰炸"是一贯的做法，但广告轰炸只能提升品牌知名度，并不能占领消费者心智，进而提升品牌的美誉度和忠诚度，一旦遇到负面新闻或竞争对手攻击，品牌形象就一落千丈。然而有的企业不仅没有深刻反思，反而利用各种手段"公关"和舆论压制，结果"弄巧成拙"地造成品牌形象的彻底崩塌。正因为此类案例的时有发生，让消费者逐渐产生了"进口的"就是"好的"的错觉。近年来，有的"营销专家"大肆鼓吹商家要利用好消费者爱占便宜的心理，创建各种商业模式，制造消费者"占到便宜"的假象……在笔者看来，这些都是目光短浅的做法，如同皇帝的新衣，一旦被拆穿，就是"裸奔"的人。

随着市场成熟度的不断提升，新产品、新市场的开发变得越来越困难，新顾客的获取成本越来越高，企业必须管理好现有产品、现有市场、维护好现有的顾客，重视顾客忠诚度。因此，企业应强调自己的口碑，真正地惠及于民，拒绝不正当利润，严控产品质量，不断升级和迭代产品，以令人信赖的品质和贴心的服务为消费者健康、为社会的可持续发展做出贡献。

三、我国 OTC 企业的产品管理

OTC 是医药市场中，市场化程度最高的细分市场，所以 OTC 产品的布局与国际企业相似度较高，但考虑到我国的具体国情，须有一定的侧重：

第一，在我国现行的 OTC 准入制度下，OTC 新产品的获取难度较高、周期较长，企业很难基于消费者的消费特点、消费偏好快速开发新产品。因此，OTC 的产品管线强化或品牌树延伸需结合品牌仿制药、双跨产品、保健食品、自我医疗器械等产品，并自研、收购、贴牌相结合。另外，企业也需要进行消费者调研，定期绘制消费者画像，并根据消费者画像前瞻性地设计一揽子产品规划，提前布局，形成产品储备集群。

第二，新产品布局方面，改变口味、改变外观、改变包装等"微小变更"在我国当前的准入制度下比较容易实现，企业需结合产品的特点，积极开发系列产品。另外，产品升级和迭代也不可忽略，通过申请处方药转OTC、仿制国外上市国内未上市的OTC品种，以获得相对稀缺性资源。

第三，要重视"因历史原因无法复制"的产品和品牌的价值。除了自主开发新产品和塑造新品牌，还有必要收购成熟品牌，尤其是那些使用适应证或疾病症状命名的OTC产品——天生具有占领消费者心智的属性，在品牌塑造、延伸和推广过程中有得天独厚的优势。

第四，要注重模式创新，产品和服务相结合，提升品牌的差异化程度。另外，产品设计与品牌塑造深度融合，精准把握用户多维度需求，在产品中融入更多价值元素，是提升品牌溢价的关键。梁宁在《真需求》一书中提到，产品的价值等于功能价值加情绪价值和资产价值。以安宫牛黄丸、东阿阿胶、片仔癀等成功品牌为例，其市场价值不仅源于产品功效，更在于它们成功满足了消费者的情感共鸣和资产配置需求，构建了全方位的价值体系。

第六节　小结

随着新医改的不断深入，医药市场环境发生了巨大变化，不论创新药企业、仿制药企业、还是OTC企业都面临着各自的困境。在这些困境之下，有的人过于自信，有的人则过于自卑。过于自信则看不到自己的缺点和行业的风险，很容易踩坑，而过于自卑则看不到自己的优点和行业的机会，很容易持续内耗。在这种情况下，大家都需要在不断学习的同时，定期地沉下心来反思，适当地自我怀疑、放眼看世界和不断刷新认知，只有做到知己知彼，才能百战不殆。

虽然行业飞速发展，但仍有大量的企业消失在历史的长河；虽然环境在每况愈下，但也有大量的逆风起飞者。或许因为行业在"洗牌"而拿到的"好牌"少了，但出好手中的"牌"也不一定会失败。相反，有的人原本握有一手好"牌"却缺乏有效的出牌策略，在第一次出牌时就让自己陷入了被动。在行业快速成长期，大家的成功概率都很高，都搭乘在上升的电梯里，只要不发生重大问题，不管向哪个方向运动，结果都将是向上的。所以战略显得无关紧要，即便战略错误也容易被高速增长的市场所掩盖。随着市场增速的下行和竞争的加剧，战略的砝码就很容易改变竞争天平的平衡，这是进入行业转型期以后，企业迅速两极分化的一个主要原因。

由于行业较为分散，企业大多势均力敌，所以要重视寻找差异化和整合外部资源。不论低成本、产品差异化、差异性聚焦还是模式创新，都是避开行业大流的有效方式，企业要结合自己的资源与能力选择最合适的路径。在过去，大家都喜欢关起门来各自搞一摊，随随便便投资产能，而现在产能是高度过剩的、投资回报率也显著下降了，企业的思路必须从"事必躬亲"转变为"外部整合"。

随着行业与市场的不断成熟化和规范化，企业必须强调长远、可持续发展，重视口碑、企业形象和社会责任。迈克尔·波特认为，企业的竞争优势源于为其客户创造价值——相比竞争对手以相同的成本创造更多的价值或相比竞争对手以更低的成本创造相当的价值。为此，企业必须深刻反思"有没有为客户乃至利益相关者创造价值、创造了什么样的价值""所创造的价值是否超越竞争对手""客户未来想让我创造什么样的价值"。这些逻辑将指导企业设计、开发和改良产品或服务，影响协调与优化价值链，如无法理清这些逻辑，企业将难以在激烈的竞争中建立和保持竞争优势。

虽然未来的路异常坎坷，但我们只要有方向，不失斗志，就有望取得成功。开发细分市场、老产品二次定位、产品改良、差异化、biosimilar、创新、塑造品牌、国际化、多元化都是出路，企业要根据行业吸引力和企业竞争力综合规划自己的发展路径。正所谓条条大路通罗马，愿企业踩出自己的通天大道。

参考文献

[1] 魏利军，王立峰，王海盛. 跨国药企成功启示录 [M]. 北京：中国医药科技出版社，2022.

［2］迈克尔·波特. 竞争战略［M］. 陈丽芳, 译, 北京: 中信出版社, 2013.

［3］魏利军, 王海盛. 仿制药企兴衰启示录［M］. 北京: 中国医药科技出版社, 2023.

［4］中华人民共和国中央人民政府. 中共中央 国务院关于深化医药卫生体制改革的意见［EB/OL］.（2009-03-17）［2025-01-21］. https://www.gov.cn/gongbao/content/2009/content_1284372.htm.

［5］中华人民共和国中央人民政府. 2006年中国向商业贿赂全面宣战: 雷声大雨点更大［EB/OL］.（2006-12-13）［2025-01-21］. https://www.gov.cn/jrzg/2006-12/13/content_468703.htm.

［6］魏际刚. 中国医药体制改革与发展［M］. 北京: 商务印书馆, 2009.

［7］中华人民共和国国家卫生健康委员会. 关于印发《全国合理用药监测方案（技术部分）》和监测点医院名单的通知［EB/OL］.（2010-03-16）［2025-01-21］. http://www.nhc.gov.cn/wjw/gfxwj/201304/5b6001ff574c409dbeb07debfde9f1ca.shtml.

［8］中华人民共和国国家卫生健康委员会. 药品集中采购监督管理办法［EB/OL］.（2010-07-15）［2025-01-21］. http://www.nhc.gov.cn/wjw/zcjd/201304/cc43262a18b64e4fabd64de7b1a582bb.shtml.

［9］中华人民共和国中央人民政府. 国务院关于印发"十二五"期间深化医药卫生体制改革规划暨实施方案的通知［EB/OL］.（2012-03-14）［2025-01-21］. https://www.gov.cn/gongbao/content/2012/content_2106854.htm.

［10］中华人民共和国国家卫生健康委员会. 人力资源社会保障部 财政部 卫生部关于开展基本医疗保险付费总额控制的意见［EB/OL］.（2012-12-05）［2025-01-21］. http://www.nhc.gov.cn/wjw/gfxwj/201304/00524b44dc5047e390b9c249efe6cebb.shtml.

［11］中华人民共和国国家卫生健康委员会. 关于印发控制公立医院医疗费用不合理增长的若干意见的通知［EB/OL］.（2015-11-06）［2025-01-21］. http://www.nhc.gov.cn/tigs/s3577/201511/0038da2bf8fe43d69511fb675e205d37.shtml.

［12］中华人民共和国国家卫生健康委员会. 解读: 中共中央办公厅 国务院办公厅转发 国务院医改领导小组关于进一步推广深化医药卫生体制改革经验的

若干意见［EB/OL］.（2016-11-08）［2025-01-21］. http://www.nhc.gov.cn/tigs/s3578/201611/4fe3ba28135849f79e398b1eeb14d9f9.shtml.

［13］中华人民共和国国家卫生健康委员会. 国务院关于印发"十三五"深化医药卫生体制改革规划的通知［EB/OL］.（2017-01-09）［2025-01-21］. http://www.nhc.gov.cn/bgt/gwywj2/201701/c2cb5f11ebbd4dea99b9b0c32080fda6.shtml.

［14］中华人民共和国中央人民政府. 国务院办公厅关于进一步改革完善药品生产流通使用政策的若干意见［EB/OL］.（2017-02-09）［2025-01-21］. https://www.gov.cn/zhengce/content/2017-02/09/content_5166743.htm.

［15］中华人民共和国中央人民政府. 国务院深化医药卫生体制改革领导小组印发关于以药品集中采购和使用为突破口进一步深化医药卫生体制改革若干政策措施的通知［EB/OL］.（2019-12-03）［2025-01-21］. https://www.gov.cn/xinwen/2019-12/03/content_5457859.htm.

［16］中华人民共和国中央人民政府. 国务院办公厅关于印发深化医药卫生体制改革2022年重点工作任务的通知［EB/OL］.（2022-05-04）［2025-01-21］. https://www.gov.cn/gongbao/content/2022/content_5696237.htm.

［17］《中国卫生年鉴》编辑委员会. 中国卫生年鉴2013［DB/OL］.［2025-01-21］. https://kns.cnki.net/knavi/yearbooks/YZGWY/detail?uniplatform=NZKPT.

［18］国家卫生健康委员会. 中国卫生健康统计年鉴2022［M］. 北京：中国协和医科大学出版社, 2022.

［19］OECD. Health expenditure by financing scheme［EB/OL］.［2025-01-21］. https://www.oecd-ilibrary.org/sites/ae3016b9-en/1/3/7/4/index.html?itemId=/content/publication/ae3016b9-en&_csp_=ca413da5d44587bc56446341952c275e&itemIGO=oecd&itemContentType=book.

［20］OECD. Health expenditure in relation to GDP［EB/OL］.［2025-01-21］. https://www.oecd-ilibrary.org/sites/ae3016b9-en/1/3/7/1/index.html?itemId=/content/publication/ae3016b9-en&_csp_=ca413da5d44587bc56446341952c275e&itemIGO=oecd&itemContentType=book.

［21］国家统计局. 年度数据［DB/OL］.［2025-01-21］. https://data.stats.gov.cn/easyquery.htm?cn=C01.

[22] 中华人民共和国中央人民政府. 2019 年 12 月地方政府债券发行和债务余额情况 [EB/OL]. (2020-01-22) [2025-01-21]. https://www.gov.cn/xinwen/2020-01/22/content_5471586.htm.

[23] 中华人民共和国中央人民政府. 中国如何防范化解地方债务风险? ——两会中国经济问答之三 [EB/OL]. (2024-3-7) [2025-01-21]. https://www.gov.cn/zhengce/202403/content_6937301.htm.

[24] Chen ZM, Zhong H, Hu HX, et al. Chinese innovative drug R&D trends in 2024 [J]. Nature Reviews Drug Discovery, 2024, 23 (11): 810-811.

[25] 王奇巍, 叶亚婧, 郭文. 中国创新药鼓励政策改革进展与成果 [J]. 中国新药杂志, 2024, 33 (13): 1297-1302.

[26] Kesavadev J, Saboo B, Krishna MB, et al. Evolution of Insulin Delivery Devices: From Syringes, Pens, and Pumps to DIY Artificial Pancreas [J]. Diabetes Ther, 2020, 11 (6): 1251-1269.

[27] 中国非处方药物协会. 中国非处方药行业发展蓝皮书 2010 [M]. 北京: 化学工业出版社, 2011.

[28] 国家药品监督管理局. 对十三届全国人大五次会议第 2079 号建议的答复 [EB/OL]. (2022-10-26). [2025-01-21]. https://www.nmpa.gov.cn/zwgk/jyta/rdjy/20221026162234100.html.